高等学校酒店管理专业本科系列教材

酒店实用美学

JIUDIAN SHIYONG MEIXUE

◎主 编 杨 卉
◎副主编 程芸燕 赵蕙婷
◎参 编 唐凡茗 邓 巧
　　　　 文乔君 徐祖莺

重庆大学出版社

内容简介

《酒店实用美学》是一本专注于探索酒店行业美学理论与实践的教材。本教材旨在帮助读者深入了解美学以及美学在酒店中的实际应用,为大众及相关专业学生提供认识酒店的美以及探索酒店美的途径,对于提高审美能力和设计思维有重要的参考价值。全书共分为十三章,由"酒店美学基础""酒店美的欣赏"和"酒店美的创造"三个板块组成,每个板块层层递进,系统介绍了酒店美学概述、美学思想流派、审美心理与体验、酒店建筑之美、酒店器皿之美、酒店饮食之美、酒店色彩之美、酒店音乐之美、酒店气味之美、酒店装饰之美、酒店花艺之美、酒店茶艺之美、酒店服务之美等内容,探讨和揭示了隐藏在酒店之中的美学秩序与美学原则。

本教材以实用性为导向,对酒店的整体规划与设计、室内空间布局与装饰、色彩与光线运用、家具与细节设计等方面作了深入细致的分析。在章节结构上,设置了引言、复习与思考、实践与拓展等多个环节,表述深入浅出,为读者营造了沉浸式的美学体验。《酒店实用美学》可作为高等院校酒店管理及相关专业、酒店中高级管理人员的美学课程教材,亦可作为旅游爱好者的美学进修读本。无论您是希望在酒店行业发展的学习者,还是正在从事酒店设计和管理工作的从业者,本教材都能够为您提供全面而实用的指导和有益的启发。

图书在版编目(CIP)数据

酒店实用美学 / 杨卉主编. -- 重庆:重庆大学出版社,2024.1
高等学校酒店管理专业本科系列教材
ISBN 978-7-5689-4352-9

Ⅰ. ①酒… Ⅱ. ①杨… Ⅲ. ①美学—应用—饭店—商业企业管理—高等学校—教材 Ⅳ. ①F719.2

中国国家版本馆 CIP 数据核字(2024)第 015567 号

酒店实用美学

主　编　杨　卉
副主编　程芸燕　赵蕙婷
参　编　唐凡茗　邓　巧
　　　　文乔君　徐祖莺
策划编辑:尚东亮

责任编辑:李　伟　　版式设计:尚东亮
责任校对:王　倩　　责任印制:张　策
*
重庆大学出版社出版发行
出版人:陈晓阳
社址:重庆市沙坪坝区大学城西路 21 号
邮编:401331
电话:(023) 88617190　88617185(中小学)
传真:(023) 88617186　88617166
网址:http://www.cqup.com.cn
邮箱:fxk@cqup.com.cn(营销中心)
全国新华书店经销
重庆升光电力印务有限公司印刷
*
开本:787mm×1092mm　1/16　印张:22　字数:538 千
2024 年 1 月第 1 版　2024 年 1 月第 1 次印刷
印数:1—3 000
ISBN 978-7-5689-4352-9　定价:69.00 元

前　言

　　近年来中国酒店市场规模持续增长,独特的美学风格和优越的设计理念已成为消费者选择产品时的主要考量因素之一,高品质、多元化、多场景的住宿产品正基于市场需求与消费变迁不断迭代。独特的建筑和设计不仅能为酒店客人创造难忘的入住体验,还能准确传达品牌特色。酒店管理者应该选择切合自身特点的美学要素,在展现品牌故事的同时突出美感,以提升客人对入住体验的憧憬,为品牌自身带来更大的溢价空间。

　　为客人打造独特创新的美学体验在酒店行业中正变得越来越重要,审美意识亦成为酒店及相关从业者能力素养中不可或缺的一部分。本教材以酒店及旅游从业者工作内容为基本切入点,遵循理论—实践—创造的认知发展主线,以"酒店美学基础""酒店美的欣赏"和"酒店美的创造"为主要构成部分,通过分析酒店工作中的审美过程、制约审美情趣及审美水平的各种因素,使读者在系统学习本教材后,能够掌握美学理论基础知识以及酒店审美的基本方法,提高审美修养,并将其运用于酒店乃至旅游行业的各项服务工作中。

　　本书以开篇导读引出,通过理论讲解从美学实践到美学创造,其编写特点主要体现在以下几个方面。

　　①强调立德树人根本任务。本书始终以立德树人为根本任务,以培养中华文化传播者为核心,以中国文化的视角和哲学来演绎酒店之美,增强读者的家国情怀和民族自信,激发其对酒店行业的热爱。

　　②强调知识结构全面系统。本书涵盖了酒店美学全要素,系统详细地介绍了酒店美学理论基础、酒店美的欣赏及各酒店美的创造各环节的知识与内容,从科学的角度阐释艺术,运用理论+实践的方式,以启发读者认识美本身,理解美的理念,从而达到鉴赏的目的。

　　③强调内容的行业实用性。本书围绕酒店行业的特点和现实问题,结合国际酒店美学发展经验展开思考与探索,力求贴近我国酒店行业的实践,使得读者从感性的层面认知酒店业从宏观设计到微观运作背后的思想,同时让读者感受到酒店业蕴藏的哲学、艺术、商业等诸多维度的精彩内涵,通过不断拓宽读者对酒店美学和艺术的认知与体验,从而达到应用和创造的目的。

　　本书由桂林旅游学院杨卉主编,负责全书框架的拟定、统稿以及定稿工作。桂林旅游学院程芸燕、赵蕙婷担任副主编,协助主编统稿、定稿工作。教材第一部分酒店美学基础由杨卉、邓巧编写;第二部分酒店美的欣赏由赵蕙婷、文乔君、程芸燕编写;第三部分酒店美的创造由程芸燕、赵蕙婷、徐祖莺编写。

　　本书在编写过程中参考了许多专家的著作,并引用了一些相关资料,虽在参考文献中尽量详尽列出,但或有遗漏,在此深表歉意,并对相关专家及其单位表示诚挚的谢意。

　　限于时间和水平,书中难免有不当或错误之处,敬请各位同行、专家学者和广大读者批评指正。

编　者

2023 年 11 月

目 录

第一部分　酒店美学基础

第一章　酒店美学概述

【教学目标】

1.知识目标

(1)掌握美的本质与特征、美的形态与类型;

(2)理解美学与酒店业的关联;

(3)掌握酒店实用美学的概念及要素;

(4)掌握美学在酒店业运用的发展趋势。

2.能力目标

能运用所学知识,分析美学与酒店业发展的交融,思考酒店实用美学的发展特点。

3.素质目标

增强学生对美学在酒店业中运营管理的认知和关注,引导学生对酒店业进行创新思考。

【关键词】

美的形态;美的特征;美学研究对象与内容;美学研究任务

引　言

美学是研究人们对现实审美关系的科学。在现实生活中,到处都存在着美。五彩缤纷、千姿百态的美,无时无刻不在激荡着人们的心灵。凡是热爱生活的人,总会表现出对美的渴望和追求。人们在追逐美、欣赏美的同时,自觉或不自觉地在现实生活中创造美。审美是人类特有的心理需要和精神需要。美学是社会经济与文化发展到一定阶段的产物,与物质生活因素(如闲暇时间与可支配收入)和文化心理因素(如生存质量与审美需求)密切相关。本章将概括介绍美的本质、美的形态、美的类型等最基本的美学原理,作为我们学习酒店实用美学的基础。

第一节　美学概述

一、美学的产生

美学作为一门研究美和审美的学科,既古老又年轻。从人类发展的历史来看,人类自脱离动物本能以来就开始了审美欣赏和审美创造活动。距今数万年前的旧石器时代,人类就开始了原始艺术品的创造,至少在三万年前,人类便开始以粗略的轮廓、抽象的符号和模糊的线条刻画动物、人体,后来图画和雕刻逐渐变得清晰、细致。人类在改造自然的同时,便与自然界建立了一种审美关系,于是审美欣赏和审美创造活动就诞生了。这时的自然界,不仅与人的生物本能活动和物质实践活动相联系,即对人类具有功利性,而且也为人类提供了可作为精神享受的超功利性的观赏价值。人类从对具体事物的感性欣赏,到凝聚为一种较为抽象的美的观念,经历了漫长的发展过程。当人们对一些审美经验进行某种程度的思考并借助于文字表达时,便进入了审美意识的理论形式的萌芽状态。当人们进一步在观念上对美的事物之所以美进行概括和辨析时,标志着人类对美进行理论研究的开始。

美学作为一门独立学科还十分年轻,1750年德国美学家鲍姆嘉通(1714—1762年)出版的专著《美学》第一卷中提出了"美学"这个概念,标志着美学作为一门独立学科的建立。鲍姆嘉通认为:人的心理活动包括知、情、意三个方面,应该相应地在三门学科中加以研究,研究"知"的是逻辑学,研究"意"的是伦理学,研究"情"的是美学。并明确提出了"美学是研究人感性认识的学科"。从此"美学"逐渐得到学术界的公认,后经康德、席勒、黑格尔、车尔尼雪夫斯基等人的努力,美学的学科地位得以确立,并将美学定义为研究现实美的规律及人对美的欣赏与创造的科学。

二、美的本质与特征

(一)美学史上对美的本质的探讨

美也许是人们谈论最多,但又表达不清的理念。几千年来,不少哲学家、美学家为了揭开美的奥秘,进行了不断的探索。"美是什么"是一个历史久远的难题。柏拉图(公元前427—公元前347年)提出了"美的理念"论,亚里士多德(公元前384—公元前322年)提出了"美的整一"说,车尔尼雪夫斯基(1828—1889年)提出了"美在生活";在我国先秦时期,孔子(公元前551—公元前479年)提出了"尽善尽美"说,孟子(公元前390—公元前305年)提出了"充实之谓美"说,庄子(公元前369—公元前286年)提出了"道至美至乐"说。

古希腊的哲学家柏拉图最早提出和探讨了"美是什么"的问题。他在《大希庇阿斯篇》(西方最早的一篇系统论述美的著作,用对话的形式写成)中,借当时著名的大学问家苏格拉底与诡辩派学者希庇阿斯之口提出了"美是什么"。柏拉图对许多有关美的看法作了一番比较后,十分感慨地写道:"我得到一个益处,那就是更清楚地了解了一句谚语:'美是难的'。"柏拉图得到了这样一个不是结论的结论。关于"什么是美",实际情形也是如此。人们一般可以从感性上把握和领悟美的事物,也可以从理性上说明该事物之所以美的原因。例如,盛开的鲜花、传唱的歌曲等,可以说它们很美,还能具体地说出它们美在哪里。譬如艳丽的色彩、动人的旋律……总之,美能够使我们感到精神愉悦。但当进一步追问能引起我们美感的根源究竟是什么时,我们就会发觉我们并不真正地了解"美"。

德国哲学家黑格尔(1770—1831年)说:"乍看起来,美好像是一个简单的概念。但不久我们就会发现,美可以有很多方面。这个人抓住的是一个方面,那个人抓住的是另一方面,纵然都是从一个观点去看,究竟哪一方面是主要的,还是一个引起争论的问题。"尽管古今中外的美学家对美的本质下了难以计数的定义,但依然是众说纷纭、莫衷一是,在研究和争论中形成了很多流派。

历史上许多博学的哲学家、美学家们写下的讨论美学的著作浩如烟海,而每一部新的美学著作都产生了一种自己的说法。总结起来,美学家们对美的本质的探索大致分为三类:一类认为美是纯客观的,人们的审美快感不过是对客观存在的美的直接、被动地反映,被称为"客观美论";一类把美作为人的主观感受,认为美是由审美意识所创造的,被称为"主观美论";第三类力图从主体、客体的关系上来解释美,认为美是客观对象和主观意识相统一的产物,被称为"主客观关系美论"。

"客观美论"认为美在物体本身、自然和社会本身。要从物体本身的属性方面去寻求美的本质,并认为客观存在是美感的唯一来源。古希腊哲学家亚里士多德说:"一个有生命的东西或是由各部分组成的整体,如果要显得美,就不仅要在各部分的安排上见出秩序,而且还要有一定的体积大小,因为美就在于体积大小和秩序。"凡是大小得体,比例适当,能体现出"秩序、匀称、明确"的形式就是美的。古希腊的毕拉斯学派认为:美根源于一定事物自身的数量关系,数是万物的基础。因此美是由节奏、比例、对称、秩序等形式因素所构成的和谐统一体。

"主观美论"认为美不在物,而在心,在精神。要从人的精神世界和心理功能上去寻求美的根源。他们认为对象本身并无所谓美与不美。英国唯心主义哲学家休谟(1711—1776年)强调感性经验是一切知识的来源。在美的本质上,他把美与美感混为一谈,认为美不在对象,而在人的情感愉快。他说:"诗的美,恰当地说,并不在这部诗里,而在读者的情感和审美趣味。"近代意大利主观唯心主义美学家克罗齐(1866—1952年)认为美就是非理性的直觉。他说:"只有用艺术家的眼光去观察自然,自然才显得美。"主观美论在近代西方广泛传播,是近代西方美学的主要趋势,并成为西方美学思想的主导思潮。我们常说的"情人眼里出西施"就是带着个人感情色彩去欣赏,对客体作出的符合自身审美情趣的主观评价。"主观美论"否定了美是一切美的对象既有的本质属性,显然违背了人们的审美常识。

"主客观关系美论"认为美既不在物也不在心,而在心与物之间,即主客观的统一;这一流派并不否认,甚至明确美不能离开作为其物质载体的对象及其形式,但却认为对象之所以美的决定因素和根源是人的心灵,是人的感情、想象"移入"对象或对象结构形式表现了人的情感、生命的结果。如德国的里普斯(1851—1914年)主张"移情说",认为美是主观情感"移情""外射"到物质对象上的结果。这种理论作为审美过程的心理描述,确有见地,在相当范围内合乎审美心理的事实。但它建立在唯心主义基础之上。最大的缺陷就是否定了审美对象的客观性,在强调主体因素的能动作用时,忽视了对客体这一外部因素的分析。

"美是什么"这个问题,自提出两千多年来,众多的哲学家、美学家做了多种多样的回答,其中不乏真知灼见,但总的来说颇像是"不解之谜",以至于现代西方的不少人对能否认识美的本质持怀疑的态度。这种局面两千多年前的柏拉图似乎早就意识到了,美只能意会,不可言传,正如他所说的"美是难的"。但美的事物和现象存在于社会生活、自然界及艺术之中,对于美,人们极容易感受到。正如法国哲学家狄德罗（1713—1784年）所说："只要那儿有美,就会有人强烈地感觉到它。"

（二）美是一种价值

在美学中使用的"美"的概念有多种含义,又因为"美"这个词本身的多义性,给人们造成了许多困扰,所以我们要弄清其含义。李泽厚曾经做过总结："在美学范围内,'美'这个词也有好几种或几层含义。第一种（层）含义是审美对象;第二种（层）含义是审美性质（素质）;第三种（层）含义则是美的本质,美的根源。"所以要注意"美"这个词是在哪层含义上使用的。所谓的"美"到底是指对象的审美性质,还是指一个具体的审美对象,抑或指美的本质和根源？如果"美是什么"是问什么是美的事物、美的对象,那么,这基本是审美对象的问题;如果是问"美"的客观性质、因素、条件构成等,这是审美性质问题;但如果要问这些审美性质是为何来的,美从根源上是如何产生的,这就是美的本质问题了。而且人们在日常生活中使用"美"这个词,也有美学含义上的使用和非美学含义上的使用之分。当人们看到天边绚丽的彩霞时,会由衷地赞叹道："真美呀!"在这里所用的"美",是一种肯定性的审美评价,是在美学含义上的使用;当人们吃到可口的食物时,会情不自禁地发出"美味""美极了"的赞叹。这里所用的"美"是非美学含义上的使用,表达"好",即"好吃"的意思。从以上的说明中我们可以看出:日常用语中的"美"无论是美学含义上的使用,还是非美学含义上的使用,都是一种评价用语。它表达了主客体之间的一种价值关系。当顾客入住酒店时说"这儿的风景真美!"时,就表明消费者对眼前的风景持一种肯定的态度,秀丽的风景引起他身心的愉悦。这种愉悦来自其审美需求的满足,它只会在人与审美对象发生某种关系时才会出现。这也表明审美活动的实质是人类的一种价值活动。因此,美是人们在这种活动中形成的一种价值观。

（三）美的特征

美的本质是内在的、抽象的。但是,美的现象却是生动的、丰富的。美具有自身的特点。

1. 形象性

美不是抽象的概念,而总是具有具体的形态,可以被人们的感觉器官直接感受到。美可以通过色、声、形等物质材料属性及其构成的外在形式表现出来。我们说牡丹花是美的,是因为它的美可以通过花瓣、花茎、花香和诱人的颜色、华贵的形态具体表现出来。如果离开了这些由物质材料所构成的感性形式,花就成了一个抽象概念,也就谈不上美与不美了。我们说杭州西湖是美的,是因为当你漫步于西湖边上,柳浪闻莺,花港观鱼,三潭印月,平湖秋色等景物纷至沓来,使你具体感到西湖景色的迷人和秀丽,如苏轼赞美西湖那样："欲把西湖比西子,淡妆浓抹总相宜。"西湖的美是生动活泼、形象具体的。自然美是如此,社会美更是如此。例如,我们说雷锋的心灵是美的,是因为我们提到他时,脑海中就会即刻出现"全心全意为人民服务","对同志像春天般温暖;对工作像夏天般火热;对个人主义像秋风扫落叶一样;对敌人像冬天一样残酷无情"的伟大的共产主义战士的英雄形象。黑格尔说："美的生命在于显现。""美只能在形象中见出。"可见形象性是美的一个极为重要的特点。

2. 感染性

美不只是具体、形象的,而且还具有极强的感染力。它直接诉诸人的情感,通过它以情感人,以情励人,以情悦人。正如车尔尼雪夫斯基说的："美的事物在人心中所唤起的感觉是类似我们在亲爱的人面前所洋溢于我们心中的那种愉悦。"美就具有这样一种怡情悦性、牵动人心的特征,这就是美的感染性。

为什么美会有感染性呢?能不能单纯归纳为美的形象性所致呢?不能。我们知道,并非所有具体的形象都能感染人。美的事物之所以具有感染力,最本质的原因在于美的事物总是包含着一种令人愉悦、喜爱的东西,这就是对象化了的人的自由创造的本质及其本质力量,以及显现这种自由创造的本质及其本质力量的宜人的感性形象。美的事物犹如一面镜子,可以使人们从中看到自己的创造性本质和本质力量的形象,看到自己丰富多彩的生活。在大千世界的各种事物和现象中,对人最有吸引力的还是人自己。凡是人们从事的创造性活动,凡是人们按"美的规律"所创造的产品,总是能显示人的情趣、生活、智慧和能力的各种事物及现象,总是最为人们所共赏和爱恋的。一个真正爱美并感受到美的人,也一定是一个热爱生活、热衷于创造生活的人。例如,人们欣赏荷花的美,是因为莲的"出淤泥而不染""中通外直""不蔓不枝""香远益清"等自然属性,从而联想到人高雅、正直的品格。再如,我国人民赞美五星红旗,是因为我们从五星红旗中看到了新中国的诞生是来之不易的,是无数革命先烈用鲜血和生命换来的,它象征着祖国的独立、解放,象征着祖国的尊严和民族的团结。另外,五星红旗的感染力也离不开它的形式、色彩、图案所表现出来的形式美。

3. 社会性

美是客观的,是不以欣赏者个人的主观意志为转移的;美还是社会的,是人们的社会实践活动所决定的。美的客观性和社会性是辩证的统一,是紧密地结合在一起的。美的社会性主要表现在两个方面。

首先表现在美对社会生活的依赖。美来源于人类的社会实践,是一种社会现象。随着人类社会的不断发展,美的含义也不断地发展和丰富。美可以离开某个具体的欣赏者,但绝不能离开作为社会实践的主体的人,不能离开人类社会。前面我们已经说过,美是人的本质力量的感性显现,只能为人的社会实践活动而存在。离开了人类社会,美是没有意义的。其次,美的社会性表现在它的社会功利性上。人类的社会实践是有目的性和功利性的。人类需要美,追求美,是因为美对人类有用。一件美丽的衣服不仅给人们带来使用价值,更重要的是将人们打扮得更加精神、更加漂亮,从而使人们在精神上得到愉悦和满足。一些宝贵的艺术作品,其本身的使用价值可能不大,但它在陶冶人们的情操、丰富人们的生活、愉悦人们的心情、启迪人们的思想、开阔人们的视野、纯洁人们的灵魂等精神上的价值,却又是不可估量的。正因为如此,在整个人类社会发展过程中,特别是在今天建设社会主义精神文明的实践活动中,人们的审美活动,有着十分重要的作用和重大的社会现实意义。

4. 创造性

美的创造性有两层意思。首先,美来源于人类的自觉的创造性社会实践活动。人类的社会实践活动从本质上说是积极向上的,是推动社会前进的。美是人的本质力量的感性显现,人的本质力量充满生机和创造性。因此,美总是同社会进步和人类创造性劳动紧密联系在一起的。在人类社会生活中,一切落后的、错误的、反动的、丑恶的东西,不论如何气势汹汹、其貌堂堂,因为违背了社会发展的规律,终将被人们所淘汰,扔进历史垃圾堆,而代之以新鲜的、正确的、进步的、美好的事物。这些事物正是人类创造性劳动的结晶。其次,人类的一切积极的创造性活动及其结果,都是美的。由于人类自觉的创造性实践活动,符合社会历史发展规律,推动社会进步,给人类带来功利性的愉悦和满足,给人们带来精神上的乐趣和安慰,因而人们感到这种劳动是美的。说一个人心灵美,是因为他的认识和行为,具体地表现了与社会发展趋势相一致的进步思想和高尚情操,是因为他的劳动给大多数人带来了利益和幸福。一件艺术作品的美,是艺术家的创造性劳动传达了时代的精神,表达了人民的情感。对于自然美,只有当人类通过自己的实践活动,认识、改造和支配了自然,直接或间接地显示了人类创造能力的时候,自然才具有真正的审美价值。

三、美的形态

在现实生活中,美的形态是多样和复杂的。一般来说,根据审美对象的性质和特点,把美分为现实美和艺术美两大类,而现实美又包括自然美和社会美。

(一)自然美

自然美是指现实生活中自然事物的美。日月星辰、雨雪云雾、山岭平原、江河湖海、森林田野、草木花卉、鸟兽虫鱼等自然物所显示出来的美,都属于自然美的范围。自然美按照它与人类社会实践的关系,一般可分为两大类。

一是经过人们直接加工改造,打上了人类实践活动印记的自然物的美。这种自然物凝结着人们劳动的成果、"自然的人化"痕迹非常明显,人们从中直观自身而获取强烈的审美愉悦。如耕耘的田园、通航的大运河、雄伟的万里长城以及驯服的狮虎、饲养的动物等。

二是虽未经人们加工改造过,但已为人们所认识与掌握的自然物的美。如温暖的阳光、幽静的峡谷、无边的大海、蔚蓝的天空以及奇峰怪石、风雨雷电等。自然美作为大自然领域里的美。它与社会美、艺术美比较,有其自己的特征:

第一,自然美侧重于形式美。自然美虽然也反映了人的本质力量,反映了人类的社会实践,但其对人的社会生活、政治思想、道德行为的联系和反映,显得比较模糊,而且有很大的不确定性。例如,一望无际的大海,可以有多种审美感受:有人认为大海美在胸怀广阔、容纳天下;有人认为大海美在无边无际、视野茫茫;也有人认为大海美在波涛汹涌、气势磅礴。相反,自然美的形式则常显得明确、具体、实在,给人以突出形象。不论是线条、形态、原料、色泽和音响等都是具体而鲜明的。桂林山水、杭州西湖、黄山奇松等,都有着鲜明的形象和各自的特点。人们在欣赏这些风景时,一般并不十分考究它的社会内容,而注意的是其美的形式。形式美在自然美中占有极为重要的地位。

第二,自然美具有多重性。即同一自然物往往具有美与丑的二重性或美的形态的多样性。这是因为:一方面自然物本身的属性往往是多样的,它与人类生活的联系也是复杂的。这就决定了自然物的美在与人类生活的特定联系中,会得到不同侧面的显示,甚至同一自然物在不同条件下,可以出现美与丑对抗的情况。恰到好处的雨水滋润了农田,调节了气温,是美的,但雨水冲垮了庄稼和房屋,则变成了丑恶的。另一方面,由于人们观察和欣赏美的角度不同,也显示了自然美的多面性。比如欣赏大自然中的雷电现象,出自各人不同的内心,有的感到优美、壮观,有的则感到孤独、害怕。

第三,自然美具有易变性。原因是自然物处于无休止的运动变化中,如昙花一现,花开花落,瞬息万变。再如月亮,或圆或缺,或露或隐,在不同情况下显示多种多样的美。山的美丽在于不同的季节有着不同的显示:"春山淡冶而如笑,夏山苍翠而如滴,秋山明净而如妆,冬山惨淡而如睡。"此外,由于人们主观上存在审美差异,或一个人的审美情趣发生了变化,因而对同一自然物的某种形式,有的认为美,有的认为不美,有的认为美在这里,有的认为美在那里,有的认为今天是美的,明天又不美了,这种情况不是因为自然物的美的多重性或多变性,而是由于人的主观上的原因造成的。

（二）社会美

社会美是指社会生活中的美。人类的社会生活是无比广阔和多种多样的。因此，社会美是丰富多彩的。

1.社会美的主要范围

（1）社会实践的美

马克思说："社会生活在本质上是实践的。"人类离开了种种社会实践活动，就无法生存和发展。而最基本的实践活动就是生产劳动。从本质上讲，人类的生产劳动是一种按美的规律从事创造的活动。生产劳动的美，是通过劳动主体的美、劳动工具的美、劳动环境的美、劳动组织的美表现出来的。作为劳动主体的美，应该有健康的体质，熟练的技艺和高尚的职业道德；作为劳动工具的美，应该尽量具备当时所能达到的最高水平，既有功能的美，又有造型的美；作为劳动环境的美，应根据工种的特点，在可能的条件下注意它的宜人性，既能方便人的工作，又能使人心情舒畅；作为劳动组织的美，就要合理支配劳动力，充分调动劳动者的积极性，使整个劳动场所有条不紊、秩序井然。除了生产劳动的美，革命战士在战场上英勇斗争，浴血奋战是美的；教师在课堂上认真讲课，传授知识是美的；科技人员在实验室里精心研究，悉心操作是美的；体育健儿在国际赛场上顽强拼搏，为国争光是美的；武警战士和革命青年为了维护社会安定，惩治歹徒，保卫人民生命财产安全，见义勇为、不怕牺牲是美的。凡此种种都充分显示了人们奋发向上的本质力量，因此都具有审美价值。

（2）劳动产品的美

人类的劳动，是一种自觉创造性的劳动。我们看到的各种劳动成果和产品，都是人们凭借自己的双手，按"美的规律"精心创造出来的。例如民族风格的酒店建筑，精致灵巧的厅堂摆设，风味各异的菜肴点心，以及品种繁多的日用商品等，都是人类聪明才智的结晶。劳动产品的美既对人类有功利作用，同时它们的外部造型、合理布局、线条结构都体现出特有的形式美，也给人以美的享受。

（3）社会风尚的美

在日常社会活动中，人们的各种行为都反映了社会精神风尚和道德品质水平，反映了社会风尚美的程度。从本质上说，人与人是平等的，应该相互信任、相互尊重，只有这样才能促进人类的发展和社会的繁荣。我国素有"东方礼仪之邦"美誉，不仅有着传统的美德，而且有着新颖的人际关系，在社会主义制度下，每个公民之间不存在根本的利害关系。因此，不论是同事之间、师生之间、军民之间、干群之间、朋友之间、亲属之间、长幼之间，都应相互尊重、相互谦让、相互谅解、相互友爱、相互照顾。这样，才能树立良好的社会风尚。目前，我国正在逐步建立和发展社会主义市场经济体制，正在进一步改革开放，对于外国的东西，我们既要学习人家在发展经济、增加效益等方面的发达的科学技术，也要自觉地抵制各种不健康的社会风气，自觉建立和创造出一个符合我国国情的、具有中国特色的道德风尚美来。

（4）生活环境的美

人总是在一定的环境中生活。美化人的生活环境，是美化整个社会的一个重要部分。从大的方面说，人的生活环境可以是人所在的工作单位，乃至所在城市或乡村；从小的方面说，可以是住宿的房间，乃至于个人的家庭。作为大环境来说，要注意各类建筑物的合理布局，符合实用、美观、大方的要求，要注意环境的整洁和绿化。让人工作、学习和生活时都感到心情舒畅,精神爽快。对于小环境来说,更应该做到整洁美观、朴素大方,要注意光线充足、空气流通,有条件的可在墙上挂些字画,在庭院中种些花卉等等。

2.社会美的核心是人的美

莎士比亚曾借《哈姆雷特》剧中主人公之口,热情歌颂道:"人类是一种多么了不起的杰作!多么高贵的理性!多么伟大的力量!多么优美的仪表!多么文雅的举动!在行为上多么像一个天使!在智慧上多么像一个天神!宇宙的精华!万物的灵长!"人是社会实践的主体,人的美,在社会美中占据核心地位,它包括人体美和心灵美两个方面。

(1)人体美

人体美是指人的外形美,是人体作为审美对象所具有的美。人体美具体有两重性,就人体的生理形态而言,基本上属于自然美的范畴,就人体必然打上人的思想性格烙印而言,又属于社会美的范畴。由于人体所能表现的人的思想性格毕竟是有限的,所以人体美基本上属于自然美,是自然美的最高表现形态。人体美主要通过人体的自然性因素表现出来。它包括人的体型、相貌、肌肉、肤色、姿态、风度等。通过这些因素,体现人体蕴含的力量、技巧、气质和风度的美。具体来说,美的人体必须身材匀称、肢体协调、健康有力、深沉含蓄、举止稳健等。这些都给人以美的感受。当然,人体美的社会性也是不可忽视的。人体美与不美,应该与人们的劳动要求联系起来认识。凡是适应各种劳动需要的强壮的身体和功能优异的体型或器官都应是美的。长满老茧的双手,脊背晒得红黑发亮的农民,宽脚粗臂、丰满壮实的渔家姑娘,其人体与劳动的需要相一致,所以是美的。而如果在农田或渔船上出现纤纤细手,干什么都不行的弱女子,无论脸蛋长得如何漂亮,由于不符合劳动需要,都显不出人体的美来。

(2)心灵美

心灵美是指一个人内心世界的美,是人的理想、意志、知识、道德和情感等多方面的概括。世界观与人生观是人的灵魂。具有科学的健康的世界观与人生观是心灵美的根本标志。世界观是人们对世界总的看法。人生观是对人生目的、意义及人生价值的认识,是世界观的一个构成部分。马克思主义认为世界和人类社会是无限发展着的,人生的最高目的和追求应在于推进人类社会的发展,为实现一个公平、合理、美好的共产主义社会而奋斗。因此马克思主义的人生观也就是共产主义世界观。一个人树立了这样的世界观和人生观,必将放射出灿烂的心灵美的光辉!进步而远大的理想,正确而坚定的信念是人的心灵美的另一重要标志。一个高尚的人还应当同时是有民族自尊、自信、自强不息的信念的,有全心全意为人民服务的信念的,有自力更生、艰苦奋斗的信念的。坚强的意志,非凡的毅力是人的心灵美的又一重要表现。只有用顽强的意志和毅力去努力实现自己美好理想、信念和追求的人,其品格才能受到尊重,其心灵才能放射出耀人的光彩。一个心灵美的人还必须是遵纪守法、道德高尚的人,能为了他人的幸福和社会公共利益作出自我牺牲的人,是有健康的心理素质和良好情感的人。

人体美和心灵美,在每一个具体人物身上常常表现出极为复杂的情况。有的人外形不怎么好看,但由于心灵纯洁、品德高尚,也会"山韫玉而生辉,水怀珠而川媚",相反,有的人只有外形美,而心灵龌龊,只不过是"金玉其外,败絮其中"。一个人能做到人体美和心灵美的和谐一致是最美的。

3.社会美的特征

(1)社会美与人的社会实践

社会美与人的社会实践有着非常直接的联系。它总是存在于人的生产劳动中,存在于人

民群众的各种社会实践中,存在于人与人的各种交往中。

（2）社会美与社会功利性

社会美与社会功利性有着密切联系。它一刻也不能脱离物质对人类的实用性和道德行为的功利性。人们制造一种产品,总是为了追求某种实际效用。人与人之间的关系以及每个人的言行受到社会道德规范的约束,这种约束有利于社会的发展。

（3）社会美与人的本质力量

社会美与人的本质力量直接相联系。美是人类积极向上的本质力量的显示。人的品行、人的实践、人的创造,都是人的本质力量在社会生活中的直接显现。

（4）社会美与社会制度、历史条件

社会美与社会制度、历史条件直接相联系。每个国家、每个时代,社会美都有着不同的内涵。随着社会制度和历史条件的变迁,社会美也会相应改变自己的环境和有关内容。人类不可能永远生活在一个社会水平上,随着社会的发展,社会美的形式和内容也相继发展。

（三）艺术美

艺术是通过塑造生动的形象,来具体地反映现实生活的审美属性,从而表现作者对生活的审美评价的一种社会意识形态。艺术作品是物态化了的人的审美意识。艺术美是存在于一切艺术作品之中的美。

1.艺术美源于生活

首先,生活是艺术创作的基础。现实生活有着无比生动、丰富多彩的内容,是一切艺术作品取之不尽、用之不竭的唯一源泉。离开了生活,艺术作品就成了无源之水、无本之木,也就无美可言。生活是土壤,艺术是鲜花,灿烂的艺术之花只有在生活的这块肥沃土壤中,才能萌发、开放。我国南宋著名爱国诗人陆游曾写道:"村村皆画本,处处有诗材。""挥毫当得江山助,不到潇湘岂有诗。"鲁迅在谈到《西游记》等专门表现幻想境界的小说创作时指出:"天才们无论怎样说大话,归根结底,还是不能凭空创造。"古希腊画家克雷西斯,据说有一次为给赫拉神庙画一幅海伦像,曾经要求整个克罗顿邦的美女做模特,终于创造出了绝妙的海伦形象。可见任何艺术品都不是艺术家凭空臆造的。其次,生活孕育了艺术家的创作激情。社会生活反映到艺术家的头脑里,要经过艺术家情感的融化,这种情感又是从何而来的呢? 仍然来自现实生活。屈原之所以奋笔疾书写下《离骚》,是因为楚怀王昏庸无能,听信谗言,两次将他罢官放逐,他和楚国人民一起经历了"兵挫地削,身辱国危"的生活,"忧悲愁思,不知所诉,乃作离骚经"。可见,无论是艺术创作的原料,还是艺术家的情感都深深地植根于生活。没有生活,便无艺术可言,亦无艺术美可言。

2.艺术美高于现实生活美

艺术美是现实美的能动反映,是艺术家经过辛勤创造,灌注了艺术家的审美意识,按照美的规律创造的产物。艺术不能摹仿,而必须创造,这是艺术的生命。现实生活中有无比丰富的美的内容,但它毕竟是自然形态的东西,与艺术相比,又有许多不可克服的弱点。例如,生活中的美是不断变化着的,受到自然条件的限制,有易逝的特点,不易在时间上长期保留,又不能在空间上任意位移。但是艺术美一旦形成,就可以冲破时间和空间的限制,与世共存,流芳人间。例如,维纳斯是古希腊神话中爱与美之神,是古希腊人民审美的理想化身。在《米洛斯的维纳斯》这座雕像上,我们可以看到,维纳斯带着自信的目光,嘴角挂着微笑,躯体丰腴饱满,容貌端庄稳重,举止大方,神态矜持,充满着青春的健美与无限的生命力。难怪19世纪法国雕塑家罗丹欣赏这尊雕像时惊呼:"抚摸这座雕像的时候,几乎觉得是温暖的。"从这座杰出的雕像中,我们冲破了时空的限制,感受到一千多年前古希腊现实生活中许多美人的典型特征。再如,生活中的美是生动的,然而又是粗糙的、分散的、零碎的,有时往往不为人们所注意。而艺术作品,通过艺术家的选择概括,提炼加工,去除现实生活中的粗糙的杂质,把分散在生活中的美集中起来,加以典型化,组织在统一的艺术形象之中,这样,就使生活中的美更加鲜明、更加突出。所以,艺术作品更高更集中地反映了生活,艺术美是现实生活美的升华。

3. 艺术美的特点

(1)从人们欣赏的侧重点来看艺术美

从人们欣赏的侧重点看,社会美一般侧重于它的内容,自然美一般侧重于它的形式,而艺术美则要求它的内容与形式的完美融合。一般来说,艺术美在很大程度上是社会美、自然美能动的反映。艺术美的形式必须贴切、完美、自然地表现一定的内容,而且要不露其人工雕饰的痕迹,做到内容与形式的有机统一。欣赏者在把握艺术美时,也都是从内容与形式的结合上去把握的。比如清代文论家刘熙载在《艺概》一书中评论杜甫的诗歌时,认为"杜诗只'有''无'二字足以评之。'有'者,但见性情气骨也;'无'者,不见语言文字也。"这就是说,杜诗往往只见其内容,看不到它的形式。这里,刘熙载并不是指责诗圣杜甫不讲艺术形式的美,而是说杜甫的诗歌创作已达到了内容与形式浑然天成、天衣无缝的地步。人们欣赏他的诗时,只体会到它生动感人的艺术境界,并不另外感知到它的表现形式。这也说明了越是艺术珍品,就越能达到内容与形式的完美融合。

(2)从人们对美的创造的层次来看艺术美

从人们对美的创造的层次看:自然美,特别是未经人们直接加工改造过的自然物的美,它只能是美的低级或较低级的形态;社会美是美的高级或较高级的形态;而作为集中反映现实生活的艺术美,则是美的最高级的和比较完备的形态。因而艺术美更具有典型性、理想性和永久性。美是人的本质力量的感性显现,而人的本质力量,又有社会本质力量与自然本质力量之分。对于自然美,它显示和肯定的主要是人的自然本质力量;对于社会美,它显示和肯定的主要是人的社会本质力量;而对于艺术美来说,一方面它既肯定和显示了人的社会本质力量和自然本质力量,并经过典型化处理,较之社会美或自然美更精粹、更集中、更典型、更理想、更高级,另一方面,艺术美又是艺术家辛勤劳动的结晶,是艺术家智慧、才能、思想、情感等本质力量对象化的产物,故在美的层次上是最高的层次。艺术美一旦被创造出来,可以突破时间、空间的局限,被人们永久性地流传和欣赏。

4. 艺术美的分类

由于艺术形式的不同,艺术美也有多种形式。一般按艺术作品所采用的物质材料及表现形式区分,可以把艺术分为实用艺术、造型艺术、表现艺术、语言艺术和综合艺术五种类型。

(1)实用艺术

实用艺术是一种实用与审美相结合的艺术。主要包括建筑艺术和实用工艺。建筑艺术是一种融建筑的实用功能与审美功能于一体的艺术形式,实用工艺是指除建筑以外的人类日常生活用品的制造工艺。工艺品又可分为实用工艺品和装饰工艺品。

(2)造型艺术

造型艺术也称空间艺术。它的基本特点在于运用一定的物质材料在空间中塑造可视的平面或立体的艺术形象,以反映社会生活,表现艺术家的思想感情和审美意识。造型艺术主要包括绘画、雕塑、摄影和书法等。

（3）表演艺术

表演艺术侧重于艺术家通过主观感受的折光去反映现实。它的主要形式是音乐和舞蹈。音乐是用有组织的乐音构成声音形象来表达人的感情。舞蹈是以人自身的形体动作为物质手段,通过表情、姿态、动作的有规律的变化,以抒发人的内心感情的艺术。

（4）语言艺术

语言艺术又称文学艺术,是指以语言、文字作为表现手段,直接塑造艺术形象,再现生活的艺术种类。这种艺术形象不是直观可视的,而是通过读者的思维、想象进行第二次创作,以间接的形式表现出来的思维形象,它包括小说、诗歌、散文等。

（5）综合艺术

综合艺术在这里指同时兼有视觉和听觉感受的戏剧、电视、电影等艺术形式。这类艺术综合了文学、表演、音乐、舞蹈、绘画、建筑、工艺等多种艺术媒介,并以此作为传达某种审美意识的方式和构成艺术形象的手段。

四、美的类型

（一）优美与崇高

优美与崇高是审美实践活动发展中最基本的两种审美形态,它们二者既有密切的联系和若干共同点,又有各自的特点和独特的内涵。在审美领域,它们构建于人类社会实践基础之上,体现了人类存在体验的不同方面,并普遍地在自然界、社会生活和艺术作品中显现出来。古往今来的美学家们,在对它们进行逻辑总结和分析时,也往往总是把它们并列起来进行比较研究。例如,古罗马时期的哲学家西塞罗,就明确地把美分成"秀美"和"威严"两大类。他说,美有两种:一种美在于秀美,另一种美在于威严。他认为必须把秀美看作女性美,把威严看作男性美。他所谓的"秀美"和"威严",实际上包含着优美和崇高的含义。其后,博克、康德、黑格尔、席勒等古典美学家,直至现代及后现代美学家,对优美和崇高都进行过不同的论述。

1. 优美

优美,也称阴柔之美、秀美。优美以感性形式的和谐为主,其审美意蕴、情感力度柔和平稳,呈现为秀丽、妍雅、清新、明媚、轻盈、宁静等风格,具有小巧、平静、舒缓、单纯等表现形式。优美的诸多特质是由其审美关系的内在本质所决定的。

作为优美审美形态的审美对象,一般具有小巧、轻缓、柔和等的形式特征,对于优美的对象,常常以清新、秀丽、柔媚、娇小、纤巧、精致、幽静、淡雅素净、轻盈等加以描述。优美的审美形态使人产生优美感,优美感一般具有和谐、平静、松弛、舒畅的心理特征。优美感的心理特征,表现出对象与主体之间的和谐。所以,优美是人对自身生命力量的静态直观。优美的和谐、平静、松弛、舒畅使人感到愉快和美好,使人感受到生活的魅力,是一种令人心醉神迷的人生审美境界。

首先,优美是超然优雅的人生境界的真实表现。优美的审美形态是一种让人感到轻松愉快、超然物外的情绪状态,优美是人在现实存在中,对自身实践的肯定;在人生存在的和谐圆融的状态中,体悟到人生和谐优雅的境界。因此,在审美主体的感受中,人的存在得以自我观照,从而呈现出一种轻松愉快的和谐状态,这应该是优美的最基本的意象内涵。

其次,优美有秀雅协调的外在形式特征。在外在形式上,优美表现出清秀、典雅、柔和、协调的特点,具有宁静、平和、淡远的性质。清代桐城派文人姚鼐指出,所谓阴柔之美,也就是优美,"如清风,如云,如霞,如烟,如幽林曲涧……"这里的优美风格是细小、轻盈、徐缓。山明水秀、风和日丽、鸟语花香的自然美景就是优美的典型意象。杜甫的"细雨鱼儿出,微风燕子斜"诗句,所描绘的诗情画意,就是一种艺术的优美境界。人的优美,则主要表现在动作和姿态上,和谐动听的声音、柔和的曲线、秀雅的面容则是女性优美的写照。如博克指出的,"优美这个观念是属于姿态和动作的"优美的全部魔力就包含在这种姿势和动作的悠闲自若,圆满和娇柔里。因此,人们把翩翩起舞的舞姿、悠闲自得的动作称为优美。

再次,优美是和谐统一的内容。在审美意象所蕴含的内容上,优美的各个审美要素处于一种和谐统一的状态,即它们相互融合,浑然一体。作为优美的自然事物的形态刚柔相济、强弱相和、大小相当,刚与柔、强与弱、大与小之间没有明确的冲突与对立,如先秦时伍举论美时所说:"夫美也者,上下,内外,大小,远近,皆无害焉,故曰美。"伍举所谓"无害"即是各审美要素之间浑然一体、和谐统一,这也就是优美的审美情态。王维的诗句"明月松间照,清泉石上流",明月柔和的光晕,静谧地洒在林间,清泉潺潺,在碎石间流淌。这是一幅优美的画面,明月、松林、清泉、细石,动静有致、相辅相成、浑然一体。

最后,优美是心旷神怡、愉悦轻快的审美体验。就审美活动中的审美体验看,优美是人在审美实践中所获得的一种轻松愉快、心旷神怡的感受和体验。拉丁文中优美写作 Gratia,意即愉快、直率,心态超脱后的愉悦,是优美体验中所得到的最主要审美感受。它不像崇高的审美体验中的悲壮恐惧、恢宏豪迈,它的体验是轻松愉快、可亲近的。当人们处于优美体验中时,人的生理和心理处于非常和谐一致的状态。当人们漫步花前月下,谛听风吟鸟鸣,荡舟湖面,微风徐来,水波不兴,这是一种极度放松和舒适的愉悦感受。而在崇高的审美情状下,人的心理紧张,情感集中,伴随的是一种恐惧和敬畏为主的审美情绪。因此博克认为,松弛舒畅是优美所特有的效果。他说,优美的一个主要特性是:"它们的各部分的线条不断地变换它的方向,但它是通过一种非常缓慢的偏离而变换方向,它从来不迅速地改变方向使人觉得意外,或者以它的锐角引起视觉神经的痉挛或震动……松弛舒畅给美所特有的效果……"里普斯认为优美是以一种柔和的力给人以喜悦。他说:"凡是不猛烈地、粗暴地、强霸地,而是以柔和的力侵袭我们,也许侵入得更深些。并抓住我们内心的一切,便是'优美的'。"所谓的"松弛舒畅是美所特有的效果""温柔的喜乐",都是优美体验的主要特征。

2. 崇高

崇高是一种突出了主体与客体、人与自然、感性与理性的矛盾、对立,情感力度异常强烈,具有以痛感、压抑感为基础,由不和谐到和谐、由痛感到快感的复杂心理体验,并以狂放、暴烈、无限、模糊、神秘等为基本特征的审美范畴。

崇高作为审美形态,它主要指对象以其粗犷、博大的感性形态,劲健的物质力量和精神力量,雄伟的气势,给人以心灵的震撼,使人惊心动魄、心潮澎湃,进而受到强烈的鼓舞和激励,引起人们产生敬仰和赞叹的情感,从而提升和扩大了人的精神境界。在审美意象的形式构成上,崇高往往具有粗犷博大的感性形态。如巍巍泰山、滔滔长江等。在威力上,崇高往往具有强健的物质力量和精神力量以及压倒一切的雄伟气势。如火山、雷电、奔马等。在审美体验上,崇高往往给人以心灵的震撼,使人惊心动魄、心潮澎湃。在人的精神上,崇高总是给人以强烈的鼓舞，引人赞叹，催人奋进。

　　崇高这个概念早在古罗马时就出现了，但真正把它作为一个审美范畴进行研究应推 18 世纪的英国美学家博克。他把崇高作为与美对立的审美范畴，从外在形式与内在心理情绪两个方面进行比较，提出了崇高的特点。凡是能引起人的恐惧的东西，如晦暗与朦胧、空虚与孤独、黑夜与沉寂等都是构成崇高的因素。崇高的对象往往是无法驾驭的力量，具有庞大的体积，粗犷的形式，强硬的直线，坚实笨重的形式特征。这些对象使主体感到痛苦、危险与恐惧，对主体的生命造成威胁，引起人"自我保全"的本能反应，当人从心里生发出"这危险与痛苦不能加害于自己"的自我保护意识时，就是崇高感。康德在其《判断力批判》中专章分析崇高，提出崇高对象的特征是"无形式"，即对象的形式无规律、无限大、无比有力和无法把握，这些对人有巨大威胁的对象是人难以抗拒的。人的感官与想象都不能把这样的对象作为整体来把握，因此是对象否定主体。然而，人的理性在较量中会发现自己是在"安全地带"，并能"见到"对象的整体或把它作为一个整体来理解，从观念上战胜对象，肯定主体，产生崇高感。

　　首先，是雄伟壮阔的力量之美。在崇高的审美体验中，人们获得的是一种非凡的力量、压倒一切的气势，并引起人们惊愕、敬仰、神往的情绪。那些可称之为崇高的审美意象，一般具有雄伟壮阔的外观，从而引起人们的力量之感。当人们面对自然时，如巍巍群山、浩渺大海、澎湃浪潮等，都会激起人们的一种崇高之感、豪迈之情，原因在于它们的外在形式和人内在的崇高的存在体验相吻合，都是让人激动的形式，都能唤起人们的豪迈之情，这当然基于自然物的雄伟壮观的外部特征。同样，绵延起伏的万里长城、气势雄伟的天安门广场、高耸入云的东方明珠电视塔等，它们的崇高之美也是通过雄伟壮观的外部造型体现出来的，但是，因为它是人的创造物，所以在壮美的外观中，又多了一层人类创造的伟大之情。

　　其次，是社会价值实现的昂扬之美。崇高的内在审美不仅体现在形式意象上，主要体现在人对社会价值的肯定和认同上。在人的存在体验中，人与社会的对立超越，其实并没有可感的形式意象，但它也同样是一种崇高体验。崇高的社会审美体验，主要通过对象与社会、人生的关系显示出来。宏伟的建筑、壮丽的诗篇，以及人们超越"他者"的伟大，这当然是一种具有明显社会倾向的体验。即使是自然界峻峭的悬崖、苍劲的古松、无际的沙漠，它们所显示出来的审美品格，也展现了人的内在价值和意义。因此，某些形体上特别巨大、力量上特别超群的自然现象，可以成为人的存在力量的一种暗示和象征，人们面对它们，可以从中感受到自己非凡的精神超越感。所以，崇高的内在特征主要在于它与人存在的关系，崇高不仅是外在特定的物质形式，还要以真与善为基础，它也是人的存在中超越带来的感性体验。

　　再次，是刚毅坚强的品格之美。崇高不仅具有雄伟壮阔的外观意象形式，而且还具有刚毅坚强的内在品格，充满阳刚之美。崇高感所体现的是其刚毅坚强的人生品格。艺术领域中的崇高，主要体现在其"力度"和"气度"上，也就是体现在艺术作品的阳刚、雄浑、豪放的风格中。苏轼的词具有一种崇高风格，"须关西大汉，铜琵琶，铁绰板，唱大江东去"。这其中也暗含着一种"力"的意义。中国古代美学中的"风骨"说，其特质也在于刚毅坚强的内在品格的体现，在于它的"道""劲""健""力"的内在风格，是刘勰《文心雕龙·风骨》中的"刚健既实""骨劲而气猛"，这些也正是中华文化中"天行健，君子以自强不息"的内在精神特质的审美表达。

　　最后，是恢宏豪迈的尊严之美。由于崇高主要体现的是人存在的超越性的实现，因此，人在存在实践中，在超越中体现了人的存在的尊严之美，感到存在的强大，从而肯定了存在的意义。在人的存在体验中，主体面对"他者"，以及人面对自然、社会、自我时，首先产生的是恐惧和惊异，但他是敬而不惧、敬而无畏，在有限人生中体悟到无限意蕴，从而体会到自身的强大，在存在的实现中感悟到的是一种尊严。但我们还应看到，这种尊严之美的实现，受制于不同的历史条件。在人类的早期，人们产生的惊惧恐怖的感受，主要来自自然界；而后则是社会，乃至自身，这也正好说明，审美形态具有一定的历史性和实践性。

（二）悲剧与喜剧

在日常生活与大众传媒中，我们看到的具有鲜明对立意味的"悲剧"与"喜剧"术语，基本指的是一些令人伤感不已的不幸、悲惨遭遇与令人忍俊不禁的滑稽、可笑之事。前者如一次车祸、一场矿难、一桩凶杀案件，后者如马戏团的小丑表演、一些搞笑图片与场景等。在更多或更专业的情形里，原本发源于古希腊并成为西方重要文化现象的悲剧和喜剧这对术语，是被作为戏剧类型或体裁而看待（有时还会加上正剧、悲喜剧等类型），且每每与那些西方艺术史上的戏剧与文学（作为剧本）的经典之作，如索福克勒斯的《俄狄浦斯王》、莎士比亚的《哈姆莱特》和莫里哀的《伪君子》、果戈理的《钦差大臣》等联系在一起。但悲剧与喜剧术语实际并不囿于上述日常生活传媒话语和戏剧艺术类型的范围内。尤其是在相关理论探讨中，悲剧与喜剧概念还被扩展到人们对一些小说、电影、电视剧、小品等叙事性艺术类型的审美体验与评价，如列夫·托尔斯泰的《安娜·卡列尼娜》、鲁迅的《祝福》、电影《魂断蓝桥》、吴敬梓的《儒林外史》、卓别林主演的电影《摩登时代》等。甚至在对诸多真实的历史事件的特别观照范围内，也常常使用这一对术语。某一种在广泛意义上被使用的悲剧与喜剧术语，为了与作为戏剧及文学艺术样式的悲剧与喜剧概念相区分，美学上有时称之为"悲剧性"与"喜剧性"或"悲剧美"与"喜剧美"，这正是部分即将讨论的作为审美形态和美学范畴的悲剧与喜剧。

1. 悲剧

作为审美形态的悲剧，是在人生存在实践中，由于人生与现实的矛盾而引起的冲突，从而体现出人的存在的力量、斗争、勇气等情感的艺术表现。悲剧不同于一般日常生活中的悲悯、悲哀，而是有价值的事物在社会历史的冲突、毁灭中，让人体会到斗争的勇气和理想追求的力量感，从而感受到美的内涵，引起情感的激荡和振奋，即"以悲为美"实现的审美愉快。

从悲剧理论研究而言，作为戏剧艺术类型的悲剧概念之于作为美学范畴的悲剧概念的联系更为密切、意义更加重大。因为作为戏剧艺术类型的悲剧概念不仅构成了整个悲剧理论史的核心，也因此成为作为美学范畴的悲剧讨论的重要前提与基础。那么，作为一种审美形态的悲剧究竟有着怎样的本质特性？鉴于悲剧美学争讼纷纭，只能给美学意义上的悲剧概念下一个权宜使用的定义。

悲剧（tragedy），又称悲剧性（the tragic）或悲剧美（the tragic beauty），是指具有值得人同情、认同的个体，在特定必然性的社会冲突中，遭遇不应有却又不可避免的不幸、失败甚至死亡结局的同时，个性遭到毁灭或者自由自觉的人性受到伤害，并激起审美者的悲伤、怜悯与恐惧等复杂审美情感，乃至发生某种转变的一种审美形态。有别于其他审美形态，悲剧审美形态实际同时具有四个必不可少的基本要素，即悲剧主角、悲剧事件、悲剧悖论和由悲剧审美的主体所承当的悲剧效果。其中，前三个要素是悲剧审美的对象方面的要素，悲剧效果则是悲剧审美的主体方面的要素。

根据美学定义和悲剧主人公个性特征在悲剧中的呈现方式，可以将美学意义上的悲剧分为以下两种。第一种，悲剧主角以超前出现的强烈个性姿态与客观环境对抗，目的因脱离规律条件而表现为不能实现的理想愿望:悲剧主角目的无法实现的绝望境况与其执着追求目的理想的强烈个性构成了悲剧与崇高的交叉。此可谓悲剧中最接近崇高的一类悲剧,故可称之为"崇高性悲剧"。表现神话英雄普罗米修斯为了人类的福利而将火种盗往人间,因此被宙斯用镣铐钉在高加索山受酷刑折磨的《被缚的普罗米修斯》就是这样的悲剧;战国时期楚国著名诗人屈原一生忠于楚国国王却屡被诬陷、不受信任且屡遭放逐,最终投江自尽的真实事迹也是这样的悲剧。第二种,悲剧主角在既定现实的结构秩序中磨灭了个性和创造力,悲剧主角的个性不是超前,而是无个性:作为主体的悲剧主角的目的不是夭折,而是被特定的现实情境及其力量同化消解。这是明显与崇高有别、更集中体现悲剧审美形态的独特性质的"非崇高性悲剧"。用鲁迅的话讲,此即"软刀子割头不觉死"的"平常悲剧","这些极平常的,或者简直近于没有事情的悲剧,正如无声的言语一样,非由诗人画出它的形象来,是很不容易觉察的。然而人们灭亡于英雄的特别的悲剧者少,消磨于极平常的,或者简直近于没有事情的悲剧者却多。"悲剧突破了英雄牺牲的狭隘格局,而将整个人生收入视野。从阿Q扭曲麻木的性格到电影《摩登时代》中沦为活扳手的工人的机械动作,从契诃夫笔下那个为将鼻涕溅到将军身上而竟至于自我惊吓而死的小公务员到盲从邻居选购消费、追随街头时装穿戴、被大众传播信息裹挟得不能自主的当代日常心态,此类悲剧更为深刻地展示了人的个性在现实生活中是如何被泯灭的。

与悲剧审美范畴的本质内涵及其四要素,即悲剧人物、悲剧事件、悲剧悖论和悲剧效果相对应,作为审美范畴的悲剧或悲剧审美同时具有下述四个方面的基本特征。

首先,悲剧至少有一个值得人同情和认同的个性化人物作为主人公。任何悲剧都至少会有一个主要人物或主人公作为悲剧事件的承担者与行为主体,但并非任何人都可以作悲剧的主人公。最早对悲剧作出著名界定而且影响深远的亚里士多德,从其文艺摹仿说出发明确写道:"悲剧是对于比一般人好的人的摹仿。"在亚里士多德看来,悲剧主人公的理想人选既非"十分善良的人",也非"极恶的人",而是介乎两者之间的会犯错误的"好人"。因为,悲剧主人公倘是十分善良的人,他们遭遇不幸只会使人厌恶,而不能引起人的恐惧与怜悯之情;倘是罪大恶极的人,他们遭遇不幸便是咎由自取,也不能引起人的恐惧与怜悯之情。只有会犯错误的好人遭遇不幸时,才能既引起人的怜悯之情,惟其是好人,故值得人同情;也引起人的恐惧之情,惟其不是好到极点,同普通人一样会犯错误,因而遭遇不幸,故使人担心类似的不幸也会降临到自己头上。

其次,悲剧人物会遭遇到一个结局不幸的灾祸、失败或死亡的悲惨事件,常常使个性遭到毁灭或者使自由自觉的人性受到一定程度的伤害。同优美与崇高的审美对象可以是人事活动,也可以是物质实体有别,悲剧审美的审美对象必定是有人参与的人事活动,而且是悲剧主人公所体现出来的人生的痛苦、不幸和悲哀之事。亚里士多德特别强调悲剧的情节及其完整性,认为"悲剧是对于一个严肃、完整、有一定长度的行动的摹仿",而且"情节乃悲剧的基础,有似悲剧的灵魂"。或许与古希腊悲剧具有突出的崇高特征有关,从其悲剧定义看,亚里士多德似乎并不着意于悲剧情节的"悲",但从悲剧所产生的怜悯与恐怖效果看,他也并未否认悲剧"悲"的特征。后来人们通常以为,"悲剧要求表现剧中人所遭遇的巨大的危难;喜剧则满足于对主要人物的惊慌和烦恼的模拟"。换言之,无悲不成悲剧,悲剧必须具有令人悲伤、悲叹、悲悯、悲酸、悲切的事件。事件越是撕心裂肺,悲剧就越是出色;悲得越深,哀得越甚,越能产生悲剧效果。

再次,悲剧人物所遭遇的痛苦甚至死亡结局及其人性伤害或丧失,既是必然而不可避免的，又是不正当的、令人不可接受的。亚里士多德注意到悲剧主人公自身的矛盾与复杂性，即悲剧人物比一般人好，但不是非常好。不过，最先触及悲剧悖论性的应该是黑格尔。黑格尔从其绝对理念哲学出发，在《哲学史讲演录》和《美学讲演录》中用冲突概念来解释悲剧的根源时，提出了更具有审美形态内涵的著名悲剧冲突理论。他明确指出："真正悲剧性的事件中，必须有两个合法的、伦理的力量互相冲突。"而作为两种伦理观念体现者的矛盾冲突双方，均既是合理的，又是片面、不正义的，因为实现其伦理观念都必然要损害对方。尽管黑格尔的悲剧理论所谓的悖论存在于悲剧冲突双方，严格说来还不是这里所谓的主人公悲剧事件的悖论性反映，而且存在着为人诟病的抹平矛盾双方正义与非正义性，将胜利归结为抽象的"永恒的正义"的倾向，但他所揭示的悲剧矛盾冲突及其主人公命运的不可避免性仍然是有启发性的。在人们常常依据悲剧主人公沉沦或悲剧发生的主要原因，将悲剧区分为命运悲剧、性格悲剧和社会悲剧中，不只是命运悲剧和社会悲剧格外醒目地凸显了个体对造成悲剧发生的不以个人意志为转移的外在强制特征的感受，即便是性格悲剧，导致悲剧发生的性格因素也并非主观随意性，而同样体现出一种必然的强制性。

最后，是悲剧极其重要的一个审美感受与功能方面的特征，悲剧会引发审美者恐惧、怜悯与悲伤等诸多复杂的情感反应与审美感受，甚至发生某种精神提升或转变。以上对悲剧三个特征的探究，不断提到悲剧主角及其事件所激起的悲剧审美者的情感反应，亦即悲剧的审美效果。由悲剧审美者而承担的悲剧效果是复杂而具有启示性的。

2. 喜剧

喜剧既是一种艺术类型，也是一种审美形态，它经历了由艺术形态到审美形态的历史发展过程。在人们的情感上，喜剧以"笑"为载体，因此，对笑及其原因的探讨就成为喜剧理论的核心，笑既是人类的一种本能，也是一种特殊的审美体验。它包含着一种快乐机制，同时又是一种挑衅性发泄。喜剧还包括滑稽、讽刺、幽默等次级形态，这是因为喜剧中存在着滑稽因素，如行为语言的乖讹、夸张、倒错、变形及明显的虚假和假作正经、自相矛盾等，因而会引起笑。喜剧常常用于评价某一重大的社会历史现象，黑格尔认为，喜剧是"形象压倒观念"，因此表现了理性内容的空虚。喜剧感的笑包含着人类对人的价值的肯定，对真与善的肯定，这是喜剧具有审美价值、能引起人的审美愉快的重要原因。喜剧感的笑由于包含着深刻的理性批判的内容和犀利的讽刺，因此是一种严肃的笑，所以高尚的喜剧往往是接近悲剧的。

从喜剧理论研究而言，作为戏剧艺术类型的喜剧概念之于作为美学范畴的喜剧概念的联系更为密切、意义更加重大。因为作为戏剧艺术类型的喜剧概念不仅构成了整个喜剧理论史的核心，也因此成为作为美学范畴的喜剧讨论的重要前提与基础。美学意义上的喜剧的定义是：

喜剧（comedy），又称喜剧性（the comedic）或喜剧美（the comedic beauty），是指有这样那样的弱点、缺陷甚至虚假、丑恶特性的人或对象，在特定的矛盾冲突或不和谐情境事件中暴露出自身的不协调与自相矛盾性，从而引人发笑的审美形态。喜剧或喜剧美是一个现象学意义上的动态呈现或生发、展开过程，在此意义上，可以将作为审美形态的喜剧的生发、展开过程称为喜剧审美，而将此审美活动中所获得的美称为喜剧美。

喜剧在欧洲古代是一种戏剧形式，与悲剧不同，喜剧属于民间的大众艺术的形式，因此，早期的理论家研究的是艺术形式意义上的喜剧，而不是审美意义上的喜剧审美形态。如亚里士多德认为，"喜剧是对比较坏的人的模仿，然而'坏'不是指一切恶，而是指丑，其中一种是滑稽。

滑稽的事物是某种错误或丑陋,不致引起痛苦与伤害。"到了近代,喜剧则从艺术形式中抽象出来,成为审美形态。康德认为喜剧的心理特征是笑,"笑是一种从紧张的期待突然转化为虚无的感情。"黑格尔则认为,喜剧是绝对的真理与个别现实事例的冲突,主人公追求的是无价值和虚妄的东西,因而显得可笑,"喜剧则用颠倒过来的造型艺术方式来充分补充悲剧的欠缺,突出主体性在乖讹荒谬中自由泛滥以达到解决。"

从人们的审美情感的表达看,喜剧的原型是原始狂欢,在原始巫术活动中,为了表达对神灵的敬仰和感激之情,人们常常举行一种仪式,人们可以尽情地欢笑,进行模仿性表演,夸张地模拟战胜敌人或凶神恶煞的情境,嘲弄丑化对象。通过对对方的喜剧性的嘲笑,以达到喜剧的目的。当然,这里也包含着人们更多的社会生活的内容,以及对人的存在的反思。这样,喜剧艺术的情感形式就上升为喜剧的审美形态。喜剧的价值载体只能是艺术作品。

与悲剧审美范畴的四要素相类似,喜剧审美范畴也同样拥有有别于其他审美形态的必不可少的四个基本要素,即喜剧人物、喜剧事件、喜剧矛盾和由喜剧审美的主体所承当的喜剧效果。其中,前三个要素是喜剧审美的对象方面的要素,喜剧效果则是喜剧审美的主体方面的要素,作为审美范畴的喜剧或喜剧审美同时具有下述四个方面的基本特征。

第一,喜剧人物的无价值或反价值性。喜剧一般也须有主人公,而且同悲剧一样是由特定的人来承担。柏格森就曾明确指出滑稽(喜剧)事件的主人公非人莫属:"在真正属于人的范围以外无所谓滑稽。景色可以美丽、幽雅、庄严、平凡或者丑恶,但绝不会可笑。我们可能笑一个动物,但那是因为在这个动物身上,我们看到一种人的态度或表情。我们可能笑一顶帽子,但我们所笑的并不是这片毡或者这些草帽辫,而是人们给帽子制成的形式,是人在设计这顶帽子的式样时的古怪念头。"只是与作为悲剧审美对象的主人公具有值得人同情与认可的价值性不同,作为喜剧审美对象的主人公往往具有惹人发笑的无价值或反价值性。

第二,喜剧事件的矛盾性与可笑性。喜剧人物的无价值性必须通过特定的喜剧事件表现出来。与悲剧事件的悲惨表征不同,作为喜剧审美对象的喜剧事件,常常在形式上表现出不和谐、不协调的矛盾性及其反常性,在内容上表现出可笑性的特征。

美国学者霍兰德指出:"我们发笑,是当我们看到一项不协调性的时候。"对喜剧事件中普遍存在的此种不和谐、不协调的矛盾性,美学家们曾从多个方面予以描述与揭秘。黑格尔认为喜剧矛盾根源于绝对精神发展中感性形式压倒了观念,表现了对象的空虚和缺乏理念内容,他尤其强调喜剧形式与内容的矛盾性。法国哲学家柏格森用"生命的机械化"来解释喜剧及笑产生的原因。在他看来,"只有机械地完成的事情才是根本可笑的",因而,笑体现的是动作、姿态、形体的机械性与生命的灵活性的冲突。当一个人的生命出现了物质化现象,变成机械物件,就会失去全部生气,失去生命的灵活性和多样性,从而变得呆板、笨拙。而这种呆板笨拙的地方,正是产生喜剧性的根源,如杂技团中的小丑,喜剧中的喜剧人物(卓别林已成经典的机械步态与手势)都是这样。行为呆笨、费尽周折吃一个鸡蛋的王蓝田也是这样的喜剧人物:"王蓝田性急。尝食鸡子,以箸刺之不得,便大怒,举以掷地。鸡子于地圆转未止,仍下地以屐齿碾之,又不得。瞋甚,复于地取内口中,啮破即吐之。"(《世说新语·忿狷》)。与前面所述喜剧理论不同,马克思特别强调喜剧的现实社会冲突背景,将喜剧看作两种社会历史背景冲突的一种矛盾形态,进而深刻揭示了喜剧人物用异己本质的假象来掩盖自己的虚假性本质特性。这对理解喜剧对象的本质及其内容与形式的矛盾性无疑具有十分重要的意义。

第三,喜剧矛盾的突发性。悲剧事件的矛盾冲突具有悖论性,喜剧事件的矛盾冲突则具有突发性。施勒格尔《论希腊喜剧的审美价值》就指出:"喜剧的根本任务就是以最小的痛苦为代价创造最高的生活。喜剧实现这个任务最好的手段就是进行安排,譬如在一个对比产生的让人吃惊的突然性里。"更具体地讲,喜剧矛盾冲突有突发性,就是有悬念,能扣人心弦,而且急转直下,出乎人的意料,由知觉、想象到理解,情感的运动异常迅速,形成拍案叫绝、惊喜交错的效果。如果矛盾发展平缓无奇,就不会激发出笑声,而只能叫人慢慢思索,就失去了喜剧领悟(顿悟)的冲击力量。人们在欣赏喜剧时放声开怀大笑之处,往往就是矛盾突然转折,谜底突然解开,悬念突然得到放松的地方。

第四,喜剧效果的愉悦性。愉悦性是以优美为代表的审美经验共同的情感基调,即便是以悲伤为主旋律的悲剧审美,自亚里士多德以来的悲剧理论家也承认其中必然存在的审美快感。不过,相较而言,喜剧的愉悦性则来得更直接、更强烈,更有大众性,更受青睐,也更显其审美的本质特征。对喜剧人物虚假性的暴露、嘲弄或批判的同时,对审美者面对引人发笑的喜剧人物的喜剧心态亦即优越感的笑(实乃人的本质对象化进程中主体业已占据支配地位情况的体现)的尽情展示,也正构成了喜剧审美的主要内容及其魅力所在。

(三)丑与荒诞

丑与荒诞代表了社会人生的负面价值,是对美好事物的否定性因素,是与美相比较、相对立而存在的生活样态,是人的本质力量的异化创伤和扭曲。它们的共同特征是表里不一、内外不符、荒唐矛盾。

如果说丑是一种不和谐的话,那么荒诞就是一种虚假的和谐;如果说丑是一种否定性的价值的话,荒诞就是肯定价值与否定价值的混同、错位和失落。丑与荒诞的内涵都具有一定的历史性,是特定历史条件下的产物。作为审美形态的丑和荒诞与自然形态、道德意义的丑和荒诞有着本质的区别。

1.丑

丑,有时也称为"丑陋",是一个特殊的否定性的审美范畴。与"美"一样,"丑"也有广义与狭义之分。广义的丑与广义的美相对立,是现实对人的本质的否定,是对目的与规律相统一的破坏与背离。狭义的丑则与狭义的美(优美)相对立,如果说优美是人的本质对象化的实现,是现实对人的本质的最完满、最充分的肯定,是合目的性与合规律性的和谐统一,是纯粹的美;那么,丑就是对优美的这种纯粹性、完满性与和谐性的否定和破坏。在这个意义上说,狭义的美(优美)是不包含丑的"绝对的美"。狭义的丑正是这种纯粹美和绝对美的反面,因而与优美审美范畴是对立的。无论广义的丑还是狭义的丑,都以其独特的作用而参与人类的审美活动。

从审美活动中审美主体与审美客体之间的关系看,丑是人的本质对象化的未实现和残缺状态,是现实对人的本质的否定,是目的性与规律性的不统一;从审美意象中内容与形式的关系看,丑是理性内容与感性形式、理想与现实、社会与自然、背景与前景之间的背离,是对规范和正常尺度的破坏和否定;从审美感受角度看,丑所引起的感觉,是一种复杂的苦味或带有苦味的愉快,它富于刺激性,使人不安、厌恶甚至痛苦,但在其积极的意义上亦可以突破传统习惯的审美趣味的硬壳,深入灵魂,沁人心脾。因此,否定、背离和苦味愉悦是丑的本质属性,这些属性制约着丑的其他属性和特征。狭义的丑与优美审美范畴相对立,它基本上应被视作一种形式美中的特殊形态,它是对以优美为代表的传统习惯的和谐、对称、均衡、适度等形式美的主要法则的一种背离。以传统习惯的形式法则衡量,丑具有畸形、不和谐、混乱、过度等特征。这些形式特征可以推及社会内容等方面,例如道德上的恶行、生理上的畸形、精神上的怪癖、行为上的怪异、言论上的粗鄙,等等。可以归入丑这一审美范畴的有怪、酷、荒诞、恐怖等次一级审美范畴。综合起来看,丑的历史发展可大致分为三个阶段:原始时代,丑以怪诞凶恶的面貌出现,但当时并未独立为审美评判的对象,而与巫术宗教的畏惧恐怖感融合;古典时代与近现代,美丑分明,美就是美,丑就是丑,人们高唱美的赞歌;现代与后现代,丑则登堂入室,不仅参与传统审美形态而获得审美眼光,而且异军突起,成为跻身先锋与时尚的元素。

古希腊时期的美学理论框架中,对丑的认知是从形式的关系入手的。古希腊时期关于形式规则所指的形式,并不是认识论层面上所习惯使用的与内容相分离的形式,而是一种有机形式,即包含着内容的形式。主要表述为比例、匀称和适度。例如,赫西奥德在《神谱》中讲:"对任何事情,不要有太多的要求;在人类的一切活动中,适度是最好的。"早期毕达哥拉斯学派也将与适度相近似的"秩序"和"匀称"看作美的本质,反之,"无秩序"和"不匀称"和不符合尺度的则是丑的。斯托拜乌在其文集中记载:"要是任何东西越过了尺度,最令人感到快感的东西,也变成最令人厌恶的东西。"亚里士多德就特别欣赏"体积与安排"的美,认为美的主要形式是秩序、匀称和明确性。正是由于形式与内容是不可分离的,所以,赫拉克利特说:"最美的猴子比起人来还是丑。"德谟克利特也说:"身体的美若不与聪明才智相结合,是某种动物性的东西。"古希腊时期审美实践活动中体现出来的自由律,主要表现在审美标准所包含的人本主义精神,即美与丑的区分不仅是由于对象的物性不同所致,而且是人参与其中的结果。所以,在智者运动中,普罗泰戈拉提出了"人是万物的尺度"的著名命题,他认为:"人是万物的尺度,是存在者如何存在的尺度,也是非存在者如何非存在的尺度。"因而没有任何东西是完全美的或是完全丑的,只是那些掌握并区分它们的准则使得一些丑、一些美。对于智者的美丑观,黑格尔有一段很精辟的评价:"智者们说人是万物的尺度,这是不确定的,其中还包含着人的特殊的规定:人要把自己当作目的,这里包含着特殊的东西。在苏格拉底那里我们也发现人是尺度,不过这是作为思维的人,如果将这一点以客观的方式来表达,它就是真,就是善。"

丑的事物与优美的事物相反,呈现为反常、混乱、给人以恶性刺激等形式特征。自然界的穷山恶水、毒蛇猛兽,社会生活中的坏人坏事,艺术创作中的反面形象等,大都具有丑陋的形式。换言之,丑的事物所呈现的外观特点是不完整、无规律和不和谐。丑的各个部分通常是残缺的,它们所形成的关系是冲突的、破碎的和分裂的,因而不能构成一个完满、和谐、统一的整体。所谓不完整,是指丑的事物是畸形的、怪异的。如一张发育不全的脸或一个肢体残缺的人体,它们违反了事物自身的整体性。所谓无规律,是指丑的事物是无规律、无节奏的,是不协调和杂乱无章的。如一阵刺耳的噪声或难闻的气味,依照前边自然美的观念,它破坏了事物自身存在的秩序。所谓不和谐,是指丑的事物不是一个由不同部分协调组合而成的整体,它的各个部分相互冲突、彼此对立,它破坏了事物自身的多样统一性。丑具有以下审美特征。

一方面,由丑陋引起的情绪感受仍然是一种审美情感。这种情绪感受与现实的反感不同,它包含着人对生存实践的体悟和观照,在这种生存体悟的观照中,人获得的是精神的自由,因为这种对丑恶的事物和对立的力量的批判和揭露,是通过审美自由的方式进行的,人们从中获得了一种肯定的价值。

另一方面,作为丑的审美形态,表现为反常、混乱、给人以恶性的刺激等形式。自然界中的扭曲的、缺陷的形象,人类日常生活中的缺憾、不足甚至丑恶等,都给人以不和谐感。但这些都使人从不和谐的形式中,体悟到美的存在,感受到人生的意义和价值。艺术作品中的丑,更是以丑为美,发人深省,启迪人生。这样这些丑的形式经过人的内在心理的转换,成为美的形象。正如亚里士多德所说:"丑的事物本身看上去尽管引起痛感,但惟妙惟肖的图像看上去却能引起我们的快感。"因此,丑不管怎样,总是人们的一种生存实践的表达形式。

2. 荒诞

荒诞是人的本质对象化过程的一个特定阶段或特殊状态,在这个阶段,由于人的本质的分解、弥散或缺位,使对象化过程变成一种无根基、无秩序、无归宿的解体过程。换言之,荒诞是对无意义、无本质、无深度、无价值本身的对象化过程,因而也是对虚无的对象化和对象化的虚无。从荒诞的主客体关系看,由于主体虚位而导致主客关系瓦解,致使客体碎片杂陈、喧哗无主。主体的行为既不是被现实单纯肯定(这样会接近优美),也不是被现实单纯否定(这样则成为丑陋);既不是目的性对规律性的最终统一(这样会接近崇高),更不是规律性对目的性的强势宰制(这样会更似悲剧),也不是目的性与规律性的调和化解(这样会走向喜剧)。

从审美意象中内容与形式的关系看,荒诞是无理性内容的感性形式、无理想的现实、无背景的前景、无深度的平面、无指涉的拟象。在荒诞之中,人的异化、卑微的生存状况集中地呈现出来。荒诞广泛存在于人与社会以及人与人之间的关系领域。在人与社会的关系上,不仅人是无意义的,世界本身也是无意义的,荒诞的人无法与世界建立意义关联,而是相互冷漠、彼此疏远,呈现出破碎感和荒漠感;在人与自身的关系上,荒诞的人无法区分理性与非理性,也无力用理性来规范非理性,而只是将自身的非理性拼贴呈现出来。如此引起的美感经验,一方面是意义滑落、流失之后的虚无感、空洞感、没落感和恐慌感,另一方面则是一种不承担责任、不追求意义、不承诺价值的轻松感、超脱感和解放感。

荒诞审美形态的出现有其现实基础和社会原因,即现代社会的高度异化、人对异化社会的彻底绝望,以及自我在异化社会中的孤独无助。在一个碎片杂陈、亵渎神圣、快速沉沦的时代,"世界失去幻想与光明,人就会觉得自己是陌路人。他就成为无所依托的流放者,因为他被剥夺了对失去的家乡的记忆,而且丧失了对未来世界的希望。这种人与他的生活之间的分离,就像演员与舞台之间的分离,真正构成荒诞感"。在这时,只有"对于荒谬的一种荒谬关系",才捕捉住了这个时代文化类型的"独特的艺术表现形式"。

荒诞作为审美形态的具体特征体现在三个方面。

一是形式的碎片化和丑怪。荒诞艺术不再在理性意义上把实体看作可以透彻了解的存在大系列。在完整的、立体的、独立存在的个体被取消之后,存在着的只是实体被挤压成的面,或者是拆解后再拼凑的面,或者是毫不相关的元素所组成的面。单面的存在,单向度的人生,它们或者稠密得毫无秩序,或者空虚得了无实质。丑怪的形象充斥于艺术,如在尤奈斯库的《犀牛》和卡夫卡的《变形记》中,人变成了犀牛和甲虫;在尤奈斯库的《椅子》中物排斥了人;在海勒的《第22条军规》和卡夫卡的《城堡》中,无形无影又无所不在的神秘力量摆布着人。

二是内容的平面化和无中心。由于时空深度的消失,内容的中心和主题弥散蒸发,出现了无高潮无情节的倾向。在传统艺术中,音乐的主题呈示是乐曲的中心,并在展开中形成高潮;绘画的主题一般位于图画中央区域或附近,外围空间则附着于主题;戏剧则有头有尾有高潮。然而乔伊斯的《尤利西斯》则是水平式的,既不逐渐上升到任何危局,也没有传统小说的高潮。平凡、稠密、毫无意义、不可理喻,这被荒诞艺术家看成真实生命的形式,"'生命'是一个故事,由白痴道来,充满喧嚣与愤怒,毫无意义"(福克纳《喧哗与骚动》)。无意义的生存正如无指针的时钟,嘀嘀嗒嗒喧嚣不息,稠密而空洞,杂多而无序。

三是主体的零度化和无力感。在传统审美形态中,主体敢于表达价值判断并有能力对对象做出评判,但在荒诞审美形态中,前景上的对象都是等值的或无价值的。优美是前景与背景的和谐,崇高是背景压倒前景,而荒诞则是杂乱而无意义的前景掩盖了背景或者转换了背景。这种景观正是人的无力感和无奈感的倒影。在贝克特的《等待戈多》中,两个主人公焦急而无望地等待一个叫戈多的虚无缥缈的人,为了打发时光,他们就做脱鞋穿鞋、拥抱对骂、扮演上吊等无聊无奈的行为,却毫无能力改变这种无助的局面。荒诞作为审美形态的意义在于,异化的现实生存是无意义的,而那些通行的价值观念又是虚假的,人们尊崇的理性也是可疑的。

荒诞是荒诞的人在失去意义的世界上对意义的丧失所做的单纯呈现活动和所达成的体验,它并不是要重建一个充满意义的世界,也不是要用理性的无限来对抗虚无的世界,而是用非理性的形式,将意义丧失的境遇呈现出来,目的是表达一种强烈的意义缺失的虚无感及其背后的绝望感。自觉到现实的荒诞,才有对现实的绝望,呈现当下生存的空虚,才有可能以荒诞来面对空虚,进而用荒诞来浇灌自由。荒诞正是以这种否定消极的方式曲折地肯定人的自由。

第二节　酒店实用美学概述

一、酒店实用美学的历史渊源

20 世纪 70 年代以来,现代交通和经济的发展、物质和精神文明水平的不断提高、生活闲暇时间的增多、全球化发展等因素,促使旅游成为一种新兴"产业"并迅猛发展,风行全球。而酒店成为旅游活动过程中的重要内容之一,酒店美学的历史渊源须得从旅游美学谈起,同时酒店实用美学也逐步显现出极大的实践应用价值和学术研究意义。

(一)提升酒店实用美学价值是人类精神文化生活的客观需要

要清晰地认识、了解酒店美学,还需认识、了解人类的旅游活动以及旅游审美活动的历史。酒店实用美学是在旅游、旅游审美活动的不断发展过程中孕育而成的。就目前来看,"酒店实用美学"还是一个不确定的概念。旅游经济学、旅游社会学、旅游行为学、旅游心理学、旅游文化学等不同的学科,可以从不同的研究视角对其在不同的维度、不同的层面作出不同的界定。然而,不管如何解释"酒店实用美学"这一概念,也不管审美主体的目的、形式如何不同,就审美活动过程中追求美的享受、丰富生活内涵等而言,都是一致的。

传说中华民族的始祖黄帝时常外出巡游,"作舟车以济不通,旁行天下"。他曾南到衡山,北到恒山,东到大海,西到沙漠。为了巡游的方便,黄帝还在昆仑山建了一座庄严华美的行宫,从那里向西望去是银光闪烁、碧波连天的"稷泽"大湖,向东望去是巍峨挺拔、绵延千里的恒山。脚下的瑶水清冷透骨、不染纤尘,涓涓乎、潺潺矣,直通瑶池。另如,大禹在"治理洪水"的过程中,走遍了九州大地,领略了不同的山川风貌、民俗风情,经历了许多人间的奇人奇事。大约成书于战国时代的《竹书编年·穆天子传》中记载,周穆王"欲肆其心,周游天下",乘坐着八匹骏马拉的车辇曾北出洛阳,越太行,经河套,渡黄河,登昆仑,在日落之处的崦嵫山上会见了西王母。这一相会给我们留下了"瑶台会"这一美丽而永恒的传说。虽说,这些传说不能作为史实,有极大的虚构成分,但说明早在人类社会的初期,人们就渴望着无拘无束的远游,通过远游实现对美好事物和理想生活的追求。

章海荣教授指出"旅游是为了拓宽生活空间,获得精神创造动力的一种方式。旅游审美是居家生活、艺术审美所不可替代的主体参与性感悟世界和宇宙的活动,是追求人性与天地自然共臻完善、完美的一种生活方式。"

旅游,是人类特有的审美文化活动。美的享受、精神的慰藉、文化的体验,这才是旅游的最根本目的。叶朗认为:"离开了审美,还谈什么旅游?"也就是说,只有从审美的角度去探讨旅游的内涵,才能真正抓住旅游这一概念的本质。法国学者梅特森说过:"旅游是一种消闲的活动,它包括旅行社以及在离开定居地点较远的地方逗留,其目的在于消遣、休息或为了丰富人们的经历和文化素养。"于光远关于旅游概念的界定说具有一定的代表性,他指出:"旅游是现代社会居民的一种短期的特殊生活方式,这种生活方式的特点是:异地性、业余性和享受性。"这一定义强调了旅游的享受性,换句话说,它指出了旅游的本质目的是满足人们的审美享受,因而不是单纯的经济现象,也不同于一般的消费活动。

美是人类永恒的追求。而旅游审美是人类一切审美活动中最基本的审美。旅游活动从本质上讲,就是一种审美过程。它既涉及审美的一切领域,又涉及审美的一切形态。旅游审美作为人们精神生活的一部分,是高雅文明的精神需求。这种精神需求有深浅不同的三个层次:一是在美感陶醉中获得精神愉悦;二是在广见博闻中得到充实自我的精神满足;三是在移情、寄情中得到释放情感后的放松。这三种层次的精神需求都是通过对审美对象的欣赏而得到满足的。欣赏景物的形、声、色等形式美,在审美中寓情于物、借景抒情,作为主体情感的对象化表现,这就是释放性精神需求,是带有发现美和创造美的高级精神满足。可以这样说,审美在根本上是贯穿旅游活动中的一种态度、一种价值观念和一种思维方式,它决定着旅游行为的方向和宗旨。

人的本质追求就在于创造美好的生活,而旅游的美学本质正是和人的这一本质追求特性息息相通的。旅游是人类精神生活的一部分,旅游活动过程中的审美需求是客观的,是旅游主体原始的、基本的,也是最终的、最高层次的心理追求。从旅游美学角度讲,旅游活动是随着人类文明的不断发展而产生的;是人类对物质生活和精神生活美好追求的表现;是人类拓展空间、追求生活质量、提高生活品位的社会价值取向。人类的旅游活动一出现,就表现出它的唯美性,对美的追求和向往,体现了审美需求的主观性和审美行为的客观性。车尔尼雪夫斯基感慨道"美即生活",他指出社会生活是美的。旅游就是人们在生活美的启示、诱导下所萌发的美感心理运动的实践过程。当现代生活使人们复杂多样的内心生活达到饱和状态时,人们需要寻求宣泄和替代,旅游正好成为接纳、疏导人们内心郁结情感的良好途径和有效方式。旅游美是自然美、社会美、艺术美、科学美的统一体,是美的最为全面、最为集中、最为典型的表现形态。如果说美是实践中发展起来的人的本质力量的感性显现形式,那么旅游美就是这样一种令人既赏心又悦目的感性形式之一。它积淀和渗透着最为深沉醇厚的人的本质力量。当人自由地、有意识地进行创造活动,人的本质所表现的人的创造才能、思想等通过旅游景观体现出来时,旅游便成为一种能直接观照自身的,引起喜爱和愉悦之情的社会文化审美活动。旅游景观之所以美,就是因为它们在不同的程度上形象地体现了人的自由的、有意识的创造活动。旅游景观不仅以理性的方式体现人的创造本质和力量——表现为对旅游客观规律的认识和掌握,表现为对旅游者物质需要及精神需要的满足,而且还以感性的方式具有生动可感的形象特征和状貌,使人在观赏它们时,能够观照自身,实现自我。

（二）人类的旅游审美感受孕育了酒店实用美学的基本思想

1. 山水诗文中的旅游美学灵魂

在旅游活动过程中，人们通过文学诗歌、书法绘画等艺术形式抒发心理感受。心理感受的抒发，是旅游主体对旅游客体的审美心理体验，也正是旅游美学的萌芽。孔子周游列国，"登泰山而小天下"，临河川而感叹"逝者如斯夫"，并提出了"仁者乐山，智者乐水"的比德说和"父母在，不远游，游必有方"的旅游空间观和旅游道德观。庄子与惠子结伴游"濠梁"有"鱼之乐"之辩，提出了"依乎天理，因其固然"和"既雕既凿，复归于朴"的崇尚自然的旅游观。魏晋之后，随着人性的解放与自然崇拜意识的淡化，山水逐渐成为人们观赏、吟咏、寄情、言志与畅神的对象，同时由于名士优游之风的倡兴，"游"作为一个流行的概念频繁地出现在有关名山胜水的诗赋、骈文、游记之中。山水诗的鼻祖——南北朝的谢灵运在《石壁精舍还湖中》说"昏旦变气候，山水含清晖"，形神俱佳。同时代的山水画家宗炳提出了"山水以形媚道，而仁者乐"，虽然讲得很玄妙，但却体现出对自然山水的审美感悟。宗炳明确提出"畅神"说，认为对山水的审美欣赏绝不能仅仅停留在表层的感官享受，更重要的是悟获自然之道、宇宙之理。"采菊东篱下，悠然见南山"，陶渊明清新、恬静的山水田园诗歌，对后世名山景观的美学产生了重要的影响，而至大唐盛世，旅游、旅游审美的体验和感悟达到了一个新的境界。"五岳寻仙不辞远，一生好入名山游"的李白，时而慨叹"飞流直下三千尺，疑是银河落九天"；时而长吟"孤帆远影碧空尽，唯见长江天际流。"可以发现，中国山水诗所沉淀和凝炼着的，是中国人历史悠久的自然生态美学观。它正是伴随当代人走向未来的具有博大生命力的传统智慧。

我国的山水文学、山水绘画、摩崖石刻、风水文脉等构成了我国续延承传、自成体系、内涵深厚、影响深远，具有鲜明的民族特色和浓重的人文意蕴的山水文化。这些文化是人的美好心灵和自然景观的对话；是人对自然和社会生活的解读和感悟；是人对美好生活和理想人生的渴望和追求。这些文化既是我国古代的哲学观、天地观、世界观、人生观、价值观的体现，也演绎、记录了原始的旅游美学的孕育、形成、发展的历史。这些文化蕴含了丰富的旅游美学元素，是酒店实用美学的基础和重要组成部分，奠定了酒店实用美学的理论和思想基础。

2. 我国古籍中的旅游美学内容

我国古籍浩如烟海。在这些文献中，有大量的有关旅游资源、旅游景观及旅游审美的内容。《尚书·禹贡》以简洁的文字，对山脉、河流、植被、物产、民族、贡品的地域分布，交通线路和运输工具的选择，都做了描述，成为中国古代记述旅游资源的开拓性篇章；《山海经》记载了各地的山川形势，指出山有"游乐之山"和"游戏之山"的差别；《论语·雍也》记载了孔子周游列国游览名山大川的情况，还总结出高山与流水的不同美学效果；《庄子》《诗经》《穆天子传》《战国策》等都有许多旅游心理体验的记载；汉代《史记》中生动地记述了司马迁的两次游历及对长江中下游、黄河中下游以至蜀滇等地的山川形势、历史古迹、风情物产的考察所得；明末的徐霞客历时34年，游迹遍及我国20多个省区，后人根据其日记整理成《徐霞客游记》。这是一部游记文学著作，一部地理科学著作，也是一部原始的旅游美学著作；《海国图志》的编著者魏源在总结前人旅游观赏经验和旅游审美理论的基础上，创立了富有中国特色的"游山学"。

二、酒店实用美学的概念界定与内涵

旅游、旅游审美的实践有着古老而漫长的发展历史，但是酒店实用美学作为一门学科，却

是在旅游现代化、大众化、普及化以后，在旅游主体审美水平不断提高深化，旅游服务越来越规范化、人性化、艺术化，学校旅游教育学科整合构建、完善发展以后，逐步发展起来的。自1994年中国商业出版社出版我国第一本《酒店实用美学》教材后，鲜有相关的教材面世，尽管在酒店管理专业的课程设置中，酒店实用美学已然逐步显出重要性和必要性。随着改革开放的逐步深入和旅游事业的发展，各类酒店如雨后春笋般出现，开展酒店实用美学的研究和教学已成为急需。爱美之心，人皆有之。爱美，追求美，追求美好的生活，是人类所独有的本能。随着人们物质生活水平的不断提高，必然对精神生活的要求越来越高，对美的要求也越来越高。人们在国内旅游，或国外人士来中国观光时，他们向往领略中国光辉灿烂的文化艺术，品尝"烹饪王国"的美味佳肴，欣赏酒店独具匠心的建筑和颇具风格的装饰陈设，获得美的享受。面对这种强烈的需求，酒店经营管理人员以及教学工作者研究美化酒店环境，对酒店服务人员进行审美教育，提高他们的审美修养，以提高服务质量，满足广大顾客的需要。然而关于酒店美学学科的概念界定、学科的本质内涵以及它的外延扩展，还属于讨论中的话题。

顾仲义认为酒店实用美学是美学的一个分支，是门类美学。酒店实用美学涉及酒店各个方面美的研究和创造，又是一门综合性的学科。主要包括烹饪美学、饮食美学、酒店环境装饰美学、酒店服务美学等。

我们认为，酒店实用美学是一门以美学原理为理论基础，以酒店为研究对象的新兴的综合性、边缘性、交叉性学科，具有很强的实用性和实践性。酒店美学作为研究旅游审美活动和审美价值的新兴学科，它运用美学的基本原理，指导人们（酒店服务提供者、从事大住宿业的人员）如何欣赏自然美、艺术美和社会美，揭示其审美特征，通过观赏过程进一步了解这个地区或国家的自然风光、文化艺术和民情风俗，加深对人类文明的体验，得到更深的美感享受和审美教育。同时，酒店实用美学也研究如何运用美学原理设计酒店建筑，美化酒店环境；塑造饮食之美，增添味蕾享受；优化酒店服务，以增添审美的感染力。

酒店实用美学应该是开放的、综合的、兼容的，是对旅游活动过程中美的认识、研究、崇尚和追求的各种活动总和的理性归纳。酒店实用美学是美学的延伸和拓展，是旅游学的深化和提高。酒店实用美学的研究大大地拓展了美学的研究空间，也极大地体现了美学的应用性、实践性、社会性、大众性；大大地提高了旅游学的研究层次和研究内涵，极大地体现了旅游学的文化性、审美性、学术性。酒店实用美学的研究也使旅游这一大众化的社会文化活动更具陶冶情操、美化心灵的作用，对推动建设精神文明社会具有重要的历史和现实意义。之所以说酒店实用美学是一门年轻的学科，不只是因为它真正诞生的时间较晚，还因为这门学科至今还处于探索、发展之中。酒店美学理论中的许多问题至今尚无定论，甚至连酒店实用美学的研究对象——酒店实用美学的本质、学科体系等一些最基本的理论问题也还在争议之中。

因此，酒店实用美学还不能称作真正意义上的一门学科，有待于不断地整合完善。任何一种理论、一门学科的创立，都要经历一个不断探索、不断充实、不断完善，最后被认同的发展演化过程，酒店实用美学目前正处在这样一个形成过程中。

三、酒店实用美学的研究对象与内容

酒店实用美学是立足于美学、旅游学、社会学、管理学、文化艺术等众多学科基础上的一门边缘性、交叉性、综合性学科，因此其研究对象和范围也必然是这众多学科交叉、亲和、渗透、有机整合的碰撞点、结合点、再生点。酒店实用美学主要包括以下几个方面。

（一）审美主体

审美主体是指具备审美欣赏和审美创造的主观条件并且进行审美活动的人，即作为旅游主体（旅游本体）的旅游者。所谓旅游审美主体的主观条件，也就是旅游者的审美心理和审美生理。旅游审美心理包括对旅游审美的认知（尤其是审美思维）、心绪、情感、理想和兴趣等。旅游审美生理包括对审美的生理需求和负荷能力。旅游审美主体存在着极大的个性差异，不同的国度、区域、阶层、职业、地位，不同的文化背景、思维方式、生活习惯、个人修养，会导致不同的志趣爱好、价值观念以及不同的审美标准、需求。旅游主体的审美心理，实际上是指审美主体个性的差异，主要表现在旅游的审美动机、旅游的审美需求、旅游的审美意识和旅游的审美志趣。旅游美学对旅游审美主体的这种心理状态的研究是十分必要的，它对于了解旅游者和搞好旅游工作极其重要。

此外，审美活动投入的时间和审美活动对应的经济承受力也属于审美的主观条件。因此，还要从人生哲学的层面对景观以及旅游活动之所以称为美的本质属性进行形而上学的理论阐释。目的是从终极人类学关怀的角度诠释旅游活动发生发展的精神本源，对旅游景观所诱发的人们内在的美感心理进行由表及里的分析和研究，从而了解人们之所以钟情于特定审美对象甚至流连忘返的内在动因。

（二）审美客体

审美客体是指具备实质内涵的、客观存在的旅游审美对象，即作为旅游客体的旅游景观（旅游资源）。每一处旅游景观，对于游客来说都有知晓意义，但只有那些美的景观形象才具有旅游审美意义，成为旅游审美对象。美的形象，是美的本质和美的现象、美的内容和美的形式的辩证统一。美的景观形象包括能够为旅游审美主体用视觉器官直接感受到的美的形象（视觉形象）、用听觉器官直接感受到的美的形象（听觉形象），以及用视觉、听觉器官直接感受到的美的形象（视听觉形象）。自然界和人类社会的各种美，广泛地存在于旅游资源和旅游环境中，都可能被旅游者直接感受到，因此旅游审美对象就是自然界和人类社会一切种类或一切系统的美，包括自然美、社会美、艺术美、科学美、技术美。一般来说，自然景观中美的形象就是自然美，人文景观中美的形象就是社会美、艺术美、科学美、技术美。但是，各个种类的美也有交错并存于自然旅游景观和人文旅游景观中的情况。各个种类的美都是旅游者的审美对象，但在旅游过程中，自然美、社会美和艺术美是大量存在的且是主要的审美对象，科学美和技术美则因较少地存在而成为次要的审美对象。

（三）审美关系

第一，人与景观的审美关系。旅游审美是主观的"情"和客观的"景"的融汇与交互。人在景观中一般不会无动于衷，在自然山水等景观之美的感染之下，会情不自禁地产生共鸣乃至陶醉，或欣喜，或感伤，或兴奋。这种由景而发的主体审美心理波动，是旅游美学需要着力透视分析的重要现象。"情景交融"归根到底是人类情感世界和人所面对的景观世界的一种共鸣。它的萌生迸发，源于人与景观审美关系的建立。

第二，人与人的审美关系。主要是指旅游审美主体与酒店服务人员的关系。这种关系表现为旅游审美体系中，服务与消费、供给与需求、创造美与欣赏美等一系列关系中的对立和统一、矛盾与和谐。如何使这一矛盾对立促成美的发生，造就美的和谐，是酒店美学理论与实践都要解决的问题。

（四）审美创造和审美欣赏

审美创造是指在审美活动过程中创造美的感受和美的体验的活动。在旅游环境中,有关单位和人员都可能也应该进行审美创造,其主要内容是对旅游资源的合理开发与管理,使供人们参观的景点和事物成为美的形象。例如:酒店管理者把旅馆、饭店的内外环境建设管理得整洁、有序、清幽、美观;酒店服务人员对游客讲究职业道德,以礼待人,周到服务。同时,游客也应该进行审美创造。游客的审美创造,是自身的审美创造,即进行文明旅游,用自己的言行表现出心灵美来。此外,通过旅游创作诗歌等艺术品,创作科学论著,也是审美创造。

审美欣赏,则是指审美主体通过自己的感官去领略审美对象,从中获得情感愉悦及其过程。在旅游环境中,游客是审美欣赏的主体。游客的审美欣赏对象,主要是旅游景点的美的形象,其次是旅游接待单位服务人员和内外环境美的形象,再就是其他游客美的形象。同样,旅游服务人员在某种意义上也是审美欣赏的主体,他们的审美欣赏对象主要是游客的美的形象。由此可见,在旅游环境中的审美活动,无论是游客还是酒店服务人员,都应该把自己既当作审美欣赏者,又当作审美创造者。

四、酒店实用美学的研究任务

第一,建构酒店美学体系。酒店实用美学是一门新兴的、多学科交叉的应用学科。它是在现代旅游业发展起来的基础上形成的。它所涉及的内容,既广泛又复杂,何况我国旅游美学的构建尚处于起步阶段,难度很大,酒店实用美学中的审美对象知识体系是同许多自然科学、社会科学、工程技术交叉的。要对这种旅游景观做出中肯的审美评价,不仅需要把握和运用美学理论,而且需要具备广泛的学科的知识。而酒店实用美学则是要运用已经公认的美学概念、原理来说明旅游审美主体、对象、中介及其相互关系,解决其间的矛盾。这就要求对美学原理有比较深刻的理解和应用能力,但美学中的一些基本问题,诸如美是什么、美的形象有哪些种类、审美是怎样发生的、人的审美生理和心理是怎样的、什么是美感,迄今在中外美学界仍存在众多分歧,有的问题甚至很少有人涉足。因此,酒店实用美学虽然是应用科学,应着重对旅游景观作出中肯的审美评价,但是也必然要对有关的美学问题进行探讨,否则就会失去论证问题的理论前提。可见,建构酒店实用美学体系,是一项最基本且艰巨的任务。

第二,接受审美教育,净化自身的情感,造就完美的人格。在建设社会主义精神文明,培养四有人才的过程中,每个青年学生都应学习美学基础知识,提高自己的审美情趣,培养自己高尚的情操。而作为未来的酒店管理服务人员同样要努力学习,在按照"美的规律"来创建美的服务、美的环境、美的居室的同时,培育自己美的道德、美的心灵、美的人格。

第三,掌握美学基础知识,在酒店管理和服务中能够欣赏美,创造美。一方面是发挥酒店管理服务人员的聪明才智,按照"美的规律",通过自己的劳动创造酒店室内外美的环境,特别是客房、餐厅优美舒适的环境,给顾客以美的享受。另一方面,在建筑师、烹饪师等创造制作出美的酒店建筑和美的菜肴基础上,用自己的美学知识给顾客以指导、介绍。

第四,通过酒店管理服务人员自身美的形象塑造以及美的服务,提高酒店信誉和档次,提高酒店的经济效益,使酒店不断发展壮大。

第五,促进精神文明建设和物质文明建设。方兴未艾的我国旅游业,取得了日益良好的社会效益和经济效益。但是由于不懂审美,导致不讲文明礼貌,不求服务质量,其结果是损害了本应产生的社会效益和经济效益。因此,在酒店行业中,对酒店从业人员、旅游院校学生进行审美教育,是一项重要的工作。

总而言之,酒店实用美学的任务就是通过使人的素质提高,来促进社会主义精神文明建设和物质文明建设。

【本章小结】

研究酒店实用美学有极为深刻的理论和现实意义,尤其是在酒店业的实际运营和管理过程中,酒店实用美学发挥着巨大的作用,而在此之前,了解美学的基本知识是运用美学的基础环节。本章节主要由两大部分组成。一是美学概述部分,通过阐述美学的产生、美学的本质及特征、美的形态及类型。人类在改造自然时,美的意识也在不断被唤醒。美在本质上是主客体之间的一种价值关系,美是一种价值。美的形态包括了自然美、社会美、艺术美;美的形态包含了美与崇高、悲剧与喜剧、丑与荒诞。二是酒店实用美学概述部分,酒店业作为旅游业三大支柱性产业之一,酒店实用美学的发展离不开旅游美的壮大,通过对酒店实用美学发展的历史渊源、概念界定与内涵、研究对象与内容、研究任务四个方面展开讨论。具体来看,提升酒店实用美学价值是人类精神文化生活的客观需要,人的旅游审美感受孕育了酒店实用美学的基本思想。酒店实用美学是一门以美学原理为理论基础,以酒店为研究对象的新兴的综合性、边缘性、交叉性学科,具有很强的实用性和实践性。在研究实践中,要以酒店为载体,构建游客与酒店之间、游客与服务人员之间的审美链条,不断提高酒店从业人员的审美素质,帮助顾客更好地发现美和体验酒店的美。

【复习与思考】

一、名词解释

1. 主观美论

2. 客观美论

3. 主客观美论

4. 自然美

5. 社会美

6. 艺术美

二、简答题

1. 请说说美的形态包括哪些,各自有哪些特征?

2. 请举例谈谈你对美的本质和特征的理解。

3. 试举例说明优美与崇高的区别。

4. 试举例说明丑与荒诞的区别。

5. 试举例说明喜剧和悲剧的联系。

三、论述题

1. 相比于旅游美学，酒店实用美学研究意义和任务是什么？
2. 作为酒店从业人员，可以将美学运用到哪些方面？

【拓展阅读】

基于"碎片化"消费的小众酒店有何魅力

随着体验经济时代的来临，旅游市场发生了许多变化，很多旅游者不再把过去"热门"的旅游产品作为首选，而是更为青睐小众产品。事实上，早在几年前，部分酒店投资者、酒店集团已经开始一改传统的思维方式，将眼光投射向"冷僻"的区域，致力于建设高格调、高品质、高价值的小众目的地酒店。

随着科学技术发展，人们的旅游消费进入到"碎片化"时代，"满足内心"的消费动机促使消费者更强调个性化的体验，"彰显自我"的消费行为让消费者更愿意追求"小众化产品"。小众目的地酒店便是适应这一市场逻辑应运而生的产品。

观光旅游追求的是对"资源禀赋"的消费，而休闲度假旅游享受的是"产品内容"，这让酒店在生产方式上出现两个显著变化。

一是酒店功能属性的变化。传统酒店重视设施设备的完善，强调消费者旅游活动结束回到酒店后，通过全方位服务功能的提供，尽快消除身体疲劳，恢复体力，以便第二天重新活动。而休闲度假消费背景下的酒店则更重视消费者的体验感受，酒店不再是配套性服务产品，而是微度假目的地。作为一种小而美的目的地，酒店自身便可以创造市场，带来流量。因为在休闲度假时代，越来越多的消费者会先选择一家酒店来确定旅游的方向和目的地，并以酒店产品的丰富程度来控制旅游行程的整体节奏，以入住酒店为圆心划定休闲度假的辐射范围，以入住酒店的服务为核心来形成对旅游行程的最终满意度和分享内容。因此，小众目的地酒店具有现实的市场消费基础。

二是对酒店产品特性深度理解的变化。传统酒店强调的产品特性是消费者的"旅途之家"。"家"是一种熟悉的环境和熟悉的氛围，在熟悉中得到安全、安心与放松的感觉。而休闲度假消费强调的是与日常生活形成反差的生活状态，追求的是别样、差异与独特体验感受。因此小众目的地酒店的产品特性注重的是"精彩舞台"定位，关注的是酒店空间"别样生活"展示，这种"别样"是一种新鲜、一种陌生，虽然可能小众，但更具消费的刺激性和满足度。

长期以来，酒店讲求"大众消费文化"，即希望同一产品可以满足所有的需要，"完全市场"意味着产品的更大规模和普适性。然而新环境、新市场、新客群、新技术、新渠道和新业态使酒店业习惯的经营模式、管理经验、服务流程、设计理念发生改变，这就要求酒店形成"适度市场"的新概念，即重视产品的针对性。因此，建设更为经济、有效和富有增长性的小众目的地酒店成为新趋势。小众产品的价值更多体现在将潜在消费需求转化为现实市场需求方面，即发现需求、创造时尚、引领消费、形成潮流，转化为大众产品。

小众目的地酒店市场吸引力和可持续生命力不一定是传统意义上的设施设备档次等方面的"高端"，但一定要有格调与品位。

一是提炼内容主题。主题是酒店经营者对消费者需求的一种回应,内容则是在酒店产品中提供体验要素。酒店的魅力来自产品的综合消费体验,这种"体验感"应有别于酒店的常规服务,消费者由此所形成的认同感能够有效地满足其对酒店依附和归属的需求,形成更稳固的顾客忠诚度与市场黏性。

二是创造时尚。摆脱规范约束,舒缓、恬静的"宅酒店"逐渐成为很多人的消费习惯。去除繁琐的装饰和累赘,简约、精致地展现酒店空间本真的"物感美",更能成为酒店的审美时尚热点。因此,小众目的地酒店需要依据现代消费需要,尤其是心理需要和美学品位创造出一种消费时尚。

三是探索"中国风"表达语言。重视本地文化的挖掘已成为一种共识,因此,小众目的地酒店要想具有生命力就必须高度重视中国文化的表达方式。这就需要不断提升对文化的深度理解,探索现代酒店美学的基本规律,抓住消费者的消费审美特征,掌握将传统文化内涵转化为现代时尚产品的专业技能,从简单化、浅层化使用文化元素向深刻展现、时尚表达升华,真正营造出具有艺术性的"中国风"产品,让酒店文化元素活起来,让酒店产品有趣起来,让酒店空间舒适起来,让酒店品牌亮起来。

(资料来源:中国旅游报,2022-10-13.)

思考:新发展时期,美学的运用对酒店业发展的意义有哪些?

第二章　美学思想流派

引　言

中西美学思想的历史可追溯到遥远的古代。在中国,早在两三千年前的奴隶制社会时期的西周,人们对于一系列与美相关的问题,就已试图从理念上进行把握。春秋时期更是出现了以孔子、庄子为代表的大思想家,其思想广泛地涉及人类审美活动的许多方面。我国古人在浩瀚的哲学、文学、艺术学、地理学著作中留下丰富的美学思想。古希腊则是西方美学的发源地,美学上的一些根本性问题,例如美是什么,真、善、美的关系,审美快感的性质,艺术和美的关系以及艺术的创作规律等问题都已被明确提出,并做了相应的研究,为后来西方美学理论的发展奠定了基础。

第一节　西方美学思想流派

一、古希腊罗马时期至文艺复兴时期

西方美学思想源于古希腊。这是说作为审美意识理论形态的美学思想产生于古希腊奴隶社会,不是说审美意识产生于古希腊奴隶社会。人类审美意识远比美学思想古老得多,它发生在远古的原始氏族社会。原始人类从旧石器时代制造第一把石器到新石器时代晚期金石器并用,历经几百万年,凭借以金石工具为中介的物质生产实践,开创了人类原始历史文化。从原始生产工艺到原始宗教,再到原始艺术,展现了一幅美和审美辩证发展的历史图画。但是由于原始人类的智力尚处幼稚阶段,抽象思维很不发达,因而他们还不可能对原始历史文化进行理论探索,也不可能对原始人类的审美意识进行反思。原始社会根本不可能产生美学思想。公元前20世纪到12世纪,局部地区已相继形成早期奴隶制,西克拉底斯文化、克里特文化、麦锡尼文化代表了希腊早期奴隶制不同发展阶段的文明。据考古发掘,在这些文化遗址中发现有雄伟的宫殿城堡,豪华的墓葬,精美的壁画,彩石宝石雕制的印玺和首饰,精工制作的金银器皿、刀剑和盾牌。高度的艺术成就,不但反映了当时经济的繁荣发达,而且体现出当时审美意识的发展水平。

荷马史诗的产生标志着古希腊艺术发展达到一个新的阶段,连同史诗以前的神话传说,克里特文化和麦锡尼文化所包括的建筑、雕刻、绘画、音乐等艺术成就,生动地展现了古希腊人高度发展的审美意识。正处于向文明时代过渡的古希腊人,在那时还没有书写文字,还没有较为成熟的理论思维,也还没有对审美意识进行理论探索和概括。在由原始氏族社会向奴隶社会过渡时期,古希腊人已有了高度发展的审美意识,有了光彩夺目的艺术,却没有哲学,也没有美学。古希腊的美学伴随着哲学,最早发生在古希腊奴隶制形成期。

(一)毕达哥拉斯的美学思想

古希腊美学是在毕达哥拉斯学派中问世的。米利都学派在伊爱尼亚地区出现不久,毕达哥拉斯学派也在意大利南部大希腊地区产生了。多利安人居住的这个地区,农业远较手工业和商业发达,氏族贵族奴隶主占据优势。以农业经济为基础发展起来的科学文化,具有与"伊爱尼亚式"不同的风格特点,那里的神庙建筑坚毅、庄严、朴实、和谐,被人称为"多利安式"的风格。在这里形成的毕达哥拉斯学派的哲学和美学,显示了它自己的特色。

毕达哥拉斯(Pythagoras,约公元前580—公元前500年),是毕达哥拉斯学派的创始人。据文献记载,他原是爱琴海萨摩斯岛人,生在一个手工业者家庭,父亲是雕刻匠。早年游历小亚细亚大陆,在那里认识了泰勒斯,后又到腓尼基和埃及旅行,熟悉了那里的文化科学,特别是天文学和几何学,还进过神庙,体验到了神灵的秘密。他回到萨摩斯岛时,正值波吕格拉底的僭主统治,因企图颠覆波吕格拉底政权失败而逃亡到意大利南部克罗顿城。在那里的氏族贵族政权庇护下,建立起毕达哥拉斯学派,门徒有三百人。毕达哥拉斯是一个神秘主义者,相信灵魂不死和灵魂轮回观念,又是一个自然哲学家,主张用数学原则去解释世界的本原,由此推及对美的本原的探索,提出了美是和谐的命题,可以说他是古希腊第一位美学家。

美就是和谐,毕达哥拉斯提出的这个美学命题,起于音乐感觉,得于数学论证,终于哲学概括。据说,毕达哥拉斯有一次经过手工业作坊,听到打铁发出的和谐声音,发现这种和谐声音与铁锤击铁的轻重力度有一种比例关系,经过实验,认为声音的和谐来自数学的比例。数目是数学的基本元素,数目的许多特点如比例、和谐的特性与自然存在物的本性有相类似之处,一切事物的本性都以数目为范型,据此他便采取简单类比的方法,断定数学的基本元素就是一切存在物的基本元素,"数学的始基就是一切存在物的始基"。数目既是万物的质料,又是万物的原型,数目的比例和谐构成万物的性质和形状。万物就是由数目产生变化而来:"万物的始基是'一元'"。从"'一元'产生出'二元','二元'是从属于'一元'的不定的质料,'一元'则是原因。从完满的'一元'与不完满的'二元'中产生出各种数目;从数目产生出点;从点产生出线;从线产生出平面;从平面产生出立体;从立体产生出感觉所及的一切物体,产生出四种元素:水、火、土、空气。这四种元素以各种不同的方式互相转化,于是创造出有生命的、精神的、球形的世界,以地为中心,地也是球形的,在地面上都住着人。"

毕达哥拉斯用数学原则勾画出一个以地为中心的球形世界,即大宇宙。这个宇宙不但按照数的和谐规律构成,而且按照数的和谐规律运动,他把天体的运动叫作听不到的歌唱着的天体和谐。数的和谐,就是"宇宙秩序",表现为球形,就是美。这就是毕达哥拉斯学派提出的美是和谐这一命题的基本含义。按照美是和谐这一基本含义,物体凡是和谐的就是美的,而最足以显示和谐的就是球形,所以"一切立体图形中最美的是球形,一切平面图形中最美的是圆形"。美不仅在于数的和谐,而且在于数的完满,十个数目是最完满的,整个天体既是一个和谐,又是十个数目,是最完满的,所以在毕达哥拉斯看来,大宇宙是最美的。和谐又不限于球形,也包括对立因素的均衡、相等、合于比例,人体美在于各部分的比例对称,灵魂的美在于均衡、相等。"美德乃是一种和谐","友谊就是一种和谐的平等"。各种艺术,如建筑、雕刻、音乐,都是由对立因素而造成的和谐。毕达哥拉斯学派把宇宙和谐的思想运用于人事和艺术,提供了宇宙与心理具有某种数学同构的观点。

毕达哥拉斯学派把数目视为宇宙的始基,把数目的和谐作为宇宙的规律,显然已不像米利都学派那样以某种感性存在物作为自然的本原,而是用抽象的数目去解释自然的本原,说明宇宙的规律,反映出希腊人理论思维的重大发展。用宇宙和谐的观点推及美学,把美规定为和谐,首次提出美的规律性的思想,是具有开创性的。美是和谐,这个命题在美学史上最为古老,却历久不衰,至今仍在发展、深化和完善,仍保持古老而常新的势头,足见它的价值和影响,不能不使人赞叹希腊人对审美意识的反思能力。当然,毕达哥拉斯学派的理论思维还远没有达到科学水平,还没有摆脱神秘主义的束缚。神秘主义总是把抽象的东西形象化,毕达哥拉斯学派用抽象而又神秘的数目和谐去说明一切感性存在物的本原和运动规律,去说明美的本原和规律,明显地背离了米利都学派的朴素唯物主义,走向了神秘的唯心主义。列宁指出,毕达哥拉斯学派的哲学思想是"科学思维的萌芽同宗教、神话之类的幻想的一种联系",其美学思想也是如此。

(二)柏拉图的美学思想

苏格拉底死后,他的门徒分化为几个派别,其中柏拉图直接继承了他的神学目的论和伦理思想,并综合苏格拉底之前的某些思想家的观点,如毕达哥拉斯学派的灵魂不朽以及神秘的数是万物的始基的观点,赫拉克利特的感觉世界永远变化的观点,构成了以理念论为中心包括宇宙论、知识论、政治学、伦理学、美学在内的庞大的客观唯心主义哲学体系。柏拉图有关美学的论述,就其广泛性和系统性来说,都远远超过前人。柏拉图是古希腊美学的开拓者,跨上古希腊美学高峰的第一人。

柏拉图(Platon,公元前427—公元前347年)出身于雅典奴隶主贵族家庭,父母都是贵族后裔,在他母亲的亲戚中有的还是贵族派的领袖人物。少年时,他受过多方面的教育,在文学和数学方面显露出才华,写过剧本、抒情诗,钻研过数学,也喜好体育,在运动场上得过锦标。他受教于苏格拉底八年,对苏格拉底心悦诚服,终生景仰。苏格拉底被民主派处死,他受到很大打击,便离开雅典,前往墨伽拉城,与同门弟子研讨哲学。他还用很长时间游历埃及等地,对那里的政治、文化、学术实地考察。公元前396年,回到雅典,开始写他的对话录。柏拉图所写的对话录,大约有四十篇,以《理想国》最为著名。这些对话的内容十分丰富,包含哲学、政治、伦理、美学、艺术等各方面问题。有关美学方面的大都散见在各篇之中,专门谈美学问题的只有《大希庇阿斯》篇,涉及美学问题的有《会饮》《伊安》《斐多》《高吉阿斯》《普罗太戈拉》以及《法律》《理想国》诸篇。

考察柏拉图的美学思想,不能离开他的政治思想和哲学观点,这不仅因为他的美学思想往往包含在他的政治、哲学问题的论辩之中,而且因为他的美学是以他的哲学为基础,并从属于他的政治学,所以不了解柏拉图的政治思想和哲学观点,就很难深入掌握他的美学思想。

他把灵魂分作三个组成部分:理智、意志和情感。理智是智慧美德的基础,意志是勇敢美德的基础,情感是节制美德的基础。这三种美德的和谐结合,就实现了"理想国"中的正义。这就是说,在"理想国"中,贵族奴隶主最高统治者即哲学家体现了智慧美德,保卫者即武士体现了勇敢美德,一般劳动者只有克制情感,体现节制美德,服从奴隶主贵族的统治,这就达到了永恒的正义。用马克思的话来说,柏拉图的"理想国","只不过是埃及世袭等级制度在雅典的理想化"。柏拉图的哲学,实际是为他的政治学、伦理学作论证的。理念就是神,体现理念的哲学家就是"理想国"的最高统治者,智慧美德的化身。理念是真善美的统一体,只有哲学家才可以认识它,体现它。神、哲学家、统治者,是三位一体的,宗教、哲学、政治,也是三位一体的。

在柏拉图生活的年代,希腊文艺兴盛繁荣的景象已成过去,却仍在希腊生活中发生巨大影响,特别是荷马史诗,悲剧和喜剧,以及造型艺术,以它们巨大的魅力对希腊人产生多方面的教育感染作用。柏拉图从他的政治立场和哲学观点出发,精心审视希腊文艺,感到很不满意。柏拉图的美学同他的哲学、政治学、伦理学、文艺学有不可分割的联系,而以他的哲学为基础,服务于他的政治学,这是它的基本特征。

1. 美的理念"分有"

美的理念"分有"说,是柏拉图探索美的根源和本质问题时提出的一个看法。最初探索美的根源和本质问题的是柏拉图的《大希庇阿斯》篇。《大希庇阿斯》篇是柏拉图的早期著作,思想还不大成熟。希庇阿斯是一个以教辩论为职业的智者,苏格拉底以自己论敌的身份向希庇阿斯请教美的问题,《大希庇阿斯》写的就是他们两个人的对话。苏格拉底请教希庇阿斯"什么是美?"而不是"什么东西是美的?"希庇阿斯却拿个别事物的美给予种种回答。第一个回答"美就是一位漂亮小姐。"对于这个回答,苏格拉底并不满意,便诘难说,一位年轻漂亮的小姐当然很美,可是一匹母马、一个汤罐、一架竖琴不也是很美的吗?年轻漂亮的小姐固然比母马、汤罐、琴、猴子要美,可是比起神仙来不就显得丑吗?那这种"又美又丑"的一种美怎么能回答"美本身是什么"呢?第二个回答"美不是别的,就是黄金"。希庇阿斯认为,一件东西本来是丑的,只要镶上黄金,得到一种点缀,就显得美了。苏格拉底反诘说,希腊大雕刻家菲狄阿斯雕刻雅典娜神像,没有用黄金做她的眼睛、面孔和手足,而用象牙和云石,不是很美吗?第三个回答,美就是"恰当"。希庇阿斯说,使用得恰当,石头也美,使每件东西美的就是恰当。苏格拉底又反问说,要煮好蔬菜,是美人恰当,还是汤罐恰当呢?对于蔬菜和汤罐,是金汤匙恰当,还是木汤匙恰当呢?再说,什么是恰当?如果恰当就是使事物外表显得比实际美,那就是隐瞒了真正本质的错觉美。希庇阿斯如上三种回答,大体是从一种美(美的小姐),以及构成一种美的质料(黄金)和形式(恰当)等方面去说明美的原因,其中涉及从生活到艺术的广泛的美的现象,很有时代感,但是却停留在感性直观的考察上,难以使苏格拉底满意。苏格拉底问的是"什么是美",寻求的是使事物真正成为美的那个品质,希庇阿斯以一种美的事物来回答,当然没有解决问题。什么是美,问的是美本身,"这美本身加到任何一件事物上面,就使那件事物成其为美,不管它是一块石头,一块木头,一个人,一个神,一个动作,还是一门学问",实际就是美的事物之所以美的原因,即美的根源和本质。希庇阿斯的回答,没有找到这个美"本身",没有说明美的本质。苏格拉底希望抓住美的真正本质,便提出种种可能的答案,尝试性地给美下定义。第一个定义,"美就是有用的"。这就是说,一件东西有用,可以帮助达到某种目的,就美,无用,就丑。可是一件东西有用,就是说它发生了效果、效能,而效果、效能有好有坏,不能笼而统之说有用就美。苏格拉底对这个定义不满意,于是又进一步提出第二个定义。第二个定义,美就是"有益的"。这就是说,美和有益是一回事。有益就是实现一个好的目的,产生好的结果,产生好的结果的就叫作原因,这样美就是好(善)的原因,善是美的结果。但是,原因不是结果,结果也不是原因,从而必然会导出美不就是善,善也不就是美的结论,这是苏格拉底很难接受的,所以美就是有益的这个定义是不足取的,于是他又提出第三个定义。第三个定义,"美就是由视觉和听觉产生的快感"。这就是说,美是从眼见耳闻来的快感。可是有些事物的美,如习俗制度的美,是否由视听觉而来的快感呢?视听以外而来的快感,如由食色之类所引起的快感,是否算作美呢?单是视觉或单是听觉所引起的快感,是否成其为美呢?诸如此类的问题,这个定义都难以解释。如果说赋予事物以美的,是视听两种感觉合在一起所生的快感,这样的快感无疑是最好的快感,而最好的快感就是"有益的"快感,这样,说来说去,"美就是有益的快感",这个结论又回到已经放弃的那个"有益"的概念上来。"美本身是什么?"这个问题仍没有得到最后的解决。苏格拉底最后不得不引用一句谚语说:"美是难的。"苏格拉底给美下的这三个定义,经过他的推论,最后仍陷入一个概念的循环,不得不说"美是难的",其实在美的本质探讨上还是有所前进的,已开始摆脱感性直观的考察,从事物的目的、有用、有益加以考虑,并转向主体快感方面加以思索,论列了希腊早期美学家提出的一些美的命题。写《大希庇阿斯》篇时,柏拉图还没有形成自己的哲学体系,有关论美的言论确是苏格拉底的观点影响居多,对美还没有得出一个明确而又满意的结论。后来,在《理想国》卷六里才对什么是美,即"美本身"做出回答。

柏拉图既承认多样的美的事物存在,又假定有一个"美本身"存在,"美本身"作为"单一的理念",是"真正的实在",它也是"善本身",是真、善、美的统一体。各具体事物的美,都与这"美本身""单一的理念"相应。二者的相应关系,就是各具体事物的美对"美本身"的"分有"。柏拉图反复论述,美的事物之所以美,不在美的事物本身,不在美的事物的"美丽的色彩或形式",而在于"美本身"。"美本身"先于美的事物而存在,它为美的事物所"分有"。各个具体事物"分有"了"美本身",或"美本身"出现在各具体事物上,各具体事物才是美的。"美本身"是事物之所以美的原因、本质、根源。美的事物是变化的,时增时减,时生时灭,而"美本身"则不增不减,不生不灭,是永恒的,绝对的。这就是柏拉图的美的"分有"说。

柏拉图经历由感性直观到理性思考的一个转变,涉及构成美的因素的各个方面,从质料、形式到有用、有益,再到快感,最后确立了以理念为基础的"分有"说。"分有"说,对美的根源和本质的回答,根本说来,是错误的。柏拉图在美的事物之外设定一个"美本身",而"美本身"又是一种精神实体,即"单一的理念",把美的理念看作先于美的事物而存在的,美的事物是对美的理念的"分有",这就是说,美的概念是第一性的,美的事物是第二性的,美的概念决定美的事物,不变的绝对的美决定多变的相对的美的事物,美的一般脱离美的个别,美的内容先于美的形式,如此等等,充分说明美的"分有"说是客观唯心主义的美论,形而上学的美论。美的"分有"说虽然有如上的根本错误,但是柏拉图通过对美的理性思考却在美学史上第一次区分了"什么是美"和"什么东西是美的"这样两个问题,指出了美的本质和美的对象不同,要求探讨美的根源和本质,这是他的最大贡献。

正如黑格尔所说:"柏拉图是第一个对哲学研究提出更深刻的要求的人,他要求哲学对于对象(事物)应该认识的不是它们的特殊性而是它们的普遍性,它们的类性,它们的自在自为的本体。"正是在这方面触及了令人思索的有重要意义的美学理论问题。第一,美的个别与一般的关系,美应当是个别与一般的统一,一般存在于个别之中,离开个别就没有一般,没有个别事物的美也就没有一般的美。柏拉图看到具体事物的美,承认美是个别的存在,并把美的一般规定为美的事物之所以美的原因,这是正确的。问题是他在美的事物之外又把这个一般设定为理念即"美本身"的存在,割裂了美的个别和一般的统一关系,这就在美的本体论上导向了唯心主义和形而上学的错误。第二,美的形式和内容的关系,美的事物总是内容和形式的统一,没有离开一定形式的内容,也没有离开一定内容的形式。柏拉图承认美的事物也在于它的形式,却又认为事物的美丽形式是不真实的,是使感觉混乱的错觉美,不是实际的美,内容即理念的美,才是真实的实际的美,这就割裂了美的内容和形式的联系,导致了形而上学的片面性。第三,美的相对与绝对的关系,任何事物的美,都应当是相对的,美的绝对就在于美的事物不断发展变化的过程,美和美的概念,都受历史条件的制约,都随着社会历史的发展而发展,它们是有条件的,相对的,而这一发展过程又是"唯一绝对的东西",所以没有永恒不变的绝对的美和美的概念。柏拉图承认美的事物的相对性,是正确的,但是设定一个永恒的绝对的美的理念,否定了美的概念的相对性,则是错误的。第四,美与真、善的关系,美应当与真、善统一,离开真、善即无美。柏拉图强调了真善美的统一,特别否定了美不善而善不美的看法,这是对的,但是他只强调美与真、善的一致,还没有说明美与真、善的区别,这又是不对的。总之,柏拉图在美论方面提及的一些有意义的观点,其正确的合理的因素,常被他的客观唯心主义、形而上学观点所否定,陷入不可摆脱的矛盾。

2. 审美"观照"

柏拉图的审美"观照"说,讲的是对美的认识,对"美本身"的"彻悟",也就是审美心理活动。审美的真正对象是什么?在柏拉图看来,不是具体事物的美,而是美的理念,即"美本身"。"美本身",美的理念世界,是真正的美的对象。柏拉图认为现实世界是"意见"的对象,理念世界是唯一的真实存在,是"知识"的对象。现实世界中许许多多的美的事物,都是"意见"的对象,而"美本身",美的理念世界,则是"知识"的对象。他将"那些只看到许多美的东西而看不见美本身并且不能追随别人的引导而看到这种美本身的人"称为"爱意见者",其中包括诗人、艺术家以及一般人,这是一些"喜欢声色的人"。他们喜欢和谐的声调,鲜艳的色彩,美丽的形象,却不能认识和喜爱美的理念本身。而那些能够接近美本身并且思考美本身的人,他称之为"爱智者",这是一些"爱好真理的人",只有这样的人才能够获得美的知识,彻悟美的本体,这样的人就是那些少有的哲学家。

"爱智者"即哲学家,以及能够听凭哲学家的引导去认识"美本身"的人,不是凭感性直观一下子就可以认识"美本身"的,而是要经历一个逐步上升的过程,最后凭借"凝神观照"才能够"彻悟美的本体"。这可以说是柏拉图对审美认识过程所作的一个概括描述。无论是哲学家自己,还是由哲学家引导的人,要认识"美本身",都必须经历这样一个渐进的、上升的、深入的过程。先要从认识个别形体美开始,然后基于两个以至全体的形体美;进而认识行为制度的美,各种学问知识的美;最后认识以"美本身"为对象的学问即理念哲学的美,至此才达到对"美本身"的"彻悟"。当达到"彻悟美的本体"的时候,就进入了审美的最高境界。在这一境界,人们全凭"凝神观照"去"彻悟美的本体"。

"凝神观照"是认识美的理念的审美心理活动的极致,柏拉图描述说:这时他凭临美的汪洋大海,凝神观照,心中激起无限欣喜,于是孕育无量数的优美崇高的道理,得到丰富的哲学收获。如此精力弥满之后,他终于豁然贯通唯一的涵盖一切的学问,以美为对象的学问。又说:这种美本身的观照是一个人最值得过的生活境界,比其他一切都强。如果你将来有一天进入了这种境界,你就会知道比起它来,你们的黄金、华装艳服、娇童和美少年,这一切使你和许多人醉心迷眼、废寝忘餐,以求常看着而且常守着的心爱物,都卑不足道。处于这种审美境界时,人们将排除一切感性的物质欲念,其所得是"彻悟美的本体",贯通"以美为对象的学问","得到丰富的哲学收获"。在审美观照中,一方面感受到无限的欣喜,最大的愉快,一方面又认识到优美崇高的道理,以美为对象的学问,理智和情感交融是审美观照的特点。但是,在柏拉图看来,"美的本体"其实是"神圣的纯然一体的美",通过"凝神观照","和它契合无间,浑然一体",就会得到"神的宠爱",这样"凡人"也能"不朽"。看来,审美观照乃是美感和理智感、崇敬感的统一,柏拉图把崇敬信仰、真理追求放在审美感受之上。

哲学家何以有这种心理能力去"观照"和"彻悟""美的本体"呢? 柏拉图提出灵魂学说去加以论证。他把哲学家的认识活动叫作回忆,也称之为第四种迷狂(前三种迷狂是预言的迷狂,宗教的迷狂,诗的迷狂),哲学家是凭灵魂的回忆、迷狂去认识"美的本体"的。"美的本体"是早在人出生之前就存在的实体。不朽的灵魂也在取得人的形式之前就在什么地方获得了"美本身"这类理念或"绝对本质"的知识了。人生下来之后,灵魂被肉体所蒙蔽,就把"美本身"这类知识丢掉了。为了获得这类知识,认识"美本身",就要靠学习,而学习不过是回想、回忆。回忆的过程就是恢复灵魂中已经有过的但已丢掉的知识,而这回忆、恢复是一要借感觉触发,二要凭思维反省。在《斐多》篇里说:"我想如果我们在生前获得了知识而出生的时候把它丢掉了,可在以后通过我们的感觉又重新获得了我们以前所有的知识,那么,这样一个我们叫作学习的过程,实际上不就恢复我们自己已经有的知识吗? 我们称之为回忆是不是对呢?"柏拉图认为,通过感觉获得知识,不是从现实中获得,而是从灵魂中重新获得,学习、回忆、恢复不过是从灵魂中重新获得已有却被丢掉的知识而已,只凭感觉激发回忆还不够,还要借思维反省,把杂多印象概括为一般概念,这就是"从杂多的感觉出发,借思维反省,把它们统摄成为整一的道理"。实际上这本是心灵凭思维对美的事物的感觉,加以分析、综合、抽象、概括,得到一个美的概念、美的理念,柏拉图颠倒了这个过程,硬是把这个实际过程神秘化,看作灵魂的回忆。回忆的极致就是迷狂。柏拉图认为回忆是由神力凭附着的。灵魂与神周游,漠视凡人所重视的东西,聚精会神观照神明的东西,可以举头望见永恒本体境界中的一切。这种回忆就是迷狂,他称之为哲学的迷狂,为哲学家所独有。哲学家凭这种迷狂,一见到尘世的美,就回忆起上界里真正的美,"昂首向高处凝望,把下界一切置之度外",去观照永恒的真实界,即美的理念世界,对这样光辉景象的回忆、观照,达到迷狂忘我的程度,才可以通过窥探这美的奥秘来使自己完善。柏拉图认为无论就性质还是就根源来说,无论就迷狂本身还是就他的知识来说,哲学家的回忆、观照是一种最好的迷狂。只有这种哲学回忆、观照、迷狂,才可以窥见美的本体,达到自我完善。不过,具有这种迷狂的人,可以见到美的本体的人,实在太少了。柏拉图也不得不慨叹。可见,凭迷狂去见美的本体,恐怕是子虚乌有的东西。柏拉图的审美"观照"说涉及审美心理学的一些问题。柏拉图把审美观照看作一个过程,从个别到一般、从形式到内容、从感性到理性的过程,包含一定的辩证因素。他把对美的"观照""彻悟"理解为多种心理因素交织活动,有感觉又有思维,有理智又有情感,也触及美感特质的问题。但是他的"观照"说根本错误在于:第一,把现实世界的感性事物看作幻象,不是审美的真正对象,而把理念世界的"美本身",即美的理念,看作"真实的存在",才是审美的真正对象;第二,把审美过程仅看作一种认识、思考的过程,灵魂回忆的过程,贬低感觉、情感在审美过程中的作用;第三,过分强调"凝神观照"在审美过程中的作用,并把它变成某种神秘的迷狂,宗教式的冥想。总之,柏拉图的审美"观照"说,带有神学目的论色彩,不仅把审美对象抽象化、神秘化了,而且把审美心理活动抽象化、神秘化了,实质说来,是一种贬低感性而又反对理性的神秘主义的审美认识论。

3. 艺术摹仿

柏拉图的艺术摹仿说,讲的是艺术创造问题,既涉及艺术与现实的关系,又涉及艺术与艺术家的关系。艺术摹仿自然,在古希腊早期美学思想中,具有朴素的唯物主义反映论性质,在柏拉图手里,却把这个观点建立在客观唯心主义理念论之上,使艺术对自然的摹仿变成了艺术对理念的摹仿。柏拉图把世界分为三种:理念世界、现实世界、艺术世界。理念世界是唯一的真实本体,是由神创造的;现实世界是对理念世界的摹仿,是由一般工匠制造的;艺术世界是对现实世界的摹仿,是由诗人、艺术家制作的。他举例说,世界上有三种床:第一种床是自然中本有的,是由神造的,它是一个本然的床,床之所以为床的那个理念(理式)的"床",是床的真实体;第二种床是现实中个别的床,是由木匠按照第一种床的理念造的,是对理念的床的摹仿;第三种床是艺术中个别的床,是由画家按照现实中个别的床造的,是对现实中个别床的摹仿。柏拉图认为,这第三种床,即艺术中的床,对第一种床,即理念的床来说,是"摹仿的摹仿",同自然中本有的床"隔着三层"。

在柏拉图看来,艺术只是对现实个别事物的摹仿,不是对理念的直接摹仿,所以是不真实的。理念是一切现实事物的根源、规律和本质,它是由神创造的,是永恒的普遍的,因而又是真实的。现实事物是人(比如工匠)按照理念制造的,受种种条件限制,只能造出一个个的床,所以不具有永恒性和普遍性,是不真实的。艺术是由艺术家造的,是按照现实中个别事物制造的,只是对现实事物从某一角度所做的"外形的摹仿",更不具有永恒性和普遍性,更不真实。艺术虽不真实,却不等于不美。按他的美的"分有"说,现实美"分有"了理念的美,艺术摹仿现实,也多少"分有"了理念的美,不过由于艺术和理念"隔着三层",艺术美只不过是理念美的"影子的影子",所以远较现实美为低。艺术的创造者,诗人、艺术家,按他的摹仿说,也只是个摹仿者。诗人、艺术家的兴趣在摹仿,只可以获得"意见",而得不到"知识",达到不了真理。只有被他称作"真正的艺术家"的哲学家,才可以回忆理念,观照美本身,获得"知识",彻悟真理。两相比较,艺术摹仿低于哲学沉思,作为摹仿现实的艺术家低于观照理念的哲学家。艺术不单是现实的摹仿,也是艺术家的创造,就这方面说,柏拉图第一次提到灵感问题。古希腊智者派过分强调技艺,柏拉图针对这一观点提出,艺术家摹仿现实,创造艺术,不是凭技艺,而是凭灵感,他在《伊安》篇中说:"凡是高明的诗人,无论在史诗或抒情诗方面,都不是凭技艺来做成他们优美的诗歌,而是因为他们得到灵感,有神力凭附着。"对艺术创作,柏拉图重视灵感,轻视技巧,这是有见地的看法,但是他把灵感解释为神力凭附的产物,这就错了。诗人的灵感,柏拉图叫作诗的迷狂,也称之为"第三种迷狂"。诗的迷狂是由诗神凭附、感发诗人的心灵而产生的一种心理状态。对于这种灵感或迷狂状态,他在《斐多》篇里有一段描述:"第三种迷狂,是由诗神凭附而来的。它凭附到一个温柔贞洁的心灵,感发它,引它到兴高采烈、神飞色舞的境界,流露于诗歌,颂赞古代英雄的丰功伟绩,垂为后世的教训。若是没有这种诗神的迷狂,无论谁去敲诗歌的门,他和他的作品都永远站在诗歌的门外,尽管他自己妄想单凭诗的艺术就可以成为一个诗人。他的神志清醒的诗遇到迷狂的诗就黯然无光了。"没有灵感,就没有诗歌;没有神力凭附,就没有灵感。诗人的心灵是灵感或迷狂的心理基础,而灵感或迷狂的出现,却是诗神凭附、感发心灵的结果。心灵受到神力凭附、感发,失去理智,任凭想象驰骋,情感激荡,达到"兴高采烈神飞色舞的境界"。诗人把这种迷狂中的想象与情感,自由流露于诗歌,才创造出艺术作品。诗神感发诗人,使诗人得到灵感,陷入迷狂,进行创作,诗神是诗人创造艺术的源泉和动力。因此,柏拉图认为诗人凭灵感创作,不过是在迷狂中"代神说话"。诗人是诗神的代言人,诗神通过诗人传达理念的美,创造艺术;诗人从诗神那里吸取美,并凭借神力得到灵感,创造艺术,又借艺术把美传达给听众。柏拉图把诗神比作磁石,把诗人和听众比作铁环,磁石不仅能吸引铁环,而且能把吸引力传给铁环,使铁环也像磁石一样,吸引其他铁环,这样挂成一条长锁链,诗的感染作用归根结底都来自诗神。"诗神就像块磁石,她首先给人灵感,得到这灵感的人们又把它递传给旁人,让旁人接上他们,悬成一条锁链",诗人只是灵感的传递者,他从诗神那里获得灵感而创作,又通过艺术使灵感发生感染作用。诗人是神与一般人之间的中介,艺术是诗神灵感通向一般人心灵的桥梁。诗人是没有个性和独创性的。

柏拉图的艺术摹仿说,涉及艺术与现实以及与审美创造主体的关系问题,提出了不少合理的见解。他肯定艺术是对现实的摹仿,现实中具体事物是艺术摹仿的对象,这符合艺术反映现实的一般理论;他又认为艺术是对人造物的摹仿,比如艺术家画的床,是对工匠造的床的摹仿,这似乎含有物质生产先于艺术生产,艺术生产依赖于物质生产的最朴素的观点;他还认为艺术摹仿主要凭灵感、诗的迷狂,提出了诗的迷狂不同于哲学的迷狂以及灵感比技艺重要的看法,在某种意义上涉及艺术认识与哲学认识的区别、艺术创作中灵感与技巧的关系问题,艺术创作中非自觉性问题;他还看到了艺术的接受与影响问题。诸如这些观点,是应予肯定的。柏拉图终究是一个客观唯心主义哲学家,在艺术与现实以及与审美创造主体的关系问题上,作了根本错误的解答。他所说的艺术摹仿,只是对个别事物的外形作不完善的描摹,没有选择,没有加工,没有创造,他认为这样的摹仿性艺术同真理(理念)"隔着三层",相去甚远,这就否定了艺术的真实性,贬低了艺术的认识价值,也贬低了艺术家的地位和作用。他认为艺术美低于现实美,因为艺术是对现实的摹仿,这是正确的,但是艺术也是创造,有高于现实的一面,这是他没有意识到的,反而把艺术创造的灵感、非自觉性引向神力凭附的迷狂,把艺术创造建立在神灵不朽的神学目的论基础之上,从而走向了反理性的神秘主义道路。这也就必然导致轻视技艺,否定生活实践。无论对美和艺术的欣赏,还是对美和艺术的创造,都是有害的。事实上,诗人、艺术家离开生活实践,只凭神魔力量给予的灵感去创作,不过是一种幻想。

4. 艺术效用

柏拉图的艺术效用说,讲的是艺术的社会效用问题,艺术对国家和人生的影响问题。柏拉图很重视文艺的社会效用,认为诗不仅是娱乐的,而且是对国家和人生有益处的。文艺应使"理想国"中哲学家、武士、农工商劳动者三个等级各安其位、各尽其职,武士、农工商劳动者要听命于哲学家。人的灵魂和性格相应于"理想国"的三个等级,也应分成理智、意志、情欲三个等级,文艺还应使人的意志、情欲受理智的差遣、支配。文艺应该有益于培养哲学家,培养人的理智,就是说,应该有益于培养"理想国"的统治人才,使各个等级安分守己,以达到"理想国"的"正义"。柏拉图重视文艺效用,着眼于奴隶主贵族政治和社会心理效果,涉及艺术与政治学、心理学的关系。诗是情感和想象的最佳营养品,柏拉图提倡青年读文艺,为的是以后接受理智教育,成长为"理想国"的统治人才。为此,他考察了当时流行的文艺作品,认为大多数文艺作品的内容不符合这个要求。据他看,这些文艺作品,包括荷马史诗在内,最大的毛病就是"说谎",主要表现在对神和英雄作了不正确的描写:互相争吵,贪图享受,爱财怕死,奸淫掳掠,欺骗陷害,甚至遇到灾害就逃跑。他认为,这不是神和英雄之所为。神是尽善的,他不干坏事,也不是干坏事的原因。文艺作品把神描写得全是缺点,写成是悲苦和灾祸的原因,这是不正确的。柏拉图大声疾呼,为了城邦政治修明,任何人都不能说也不能听"神既是善的而又造祸于人那种话",声称谁说这种话,谁就是"大不敬,对人无益"。英雄是勇敢的,不会惧怕死亡,也不会因丢了财产而痛哭。一个英雄对一切不幸都会处之泰然。柏拉图强调说,把著名英雄的痛哭勾销,把这种痛哭交给女人和懦夫们,使保卫城邦的人们知道这种弱点是可耻的。

柏拉图还考察了当时文艺作品的社会心理效果,认为最严重的毛病就是迎合"人性中低劣的部分",即人的情欲。他认为,摹仿性文艺,摹仿人的理性很难,摹仿人的容易激动的情感和容易变动的性格却很便当。文艺以此来逢迎人心中的情欲,讨好群众,牟取名利,造成极坏的心理影响。例如悲剧,在摹仿一个英雄遭难的时候,往往说出一大堆伤心话,捶胸顿足,哀号痛哭。观众忘乎所以,大加赞赏,深表同情,获得快感满足,在不知不觉中便滋养起感伤癖和哀怜癖。柏拉图认为,当人们遇到灾难时,尽量痛哭一场,哀诉一番,本是人的一种自然倾向,理智可以把这种自然倾向抑制下去。可是悲剧诗人却拿旁人的灾祸来满足人的这种自然倾向,滋养人们的感伤癖、哀怜癖,一旦灾祸临头,就尽情发泄,难以控制。又如喜剧,把平时不肯说的话,不肯做的事,引为羞耻的话,引为粗鄙的事,大肆渲染,司空见惯。喜剧诗人以此来满足人们的欲念,给人以快感。观众逢场作戏,久而久之,便习以为常,沾染上小丑习气。柏拉图认为,文艺迎合人的情欲,放纵人的一切欲念,使人失去理智的控制,就在人的心理、性格上破坏了"正义"。

有鉴于文艺对神和英雄的信仰和崇敬的破坏,对人的情欲的迎合和滋养,不利于培养"理想国"的统治人才,不符合"正义"的要求,柏拉图主张对文艺采取严格措施。不准"说谎"的诗和诗人以及迎合"情欲"的诗和诗人闯入"理想国"的国境;把这类诗和诗人"驱逐出理想国"。但是"颂神和赞美好人的诗歌","不仅能引起快感,而且对国家和人生都有效用"的诗歌,是准许入境和存在的。就算是已被驱逐出境的,只要证明符合这个要求,还欢迎它们回来。柏拉图还提出对诗人的创作实行监督,对文艺作品实行检查制度。他要求诗人在诗里只描写善的东西和美的东西的影像,不准摹仿罪恶、放荡、卑鄙和淫秽,以优美的作品去培养青少年爱好美,融美于心灵的习惯。他主张文艺作品是否宜于演出,要由"长官们判定"。

柏拉图这样重视文艺的社会效用,在西方美学史上可算是最早的一个。他看到文艺与政治、道德、心理的关系,十分重视文艺对国家对人生的积极作用,力图消除文艺对国家对人生的消极影响,虽说并非无可指责,却应承认是对艺术社会学的一大贡献。柏拉图从他的政治理想出发,肯定文艺存在的价值和效用,积极主张文艺应表现真理,描写尽善尽美的东西,描写大自然的优美方面,坚决反对违背真理,压抑理智,放纵情欲,描写恶事丑行,以利于国家和人生,利于青少年美好心灵的培养。肯定文艺为政治、道德服务,为培养美好心灵服务,从艺术社会学观点看,这是合理的。但是,他结合现实,考察文艺现状,却又认为当时流行的文艺不符合他的政治理想,把真实反映现实又为群众欢迎的文艺作品,一律斥为"说谎",迎合人性低劣部分,并极力主张对诗人和文艺作品实行监督、检查,甚至对不符合他的政治要求的诗人予以放逐,与孔子"恶郑声"相类似,充分暴露出奴隶主贵族对满足群众需要的诗人及其作品的排斥、压制、扼杀的恶劣态度,这显然是错误的。文艺不是超政治、超道德的,也不是违反真理、单纯放纵情欲而不顾理智的,但也不是某种狭隘政治观点的传声筒,死板道德的说教,更不是什么"代神说话"。文艺植根于人民群众生活之中,有广泛描写真善美、揭露假恶丑的权利,柏拉图完全无视这一点,把文艺视为少数人所专有,将文艺纳入奴隶主贵族政治轨道,他所谓对国家对人生有益云云,实际不过是把文艺作为实现奴隶主贵族政治统治的一个工具,这种单一的要求,必将束缚文艺的繁荣发展,使文艺失去美学意义。

柏拉图的美学思想,以他的客观唯心主义理念论哲学为理论基础,直接为他的"理想国"政治主张服务,初具体系,在西方美学史上有深远影响。各种学派都从自己的需要出发,以不同的态度去对待它。他的弟子亚里士多德最先对他的美学思想作了批判。从此,西方美学思想就沿着两个侧面多向度地向前发展。受柏拉图美学思想影响的,从亚历山大里亚、罗马时代,历经中世纪,一直到近代,都不乏其人。这种影响是积极的还是消极的,是有益的还是有害的,不能从柏拉图原来的观点去看,而应从接受他的影响并加以改变的那个观点去看,更应结合那个时代去看。美学思想之间的相互继承、相互渗透,最终还要在历史和现实中求得解答。

(三)亚里士多德的美学思想

继柏拉图之后,跨上古希腊美学高峰的另一个人,是亚里士多德。与柏拉图不同,亚里士多德走的是一条逐渐抛弃神学目的论和理念论而倾向对现实世界进行哲学探讨和科学研究的道路,自然和人在他的哲学和科学视野中占据主要地位,依据自然哲学和人本学而来的美学,具有从哲学思辨中解脱出来的意义。他对美学的贡献,不在于从哲学上对什么是美作了多少回答,而在于对美学研究提供了多样化的研究途径和方法,因此,就其美学成就来说,远超过古希腊任何一个美学家。

亚里士多德(Aristoteles,公元前384年—公元前322年),生在希腊一个殖民城市,色雷斯的斯塔戈拉城,他的父亲是马其顿王阿明塔二世的御医。公元前367年,年方十七的亚里士多德赴雅典,进入柏拉图学园,在柏拉图门下求学,兼讲学任务,长达二十年。公元前347年,柏拉图死后,亚里士多德离开雅典,去吕底亚投奔赫米亚。从公元前343年起,亚里士多德受聘为马其顿王子亚历山大的教师。公元前335年,他重赴雅典,创建了吕克昂学院,据说他常在林荫路上一边散步一边讲学,被人称为"逍遥学派"。马其顿王腓力统一希腊,他死后,亚历山大继承父业,远征埃及、波斯、印度,完全占有了地中海东岸和南岸,大力推行希腊文化,开始了希腊化时期。亚里士多德做过亚历山大的教师,在政治上亲马其顿,他的思想也在希腊化时期影响到地中海沿海各地。公元前323年,亚历山大去世,由于反马其顿运动的发展,亚里士多德被迫离开雅典,去卡尔西斯避难。次年逝世,终年六十三岁。

亚里士多德是古希腊最伟大的思想家,他的科学兴趣极为广泛,用恩格斯的话说,他是古希腊思想家中"最博学的人物"。在古希腊思想家中,他是第一个著书立说的人,并采取科学的逻辑方法,对各门科学作分门别类的系统研究,打破了古代不分门类的论述方式,推进了人类认识水平向更高阶段发展。他在《工具论》一书中,把人类活动分为三类:认识活动、实践活动、创造活动。认识活动指理论活动,实践活动指实用活动,创造活动指技术活动。以这三类活动为根据,他把科学也分成三大类:理论性科学,这是探求求知本身的知识,包括哲学、数学、物理学、生物学、心理学等方面的内容,他的《形而上学》《论天》《物理学》《动物志》《论灵魂》等属之;实践性科学,这是探求作为行为准则的知识,包括政治学、伦理学等方面的内容,他的《政治学》《尼各马可伦理学》《大伦理学》等属之;创造性科学,这是探求人工制作的东西的知识,包括应用技术和艺术等方面的内容,他的《修辞学》《诗学》等属之。逻辑科学,作为求知的工具,没有放在某一类科学里,他的《范畴篇》《解释篇》《分析前篇》《分析后篇》等统集为《工具论》。从美学方面看,《诗学》是集中谈美学和艺术学的,《形而上学》《政治学》《伦理学》《修辞学》也论及重要的美学问题。研究亚里士多德的美学思想,不应局限在他的艺术学,而要紧密联系他的哲学、政治学、伦理学,要以他的第一哲学、自然哲学、人本学为基础,因为在他的研究活动中,最重视的就是理论性科学。

亚里士多德虽是柏拉图的学生,但是他本着热爱和追求真理的精神,却敢于突破柏拉图理念论哲学,提出实体学说。柏拉图在现实世界之外设定一个"理念",认为"理念"是一切事物的最初根源和原因,一切事物都是由"理念"派生出来的,是对"理念"的"分有",亚里士多德则认为现实的个别具体事物是独立存在的,他把这个个别具体事物叫作"有"(存在),也叫作第一实体。实体是单一的,不可分的,它是一切事物的基础,而不是依赖于任何其他东西的。如果没有第一实体的存在,就没有其他东西的存在。除了第一实体的存在,亚里士多德还认为有第二实体的存在,所谓第二实体是指包含个别事物的种或属。第一实体的观点,表明亚里士多德肯定个别事物的客观独立性和物质性,而不是精神、理念;第二实体的观点,表明他肯定一般、共相的东西与个别事物紧密联系。亚里士多德关于实体的学说否定了一般理念先于个别事物而存在的观点,并一般地解决了思维对存在的依存关系,一般和个别相统一的关系问题,这种朴素的唯物而辩证的观点一举击中了柏拉图的理念论的要害,动摇了他的客观唯心主义的理论基础。根据实体学说,亚里士多德进一步探求事物存在和运动的原因,他认为事物产生、变化和发展的原因有四种:质料因、形式因、动力因、目的因。例如一幢房屋,土与石等建筑材料为质料因,房屋的定义或设计蓝图为形式因,建筑师或建筑技术为动力因,房屋所实现的作用为目的因。他认为,只有四因具备,方能成其为事物。"四因"说,在于寻求可感知的具体事物的原因,坚持从事物自身寻找事物的原因,因此,亚里士多德对柏拉图在具体事物之外去寻求事物存在和运动的原因的理念论作了批判,他指出柏拉图用"理念"去说明事物存在的原因是多余的,用"理念"的"分有"和摹仿去解释事物的形成是不通的,用"理念"的永恒不变去说明具体事物的运动变化是矛盾的,等等。列宁曾肯定亚里士多德对柏拉图"理念"的批判,"是对唯心主义,即一般唯心主义的批判"。后来,在进一步研究过程中,亚里士多德把事物构成的"四因"归结为"二因":质料因和形式因。他认为动力因和目的因是和形式因合而为一的,形式是质料追求的目的,又是质料运动的动力,就一个事物来说,形式是它的本质。在质料和形式的关系上,形式是起决定作用的,是积极的能动的,质料是无性状的,消极被动的。从这种夸大形式作用的观点开始,终于导出"一切形式的形式"的观念,迈向了唯心主义,与柏拉图合流。亚里士多德又用潜能与现实学说对质料与形式的关系作了进一步论证。他认为质料是一种潜在的可能,不具有确定的性质,只有和形式结合在一起,形式给予它以一定性质,它才成为现实。具体事物的发生、变化,就是由潜能到现实的运动,也就是质料被形式所推动而追求形式和实现形式的运动。这样推论,离开质料的形式,即"纯形式",也叫作"形式的形式",就成了一切事物最初的根源和原因,它就是上帝。

在本体论上,亚里士多德的诸多探讨,如实体、四因、二因、潜能与现实等的论述,瑕瑜互见,表现混乱,充满折中,却又显示一条清晰线索:从素朴的唯物主义和辩证法始,到唯心主义和形而上学终,从与柏拉图对立始,到与柏拉图合一终。亚里士多德在哲学本体论上的折中动摇,矛盾混乱,在认识论上,在政治学、伦理学、美学方面都有所表现。在认识论上,亚里士多德肯定现实的具体事物即实体是认识对象,同时又认为灵魂是认识的主观条件。灵魂的主要功能是感觉和思维。客体对象作用于感官,并凭一种"公共的感觉"把多种感觉综合起来,构成经验。经验是获得一般知识的基础。亚里士多德肯定感觉经验来源于客观对象,反对柏拉图的回忆说。但是他又认为灵魂的本性是形式,感觉所接受的只是对象的形式,而不是质料,质料本身是不可认识的。由于感觉所接受的对象形式是和质料结合在一起的外在形式,所以还构不成理论知识,要获得理论知识就要靠"心灵"(思维),"心灵"所认识的是对象的内在形式,与质料分开的纯粹形式,这种形式不在对象之中,而在"心灵"之中,这样又与柏拉图回忆说相近了。在客体方面,亚里士多德割裂了对象的形式与质料的统一,又把形式割裂为外在形式(可感知的形式)和内在形式(可理知的形式);在主体方面,他又割裂了肉体与灵魂的统一,并把灵魂割裂为感觉(对外在形式的认识)和"心灵"(对内在形式的认识),这样不仅把不可知论带进他的认识论,而且把认识活动推向神秘主义,又走上了柏拉图的道路。

在政治学上,亚里士多德和柏拉图一样都维护奴隶主统治的国家。他认为奴隶主对待奴隶,就像灵魂对待躯体一样,灵魂本来就该主宰和支配躯体,奴隶主统治奴隶是自然合理的,天经地义的。但是他反对柏拉图主张奴隶主贵族统治的"理想国"的理论,而主张奴隶主中间阶级统治国家的共和政治理想。他认为在奴隶主统治的国家中,总有三种成分,一种是十分富有的阶级,一种是十分贫穷的阶级,一种是居于贫富中间的阶级。他认为中庸的生活是最好的生活,应该是城邦和法制所特有的,所以奴隶主国家理应以"中间政体"即以奴隶主中间阶层统治的共和政体为最好。亚里士多德在政治观点上强调中庸,在哲学观点上强调折中,夸大形式,在他的美学上也有所表现。

1. 美在形式

关于美的论述,亚里士多德所做的不多,而且是零散的,缺乏思辨的,至终也没有一个确定的看法。就美的本体而言,亚里士多德大体倾向于美在形式的整一,而形式有时指形状即外在形式,有时又指本质即内在形式,很不确定,但倾向于本质是很清楚的。"形式"对于亚里士多德而言,就像"理念"对于柏拉图一样,它规定着一切个别的事物,正如罗素指出的,亚里士多德告诉我们,"一件事物的形式就是它的本质和它的原始实质"。所以美在形式整一,主要理解为美与美的本质的统一。

在美的本体论上,柏拉图设定一个美的理念即"美本身"的存在,并认定美的事物是对"美本身"的"分有","美本身"是美的本质,把美的事物和美的本质分割开来。亚里士多德反对柏拉图的观点,认为美的本质和美的事物不能分割,离开美的事物,美的本质也就不存在。他说"善必与善的本质合一,美合于美的本质;凡一切由己事物,基本上自足于己,无所依赖于其他事物者,都该如是","每一事物的本身与其本质并非偶然相同而是实际合一的"。美的事物之所以成为美的,必然是合于美的本质的,美的本质就是事物之所以美的原因、实质,它不在美的事物之外,而在美的事物之中,美的事物独立自足,不依赖于它之外的美的理念。美的本质就是形式,它要通过具体感性形式体现出来,因此,亚里士多德又说:"美的主要形式'秩序,匀称与明确'，这些唯有数理诸学优于为之作证。又因为这些（例如秩序与明确）显然是许多事物的原因，数理诸学自然也必须研究以美为因的这一类因果原理。"如果"形式"作为美的本质属于第一哲学探讨的课题，那么"秩序，匀称与明确"这类感性形式则是自然哲学研究的对象，虽然都与美有关，但是作为美的本质的"形式"却是那个赋予质料以形式，使质料由潜能转为现实的那个形式，也就是赋予质料之后显现为可感知的外在形式的那个可理知的内在形式。这个可理知的形式，作为美的本质，使美的潜在变为美的现实，它存在于美的事物之中，同构成美的事物的质料是合一的、统一的，其实就是同一个东西。亚里士多德说："最接近的质料和形式乃是同一样东西，一个是就潜在性而言，另一个是就现实性而言。因为每个事物都是统一的，而潜在的和现实的东西毕竟还是同一个东西。"现实之于潜在，犹如正在进行建筑的东西之于能够建筑的东西，醒之于睡，正在观看的东西之于闭上眼睛但有视觉能力的东西，已由质料形成的东西之于质料，已经制成的东西之于未制成的东西，完全可以互相界说。

作为美的本质的那个形式，单从其本身看，在本质上是统一的、整一的，换句话说，统一性、整一性是形式的本质特征。形式使无定形的质料变成有定形的事物，由潜在变为现实。美作为现实的存在，其外在形式体现着作为美的本质的那个形式，即内在形式，内在形式的整一性决定着外在形式的规律和法则。亚里士多德认为，美与不美的分别就在于在美的东西里"原来零散的因素结合成为统一一体"。零散的因素往往是偶然堆积，彼此之间见不出互相依存的因果必然性，形式把零散的偶然的因素统一起来，结合成为一个整体，各部分紧密联系，彼此依存，互相制约，显出一种规律性来。整一的东西，它的各部分应有一定的安排，它的体积大小也应有个限度，显出某种规律性，符合审美者的要求。亚里士多德有时把这种形式整一体现的外部形式规律性规定为"秩序，匀称与明确"，有时又规定为体积与安排，都是把美的形式整一置于量度、比例、秩序之中。他说：一个美的事物，一个活东西或一个由某些部分组成之物，不但它的各部分应有一定的安排，而且它的体积也应有一定的大小；因为美要倚靠体积与安排，一个非常小的活东西不能美，因为我们的观察处于不可感知的时间内，以致模糊不清；一个非常大的活东西，例如一个一千里长的活东西，也不能美，因为不能一览而尽，看不出它的整一性；这就是说，一个美的事物之所以美，要依靠体积与安排，它的各部分安排要合于一定比例，它的体积不应过小，也不应过大，这样才显出匀称、秩序，体现形式整一性。其中心思想就是适度，所谓适度，不单是客体事物外部形式规律问题，也是审美主体的感知能力问题，太小的事物，转瞬而过，来不及细察，难以感知它的比例与安排，太大的事物，又不能"一览而尽"，难以感知它的全貌，都失去整体性和明确性，都不能美。

从亚里士多德有关美的零散言论中，在他那不十分确定的表述中，可以见出有一点是确定的，那就是美与形式是联系在一起的，可以把他的美论概括为美在形式。由于形式在他那里有时作为第一哲学即形而上学的对象，被理解为第一实体，有时又作为自然哲学即物理学的对象，被理解为自然，这就造成理解上的困难。不过仔细分析，可以看出，作为第一哲学的对象的那个形式，即形式因，讲的是一切事物的最初根源和原因，作为自然哲学的对象的那个形式，即形状，讲的是具体事物的原因，就美学来看，前者可视为美的内在形式、可理知的形式，后者可视为美的外在形式、可感知的形式；前者是美的根源和本质，其特点是统一、整一，可以称为"一"，后者是美的形式，美的本质表现，其特点是秩序和量度，可以称为"多"。如果这样理解可以成立的话，那么当亚里士多德把形式作为美的事物的原因时，这个形式是与质料结合的，美的本质就在美的事物之中，唯物主义观点鲜明，在这里与柏拉图分离，当他把形式作为美的根源和本质时，这个形式作为实体，又是"没有质料的"，美的根源和本质在质料之外，在这里又倒向唯心主义,而与柏拉图合流。亚里士多德在美的本质问题上表现出倾向柏拉图。在对美的探索中,亚里士多德开始注意到主体的感知能力,并从感知经验上作了某些论证,尽管这些论证对于揭示美的本质是无力的,但是他把眼光转向主体,从美感经验上去论美,进而论及人的德性和心智的美,这种人本学的观点却是他的美论的一大特色。

美与善,善是美的前提或原因。他说:"美是一种善,其所以引起快感,正因为它是善。"这就是说,美的东西因为它是善的,所以才引起快感,才美,美的东西必定是善的。但是他又认为"善与美是不同的",善常以行为为主,而美则在不活动的事物身上也可见到。这就是说,善只表现在人的活动上,而美不仅表现在人的活动上,而且表现在一切事物上,善和美的存在领域不同,美的领域要比善的领域广泛得多。美与善的这种不同,没有否定它在社会领域内特别是人的领域内的美善等同论。在论述社会、人的德性、心智的美的时候,他的一贯思想就是美是一种善。善是什么? 亚里士多德在《尼各马可伦理学》中说:"善曾经很正当地被宣称为一切事物的目的。"这里的"一切事物"是人为的一切事物,所以善是指人的活动和它的产品的目的。他认为,人的每种活动,或是技艺,或是研究,都要追求某种好处,这就是目的,就是善。但是各种目的是有差别的:活动的目的不同于产品的目的,产品的目的胜于活动的目的;各种具体技艺、科学活动的目的应从属于政治活动的目的,个人活动的目的应服从民族和城邦的目的。据此,他认为政治、民族和国家的目的"应该是人所追求的善"。就个人来说,善就是一种美德。"美德有两种,即心智方面的和道德方面的"。道德方面的美德,乃是符合中庸之道的那种性格状况。亚里士多德认为人的灵魂里有三种东西:一种是激情,所谓激情,是指愤怒、恐惧、信心、妒忌、快乐、友善的心情、憎恨、渴望、怜悯、好胜心,以及愉快和痛苦等情绪;一种是官能,所谓官能,是指感觉这些激情的能力;一种是性格状况,所谓性格状况,是指对待这些激情的态度和行动。性格状况有好有坏,可以受到称赞或谴责,所以是可以选择的。作为美德的那种性格状况,是最好的形式,而最好的形式,就是中间的形式。所谓中间,就是既不会过度,也不会不足,过度和不足都是恶行,而不是美德,中间的性格状况才是美德。他说:"美德就是涉及激情和行动的,在其中过多乃是一种失败的形式,不足也是这样,而中间则受称赞并且是一种成功的形式,而受称赞和成功,都是美德的特性。因此,美德乃是一种中庸之道,因为,如我们所看到的,它乃是以居间者为目的的。"看来,亚里士多德把美在形式运用于人的道德方面的美,同美是一种善结合起来,把道德方面的美归结为性格的中间的成功的形式,也就是中庸、善、合目的的形式。这个形式就是善,就是美。心智方面的美德,就是沉思的活动。如果说道德方面的美德表现于实践活动的话,那么心智方面的美德则表现在理性活动中。亚里士多德认为,理性活动是哲学智慧的活动,它沉思真理,除了本身,没有任何目的,它是最令人愉快的,最持久的,最富于自足性。它不是像伦理美那样要采取中间形式,而是采取一种最持久而又最纯粹、最神圣的形式,以理性活动本身为形式,所以越有智慧越好。他说"如果在美德的行为里面,政治的和军事的行为的特色在于其高贵和伟大,而这些行为乃是不悠闲自在的,并且是向着一个目标,而不是因其本身而可取的,理性的沉思的活动则好像既有较高的严肃的价值,又不以本身之外的任何目的为目标,并且具有它自己本身所特有的愉快(这种愉快增强了活动),而且自足性、悠闲自适、持久不倦(在对于人是可能的限度内)和其他被赋予于最幸福的人的一切属性,都显然是与这种活动相联系着的——如果是这样,这就是人的最完满的幸福。"亚里士多德关于美的论述,坚持从美和美的本质相统一的观点出发,力图把美在形式的思想一以贯之,客体事物的美在形式,人的美也在形式。关于人美重在心灵和行为之美,在这方面他提出了伦理美和智慧美这两个概念,伦理美在于中庸形式,即善,合目的,这符合他的一般政治、伦理观点。在政治上,他提倡奴隶主中间阶层治理国家,讲共和政治;在道德上,他提倡中庸之道;在美学上,讲适度,反映在心灵美上,就是那个以中间形式为美的性格,即伦理美。但是在智慧美上这种中庸思想并没贯彻到底,而是以理性沉思的形式为美,所以他认为越智慧越好。可以说,在理性活动方面,最智慧的形式就最美,而最智慧的,就是最神圣的,他不得不走向神学,尽管不那么突出。这正像他关于形式的理解一样,穷根追底,最终只得乞求神学,走向唯心主义。所以在美论上亚里士多德往往是从坚持唯物主义始,而走向唯心主义终,从批判柏拉图始,而与柏拉图合流终。

2. 求知与快感

"求知是人类的本性",其目的在于探求事物的原因。亚里士多德肯定探求知识是人类的天性,而知识来自人类主体对外界事物的认识。他认为,外界事物是客观存在的,作为认识对象,它分为可感知的和可理知的两个部分或两个层次,而可理知的就存在于可感知的事物之中。与此相应,人类也具有求知能力,作为接纳认知对象的能力,它分为感觉机能和思维机能这两部分或两个层次。感觉机能与身体不分,依赖感觉器官,它在性质上潜在地与可感觉的对象一致;思维机能与身体分开,没有相应的器官,它在性质上潜在地与可理知的对象一致。求知就是感觉和思维被动接纳各自的对象,由潜在的一致变为现实的一致的过程。这个过程起于对可感知的事物的感觉,并通过一种普遍性的感觉能力把各种感觉综合起来,构成经验,但是经验还不能说明事物之所以然,不能揭示事物的原因,必须进一步凭心灵即思维去认识可理知的事物,以获得事物有关原因和原理的知识,这才是求得真知识即真理。亚里士多德尽管没说清感性认识与理性认识的辩证统一关系,却还是承认外界事物是可知的,或是可感知的,或是可理知的。但是他又认为,感觉和思维所认识的不是事物本身而是事物的形式,感觉就是撇开事物的质料而接纳其可感觉的形式,就像一块蜡接纳图章的印迹而撇开图章的质料一样,"感官受到有颜色的、有香味的,或者发出声音的东西影响,至于那个东西的实质是什么却没有关系;唯一有关系的是它有什么性质,即它的组成部分是以什么比例组合的",这就是说,感觉所接纳的形式不过是可感知对象的外部形式;思维同样是"接纳一个对象的形式",但是这个形式与对象的外部形式不同,而是对象的内在形式即对象的本质,它不在对象外部,而在灵魂中,灵魂是"形式的所在地"。这样,亚里士多德又把唯心主义、不可知因素带进了求知过程。这种求知在于对事物形式的感觉和思维的观点,在认识论上是有误的,在美感上也是不完善的,亚里士多德认为,快感起于求知,也就是感觉和思维与对象形式一致、相符,达到逼真,而引起快乐。据他看,人类有两种天性,一种是摹仿的本能,一种是音调感和节奏感这类形式感。人类最善于摹仿,他们最初的知识就是从摹仿得来的,人们对摹仿的作品总是产生快感,其原因就是由于求知是最快乐的事。他说:"我们看见那些图像所以产生快感,就因为我们一面在看,一面在求知,断定每一事物是某一事物,比方说'这就是那个事物'。"

在亚里士多德看来,对现实对象的摹仿活动,由于是求知,所以会带来快乐;摹仿的作品即图像,因其与摹仿对象"惟妙惟肖",也给人以知识,所以也会带来快感。可见,快感起于求知(摹仿),求知(摹仿)是引起快感的原因。快感起于求知,就是说快感是在认识基础上产生的,一面在看,一面在求知,一面在感觉,一面在思维。当下判断,指出对象是什么,在感知和理解的基础上,获得知识,感到快乐,于是产生快感。快感产生有主客观两方面的条件:从客观方面说,现实事物是快感的对象,不过亚里士多德更强调"摹仿的作品"作为快感的对象,即人的制作品作为快感的对象,这是因为"摹仿的作品"是认识的产物,体现了人的感觉和思维与对象形式的一致、符合,构成知识的结晶,人通过"摹仿的作品"获得了知识,认识了现实,感到一种满足、快乐,这实际也是对摹仿活动的一种肯定。从主观方面说,人有摹仿本能和一般形式感的本能,这是产生快感的生理和心理基础。亚里士多德肯定了这两种本能在求知过程中不仅是产生快感的原因,而且是感受快感的能力,即审美感受力,正是这两种本能,成了艺术起源的两个原因。摹仿作为求知的方式,所以引起快感,最基本的原因就在于真实。摹仿越"惟妙惟肖",越逼真、酷似,越能引起人们的快感。这种逼真、酷似,就一般求知说,就是感觉和思维与对象形式的一致,就"摹仿的作品"说,就是艺术形象与对象形式的一致,只要达到这种一致,就是真实,就一定给人以快感,这是带有普遍性的。亚里士多德甚至认为,就是现实中的丑鄙事物,如尸首或某些动物,尽管其本身是引起痛感的,但是只要摹仿得真实,也必定给人以快感。他又认为,当人们不了解现实事物时,就无法拿摹仿的作品与现实事物相比,也就无法断定摹仿得是否真实,摹仿的作品所引起的快感就在于摹仿的技巧。亚里士多德以摹仿的真实和技巧来解释现实丑转为艺术美、痛感转为快感的问题,这可以说是以真实和技巧为艺术美的原因这种观点的滥觞。他一反柏拉图贬低艺术真实和艺术技巧的错误,肯定真实性和技巧之于艺术的重要性,这种观点曾得到后来不少美学家的首肯。但是摹仿的真实,感觉和思维的真实,有没有判断的尺度呢? 以什么为标准呢? 这实际也就是快感、美感有没有一个标准呢? 普罗太戈拉提过"人是万物的尺度",意思是"各人所见便是真实";亚里士多德分析说,倘若如此,"同一个别事物于此人为美者,可以于彼而为丑","世人于同一事因或喜或厌,或以为甘者或以为苦,各因所见不同而作不同之想",这纯属"自然哲学家之教义""世俗寻常之见"。亚里士多德承认呈现于感官的物象,并不都属于真实,因为事物的远近、生熟不同,感觉者的健康状况以及醒睡不同,都会影响事物的真实程度,但是这不是事物的不同性质引起的,而是事物同一性质的"异感"。他举例说,同样的酒,因变了质,似乎可以一时为美酒,一时为不美;但是当酒之为美时,它之为美就确实存在,这酒美是不变的,饮酒的人也是领会得不错的,在那时酒之所以为美,其性质也必然如是,绝不会有两歧。如果官感同一、时间同一、情况同一,这些条件具备,那么事物呈现于感官的印象将是真实的。亚里士多德否定了以个人的主观感觉作为真实的尺度,肯定了以客观事物的性质作为真实的尺度,坚持了感觉真实的客观性。如果感觉出现了差别,那么应以哪一种感觉为标准呢? 亚里士多德认为应该以正常的一方为度物的标准。他说:"对于辩难两方面的意见与印象若作等量齐观,当是幼稚的:两方必有一方错误。这是明显的,问题起于感觉;同一事物实际并不会于此人味甜,而又于彼味苦,如其有别,其中一人的味觉当已受损或有所改变。若然如此,大家就应该以其中的一方为度量事物的标准,而不用那不正常的另一方。于善恶、美丑,以及类于此者,亦然。"他以正常的感觉那一方作为衡量事物的标准,也作为衡量善恶、美丑的标准,他把正常的感觉叫作感觉的常态。他相信人的感觉的真实性,以感觉的常态作为审美标准,而感觉的常态又基于感觉对象的常态,所以它是有客观性的。

不过以感觉作为快感的基础,以感觉的常态作为辨别美丑的审美标准,还是没有说服力的,因为审美快感究竟不同于一般认识,对美的对象的感觉也不同于一般感觉,亚里士多德单纯从求知去解释审美并把审美等同于认识未免流于片面。但是他对审美认识和快感的论述,却是对柏拉图的神秘观照说的有力拨正。亚里士多德否定柏拉图的神秘回忆说,也不同意他贬低感觉和情感的看法,而强调对美的对象的感觉和理解,强调在求知的基础上产生快感,重视美感中的理性因素,绝没有柏拉图反理性的神秘感。他对快感的重视,并把快感作为艺术起源的原因之一,道出了艺术一个最基本的特性,假如艺术不能给人以快感(美感),就没有存在

的价值。亚里士多德关于求知与快感的议论，远比柏拉图更现实。

3. 摹仿与艺术

在古希腊，把摹仿说提到艺术学的首位和中心的，是亚里士多德。他在《诗学》中就是以摹仿说为理论基础，对一系列艺术问题展开论述的。不过在《诗学》以外，他并没有把摹仿放在艺术问题之中，如在《形而上学》《物理学》中就已谈到了艺术问题，却没有谈到摹仿。他在哲学、自然哲学中认为艺术是技术，是制造，艺术家是艺术的动力因、目的因、形式因，艺术品是艺术家赋予形式于一定的物质、质料，是艺术家灵魂和技巧的体现，而在《诗学》中则认为艺术是摹仿，艺术不同种类在于摹仿的对象、媒介（质料）、方式之不同，艺术的价值在于对现实摹仿得真实，凡此种种，均表明亚里士多德已从艺术是制造、表现这一面，转向艺术是反映、认识这一面，已从哲学思考转向艺术学研究。

艺术是对自然的摹仿，这是古希腊思想家在艺术与现实的关系上提出的朴素的唯物主义观点。亚里士多德继承并发展了这一观点，认为摹仿是艺术的共同本质，并根据摹仿的对象、媒介、方式的不同，划分艺术种类。他说：史诗和悲剧、喜剧和酒神颂以及大部分双管箫乐和竖琴乐，这一切实际上是摹仿，只是有三点差别，即摹仿所运用的媒介不同，所选取的对象不同，所采用的方式不同。

一切艺术都是摹仿，这是艺术的共同本质。按摹仿的媒介，有的用颜色、姿态来摹仿事物，如绘画、雕刻，有的用节奏、音调来摹仿事物，如舞蹈、音乐，有的用语言来摹仿事物，如诗歌；按摹仿的对象，有的摹仿的人物比一般人好，如悲剧，有的摹仿的人物比一般人坏，如喜剧；按摹仿的方式，有的用叙述（旁白）与人物出场交替，如某些戏剧，有的只用口述，如史诗，有的只用人物动作摹仿，即表演，如戏剧。根据摹仿的媒介、对象、方式之不同，即根据"摹仿的种差"来确定艺术的种类和性质，亚里士多德的这种艺术分类的方法，还是很粗糙的，但是在美学史上无疑是第一次提出的，对以后艺术分类有深远的影响。

摹仿作为艺术的共同本质，从哲学上说，是艺术反映现实的问题，从心理学上说，是人的一种本能、天性，从美学上说，是艺术的创作与欣赏的问题。摹仿不是"神力凭附"，而是人的本能，人的一种天性，人和动物的区别之一。亚里士多德用它来说明艺术的起源，说明艺术的创造与欣赏，尽管此说还有严重缺陷，但是却打破了柏拉图虚假的"神力凭附"的观点，确立了以人为本的观点。把摹仿归结为人的天性，而不是归结为神灵的授意，这不能不说是一个进步。

摹仿不是简单的摹拟，而是有选择地创造。摹仿说不是亚里士多德的首创，但是在他手里却充实了很多内容，使这一学说更加系统完备。他把摹仿规定为艺术的共同本质，看作人的一种天性，看作艺术的起源、创造和欣赏的心理生理基础。他重视人，重视现实，远胜于柏拉图的重视理念、灵感，重视神力。摹仿是求知，是一种认识，又是获得快感满足的基础，是对现实的认识，又是对现实尤其对艺术的感受。摹仿艺术是真实的，又是有倾向性的，有认识价值，又有审美价值，为艺术中的理性和情感作了论证，反驳了柏拉图反理性、反情欲的片面观点。在美学史上，亚里士多德的摹仿说，地位重要，影响也极为深远。当然，从科学观点来看，用摹仿说去解释艺术的根本问题，还是有重大缺陷的，脱离社会历史，脱离人的实践，就是根本缺陷之一。

亚里士多德的人本学美学，立足于人本学对美、美感、艺术特别是悲剧作了分析，代表了希腊美学思想的最高成就，并建立起一些规范性的理论，对西方美学思想和文艺思想发生了深远影响。他对柏拉图的批判，是一般唯物主义美学观点对一般唯心主义美学观点的批判，也是人本学美学对神学目的论美学的批判,这种批判不可能是彻底的,亚里士多德因这种不彻底性而表现为向柏拉图的动摇。亚里士多德的美学,不可能达到超越历史时代的最高水平,他同柏拉图一样,受历史的局限,只能达到他生活的那个时代所应有的水平;也像柏拉图一样,他的美学思想一直影响到西方近代美学,尤以文艺复兴时期为甚。

（四）普洛丁的美学思想

古罗马美学思想发展的第三个环节,是神圣性。这种神圣性的美学,把美的根源和本质归结为神性,把审美视为对神性的观照,把艺术的美看作艺术家基于神赋予心中理式的创造,已开始走上神学美学的轨道,成为古代美学向中世纪宗教美学过渡的桥梁。其承担者、体现者,就是古代最后一位哲学家,新柏拉图主义哲学创始人普洛丁。

普洛丁(P1otinus,204—270 年)生于埃及的吕科波里,据他的学生波菲利为他写的传记记载,二十八岁那年他到亚历山大里亚城求学,传说他的老师阿牟尼乌斯是个基督徒。后来他参加罗马皇帝组织的远征军,到过波斯,接触过东方神秘主义哲学。由于罗马皇帝被害,他放弃东征,回到罗马定居,时年四十。不久开始讲学,四十九岁才开始著述。在罗马进行讲学和著述活动长达二十六年,直到谢世。

他留下的著述不少,约五十四篇文章,多为讲学时解答听众问题的记录,后经波菲利编纂成书,合为六卷,每卷九篇文章,故称《九章集》。《九章集》包括了他的全部哲学思想,其中卷一第六章"论美"、卷五第八章"论理性美和宇宙美"则是他的美学思想的集中论述。公元三世纪,罗马奴隶社会极度动荡,混乱不堪。战争、赋税、疫病,天灾人祸,致使城市破败,人口逃亡,社会矛盾激化,奴隶暴动不断发生。罗马帝国被斯巴达克斯领导的奴隶起义沉重打击之后,便一蹶不振。日渐衰弱、日趋瓦解的罗马帝国,已无希望,当时依然活跃着的伊壁鸠鲁派、斯多葛派、怀疑主义派,哲学观点尽管有所不同,却共同引导人们到远离现实的内心世界中去追求幸福,寻找安慰。普洛丁的生活和思想,就始终和罗马这一段动乱历史联系着。他在现实中感到的是不幸,似乎在想象和思考中感到了幸福,从而避开惨重和毁灭的现实世界,转向观照一个善和美的永恒世界。他把这个永恒的世界既看作基督教的天国,又看作柏拉图的理念世界,以这个观点为基础,又吸收了当时流行的各派哲学的某些东西,创立了新柏拉图主义哲学学派。"新柏拉图派的哲学不过是斯多葛派、伊壁鸠鲁派和怀疑论派的学说跟柏拉图和亚里士多德的哲学内容的荒唐的结合",并附会以神学,是一种神秘唯心主义哲学。这种哲学最基本的观点,就是神秘的"太一"流溢说。

普洛丁认为"统一"是一切存在的基础。一切存在的东西,包括第一性的存在,"都是靠它的统一"。但是有的存在的统一是可分的,有的存在的统一是不可分的。实在的存在,如心智、观念、事物,它们的统一是可分的。作为第一性的存在的那个统一,是不可分的,这个统一,就是"太一"。

普洛丁承认物质世界里有美,但是他的美学思想的全部意图都在证明物质世界的美不在物质本身而在反映神的光辉。当时流行的关于物体美的学说是西塞罗的形式主义的看法,认为美在各部分与全体的比例对称和悦目的颜色。普洛丁反驳这种学说,认为单纯的东西如太阳的光和乐调中每一个音虽没有比例对称的关系,仍然使人觉得美,而且文章、事业、法律、学术等的美不能说有什么比例对称,足见美不在物体形式上的比例对称(《论美》第一章)。他自己的解释还是神的"放射"说亦即物的"分享"说,可以总结为以下几个要点。

第一,物体美不在物质本身而在物体分享到神所"放射"的理式或理性(《论美》第二章)。

这理式也就是真实,"真实就是美,与真实对立的就是丑"(《论美》第六章)。

第二,物体美表现在它的整一性上。理式本身是整一的,等到它结合到一件东西上面,把那件东西各部分加以组织安排,化为一种凝聚的整体,在这过程中就创造出整一性。事物受到理式的灌注,就不但全体美,各部分也美。美的整体中不可能有丑的组成部分。丑就是"物质还没有完全由理式赋予形式,因而还没有由一种形式或理性统辖着的东西"(《论美》第二章)。

第三,神或理式就是真善美的统一体,所以"美也就是善""丑就是原始的恶",所谓"原始"指物质未经理式灌注以前的状况(《论美》第六章)。

第四,物体美"主要是通过视觉来接受的,就文词和各种音乐来说,美也可以通过听觉来接受"(《论美》第一章)。但是物体美也要心灵凭理性来判断(《论美》第二章)。理性就是"一种为审美而特设的功能","这种功能本身进行评判,也许是用它本有的理式作为标准,就像用尺衡量直线一样"(《论美》第三章)。

第五,美不能离开心灵,心灵对于美之所以有强烈的爱,是由于心灵接近真实界(神、理式)。美具有真实性,能显出理式,所以心灵和美的事物有"亲属的关系",一见到它们,"就欣喜若狂地欢迎它们"(《论美》第二章)。真实界也可以比作心灵的老家,心灵由于受到物质的污染,才离了家,但是既是心灵,它就还思念家。它要想回家,就得经过"净化",洗清物质的污染,"变成无形体的"、拒绝尘世的感官的美,这样才能回到"我们的故乡或我们所自来的处所。我们的父亲就住在那里";这样才能达到"与神契合为一体"的愿望,见到最高的美。要见到这最高的美,也不能靠肉眼而要靠心眼,要靠"收心内视"(《论美》第七、八、九章)。总之。"心灵因理性而美,其他事物一如行动和事业之所以美,都是由于心灵在那些事物上印上它自己的形式。使物体能成为美的也是心灵。作为一种神圣的东西,作为美的一部分,心灵使自己所接触到而且统辖的一切东西都变成美的,美到它们所能达到的限度"(《论美》第六章)。"心灵本身如果不美,也就看不见美"(《论美》第九章)。

第六,美有等级之分。感官接触的物体美是最低级的;其次是"事业、行动、风度、学术和品德"的美,这些都是"从感觉上升到较高的领域"。物体和一般事物之所以美,"并非由于它们的本质而是由于分享;也有些事物是由于它们的本质而美,例如品德"。在这些之上,还有一种"先于这一切"即涵盖这一切的美,那就是与真善合一,脱去一切物质负累的纯粹理式的美。这不能靠感官而要靠纯粹的心灵或理性去观照(《论美》第三章)。

第七,关于艺术美,它也不在物质而在艺术家的心灵所赋予的理式。拿顽石与雕像为例来说,"雕的如果是人,就不是某某个人,而是各种人的美的综合体。这块已由艺术按照一种理式的美而赋予形式的石头之所以美,并不能因为它是一块石头(否则那块未经艺术点染的顽石也就应该一样美),而是由于艺术所赋予的理式。这一理式原来并不在石头材料里,而在未被灌注到顽石里之前,就已存在于构思的心灵里"(《九部书》第五部,第八卷,第一章)。这就是说,艺术美是理想化的结果。普洛丁又说,"艺术并不只是摹仿由肉眼可见的东西,而是要回溯到自然所由造成的道理;艺术中还有许多东西是由艺术自己独创的,弥补事物原来缺陷的,因为艺术本身就是美的来源。例如斐底阿斯雕刻天神宙斯,并不是按照什么肉眼可见的蓝本,而是按照他对于宙斯如果不屑于显现给凡眼看时理应具有什么形象的体会"(《九部书》第四部,第一八章)。在这一点上,普洛丁放弃了柏拉图的艺术被动地抄袭自然的看法。但是在蓝本与摹仿的优劣上,他和柏拉图的看法仍是一致的。他认为自然美比它们反映的理式美减色,艺术作品美也不能完全体现艺术家的理想美(《九部书》第五部,第八卷,第一章)。

普洛丁的新柏拉图主义带有很浓厚的神秘主义,这不仅表现在神"放射"出世间一切的观点上,也不仅表现在他对柏拉图的"迷狂"说与灵感说的发挥上,而且还表现在他所强调的理性或智力上。这不是根据经验事实去推理的能力,也不是生活经验所培养成的洞察力,而是神所赐予的一种先天的先经验的神秘的直觉力。它不但不是通常人凭通常理智所能了解的,而且寻常理智对于它甚至是一种障碍。所以普洛丁的关于"理性"的强调实质上恰是反理性主义。这种反理性主义的思想对后来一般视文艺活动为一种神秘力量所支配的美学观点也不断地在产生影响。

二、十七八世纪和启蒙运动

(一)笛卡尔的美学思想

勒内·笛卡尔(Rene' Descartes,1596—1650 年)是 17 世纪法国哲学家,并不是一个美学家,但是他的哲学思想和美学观点对近代西方美学的发展又有重要影响,鲍桑葵不止一次地肯定了笛卡尔的理性主义为近代美学的形成"提供了基本原理或方向"作了思想上的"准备"。克罗齐也指出了笛卡尔哲学对近代美学的影响,这一影响不是别的,就是"美学中的理性主义"。

笛卡尔受教于耶稣会学校,学习过古代语言、经院哲学和数学。他感到只有数学可以给予他以知识的确实性和明确性,其他科目都不能满足他对知识的这一欲求。于是他离开学校,放弃书本的研究,决心在人本身和世界这部大书中去寻找学问。他参加过军队,到各地游历,目的不在立功和消遣,而在收集各种经验,进行思考,用理性的方法辨别真伪,去追求知识、真理的确实和明确。后来,他在巴黎待了三年之后,便去荷兰,过着幽静的生活,积极从事著述。1649 年接受瑞典女王的邀请到斯德哥尔摩,一年后在那里去世。

笛卡尔的主要著作有:《方法谈》(1637 年)、《形而上学的沉思》(1641 年)、《哲学原理》(1644 年)、《论心灵的各种感情》(1650 年),还有有关美和艺术方面的论文和书信。在这些著作中,直接论述美和艺术的言论并不多,因此,笛卡尔对美学的影响并不在于他提出了什么深刻的见解,而主要在于他以理性的尺度为美学研究提供了某种观点和方法。

1.理性的真实、完满

笛卡尔不相信书本,因而去研究世界这部大书,但他仍然发现许多人不听从理性的指导,遵从成规陋俗而相信荒唐可笑的事情,铸成大错。于是便转而研究"我本身",即研究人这个主体的全部心智活动,结果他又发现感觉是骗人的,想象是虚妄的,思想也像梦幻一样不可靠。总之,他认为世界上什么都没有,没有天地,没有形体,没有心智,一切都是假的,一切都是可以怀疑的,只有这样想着一切都是假的"我",却是必然存在的某种东西,据此他断定只有"我思想,所以我存在"这个命题是真理,是确实、可靠的,并把这条真理作为他的哲学的第一条原理。

"我"是什么呢? 笛卡尔说,"我是存在的","我是一个实体,这个实体的全部本质或本性只是思想","我只是一个在思想的东西,也就是说,我只是一个心灵、一个理智或一个理性"。这就是说,"我"是一个心灵、理性的存在,本质或本性就是"在思想"。根据这样的解释,他推论说,"我思想,所以我存在"这个命题非常清楚地表明"必须存在,才能思想",我存在是无可怀疑的,是真实的,我所设想的东西只要十分清楚、十分明白,也都是真实的;我存在又是具有某种完满性的,我所设想的东西也是完满的。那么我存在的真实、完满即理性的真实、完满是从哪里来的呢? 笛卡尔最后把它归之于上帝。他说,上帝是一个完满的实体,凡是由上帝而来的实在的东西,都是真实的、完满的。如果我们常常有一些包含虚假的观念、混乱不清的观念,那是因为它们分有着虚无，我们并不完全完满。心灵理性的本质在于思想，思想方式则有多种，如感觉、想象、理解。笛卡尔认为，感觉是一种混杂的思想方式，是由心灵和形体联合和混合而产生的；想象是一种特殊的思想方式，是心灵用一种特殊注意力来想象有形体的东西，理解是纯粹的思想方式，是心灵以某种方式转向自身，考察心灵自身内的某一个观念。心灵理性这种思想方式并不是心灵理性的部分，只是心灵理性的认识能力，因为心灵是不可分的整体。感觉、想象、理解是可以怀疑的，心灵理性则是不容怀疑的。感觉、想象、理解之所以不可靠，是因为它们不是理性本身，还因为它们受意志自由选择的影响。意志自由选择是心灵的主动态，心灵把它扩张到"我所不了解的东西上去"，"把假的当作真的，把恶的当作善的"，从而使我犯了错误。但是，尽管感觉、想象、理解不可靠，笛卡尔却又认为不应当对它们告诉我们的一切事物都加以怀疑，因为外物也是上帝按照我领会到它们的样子产生出来的。"我"作为实体、存在，不是物质的东西，不是感性的东西，仅仅是心灵、心智、理智、理性，它是一个在思想的实体。理性是真实的，又是完满的，理性所能清楚明白想到的一切观念以及与之相应的一切，也是真实的、完满的，这就是笛卡尔哲学所追求的知识和真理。笛卡尔对心灵的思考分析，是机械论的，割裂了感性与理性的辩证关系，贬低感性，把理性强调到超然独立的地位，是错误的，但是在当时强调理性取代信仰，又是有进步意义的。

笛卡尔的这些思想，构成了他对美和艺术的看法，并影响了莱布尼兹和鲍姆嘉通的美学观点。所谓理性主义的美学，就是以理性为尺度，强调理性的真实和完满，真实是指概念的清楚明白，完满是指概念的客观实在性，即观念活动的客观化，它要求实在必须是不可分割的一个东西。真实与完满是统一的，"凡是清楚明白的概念都毫无疑问是一个东西"。美和艺术尽管涉及感性，在笛卡尔看来，也必须有理性参与，以"理性的尺度"来校正。

2. 感觉与情绪

笛卡尔认为心灵是一个单一的实体，却有不同的活动状态。意志选择、思维活动是心灵的主动活动，可以看作主动态，感觉、情绪牵连身体，是心灵和身体的结合活动，可以看作被动态。感觉与外在事物直接对应，当我们感觉到事物的不同颜色、气味、滋味、声音、温度、硬度时，可以推断出事物形体确有这些性质，从而产生喜爱或不喜爱的情绪。这种不稳情绪的产生，主要取决于外在事物形体是否带来方便或不方便。看来，喜爱或不喜爱是感觉与对象的关系的结果，其前提在于对象是否对主体方便或不方便。情绪是与感官功能相关联的。情绪的产生总是依附于感觉，一般说来是被动态，但是它又常常干扰心灵活动。因而笛卡尔认为情绪是混乱而晦昧的，是介于主动与被动之间的状态。有些情绪又主要是心灵的作用，如看文艺作品内心感到一种理智的满足和喜悦，实际是心灵的情绪。笛卡尔已经看到了感官愉快与精神愉快的不同，实际已论及美感，尽管回答是不确切的。

在一系列哲学家中间，恰恰是这位理性主义者较早地探索了人的原始情绪。笛卡尔列举出人的六种原始情绪：惊奇、爱悦、憎恶、欲望、欢乐、悲哀。其他情绪都是这六种情绪的不同组合，是这六种情绪的变种。惊奇是一切情绪中最先发生的，是人在未知事物的利害之前所感到的惊讶，所以惊奇多为罕见与异常的事物所引起。爱悦是人对有益对象的联合的情绪。憎恶是人对有害对象的远离的情绪。欲望是向往、趋向有益对象的心理冲动。欢乐是人对现有的有益对象的享受，是愉快的情绪。悲哀是人对现有的有害对象的不安，是不快的情绪。这六种原始情绪都与身体有关，它们激发、牵动心灵，以增强有助于保全身体的活动，其中欢乐和悲哀对心灵起着最重要的作用。

笛卡尔有关感觉和情绪的论述,带有明显的机械论色彩,并没有讲清它们与其他心理活动的复杂关系,对情绪的种类划分也是很勉强的。不过值得注意的是情绪与利害分不开,当笛卡尔谈论美和艺术时,也同样注意到了这一点。

3. 美和艺术

笛卡尔有关美和艺术的论述并不多,但是作为近代西方美学的开端却很重要。为了准确把握他的美学观点,必须联系他的哲学、心理学观点来考察分析,前面对他的理性的真实与完善和感觉、情绪的观点的介绍,就是从这一点考虑的。笛卡尔在谈美的时候,是把美排除在理性之外而与感性联系在一起的,也就是说与感觉、情感联系在一起的。美就是愉快,而愉快是对有益事物的享受,因此,他认为,美没有一种确定的尺度。有人问他"确定美之所以为美的道理",他认为这个问题与"一个声音比另一个声音较愉快的问题是完全相同的",于是他说:一般地说,所谓美和愉快所指的都不过是我们的判断和对象之间的一种关系;人们的判断既然彼此悬殊,我们就不能说美和愉快能有一种确定的尺度。

凡是令人愉快的,就是美的;令人不愉快的,就是不美的。美不是对象的性质,只是主体的满足、享受、愉快。那么什么是美和愉快呢?笛卡尔认为美和愉快不过是"判断和对象之间的一种关系"。这里所谓的判断乃是感官判断,从获取知识和真理方面来看,感官判断可能是错误的,是不可靠的,笛卡尔说:"我曾经多次观察到,塔远看是圆的,近看却是方的,竖在这些塔顶上的巨像在底下看却像是些小雕像,像这样,在无数其他的场合中,我都发现外部感官的判断有错误,而且不但外部感官是这样,连内部感官也是这样的。"而从审美方面看,只要感性事物对感官既不太易又不太难,那么它就是令人愉快的,是美的。感觉的这种难易,不在感性事物形状的单一及其安排的一致或形状的多样及其安排的不同,而在每个人的"迫使感官向往对象的那种自然欲望"和"幻想"是否得到某种程度的"满足"。"不太易"是说"感官还有不足之感","自然欲望还不能完全得到满足""不太难"是说"不至使感官疲倦,得不到娱乐"。可见,笛卡尔讲的美和愉快作为"判断和对象之间的一种关系",是感官判断与感性事物之间的一种欲念、欲望、幻想关系。感官判断所得的愉快,是自然欲望满足的愉快,它得来不太易,也不太难,意即适度、适中。美和愉快作为欲望的满足,它是一种心灵的主动态,与一般被动感觉而生的愉快是不同的。笛卡尔从感性事物与感官判断两方面来论证美和愉快,好像是二元的,其实是重在主体感官判断和欲望这一方面,所以他才把美和愉快等同,美实际就是美感。既然如此,感官判断依赖欲望,而不像理性判断的尺度那样清楚明白,带有普遍性,因此美和愉快就是没有一种确定的尺度的,也不能说多数人感到愉快的就是美的。美只能按个人的感官判断、欲望的满足来定,美是主观的,又是相对的。

美作为一种愉快,不但决定于感官判断、感性欲望,而且与以往的情绪记忆观念有关。笛卡尔认为,同一个对象如果唤起愉快情绪观念,那么就会增强获取愉快的欲望,如果唤起不幸事件的记忆情绪,那么就会感到伤心。同一对象可以使人高兴,也可以使人伤心,笛卡尔认为"这全要看我们记忆中哪些观念受到了刺激"。这又进一步论证了美是主观的,相对的。笛卡尔就这样从两点上论证了美是一种愉快,一种对象与感官的欲望关系。这两点就是美(愉快)依赖于感性欲望,受制于以往的情绪记忆。美不属于理性,而属于感性,感性因人而异,因而美没有一种确定的尺度。这似乎与笛卡尔的理性主义相悖,其实这又正是它的深刻之处,极大程度上影响了莱布尼兹和鲍姆嘉通的观点。

(二)狄德罗的美学思想

狄德罗(Diderot,1713—1784年)是法国启蒙运动的领袖人物、唯物主义哲学家、美学家。

他出生在法国一个古老的小城兰格。狄德罗的父亲是从事制刀手艺的工匠。少年时期,他被父亲送到巴黎阿古尔公学,接受神学教育,后来却转而学习语言、艺术和哲学,否定了宗教。终于成为一个唯物主义哲学家和战斗的无神论者。

1749 年,狄德罗因写《论盲人书》否定宗教神学,被捕入狱,监禁一百天后被释放。1750 年开始参加并领导《百科全书》的编纂工作。除 1773—1774 年间,大约用了七个月的时间到荷兰、德国、俄国旅行外,一直从事《百科全书》的编纂工作。他认为这是一项全民族意义的伟大事业,亲自写了近千个条目,实际是在进行思想启蒙工作。在法国启蒙运动中,狄德罗以及其他参加《百科全书》编纂工作的人,形成一个百科全书派,在宣传唯物主义、无神论思想,反对宗教神学、封建贵族统治的斗争中发挥了重大作用。他的著作是多方面的。哲学方面有《哲学沉思录》《怀疑论者闲游》《论盲人书》;戏剧方面有《私生子》《一家之主》;小说方面有《拉摩的侄儿》《修女》《宿命论者雅克和他的主人》;美学和文艺理论方面有《关于美的根源及其本质的哲学探讨》(《美论》)、《和多华尔的谈话》(《私生子》的附录)、《论戏剧艺术》(《一家之主》的附录)、《演员奇谈》、《沙龙随笔》、《画论》、《天才》等。他的著作涉及许多领域,从哲学到美学,从艺术实践到艺术理论,显示了他的深邃思想和高度才华。

狄德罗的哲学是非常接近现代唯物主义的,包含丰富的辩证法思想。他认为,物质是唯一的实在,是无限的、永恒的,没有超自然的“理性实体”或上帝。物质是运动的,没有第一推动力,又是有规律的。物质的多样性,物质的运动、形式,都是物质的属性。意识是从物质的自然界派生出来的。感觉是对客观世界的反映,物质是可以认识的。狄德罗认为观察、思考和实验,是认识事物的三种科学方法。狄德罗根据自己提出的哲学观点和方法,对现存的美学理论和文艺状况作了考察和分析,相应地提出了自己的美学观点和文艺见解。

美在关系是狄德罗主要的美学观点。狄德罗在《关于美的根源及其本质的哲学探讨》中对当时流行的各种关于美的观点作了比较系统的考察和分析,又进一步阐述了自己关于美的观点“破立结合”,目的在于立。该文内容大体分为三个部分:第一部分系统考察分析各种关于美的观点,从古代的柏拉图、奥古斯丁,到近代的沃尔夫、哈奇生,对他们的观点一一进行了分析批驳;第二部分着重阐述了自己关于美的见解,提出了有名的“美在关系”说;第三部分探讨了审美判断分歧的种种根源。“美在关系”,是狄德罗根据唯物主义认识论原则提出的一个全新的美学观点。他认为关于秩序、配合、对称、结构、比例、联系、安排以及关系这类概念,都来源于人的需要和感觉、思维机能,它们建立在经验之上,不过是物体的品质通过感官进入悟性而在头脑中的抽象物。在这些概念中,哪类概念与标志物体美的品质联系最密切呢?他通过比较分析认为只有这样一个品质,它存在,物体就美;它常在或不常在,物体就美得多些或少些;它不在,物体就不再美;它改变性质,美也就改变类别。这个品质不是别的,就是“关系”,“总而言之,是这样一个品质,美因它而产生,而增长,而千变万化,而衰退,而消失。然而,只有关系这个概念才能产生这样的效果。”“关系”指什么? 就是指“物体皆能适用的品质”。“关系”概念虽然只存在于悟性之中,“但它的基础则在客观事物之中”,“这事物本身就具有真实的关系”。这就是狄德罗美在关系说的基本含义。很显然,狄德罗在美的根源和本质问题上,坚持了唯物主义客观论的立场和原则,他把美视为一切物体的共同品质、关系结构。唯一能适用于这一切物体的共同品质,只有关系这个概念。

不论是怎样的关系,美总是由关系构成的。从这句话中,可以看出“美在关系”的基本含义以及物体品质、关系概念、美这三者的逻辑联系。事物的品质是关系的基础,“美在关系”就是美在事物的性质。事物的性质是美的根源,对此狄德罗是坚定不移的,他的唯物主义美学观点主要体现在这里。但是,美作为名词,作为对物体品质的一种标记,又直接以关系概念为基础,就是说在物体品质与美这个标记之间是以关系概念为中介的。而关系概念是悟性活动的产物,是以关系的感觉为基础的。因此狄德罗又一再说:"关系是一种悟性活动。""对关系的感觉就是美的基础,人们在不同的语言里用无数不同的字眼所指出的正是对这种关系的感觉,这些字眼只是表明不同种类的美。"如果这样,"美在关系"似乎又变成了"美在关系概念",离不开人的感觉和悟性,无疑加进了主观观念。这反映出狄德罗唯物主义美论的矛盾性和不彻底性。从另一方面看,也表明狄德罗在美的形态分类上遇到了困难,想借助主体悟性去克服这个困难。事实正是如此,狄德罗把"关系"分为三类:"真实的关系""见到的关系"和"智力的或虚构的关系"。后两种"关系"都与悟性有关。与此三种"关系"相应,美也分为三种:"真实的美""见到的美"和"虚构的美"。"真实的美"也叫作"外在于我的美"。这种美是指事物本身含有某种因素,能够在悟性中唤起"关系"这个概念的美,实际就是指客观实在的美,它不依欣赏者为转移而客观存在的。狄德罗解释说,"我说凡其本身含有某种因素能够在我的悟性中唤起'关系'这个概念的一切",是指"物体所具有的形式","我的悟性不往物体里加进任何东西,也不从它那里取走任何东西"。比如卢浮宫的门面,不管有人还是没有人,它的一切组成部分依然具有原来的那种形状,它的各部分之间依然是原有的那种安排,它依然是美的存在,对于具有审美能力的人来说,它是客观存在的"真实的美",狄德罗完全从静观而不是从创造去论证这种"真实的美""外在于我的美";这种"真实的美",其实就是尚未被人欣赏而又能够令人欣赏的美,即狄德罗所说的在悟性中"能够"唤起"关系"概念的美。"见到的美"也叫作"关系到我的美"。这种美是指事物本身含有某种因素,在悟性中已经唤起"关系"概念的美,实际就是被觉察到而产生愉快的美,欣赏中的美。狄德罗解释说,"当我说:凡在我们心中唤起'关系'这个概念的一切",意思是说,只要看出和感觉到对象的各部分"相互之间或是与别的物体之间构成某些关系,这就足够了。这些关系不那么确切,容易在被抓住、被觉察后随即带来快感",这种快感是"悟性判定物体是美的以后"才产生的,因此,基于悟性判断的美"总是相对的美"。这就是说,"见到的美"是根据悟性判断而产生快感的美,狄德罗又称之为"相对的美"。

在这两种美中,狄德罗谈得较多的是"见到的美"即"关系到我的美",因为这种美是悟性借助感觉而"见到的",正是这种美才构成推断"真实的美"即"外在于我的美"的存在的根据。他说:"一个物体之所以美是由于人们觉察到它身上的各种关系,我指的是存在于事物本身的真实的关系,这些关系是我们的悟性借助我们的感官而觉察到的。""虚构的美"也可以叫作"模仿的美""想象的美",即艺术的美。这种美是"由人的悟性放进事物里去的关系"决定的:"一位雕刻家看到一块大理石,他的想象力会比他的凿刀更快地把石上多余的部分削去并在石上辨认出一个形象来,但这个形象纯粹是假想的或虚构的,刚才他凭借想象力在一块不成形的大理石上雕刻的东西,将来他可以在他的智力所划定的部分空间里实现。虽然艺术家的手只能在坚实的平面上刻画出图案,但它却能通过思想把图案的形象移植到一切物体身上,是的,一切物体,包括空间和真空。这个形象,或是由思想移植到空间,或是由想象力从最不成形的物体中抽引出来,它可以是美的或丑的。"这就是说,艺术的美,是想象力从不成形的物体中"抽引出来"的形象,亦即"假想"和"虚构"的形象,通过思想、智力、悟性"移植到"物体身上的形象;没有想象和悟性,就不会有艺术。艺术作为一个存在物,它来自想象力的"虚构"却又凭借悟性、智力的"移植"。因此狄德罗把它看作是"由人的悟性放进事物里去的关系",而不是事物本身的"真实的关系"。但是,这种"虚构的关系"对于欣赏者尚未欣赏时来说,又是一种"真实的关系","真实的美"一旦被欣赏,它又转为"见到的关系""见到的美"。这就是说,"虚构的美"来自艺术家的想象和悟性,对于欣赏者来说,在没欣赏时,它是"真实的美",欣赏时,它又转为"见到的美"。

以上就是"美在关系说"的基本观点。对这个观点应怎样看,关键在于对"关系"这个概念的理解。"关系"这个概念,在狄德罗那里,还很不确定。有时指对象本身各部分之间的关系,即形式、结构,有时又指对象之间的关系,即比较关系,在这两种情况下,"关系"总还是事物的关系,所以"美在关系",就是美在客观事物的属性、性质。用这种观点来说明美的根源和性质,尽管还有严重缺陷,比那种把美的根源归结为上帝、人的心灵的观点,总是有所前进了,给人以启发。它至少坚持了美是事物的客观属性这一个起码的唯物主义原则。但是仅仅承认这一点,还是远远不够的,"关系"这个概念究竟太宽了,到底事物的哪种"关系"为美呢?狄德罗始终没有回答出,也不可能回答出。他只是承认客观事物的关系,真实的关系,是美的根源,把这种"真实的关系"叫作"真实的美"或者叫作"外在于我的美"。这种美是外在于我的,还只是美的可能性,还不是现实性,还没变成"关系到我的美""见到的美"。对于这样的美,他只讲了两次,一次举巴黎卢浮宫为例,其实卢浮宫从来源上说是一种"虚构的关系";一次是可见到的,即孤立地就对象本身的关系考虑时所讲到的,如一朵花、一条鱼的美。这样一来,这类"真实的美"就等同于"见到的美"和"虚构的美"了。狄德罗终于陷入了矛盾。这样,"真实的美"在唯物主义者狄德罗那里形同虚设,对美没有规定什么。大量谈到的不是事物的真实关系,而是"关系"概念。是"关系"概念决定美,即他所说的"见到的美""相对的美"。由于主体"悟性"的作用,对象"唤醒""关系"概念,依"关系"概念去判断美,规定美,这就是从主体的美感方面来规定美,把美和美感混为一谈了。正是在这里不仅暴露了他关于美的观点的混乱和矛盾,而且暴露出他的唯物主义的不彻底性。着眼于主体去规定美,不能算错,关键在于他对主体即人的理解错误。他把人看作具有身体和理性的人,不了解人是实践的人。所以特别强调人的"悟性",强调"悟性"形成和移植"关系"概念的决定性作用,这是从缺乏实践观点的一般认识论去规定美必然要陷入的困境。狄德罗承认美的客观性质,但又不了解美的真正来源和本质,看到了"真实的美""见到的美"和"虚构的美"实际存在的对立和矛盾,想借"悟性"去建立它们之间的联系,把它们统一起来,但是由于不懂得实践的意义,还是没有解决这个矛盾,反而向唯心主义走了过去。

(三)鲍姆嘉通的美学思想

鲍姆嘉通(Baumgarten,1714—1762年),是普鲁士哈勒大学哲学教授,讲授过诗学、修辞学和美学,著有《关于完美诗的哲学默想录》(博士论文,1735年)、《美学》(1750年)。哈勒大学是研究莱布尼兹理性主义哲学的中心,莱布尼兹的继承者沃尔夫就在这里执教。鲍姆嘉通受教于沃尔夫,深受沃尔夫的影响。他的美学思想就是以莱布尼兹、沃尔夫的哲学为理论基础的。莱布尼兹不同意经验主义哲学把一切知识都看作来自感觉经验的观点,认为感觉经验所提供的只是个别的偶然的知识,不能提供普遍性和必然性的真理;具有普遍性和必然性的真理,都是来自心中的"天赋观念","观念与真理是作为 倾向、禀赋、习性或自然的潜在能力而天赋在我们心中的"。

这种"天赋观念"在感觉经验的诱发下,可以转为现实的观念,并经过反复思考而逐渐明晰起来,明晰的知识又分为混乱的(感性的)和明确的(理性的)两种。混乱的感觉就组成"鉴赏力"。人们可以凭借混乱的感觉认识"宇宙的美和它的伟大",因为宇宙被上帝规范在一种完满的秩序中,所以在表象中,亦即在灵魂的知觉中,应当也有一种秩序。因此在形体中也应当有一种秩序，而宇宙是随着形体而被表象于灵魂中的。莱布尼兹把这叫作"预定的和谐"。

莱布尼兹这种基于神学目的论的认识论观点，被沃尔夫继承和发展了。主要想指出两点，一点是，沃尔夫在心理学中区分为两种相应的心理能力，即朦胧的感觉能力和明确的理性能力，并把明确的理性能力放在他的理论哲学著作——《逻辑学》中加以论述。他的理论哲学分为本体论、宇宙论、伦理学和心理学。再一点是，沃尔夫对完善这个概念给予新的意义，"完善性自然仅仅意味着整体对部分的逻辑关系，即多样性中的统一"。

鲍姆嘉通直接接受了沃尔夫的观点，利用了他的完善性的概念，并把这个概念同沃尔夫没过加论述的却由莱布尼兹早已提过的"混乱的"、朦胧的感性观念结合起来，构筑自己的美学。鲍姆嘉通在《关于完美诗的哲学默想录》(1735年)中，首次把"美学"即"埃斯特惕卡"(Aesthetica)作为一门特殊学科的名词加以应用。后来在一本专著《美学》中又以《埃斯特惕卡》命名，印在该书的扉页上。"Aesthetica"按希腊文原意即"感觉学"，鲍姆嘉通用以指"美学"，也就是把"美学"看作"感性学"。

1. 美学是"研究感性知识的科学"

在沃尔夫哲学中，已经有实践哲学即研究意志行为的伦理学，有研究明确的理性知识的逻辑学，鲍姆嘉通注意到混乱的、朦胧的感性知识还没有取得应有地位，它同样是取得真理的一种形式。他从这种认识论观点出发，提出应该有一门独立科学来研究这种感性知识，因而在美学史上第一次把研究这种感性知识的科学确定为美学。他说：美学(美的艺术的理论，低级知识的理论，用美的方式去思维的艺术，类比推理的艺术)是研究感性知识的科学。

从这一段话，可以看出鲍姆嘉通把感性知识即混乱的明晰的观念作为美学研究的对象，把美学研究限定在感性知识的领域，为感性认识提供一般的规则。美学作为一种科学理论，在鲍姆嘉通看来，它涉及艺术的一般理论，包括所有"美的艺术的理论"，而不同于各门类艺术理论，它是从所有艺术中抽取出来的普遍性原则。这个普遍性原则就是任何艺术都是感性知识的体现，所以他又称美学为"美的艺术的理论"。美学在认识论中低于逻辑学，是理性认识的阶梯，所以相对于理性知识的科学逻辑学，它是"低级知识的理论"。美学又不仅仅是理论，有关哲学、艺术的理论，同时它又是方法、艺术，是用"美的方式"即用感性直观观照的方式去"思维"，去"类比推理"的艺术，它同样具有逻辑学那种工具性质。尽管表述得不那么清楚，可以看出鲍姆嘉通已触及审美观照中感性渗透理性因素的事实。

根据鲍姆嘉通对美学的规定，美学实际上仍是一种认识论，一种认识真理的方式，包括"美的艺术的理论"，不过是一种"低级认识论"而已，同时又是一种方法论，一种审美观照的方法、艺术。所以他一再强调应用美学规则于实践，否则美学理论是没有裨益的。所谓用于实践，主要就是用于"美的艺术"的鉴赏和创造。鲍姆嘉通对美学的科学性质和研究领域的规定，虽然包含某种合理的东西，但是总的说来是不全面的，不正确的。最主要的一点，就是把美的本体的探讨，把自然物体的美的研究统统排除在外，从而把美学变成审美认识论、艺术论。

2. 美是"感性知识的完善"

鲍姆嘉通把感性知识作为美学研究对象，又把"完善"概念借取过来，把感性知识的完善作为美学研究的目的。他说：美学的目的是(单就它本身来说)感性知识的完善(这就是美)，应该避免的感性知识的不完善就是丑。

美就是感性知识的完善，丑就是感性知识的不完善，这就是鲍姆嘉通对美和丑的界定。问题是什么是"完善"。"完善"这个概念直接来自沃尔夫的"美在于一件事物的完善"，"完善"即多样性的统一;而沃尔夫的"完善"概念又出自莱布尼兹的"完满",即宇宙的和谐秩序。所以在莱布尼兹和沃尔夫那里,"完善"都是客观事物的秩序和谐、多样性统一。在鲍姆嘉通这里,"完善"概念则向主观方面转化,它包括三个要素的"协调":①思想的和谐;②秩序;③符号,只有在相互"协调"的情况下才构成美的特征。"协调"的原则体现了美是多样性统一的概念,"认识的丰富性、大小,真实性、明晰性、可靠性和生动性按其在统一知觉中的协调一致的程度来看或按其相互协调的程度来看(例如,丰富性和大小促进明晰性,真实性和明晰性促进可靠性,其他的一切则促进生动性),以及按认识的各种其他要素与其协调程度来看,能赋予任何认识以完善,给感觉现象的能力以普遍的美"。很显然,"完善"这个概念是认识范畴,不过有时又指对象的"外形","完善的外形,或是广义的鉴赏力为显而易见的完善,就是美,相应不完善就是丑"。但是这种"外形"不过是"鉴赏力"即混乱的感觉的"显现"而已,"完善",究其实质仍是认识的完善,而非外物的完善。

3. 审美经验是理性认识的"阶梯"

感性观念是"混乱"而又"明晰"的,由于它包含"混乱",即具体多样,未经逻辑分析,有人便认为它是错误的根源。鲍姆嘉通反对这种看法,认为感性观念作为审美经验,是从没有认识到有明确认识的"阶梯"。他说:"反对者说:审美经验的混乱是错误的根源。我回答说,一个人不能从黑暗中突然一步就跳到正午的阳光里。同理,一个人从没有认识到有明确的认识,也必须经过诗人们的那种虽是混乱而却明晰的意象,作为阶梯。"审美经验作为感性知识的完善,是"混乱"而"明晰"的意象,它并不是错误的根源,而是从没有认识达到有明确的认识的一个必经阶段,是达到理性认识的"阶梯"。鲍姆嘉通确定了审美经验在认识过程中的地位,把它看作比理性认识要低的阶段,所以才认为美学是研究"低级知识的理论"。

审美经验虽不"明确",却含有真理性,它包含着普遍性的真理。就这个意义说,鲍姆嘉通称之为"审美的真实"。所谓"审美的真实",是既不完全真,又不完全假,而是"逼真"即合情合理,是一种"可然性"。"凡是我们在其中看不出什么虚假性,但同时对它也没有确定把握的事实就是逼真的,所以,从审美见到的真应称为可然性的,它是这样一种程度的真实:一方面虽未达到完全确定,另一方面也不含有明显的虚假性"。审美的真实只是一定程度的真实,一种可然性的真实,既不是"完全确定",又不是"明显的虚假性",而是"可信"的,近情近理的。这个观点是建立在亚里士多德的可然律的观点之上的。就这个观点来说,鲍姆嘉通看到了审美认识与逻辑认识的联系,同时又抓住了二者的区别。他把审美认识概括为既不完全真又不完全假,既不完全确定又不明显虚假,还是触及审美经验的特点的。

鲍姆嘉通在西方美学史上第一次把美学定为一门独立的科学,并不是一件小事,绝非一个名称的问题,这本身就是有重大意义而又有深远影响的创举。从此,才有更多的美学家专门研究美学。鲍姆嘉通宣称美学科学的诞生,也并非"时机尚未成熟",作为一门学科开始形成不是偶然的,是美学研究历史发展的结果:哲学转向主体认识的研究,给美学以重要启示;一部分学科如逻辑学、伦理学逐渐从哲学中分化,给美学以重大推动;艺术学的发展又给美学以特殊材料;审美经验、审美趣味的研究已取得相当的进展,诸如此类的思想成果,均为美学的形成提供了条件。特别是德国启蒙运动中的一些哲学、文艺问题的争论,都激发了鲍姆嘉通在美学中求得回答。鲍姆嘉通的美学确是建立在理性主义哲学的基础上的,就这方面看,似乎是"经院哲学的显现",但是就另一方面看,却绝不是"经院哲学"的"完全"显现,毋宁说是一种突破、克服,主要表现在对感性、幻想、情感的合理性的肯定。正是在这里,鲍姆嘉通受到浪漫主义者的赞赏。鲍姆嘉通的美学确实缺乏充实的内容，作为一门科学确实是正在或开始形成和建立，这是毋庸讳言的。但是像他那样明确规定美学研究对象的，在历史上还没有。尽管他所规定的美学研究对象也存在不确切、不全面的问题，但总比没有确定对象为好。当然，鲍姆嘉通把美学研究对象规定为感性知识过于狭窄，只涉及审美经验中的某些方面，易与一般感性认识混淆。他的美学尚缺乏相应的概念、范畴，远没构成一个体系。因此，就总体说，鲍姆嘉通的美学，只是引导美学研究走上独立学科研究道路的转折点。

三、18 世纪末至 20 世纪

（一）康德的美学思想

康德(Kant,1724—1804 年)出生在东普鲁士的哥尼斯堡。康德的父亲是一个皮匠，专做皮带和鞍具。父母都是虔诚派的教徒。他在"腓特列学校"学习了 8 年后，于 1740 年进入哥尼斯堡大学。这所大学设有神学、医学、哲学三个系，康德进了哪个系还没有准确的说法，有人认为很可能是医学系。大学毕业以后，在偏僻地区给人家当家庭教师，前后共九年。1755 年经过论文答辩回到哥尼斯堡大学，被授予讲师职称。他先后讲过逻辑学、形而上学、自然科学、数学、自然地理、伦理学、力学等课程。1770 年，康德才被委任为逻辑学和形而上学教授。他一生主要从事教学活动，只短暂做过图书馆的工作，一直到他逝世。

康德哲学的主体性思想集中体现在他的《纯粹理性批判》《实践理性批判》《判断力批判》这三大《批判》中。三大《批判》研究的不是客观世界，而是人这个主体的先验形式、心灵结构。他认为，人的心灵的机能或能力可以归结为三种："认识机能，愉快及不愉快的情感和欲求的机能"。这也就是传统心理学的三分法，把人的心理功能分为三个方面，即认识、情感和意志。康德的《纯粹理性批判》专门研究人的认识功能，把先验的悟性概念赋予自然界，以达到对现象的认识，讲的是认识论。《实践理性批判》专门研究人的意志功能，按先验的理性概念去规定人的道德实践活动，讲的是伦理学。《判断力的批判》专门研究愉快和不愉快的情感，按先验的判断力去进行审美的和目的论的判断，讲的是美学和目的论。

康德的三大《批判》侧重在主体的先验的心理功能的研究上。先验的心理功能是人的理论认识、实践活动、审美活动的先决条件，没有先验的心理功能提供的概念、范畴，即先验原理，就无法获得知识。但是也不否定感性经验，如果没有感性经验，也不可能获得知识的内容。所以康德认为一切知识一方面凭感性提供经验材料，一方面又必须经过超验的形式赋予经验材料之上，构成先天的综合判断。一切知识都是来自先天的综合判断，才具有普遍性和必然性。比如关于自然界的理论认识，就是建立在认识机能按悟性先验构成的原理之上的；关于精神自由即实践活动，就是建立在欲求机能按理性先验构成的原理之上的；关于审美活动，就是建立在愉快和不愉快的情感按判断力先验构成的原理之上的。康德借先天的综合来调和理性主义和经验主义的对立，实际上还是重在理性。也正是在这里，一方面暴露了他的哲学的主观唯心主义性质，一方面恰恰是在唯心主义的框架里包含有主体性的思想，重视对人的心理结构的研究，提供了需要加以批判吸收的东西。

"审美判断力的批判"是《判断力批判》的第一部分，在三大《批判》中处在中间的地位。但是它本身又有相对的独立价值和内容。它又分作两部分，即"审美判断力的分析"和"审美判断力的辩证论"，都是阐述美学问题的，其中涉及了一系列美学根本问题，涉及了审美心理的基本特征。

1. 美的分析

康德对美的分析是从审美经验入手的。尽管康德强调与心理学的经验解释不同,实际上对美的分析主要是对审美心理所作的分析。他讲的"审美判断力",也叫作"鉴赏"或"鉴赏力",乃是一种判断美的能力。判断美的能力,也就是审美的心理功能,其中包含各种心理因素,这是很自然的。

审美判断或鉴赏判断,凭想象力和悟性相结合联系于主体的情感,必定包含它与悟性的关系,因此,康德认为可以运用悟性的范畴对审美判断作分析,进而去说明美是什么。按悟性的逻辑判断范畴分作质、量、关系、情状这四项,审美判断也可以按这四项范畴去分析。

按照质来看,美是无利害的快感。康德说:为了判别某一对象是美或不美,我们不是把它的表象凭借悟性联系于客体以求得知识,而是凭借想象力(或者想象力和悟性相结合)联系于主体和它的快感和不快感。审美判断是凭想象力和悟性的协调活动把对象的表象联系于主体的情感。美就是一种对表象的快感,审美判断是凭想象力和悟性协同活动产生的,它不是知识判断,不是逻辑判断。它把表象联系于主体情感,换句话说,情感是对表象的感觉,不是对客体对象的感觉,它只能是主观的。美是主观的快感。审美判断的快感是没有任何利害关系的。康德认为快感如果是和实际存在的对象结合起来产生的,这样的快感就是有利害关系的,因为这种利害感与欲望能力有关。

审美判断与实际存在的对象无关,也与人的欲望能力无关,它是一种"纯然的观照",也就是直观或反思。它是对表象的观照而产生的纯然的、无利害的快感。康德说:如果说一个对象是美的,以此来证明我有鉴赏力关键是系于我自己心里从这个表象看出什么来,而不是系于这事物的存在。每个人必须承认,一个关于美的判断,只要夹杂着极少的利害感在里面,就会有偏爱而不是纯粹的欣赏判断了。审美判断不关涉实际对象的存在,不联系欲求能力,是纯然的,无利害关系的。因此,作为审美的快感,不是感觉上的快适,不是善的愉快。感觉的快适,是对象适于感官感觉令人满意,如合口味的菜肴令人满意,这只和生理欲求有关。善的愉快,是对象适合理性的要求而通过单纯的概念使人满意,如一件东西或一种行为对人有好处,这只和人的理性、道德自由概念有关。审美的快感是超脱任何利害关系的,不管是欲念的还是道德的,是不涉及对象实际存在的,而是只涉及对象的形式(心中的表象),无所欲求的快感。康德把这三种快感作了比较,认为感官的快适和善的愉快,都与欲求能力有关,前者是受感性刺激引起的愉快,后者是纯粹的实践的愉快,又都与对象的存在有关,是对象的存在令人满意。审美的愉快,是静观产生的愉快,对对象的存在无所欲求,是淡漠的,它不以概念为基础,也不以概念为目的,只是同表象结合的一种愉快。只有审美的愉快,才是自由的。也只有人才有审美的愉快。他说:"在这三种愉快里只有对于美的欣赏的愉快是唯一无利害关系的和自由的愉快,因为既没有官能方面的利害感,也没理性方面的利害感来强迫我们去赞许。"他认为,"愉快是与偏爱,或与惠爱,或与尊重有关系",审美的愉快与"惠爱"有关系,"惠爱是唯一的自由的愉快"。

按照量来看,美是不凭概念普遍引起愉快的。量和质一样,在康德那里,都是主观的审美的量,是一种"主观的量","指表象对每个主体的快感及不快感的关系",叫作"共同有效性"。康德认为审美的愉快是自由的,每一个人必须认为这种审美愉快是"根据他所设想人人共有的东西",这就是说审美愉快要求一种普遍的有效性。这种审美愉快的普遍有效性,由于审美判断只包含着对象对于主体的一种关系,所以它只是要求一种主观普遍性,不要求客体具有普遍性。审美愉快的这种主观普遍有效性,与感官快适的主观性不同。感官的快适,人人尽可以不同,无须争辩,康德把它叫作"独自的(感官的)鉴赏"。比如,你爱吃梨,他爱吃苹果,不必寻求普遍有效性。审美愉快则不同,虽然是主观的,但又是普遍有效的。

善的愉快,也要求普遍有效性,但是它是经由概念的普遍性而表示出来的,与审美愉快的主观普遍有效性是不同的。审美愉快的普遍有效是作为主观的被表象出来的。它以单个表象为对象,却又必具普遍有效性,即量的普遍性,对每个人都有效。所以康德也把审美叫作"判断"。审美判断,是特殊的而又是普遍的。比如眼前有一朵玫瑰花,可以作如下三种判断:

这朵玫瑰花是美的;

玫瑰花一般是美的;

这朵玫瑰花是香的。

第一种判断"这朵玫瑰花是美的"是鉴赏判断,是单称而又普遍,又是主观的。第二种判断"玫瑰花一般是美的"是逻辑判断,虽有普遍性,却是客观的,涉及客体的。第三种判断"这朵玫瑰花是香的"是官能判断,虽然是单称的,但是在主观上没有普遍性。所以主观的普遍有效性,是审美愉快的量,对人人有效。审美判断是与官能判断、逻辑判断、道德判断不同的。

审美愉快和审美判断哪个在先,是康德着重探讨的一个问题,这是解决鉴赏判断的关键。假如说愉快在先,判断在后,由愉快而生判断,那么这只是官能判断,只具有个人有效性。例如因对象味道好而满意,便断定它"真美",就只是快感,不是美感。只有判断在先,愉快在后,才是审美的,才是鉴赏判断。审美愉快的量,即普遍有效性,不是来自愉快本身,而是来自判断。鉴赏判断的主观普遍有效性,"是建立在判定对象时的主观条件上面"的。这个主观条件就是"表象里面的心意状态的普遍传达能力"。具体说来,表象的心意状态就是想象力和悟性的和谐自由的活动,是这两种认识能力的协调活动。表象与想象力和悟性和谐自由活动相符合、相协调,对于每个人都是有效的。这就是判断的主观普遍有效性。

2. 崇高的分析

崇高,在西方美学史上,古罗马的朗吉弩斯最早地提出过,不过在他那里,主要用来指文学崇高。作为美学范畴加以探讨的,实是始于18世纪英国经验主义美学家柏克。他把崇高同人的基本情欲、同人的痛感联系起来加以研究,一般说来,还只是经验性的描述。康德则从哲学高度对崇高进行了论证,引起人们更多的注意。

康德拿崇高和美加以比较,认为崇高和美二者有共同点:一是"都是自身令人愉快的",二是都是"以合乎反省判断为前提",因此它们的"令人愉快"都不涉及某一感觉,不是感官的快适,都不涉及一定的概念,不是善的愉快;它们作为判断,都是单个的判断,都由于主观合目的性而引起愉快,对于每个主体都具有普遍有效性。但是崇高和美这两种判断终究是有差异的,就是说,崇高有自己的特点。

康德认为崇高有这样一些特征。第一,就对象的形式说,崇高的对象是"无形式"的,换句话说,对象的形式是"无限"的,却又能设想它是"一个完整体"而被表象出来。这种"无限",表现在量上,构成形式的"无限",也就是"无形式",比如天空、大海、狂风、闪电,都是"无形式"或形式的无限。第二,就崇高的根源说,崇高是"一个理性概念的表现",它来自主体心灵的崇高性,涉及理性的观念。对象的"无形式","固然和我们的判断力相抵触,不适合我们的表达机能,因此好像对于想象力是狂暴的,但却正因此可能被评赞为崇高"。这是为什么呢?这是因为想象力可以触发理性观念,即道德力量,把对象的"无形式"作为"一个完整体"来把握,召唤到情感的面前,评赞它为崇高。这仍是一种合目的性,"无形式"的主观合目的性,由于它是对象适合于表达心灵中的崇高性,涉及理性观念、道德力量,所以康德称之为"更高合目的性"。第三,就愉快的性质说,崇高的情绪,是一种间接产生的愉快。它不像美那样直接伴着促进生命的感觉,结合着活跃的想象力的魅力的刺激,直接产生单纯的愉快,而是经历一个瞬间的生命力的阻遏,然后立刻继之以生命力更强烈地喷射、迸发。所以,崇高感不是游戏带来的愉快,而是想象力活动的严肃情绪不同媚人的魅力结合,不仅被对象吸引,而且被对象反复地拒绝。一句话:崇高感不是积极的愉快,而是消极的愉快,包含更多的惊叹或崇敬。

据上分析,可见美是想象力和悟性的自由和谐,崇高则是想象力和理性的结合,服从理性的要求,提高到无限的理性观念世界。这种从"美的分析"到"崇高的分析"的"迁移",表现了从《纯粹理性批判》向《实践理性批判》过渡中的两个小过渡。说《判断力批判》是三大《批判》的桥梁,从"美的分析"和"崇高的分析"中得到了具体的证实。

康德的崇高说,比起"美的分析"具有更强的主观性。美还有赖于对象的形式的"多样性的统一",崇高则以对象的"无形式"与想象力的不适合性,来唤起主体理性去把握,它不在客体对象,而在主体的主观精神,主观唯心主义的性质更为明显。同时,崇高和美也始终对立,没有达到统一。但是,在"崇高的分析"之后,逐渐从"美的分析"中的形式主义摆脱出来,更重视美的内容,专门论证"美作为道德的象征",这样就把美与崇高,以及崇高、美与人的理性精神联系起来。这固然是趋向于主观唯心主义,但是也是一个前进。

3. 美的理想

在"美的分析"中,康德讲到美是合目的性的形式的时候,提到有两种美,一种是"自由美",一种是"附庸美"。"美的理想"不是抽象的,是一个个别的具体的表象;也不是空洞的纯粹的形式,而是符合一个理性概念的表象。因此,它不是纯粹的审美判断的标准,而是含有部分理智的审美判断的标准。康德指出:"美,如果要给它找得一个理想,就必须不是空洞的,而是被一个具有客观合目的性的概念固定下来的美,因此不隶属于一个完全纯粹的,而是属于部分地理智方面的鉴赏判断的客体。"可以说,"美的理想"是"附庸美"的"最高的范本"。

"美的理想"作为"鉴赏的原型",作为审美的标准,要根据对象本质所规定的目的来判断这对象是否达到了理想美。它是评判一切鉴赏的对象、一切鉴赏判断的范例以及每个人的鉴赏的根据、标准。这个根据、标准,是每个人在内心里产生的,是以显现一定理性概念的表象方式存在的。它在主体心中,不在主体心灵之外。理性观念是先验的,"这观念先验地规定着目的,而对象的内在的可能性就奠基在它上面"。可见,"美的理想"是以先验的理性为基础,表现为具体的个别的表象。它有一定的理性概念,又是不确定的理性概念;它表现为个别表象,又不是单纯的形式。正因为它一定的先验理性概念,又不依概念的形式而以表象的形式存在,所以它虽离不开一定的经验条件,却不是经验性的标准。康德认为,美的鉴赏是根据主体的情感来规定的,不是根据客体的概念来规定的,所以没有客观的标准。他又认为,鉴赏来源于共同感觉的一致性,经过诸事例证实的鉴赏的评判标准,可以作为经验性的标准,比如把鉴赏的某些产物看作"范例",但是"鉴赏必须是自己的固有的能力",不是对"范例"的摹仿,所以在一定范围内的经验性的标准,不是"最高的范本,鉴赏的原型",换句话说,不是"美的理想"。"美的理想"不是客观标准,也不是经验性的标准,而是来自主体心灵的先验的普遍标准,是"最高的范本","鉴赏的原型"。

只限于人类的"美的理想",是道德精神在人的形体上的表现。它不是"自由美",而是"附庸美"。对它进行审美判断,不可能是纯粹审美的,必定要涉及目的概念,但又不经由概念,必经表现道德精神的表象,所以要凭理性和想象力的协同工作。康德在"美的分析"中,只肯定判断力是纯粹审美的,但是在考虑人类的美的理想这个事实时,又承认理性功能,强调理性与想象力的结合,肯定"自由美"是只涉及对象形式的主观合目的性,又承认"附庸美"是涉及对象内容的客观合目的性,把"美的理想"作为判定人类的美的标准。这表明康德已从对美的形式分析转向对美的内容重视,找到了从感性自然到道德本体过渡的桥梁。"美是道德的象征"就是一个明显的例证。

4.审美观念

康德在论述美的艺术创造的时候,提出一个"心意赋予对象以生命的原理"。心意是使"审美观念""表现出来的机能",这个机能就是想象力。正是结合艺术创造,提出"审美观念"的问题。"审美观念",有的译著也译为"审美的意象""审美理念"。康德讲"审美观念"是从艺术创造角度,从所谓"天才"角度提的;"美的理想"是从鉴赏角度、从审美判断角度讲的。角度不同,实质则统一。什么是"审美观念"?"审美观念"就是想象力的表象。"审美观念"是和"理性的观念"对立的。前者是表象,后者是概念,彼此难以完全切合。但是"审美观念"包含丰富的思想,没有任何特定的思想、特定的概念与它切合,也难以用言语表达穷尽。它既是感性具体的,又是理性概括的。这就是想象力的表象的最大特质。"审美观念"怎么形成的?"审美观念"是想象力按理性原则对自然进行自由创造的产物。

创造"审美观念"的想象力,是一种自由创造力。它一方面要根据理性原则去创造,可从联想中解放出来,表现极大的自由;又一方面对自然提供的素材进行加工改造,创造出"另一自然"。这"另一自然",既真且善,是完全"优越于自然的东西"。它给理性观念以"客观现实性的外观",把超越经验界的东西,例如极乐世界、地狱世界、永恒界、创世等,加以具体化;又使内在表象达到理性的高度使"那些在经验界内固然有着事理的东西,如死、忌妒及一切恶德,又如爱、荣誉等",超越经验界限,追随着理性,达到高度,"在完全理性里来具体化"。想象力创造的"审美观念",不是给理性观念,超验的东西,披上感性形象的外衣,也不是给经验界的范例,贴上理性概念,而是理性观念的感性具体化,感性形象在理性的"完全性里来具体化"。在"审美观念"中,形象趋向于非确定的概念,理性具体化为感性。"审美观念"是感性与理性的统一,是理性表现为感性具体的统一。

"审美观念"是和概念结合的表象,是想象力的自由创造,包含丰富多样的思想,是难以言状的,又带有感情,使想象更加活跃,是形、理、情的结合。以语言为媒介的文学,是理与情的表现,"美的观念"的表现,是"和精神结合着的"。不仅艺术美,就是自然美,都是"审美观念"的表现,所不同的是,在美的艺术里,"审美观念""必须通过客体的某一概念所引起",在美的自然里,"审美观念""只需单纯的对于美给予直观的反应"。这就是凡美都是"审美观念"的表现,"人们能够一般地把美(不论它是自然美还是艺术美)称作审美观念的表现"。这已经不同于"美的分析"中把美仅仅限制在形式的合目的性观点,美已经是必须涉及内容和概念,并在"审美观念"的表现这个意义上,把自然美和艺术美统一起来。不过康德对自然美和艺术美也作了区分。

(二)黑格尔的美学思想

黑格尔(Hegel,1770—1831年)是德国古典哲学也是德国古典美学的集大成者。生于德国符腾堡公国的首府斯图加特城。黑格尔的父亲是公国的税务局书记官,母亲是个虔诚的基督徒。1785 年黑格尔进入斯图加特市立文科中学,1788 年进入图宾根神学院。他在神学院读书的时候,法国革命爆发了,消息传到德国,受到德国进步力量的热烈欢呼。当时图宾根出现了一个政治俱乐部,黑格尔和谢林(1790 年进图宾根神学院)都参加了这个俱乐部,为了欢迎法国革命,他们栽了一棵自由树。1793 年,大学毕业,他前往瑞士伯尔尼,给一家贵族做家庭教师。主人有大量藏书,可供他随意选读,使他有比较好的条件进行学习和学术研究。黑格尔还像在图宾根神学院一样,留意法国革命动态。法国革命仍在进行,雅各宾党人实行专政,黑格尔很不赞成,但没有否定法国革命。在伯尔尼期间,他对康德著作的理解日益加深,并开始写作。他曾把美的思想看作最高的思想,认为"由于理性包含所有的思想,理性的最高行动是一种审美行动","真和善只有在美中间才能水乳交融"。"哲学家和诗人具有同等的审美力","精神哲学是一种审美的哲学"。

美是理念的感性显现是黑格尔美学的基本观点。黑格尔的这种理性与感性统一说在美学史上是带有进步性的。西方美学自从 1750 年鲍姆嘉通创立 Aesthetik(美学)这门科学起,经过康德、施莱格尔、叔本华、尼采以及柏格森和克罗齐,都由一个一脉相承的中心思想统治着,这就是美直观感性的看法。美学的名称 Aesthetik 这一词的原意就是研究感觉的学问,是与逻辑对立的;这就是说,美只在感性形象上,美的享受只是感官的享受。这种思想发展到最后,就成为克罗齐的直觉说。在这个潮流之中,黑格尔可以说是一个中流砥柱,他把理性提到艺术中的首要地位。

他提出,在艺术哲学里必须从美的理念出发,但是这个理念不是抽象的、空洞的,而是感性现象和概念的统一。他认为必须把美的哲学概念看成"形而上学的普遍性和现实事物的特殊性的统一",这就是普遍概念和个别感性现象的统一。普遍概念必然体现在个别感性现象上,个别感性现象也必然包含和表现普遍概念。据此,黑格尔给"美"下了一个抽象的定义:我们已经把美称为美的理念,意思是说,美本身应理解为理念,而且应该理解为一种确定形式的理念,即理想。美不是别的,就是理念,所以称为"美的理念"。黑格尔讲的"美的理念""美本身",不是柏拉图讲的"美本身"。柏拉图的"美本身"是超越感性世界的理念世界,没有实在性,现实的美只不过是对"美本身"的"分有"。黑格尔的"美的理念""美本身",是与现实的实在结合在一起的,"只有出现于现实里而且与这现实结成统一体的概念才是理念"。美作为理念,就是概念与实在的统一,理念具有确定形式,就是理想。这就是美的一个抽象定义。

"美就是理念的感性显现",实际应该理解为"美就是理念的本质的感性显现"。这个定义包含两个因素、一种关系:一是理念,这是内容、目的、意蕴;二是表现,这是内容的现象、实在,即感性显现;三是这两方面的关系,即融会贯通的关系。

美作为"理念的感性显现",它的丰富性和深刻性,就在于涉及并论述了主体和客体、内容和形式、理性和感性、精神和物质的辩证统一关系,美是统一和完整的。

由于美是统一和完整的,理念和感性形象融为一体,美的内容在它的客观存在中便"显现为无限的整体,为自由"。这就是说,美是无限的、自由的。所以是无限的,就因为美这个理念与外在客观存在融合为一,"这本身就是无限的"。所以是自由的,就因为美这个理念"灌注生气于它的客观存在","要由它自己确定它所赖以显现的组织和形状",在客观存在里像在自己家里一样,是自由的。

美的概念的无限和自由,是建立在"理念的感性显现"即理念和感性形象的统一基础上的,这种由统一和完整而来的无限和自由,便克服了主体和对象两方面的片面性,克服了主体和对象的各自的有限性和不自由性。当主体和对象各自独立存在的时候,二者都是有限的、不自由的;当主体和对象统一的时候,即构成美的对象的时候,就成为无限的、自由的,因此黑格尔说:"如果把对象作为美的对象来看待","就要把主体和对象两方面的片面性取消掉,因而也就是把它们的有限性和不自由性取消掉"。这是什么意思呢? 在黑格尔看来,主体和对象处于分裂和对立状态,都是有限的、不自由的。

第二节　中国美学思想流派

中国特有的文化传统孕育了以儒家、道家与禅宗为代表的美学思想。按照我们目前的理解,儒家主要倡导"中和为美",道家标举"自然为美",禅宗则追求"空灵之美",这在宏观上便构成了中国传统美学思想与审美趣味的"三重奏"结构。另外,我们认为中国美学的总体精神,主要融贯于"天人合一"的基本概念之中。所有这些都或多或少地内化在中国人的审美心理结构之中,直接或间接地影响着当今人们的审美趣味、山水意识,乃至旅游景观开发意识和环境保护意识等。近百年来,随着西学东渐与中西美学的会通,真正称得上理论创新的主要成果至少有两个:其一是王国维的境界说,其二是李泽厚的积淀论。

一、先秦到明清时期

（一）中和为美的儒家美学思想

"中和为美"是儒家关于艺术价值、创作原则与人格塑造的审美理想之一。要而言之,"中和"可谓中含于和。前者含中正、正确、准确、得当之义,通常表示"正确性原则"或"合理性原则",譬如孔子所说的"允执厥中"(《论语·尧日》),就是指"最合理而至当不移"(杨伯峻)的意思。后者含和谐、最佳状态或对立因素之间的动态融合关系等义,通常表示"辩证的和谐",因此有"声音相保日和"的注释与"和如羹焉宰夫和之,齐之以味,其不及,以泄其过"(晏婴)的比喻。"中和为美"思想的哲学基础是"中庸"之道。按照汉末何晏的解释:"中庸,常也,中和可常行之道。"其后宋朝程子认为:"不偏之谓中,不易之谓庸,中者,天下之正道;庸者,天下之定理。"当然,这里所论的"中庸"是"君子之中庸也",因为"君子而时中"(《中庸》)。"时中"是一个关键性的概念,是真正理解"中庸"之道的一把钥匙。"时"可指时间、时运、时常、机遇、环境或具体情境,等等。"中"作为正确性原则,在应用过程中要时常考虑具体的情况以便把握住适当的时机,那样才会立于不败之地。诚如《易经》艮卦中的象传所称:"时止则止,时行则行,动静不失其时,其道光明。"可见,把"中庸"简化为"不偏不倚"的说法是相当浅薄且不可取的。

从孔子等人的言论看,"中和为美"的原则与理想具有一定的目的性,至少具有政治、人际、伦理、艺术以及审美的目的性。于是,在政治性的礼教上,儒家提倡"礼之用,和为贵。先王之道,斯为美;小大由之。有所不行,知和而和,不以礼节之,亦不可行也"(《论语·学而》)。当时,礼作为典章制度与行为规范,其主要职能在立人与别异,这样会因为过于理性化而使人际关系疏远、分离、冷漠或"稀薄化",故需要创造友善的交流与和谐的人伦以弥补立人与别异之不及,在人伦或人际关系中,则提倡"君子和而不同,小人同而不和"(《论语·子路》),也就是鼓励人们在建立团结和谐的人际关系的同时要保持正当的原则与个性。在情感问题上,则提倡"致中和",推崇适度而不过激的情感表现或宣泄方式。在诗教上,则要求"温柔敦厚"(《礼记·经解》),"风以化之,教以化之"(《毛诗·序》)。在乐教上,则要求"广博易良",推崇"中和之纪"(《荀子·乐论》),强调音乐的中和作用,一方面要求声音的大小、高低和强弱应适中,以合乎人的心理和生理所能承载的审美需求;另一方面则要求音乐的音调、节奏与旋律应协调和谐,有利于感化人们,使其"和敬""和亲"与"和顺",最终提高人格的修养和维系安宁平和的社会秩序。

特别需要指出的是,"中和为美"长期以来被儒家奉为艺术批评或衡量审美价值的尺度。据此,要求艺术作品在风格上应"刚柔得中",提倡"刚柔相济"的风格和谐美;在表现内容和形式上应"乐而不淫,哀而不伤"(《论语·八佾》)与"过犹不及"(《论语·先进》),因为以孔子为代表的儒家诸子意识到了艺术所表现的情感应该是一种有节制的、社会性的情感,而不是无节制的、动物性的情感。这个基本的思想使得中国艺术对情感的表现在绝大多数情况下都保持着一种理性的人道的控制性质,极少堕入卑下粗野的情欲发泄或神秘、狂热的情绪冲动。另外,在评价人格美方面,也同样依照"中和"原则,不仅讲"文质彬彬,然后君子",而且还提出"五美"之说,最终是在追求一种"极高明而道中庸"的境界或"中和为美"的理想。这种理想垂范古今,其影响流布广远,几乎贯穿中国整个美学发展历史。譬如,战国时期的荀子就继承和发扬了"中和为美"的思想,主张音乐"以定和",认为音乐可以陶冶人的情感,教化人的道德,进而从情感上协调人们的社会关系,使人们能够和睦相处。他说:"乐在宗庙之中,君臣上下同听之,则莫不和敬;乡里族长之中,长幼同听之,则莫不和顺;闺门之内,父子兄弟同听之,则莫不和亲。故乐者,审以定和。"(《荀子·乐论》)另外,针对墨子"非乐"的相关论调,荀子反其意而驳之,认为音乐"入人也深","化人也速","乐中平则民和而不流,乐肃庄则民齐而不乱,民和齐则兵劲城固,敌国不敢婴也"(《荀子·乐论》)。最后还断言音乐可以"善民心",可以"移风易俗",可以使人"耳目聪明,血气和平",可以使"天下皆宁,美善相乐"。总之,荀子是从人的自然本性及其社会本性两方面来考察审美和艺术活动的。这两者与人的自然欲望("性")有直接联系,但又必须符合人的社会伦理("礼")要求。所以,要求人的自然本性与社会本性相统一,是贯穿整个荀子美学的基本原则。这一原则也显然是儒家追求"中和"境界的美学理想的继续。但是,荀子美学思想的明显失误在于过分夸大艺术(如音乐)的社会功利作用,这必然使他忽视了艺术自身的审美品质与艺术美的某些超功利特征。尽管如此,荀子的美学直接影响了《礼记·乐记》中基于社会价值判断的美学原则及其方法论原则。

《礼记·乐记》是对孔子以来儒家音乐美学思想的总结。要而言之,该书基于儒家追求"中和"境界、重视礼乐教育的美学思想,围绕着"乐合同,礼别异"的命题,在分析了声、音、乐三者的区别与联系之后,反复论述音乐的社会功能。认为"乐者为同,礼者为异。同则相亲,异则相敬。礼仪立,则贵贱等矣;乐文同,则上下和,仁近于乐,义近于礼……致乐以治心……"故"乐由中出,礼自外作。乐由中出故静,礼自外作故文。大乐必易,大礼必简。乐至则无怨,礼至则不争……"总之,《乐记》强调音乐作为艺术的社会功能,不在于传授知识,也不在于道德教训,而是依照贵和贵仁的社会要求去陶冶、调谐与培养人的健康的情感和精神世界,使人达到一种"反情和志""百物皆化"的"极和"境界,也就是使个体的官能欲望同社会的道德要求、使人的自然性同社会性达到统一的境界。

另外,《礼记·乐记》还深刻地揭示了音乐艺术欣赏与创造中对象同主体的相互关系。不仅发现两者之间存在一种内外相应、同类互动的关系,而且看到艺术作品的形式媒介同主体的情感之间也存在一种以类相动的情况,同时还看到了主体在艺术创造过程中的作用以及艺术创造与艺术家个性的联系,等等。中国的上承先秦,下启后世,犹如亚里士多德的《诗学》,在中西美学史和世界美学史上具有同等重要的地位。

儒家经典《礼记·中庸》十分明确地提出了"致中和"的情感表现原则,认为"喜怒哀乐之未发谓之中,发而皆中节谓之和。中也者,天下之大本也;和也者,天下之达道也。致中和,天地位焉,万物育焉"。所谓"中节"或"中和",意指"喜怒不过节"(孔颖达),情感表现要讲适度。另外,还从人世万物的总体角度把"极高明而道中庸"奉为最高的理想。实际上,《礼记》在论述礼乐相成中的"理"与"节"、文质相辅中的"文饰"与"德行"、诗教中的"温柔敦厚"、乐教中的"广博易良",以及礼教中的"恭俭庄敬"等原则,也都不同程度地隐含着"中和为美"的理想追求。

　　在《吕氏春秋》中,我们看到儒家贵和的美学思想得到了进一步的阐述和发挥。但由于它吸收了道家的某些思想,在论证"声出于和"的同时,还提出了"和出于适"的原则;在从伦理道德的角度考察音乐的社会功能的同时,也从重生养生的需要考察音乐的审美功能。可以说是《吕氏春秋》开启了儒道互补的先河。

　　宋明理学历经"濂、洛、关、闽"学派和"陆王心学"的阶梯式推动,虽在方法论上走的是一条"儒道释"互补的道路,但主要还是以后两者来补充前者,从而把儒家的"中和"或"中道"与"天人合一"等思想发展到极致。首先,邵雍(1011—1077年)在《伊川击壤集序》里依据儒家传统的"中和"原则,重复孔子之说,认为诗人作诗是"经、道之余,因闲观时,因静照物,因时起志,因物寓言,因志发咏,因言成诗,因咏成声,因诗成音。是故哀而未尝伤,乐而未尝淫,虽曰吟咏情性,曾何累于性情哉!"尔后,"二程"在《遗书》中,把"和顺积于中,英华发于外"奉为文章创作的法则。而关学代表人物张载(1020—1078年)则上承孔孟,述而有作(见《正蒙》,下面引文只注篇名),一方面宣扬"中和"仁德之道,认为"中正然后贯天下之道,此君子之所以大居正也……学者中道而立,则有仁以弘之"(《中正》),并且认为孔子"七十与天同德,不思不勉,从容中道"(《三十》);另一方面阐释"信、美、大。圣、神"之说,认为"诚善于心之谓信,充实形外之谓美,塞乎天地之谓大,大能成性谓之圣,天地同流,阴阳不测之谓神"。(《中正》)继而在《西铭》篇中,张子完善了儒家关于天人合一和仁民爱物的学说。如他所言:"民,吾同胞;物,吾与也……存,吾顺事;没,吾宁也。"君子当"为天地立心,为生民立命,为往圣继绝学,为万世开太平"。张载主要是从人生哲学的角度来谈"中道"与"天人"关系的,但必然影响到抒写反映人生的艺术。到了朱熹(1130—1200年)那里,"中和"美学原则被直接用来诠释孔子的诗论,结果把"诗可以怨"注解为"怨而不怒"。

　　清朝美学的代表人物当推著《姜斋诗话》的王夫之(1619—1692年)、著《原诗》的叶燮(1627—1703年)、著《画语录》的石涛(约1642—1708年)和著《艺概》的刘熙载(1813—1881年)。除石涛外,王、叶、刘三人上接先贤,直追诸子,融会百家。他们虽然提出了许多丰富的艺术思想与学说,如王夫之的"情景说"和"现量说",叶燮的"理、事、情"说和"才、胆、识、力"说,以及刘熙载的"按实肖像"说和"凭虚构象"说,但对文与质、真与假、诚与幻、空灵与实际、诗品与人品、阳刚与阴柔等范畴的相互关系的论述,始终遵循着儒家"中和"为美的美学准则。

　　综上所述,在儒家美学思想中,以"中庸"之道为哲学基础的"中和为美"原则是最为基本的。据此,对艺术实践,讲求"乐而不淫,哀而不伤""怨而不怒"、刚柔互补;对人格发展,讲求"文质彬彬""外饰内修、美善统一"乃至"仁民爱物"式的天人合一。当然,"中和"为美的准则是以社会伦理意义上的"仁"为旨归的,这就必然使儒家美学思想注重艺术的社会功能、人格的社会意义和自然的象征价值。因此,在艺术领域,儒家充分肯定审美和艺术在陶冶人的性情或协调人际关系等方面的价值,十分强调艺术教育的重要性,认为诗歌音乐具有"移风易俗"和"治国安邦"的社会效用,积极提倡美与善、情与理的统一。在人格美领域,儒家方面肯定个体人格的独立性,另一方面强调人全面发展的社会意义,认为"人的发展和人格的独立只有最终导致个体与社会的和谐一体时,才真正具有审美价值",故此推行"游于艺"和"兴于诗,立于礼,成于乐"的立体型艺术教育模式,以期培养"文质彬彬"的君子、"善养浩然之气"的大丈夫和"舍生取义"的志士仁人,等等。在自然美领域,儒家主张"比德"说,倾向于从伦理道德和人格心理结构的角度去观照自然景物,惯于将其比拟为某种人格品性的象征或隐喻性表现。若从美学角度考察,儒家在审美观念上注重美善统一,约以"中和";在美感经验上,注重道德修养,理性判断;在审美趣味上,注重功用、理知、人工与现实。

(二)自然为美的道家美学思想

从文化心理结构的深层意义上看,对后来中国各种审美学说和艺术理论产生深远影响的是以老子和庄子为代表的道家美学思想。这主要是因为道家强调精神自由,倡导返璞归真,反对"为物所役"或人的异化,并在追求自然无为、与道同体或游心太玄的理想境界中首次把审美同超功利的人生态度密切地联系在一起,从而把握住了审美活动乃至艺术实践的根本特质。不消说,道家美学是围绕着"道"这一中心概念展开的,所以论"道"即是论美。那么,从"道法自然"等命题中,就不难推导出"自然为美"这一道家美学思想的基本尺度。"道法自然"的命题见于《道德经》第二十五章,即"人法地,地法天,天法道,道法自然"。这里所谓的"自然"。一方面表示一种本原或始然的创设规律,也就是作为天地之根的"周行而不殆"的"道"本身;另一方面意指自自然然、自然而然或听其自然的状态,即不强行、不妄为,更不胡作非为的"无为而无不为"的顺应客观事物发展规律的生存状态。这一状态是与道同体的、遗世独立的、逍遥自由的,因此也是审美的。与老子并称"老庄"的庄子堪称一位"诗哲"。与先秦其他哲学家相比,他的性格与思想最富有诗意或美学的意味。闻一多称其为"最真实的诗人",认为"他的思想本身就是一首绝妙的诗"。庄子尽管很少专门谈美学论艺术,但他的哲学可以当作美学来读,他的哲学命题可以视为美学命题,两者是浑然一体、难以分离的,因此对中国的审美意识和艺术哲学影响极大。可以毫不夸张地说,不研究庄子,就不能真正懂得中国的艺术。

《庄子》一书在传承老子以"道"为本的思想的同时,着意发扬有关"气""大""真""技""言""意""形""神""无为"和"游心"等观念,标举了追求绝对精神自由的理想,强调保持人格独立的意义,批判"人为物役"等社会异化现象,指出"乘物以游心"等审美活动的超功利性,倡导了"以天为徒""与物为春"和"身与物化"的人生艺术化或审美化境界等。的确,"他处处都力求从宇宙的本体('道')高度来论证人生的哲理,把人类的生活放到整个无限的宇宙中去加以观察,以此来探求人类精神达到无限和自由的道……并且把人类的生活同宇宙的无限联系起来,把人类提到了'与天地并生,与万物为一'的地位,认为人类应效法那支配着宇宙万物的无所不在的'道',使自己成为永恒的无限自由的存在"。总之,理论上,庄子把老子的相对主义思想发展到了极致,不仅要"齐万物"(如生死、荣辱、贵贱、祸福、苦乐等),而且要"超然物外",完全摆出一副不食人间烟火的架势。其实,他本人却充满了悲天悯人的情怀,十分重视人类的生存状态,用现在时髦的话说,庄子思想中隐含着人本主义的终极关怀情结。他的哲学或美学的根本目的在于使人"明哲保身",使人看破虚幻浮华或过眼烟云似的功名利禄,使人的生活和精神达到一种不为外物所束缚、所统治的绝对自由的独立境界,而这种境界往往是通过与道同一的审美体悟来实现的。

值得强调的是,庄子言美论真(《渔父》:"故圣人法天贵真。"),常与天地万物并举,并且隐含"道"的自然无为或本原本真特性。如他所言:"天地有大美而不言,四时有明法而不议,万物有成理而不说。圣人者，原天地之美而达万物之理。是故至人无为，大圣不作，观于天地之谓也。"（《知北游》）相反地，"判天地之美，析万物之理，察古人之全，寡能备于天地之美，称神明之容"。（《天下》）庄子所言的"大美"，作为"道隐无名"故"不言"的"大道"之显现，存在于天地万物之中，人需要静心凝神地仰观俯察方能感知和了解它。真若达到这一境界，便成为"至人""大圣"或"真人""神人"。庄子笔下的理想人格虽名目繁多，而实为一种，那就是"堕肢体，黜聪明，离形去知，同于大通"（《大宗师》）的得"道"之人或与"道"同体之人。这种理想人格是"道"的化身，这种人格美的本质在于"乘东维，骑箕尾，而比于列星"（《大宗师》）般的绝对自由性和不为外物所奴役束缚的独立性。

根据老庄的思想，要达到理想人格的精神境界，就有赖于自然无为、逍遥自在的"游心"之道，即"游心于物之初"，探求"至美至乐"（《田子方》）的"游心"之道。庄子在《逍遥游》《大宗师》《知北游》和《田子方》等篇中，对这种"游心"之道均以谈玄论道的象征笔法作了说明。所谓"外天下""外物""外生""朝彻""见独""无古今""心斋"和"坐忘"等，连接起来便组成了一套"采真之游"的系统方法。那位神气拂拂、"乘云气，御飞龙，而游乎四海之外"的"真人"或"至人"，不也正是依靠这种与道同体、合于天德、虚无恬淡、充满自由想象的"游心"吗？在中国人的审美意识中，隐于山林或浪迹山水之中的心理趋向极为强烈，与庄子所倡导的"逍遥游"审美思想有着直接的关系。不消说，"游心"之道为方法途径，"游心"于道才是最终目的。后者就是庄子所说的以便"得至美而游乎至乐"（《田子方》）的境界。在这里，人从有限进入到无限，从瞬间进入到永恒，一方面是"天与人不相胜"，一方面是人与道二合一，虚静澄明，无忧无虑，悠然自在，流连忘返……这一切只能出于自然，不能假借人为。否则，"游心"失散，美乐不存。

比较而言，"道法自然"是老子哲学与美学思想的基石。在他看来，自然界和人类社会只有遵循"自然"这一普遍的法则，万物才能够和谐共存，社会才会有正常秩序，人类才可能健康生活。庄子继承和发展了这一思想，从中引申出一种"自然"之道。据此，庄子论道，讲"自然"（普遍规律）；论美，讲"自然"（审美对象）；论人生，讲"自然"（与天为徒，因任自然）；论情性，也讲"自然"（精诚品性）。他认为人的情性表现要"真"，因为"真"或"精诚"，才会动人感人；而"真"是"受于天"的，是"自然不可易"的，这就是说它必须遵循"自然"或"自然而然"这条基本法则。如他所言："真者，精诚之至也。不精不诚，不能动人。故强哭者虽悲不哀，强怒者虽严不威，强亲者虽笑不和。真悲无声而哀，真怒未发而威，真亲未笑而和。真在内者，神动于外，是所以贵真也。真者，所以受于天也，自然不可易也。故圣人法天贵真。"（《渔父》）显然，人在情性表现上是不能弄虚作假的。否则，那就成了一种讨嫌的矫情或虚情假意。相反，应当讲求真诚自然，遵从"自然"之道。因为"诚于中而形于外"的真情，才具有动人感人的力量，以此表现在艺术中才具有审美的价值。这便是自然为美的原因所在。从中国艺术的发展来看，"自然"之道与"自然为美"的思想具有深远的影响和丰富的美学内涵。

特别是到了汉末魏晋南北朝时期。这是一个人与艺术觉醒的时代，是"中国政治上最混乱、社会上最苦痛的时代，然而却是精神史上极自由、极解放，最富于智慧、最浓于热情的一个时代。因此也就是最富有艺术精神的一个时代"。就审美理想而言，魏晋人所倾慕或追求的那种"简约玄澹、超然绝俗的哲学的美"，是对"自然为美"这一道家美学标准的充实与发展。这里所谓的"自然"，不仅指自由旷达的审美风格与态度，而且指玄妙广阔的审美对象与范围。嵇康所言的"目送归鸿，手挥五弦；俯仰自得，游心太玄"就是对潇洒不群、超然自得、论道谈玄、浪迹山水的魏晋风度的具体写照。这种"游心太玄"作为最高的精神或审美境界，和庄子所论的

"游心"于道是同一的。

唐朝以后的文艺思想，随着禅宗的兴起，道禅相混，渗融交浸，与儒互补，三教趋同。这种现象一直波及后世，到宋明理学达到高潮。但就道家"自然为美"的基本准则而论，比较明显地反映在唐末司空图（837—908年），宋代苏东坡（1037—1101年）、方万里（1227—约1307年），明代李贽（1527—1602年）与"公安派三袁"，清代石涛（1642—约1708年）等人的诗论、文论与画论之中。司空图崇尚老庄哲学，自称"取训于老氏"，所著《二十四诗品》中贯穿着"游心于道"的形而上追求，突出了"道法自然"的美学理想。其中第十则专论《自然》："俯拾即是，不取诸邻，俱道适往，着手成春。如逢花开，如瞻岁新，真予不夺，强得易贫。幽人空山，过水采萍，薄言情晤，悠悠天钧。"这里，所谓"自然"是指天趣，是一种不用雕饰的诗风或美学风格，与矫揉造作相对。从描述看，这是一种随意、从容、神闲、气静、悠然、自得的氛围，是一种"佳句本天成，妙手偶得之"或"清水出芙蓉，天然去雕饰"的诗境。要想达到自然之境，就得"素处以默，妙机其微"，就得讲冲淡、沉著、高古、典雅、疏野、清奇和飘逸、旷达等。通篇看来，司空图对各种诗境诗风的描写，到处弥漫着一种宁静、清幽、淡远的和谐气氛，流溢着一种怡然、飘逸、潇洒的审美情调，这与他崇尚道家自然为美的思想是有直接联系的。

宋代苏轼工诗善词，富有艺术实践经验，熟练掌握创作规律，讲求文章要"行云流水"，诗画要"天工与清新"，"莫之求而自然"，使作品浑然天成而又变态横生。他的"清丽"说和"平淡"说，显然是以追求自然天趣、平和淡远境界为最终目的的。南宋方万里在论及诗艺时，一再标举自然为美的说法。认为诗的"意味之自然为清新"，要求诗应出于"天真之自然"，而非学问言语或道德说教，并且一反儒家的"中和"原则，明确指出"人不能无情……夫哀以思、哀而伤，非诗人之罪也，可以哀而哀，可以伤而伤也"。

从反对礼教，追求自由与个性解放的思想出发，明代李贽在论乐时明确提出了"自然为美"的命题及其相关的美学特征。他说："自然发于情性，则自然止乎礼义，非情性之外复有礼义可止也。惟矫强乃失之，故以自然之为美耳，又非于情性之外复有所谓自然而然也。故性格清彻者音调自然宣畅，性格舒徐者音调自然舒缓，旷达者自然浩荡，雄迈者自然壮烈，沉郁者自然悲酸，古怪者自然奇绝。有是格，便有是调，皆情性自然之谓也。莫不有情，莫不有性，而可以一律求之哉！然则所谓自然者，非有意为自然而遂以为自然也。若有意为自然，则与矫强何异。故自然之道，未易言也。"这与庄子对自然和人为的论述几乎同出一辙，不仅道出了自然为美的主要原因，而且表明了不同自然形态的心理基础。李贽的这些思想直接影响到"公安派"的审美观念。如袁中道就极力推崇自然为美的范式，认为"大都自然胜者，穷于点缀，人工极者，损其天趣。故野逸之与秘丽，往往不能相兼"。

清代石涛在《画语录》中，把自然观推向极致，要求绘画创作"自然而不容毫发强也"，并且为此特意创立"一画"法。中国书法艺术同绘画一样，也讲究自然天成，忌讳媚俗矫饰或烟火气。中国园林艺术的最高境界则是"虽由人作，宛自天开"。这实际上是"自然为美"法则的典型体现。为此目的，就得"巧于因借，精于体宜"充分利用布景、借景、引景、分景和隔景等造园手法。

要而言之，道家美学思想是以"道"为中心命题而展开的。其论"道"，也就是论"美"；论对"道"的认识和体验，也就是论对"美"的认识和体验。在此意义上，以老庄著作为代表的道家经典也就可以当作道家的美学经典来读。总体而论，道家美学旨在追求绝对的精神自由和超然的独立人格，崇尚"天人合一"的境界，标举"自然为美"的理想，倡导艺术化的人生。就"自然为美"这一道家美学的基本准则来讲，它贯通古今，延展流变，内涵丰富。最初，在老子那里，

"自然"首先是就"道"这一无所不包的普遍规律而言,其次是就一种体"道"养"德"的方法而言。后来,到庄子那里,除了上述含义之外,它不仅被当作"游心"于道的态度与情性表现的法则,而且被扩充为"游心"的领域或审美的对象。再后,"自然"演变为一种艺术风格与创作法则,相应地,"自然为美"也深深地积淀在中国人的审美意识之中,从而形成一种普遍的审美品位与审美标准。于是,在审美观念上,道家以"道"为"大美"或最高的美,认为世间的美善是相对的,因此(特别在艺术美和人格美方面)重真诚自然(天成),轻人为矫饰(做作)。在审美经验上,重"涤除玄鉴""静观默察"和"心融神会"的直觉体验,追求超然物表、"游心"于道和"得至美而游乎至乐"的审美境界,因而"得意忘言"或"得意忘象",轻视艺术的社会功能和审美过程中的语言逻辑与理性思考等。相应地,在审美趣味上,正如上所述,道家崇尚自然淡远、飘逸古雅、平和清新的艺术美,注重本性天真、遗世独立和悠然自在的人格美。所有这些特征与儒家倡导"中和"为美的理想准则形成鲜明的对照。最后,在艺术精神上,"庄子所追求的道,与一个艺术家所呈现出的最高艺术精神,在本质上是完全相同的。所不同的是:艺术家由此而成就艺术的作品;而庄子则由此成就艺术的人生。庄子所要求、所待望的圣人、至人、神人、真人,如实地说,只是人生自身的艺术化罢了"。这种人生之美和与其相应的人格之美,在修养方式上以天道自然为模式,少私寡欲,"为而不争",虽"有大美而不言";在心理特征上显得自由自在,放达任性,虚怀若谷,甚至忘却形骸;在精神境界方面追求"小我"进入"大我"。超功利以养"天德",力图以"事天"为最高理想而达到"天地境界"。

(三)空灵为美的禅宗美学思想

佛入华土一般认为是在两汉之间。这种源自古代印度的宗教与哲学对中国传统的本土文化发展产生了极为深远的影响。魏晋南北朝时,佛教依托玄学之风,适应当时人们祈求来世天国幻想的社会文化心理需要,得到迅速的发展和普及。"南朝四百八十寺,多少楼台烟雨中。"(杜牧)这类唐代诗人的叹喟,便是对当时寺庙林立、法雨佛风弥漫的具体写照。

佛教经六朝、隋唐,嬗变为天台宗、三论宗、唯识宗、华严宗、净土宗、律宗、密宗和禅宗等具有中国特色的许多教派。唐时禅宗(南顿宗)自六祖慧能之后,演化为中国式的佛教,最为普及流行。因此,不少人把佛教等同于禅宗,把其他佛教宗派的概念与义理都纳入禅宗门下。有趣的是,中国禅宗自其初祖印度僧人菩提达摩(Bodnidhamma,?—528 或 536 年)以来,传承的法信通常以偈为证,正如李白所说的"谈经演金偈"传统。这种以唱词说诗的方式来"内传法印,以契证心,对付袈裟,以定宗旨"十分独特,本身就具有深厚的审美意味。体味这些偈语,哪怕是禅外人,也会觉得其中以"花"喻悟禅、以"果"喻成佛的"花果"意象既有禅意,又含诗情,容易给人一种空灵玄妙的审美感受。其实仔细揣摩体味慧能那首深得五祖弘忍赏识并因此赢得袈裟的偈语"菩提本无树,明镜亦非台。本来无一物,何处惹尘埃",也同样能够体悟到这种空灵玄妙的美感。

从禅宗的思想基础来看,有的学者认为是"大乘空宗"。所谓"空",是指"法"空,意思是说一切事物(即"法")都因缘而生,徒有幻相,本身并不存在,引申的说法就是"色空"或"四大皆空"。自佛祖释迦牟尼以来,"悟"是识得佛性、真如或禅理的最基本、最传统的方法。悟得"无我"是低层次,悟得"空"才是高层次。"因此悟空对中国禅僧和禅学诗人,是至关重要的。中国禅宗的几个祖师所悟得的,也就是这个空……'无我'的思想,'空'的思想,一旦渗入中国的诗歌创作,便产生了禅与诗密不可分的关系。"也有的学者认为,禅宗的思想基础多来自老庄,断言"禅宗是披着天竺式袈裟的魏晋玄学,释迦其表,'老庄'(主要是庄周思想)其实,禅宗思想,是魏晋玄学的再现,至少是受玄学甚深影响……禅宗顿教,慧能是创始人,他的始祖实际是庄周。禅宗南宗的本质,是庄周思想"。

从"禅"的本义来看,它原是"禅那"(梵文 Dhyana)的略称,意译作"思维修""弃恶"等,通常译作"静虑",即由心灵的静观默照而获得智慧和超脱的意思,故此有人将其与"禅定"混称。禅定作为一种"安静而止息杂虑"的修行方法,一般有所谓"四禅定",即坐禅修行的四个阶段。

据说,在"初禅"阶段,人能排除欲念杂虑,获得一种因摆脱烦扰现实而生的喜悦之感;在"二禅"阶段,这种喜悦感进而逐渐得到净化,成为身心的一种自然而然的属性;在"三禅"阶段,这种有着外物色彩的喜悦感逐渐消失,心中只留下纯净、自然、平和、适意的精神乐趣;最后到了"四禅"阶段,这种乐趣也化为乌有,人达到一种超然遗世的境界,得到澄明透彻的智慧。而这一无上境界是只可意会、不可言传的。

从与"四禅定"相关的禅宗"三境界"来看,也能体味到对空灵之美的诗化描写。第一境是"落叶满空山,何处寻行迹?"这里似乎描写的是一种渐入禅关而寻禅未得的情景。这一设问本身就表明禅心未定、着眼外求和忽视内省的初级状态。第二境为"空山无人,水流花开"。这里似乎描写的是一种"片石孤峰窥色相,清池皓月照禅心"的情景。就是说,寻禅者通过静观默照,基本进入清静寂定的心境,达到似乎已经悟到禅理真谛而实际上还没有的境界,犹如"脱有形似,握手已违"的状况。第三境是"万古长空,一朝风月"。"这就是描写在瞬刻中得到了永恒,刹那间已成终古。在时间是瞬刻永恒,在空间是万物一体,这也就是禅的最高境界了。这里要注意的是,瞬刻即永恒,却又必须有此'瞬刻'(时间),否则也就无永恒……一切皆空,又无所谓空;自自然然地仍然过着原来过的生活,实际上却已'人圣超凡'。因为你已经渗透禅关——通过自己的独特途径,亲身获得了'瞬刻即可永恒',即'我即佛'的这种神秘感受了。"

禅宗的缘起与思想基础、禅意与禅境的最高层次等四个方面,均向我们表明了"空"的突出特征及其审美意味。禅宗这种"空"的理想境界被引入诗歌、绘画与书法中后,对中国艺术创作和美学思想的发展产生了深远的影响,也从而形成了以空灵意境为美的禅宗美学思想准则。这空灵的意境,一方面是指艺术风格和形象的空幻、玄远与飘逸的品性;另一方面是指其富有灵气、灵性且表现灵巧和精妙的旨趣、情思与意向。唐代诗人王维(701—761)的不少诗作便是比较典型的例证。如"空山新雨后,天气晚来秋。明月松间照,清泉石上流""江流天地外,山色有无中""山路原无雨,空翠湿人衣""空山不见人,但闻人语响。返景入深林,复照青苔上"等,往往给人一种空灵、玄远、寂静、闲适和清丽的审美体验。尔后,唐朝诗僧皎然(生卒年不详)以诗谈禅理——"至道无机但杳冥,孤灯寒竹自青荧。不知何处小乘客,一夜风来闻诵经";抒禅趣——"秋天月色正,清夜道心真","闲行数乱竹,静坐照清源";写禅境——"古寺寒山上,远钟扬好风。声余月树动,响尽霜天空。永夜一禅子,冷然心境中"。另外,皎然还在他所著《诗式》一书中从不同角度,对空灵的意境与诗风作了理论上的阐述。如"虽尚高逸而离迂远,虽欲飞动而离轻浮""至苦而无迹,至近而意远"等。禅宗美学所追求的空灵意境也影响到司空图。他所说的"不著一字,尽得风流"以及"象外之象,景外之景"就能说明这一点。不难看出,"不著一字"说,一方面,受到了禅宗"不立文字"传统的影响;另一方面,继承了道家"得意忘言"的思想,可谓道禅相通互补的一个范例。当然,悟禅与作诗终究不同,正如钱钟书所言:"了悟以后,禅可不著言说,诗必托诸文字。"另外,兴于唐代的草书,在风格上讲求龙飞凤舞、飘逸玄远与自然天成,在很大程度上是受禅宗空灵为美与道家自然为美等思想的熏陶与催化。

宋明理学时期,儒道释合流。禅宗空灵为美的思想在文学艺术方面的反映,见诸于苏轼、严羽和张岱等人的文论诗说之中。比如,苏轼认为"欲令诗语妙,无厌空且静;静故了群动,空故纳万境"。这里所说的"空静"与禅宗标举的"空灵",二者作为理想的艺术境界,有着异曲同工之妙。著有《沧浪诗话》、倡导"妙悟"说、对明清两代美学思想影响极大的严羽(生卒年不详),曾说过一段绝妙的话,可以视为是对"空灵"说的最佳注解。他说:"所谓不涉理路、不落言筌者,上也。诗者,吟咏情性也……羚羊挂角,无迹可求。故其妙处透彻玲珑,不可凑泊,如空中之音,相中之色,水中之月,镜中之象,言有尽而意无穷。"明末张岱则明确提出"诗以空灵才为妙诗"的论点,并且推崇绘画善"以坚实为空灵"的观点。谈及音乐(弹琴),张岱认为只有"十分纯熟、十分陶洗、十分脱化"的技艺和修养,才能奏出一种"非指非弦,非勾非剔"的"生鲜之气",因此才能达到"自致清虚"的艺术境界。这分明也是在推崇"空灵为美"的艺术境界。禅宗崇尚空灵之美的思想也影响和促进了唐宋以来的文人画和文人园林。比如,营造山水园,因禅理与自然,禅境与园境,禅趣与文人士大夫的立足心性解脱、追求旷达适意的生活态度及其自然平和、清静淡远的审美趣味之间灵犀相通,故讲究用缀石叠山、借景引景等方法,着意创造一种曲径通幽或小中见大、空灵玄远的精神空间。从计成对借景的阐述中,我们不难看出这种审美追求。如"高原极望,远岫环屏。堂开淑气侵人,门引春流到泽……兴适清偏,贻情丘壑。顿开尘外想,拟入画中行……眺远高台,搔首青天那可问;凭虚敞阁,举杯明月自相邀"等。另外,禅宗空灵为美的思想还反映在园林景点的命名上,如,"空心潭""筛月亭"和"静心斋"等。这里,禅心、诗情与画意融为一体,结果从实景中生禅境,从有限中生无限,于缥缈中见韵致,于空灵处见精神……最终形成了中国园林"特有的写意化的自然之美和诗画般的空灵之美。在世界造园系统中,这种写意的、空灵的境界独树一帜"。

综上所述,禅宗崇尚空灵的思想,一方面,源自佛教"大乘空宗"关于"般若性空"的智慧论;另一方面,来自老庄(特别是庄周)尚虚贵无、"得意忘言"的体道说。对于其缘起就富有审美意味,并且讲究"轻暖轻寒二月天,夭桃红绽柳凝烟。莺啼蝶舞皆禅悦,般若分明在眼前"的中国禅宗美学来讲,追求空灵意境和亲近自然之美便构成了它的基本特征。这空灵,作为一种特殊的美学形态或范畴,被引入艺术之中,自然形成一种创作的理想或准则,而在艺术形象或表现中则转化为空灵的意境。按照我们初步的理解,这空灵之境,一方面是指艺术风格和形象的空幻、玄远与飘逸品性;另一方面是指其富有灵气、灵性,并且表现灵巧和精妙的旨趣、情思与意向。一般来说,禅宗这种尚空灵、羡玄远、倡顿悟的美学思想,与道家贵自然、慕淡泊、重虚无的美学思想交融互补、遥相呼应,激发了中国诗歌、书法绘画、园林及音乐等艺术的无限包容性,具体表现为"空纳万境""小中见大""天人合一"与"宇宙大化"等特征。这不仅丰富了艺术意味,且拓宽了艺术的空间。其次,进而虚化了"得意忘言"的审美思想,极大地促进了"虚实相生"这一艺术创造规律的发展,从而在艺术作品的审美价值取向上比较推崇"言外之意""韵外之致""不著一字,尽得风流"和"镜中花,水中月,羚羊挂角,无迹可求"等玄远淡雅的意境。另外,这种在空灵中见佛性、得般若,在顿悟中体禅悦、入涅槃的禅宗美学观照精神及其方法,极大地丰富了中国人的审美意识和审美心理活动。因此,人们既能从一朵花蕾里窥知宇宙万物的流变,也能从一片树叶中推测人生在世的沉浮。同时,表现在审美观念上,则以空为美,以万象寂灭的涅槃为最高境界,以超尘出世的净土或西方极乐世界为终极目标;表现在审美经验上,则注重妙觉顿悟,强调万法皆空,推崇圆融感受;表现在审美趣味上,则贵清净幽寂的氛围,尚空灵玄远的意境,求"梵我合一"禅境中的禅悦。

（四）天人合一的美学精神

在中国思想发展史上,"天人合一"是一以贯之的传统主题。它不仅是中国哲学的基本精神,而且也是中国美学的基本精神。在哲学领域中,"天人合一"说侧重于人生境界的修炼、精神家园的探寻、"安身立命之处"的定位。在美学范围内,"天人合一"说侧重于人在自己的情感世界里或者在对外物的凝神观照中,使其有限的生命之流与无限的宇宙大化之流回环激荡,进而得以充盈和升华。另外,在社会、政治、环境与国际等层面上,这一学说也隐含着和谐、和睦、和平与保护等独特的现代意义。这里,我们若从"天人合一"的观点来重新看待作为旅游审美对象的自然山水(天),就不难发现在自然界永恒的寂静中,人们不仅能通过领悟找到自我,使身体健康得到调理,而且自然界用些许简单的风云变幻就会使人们产生超凡入圣之感。的确,人以超功利的审美态度观乎于天,天则以怡情悦性的妙用拂照于人。在这种天人的审美互动关系中,人从大自然那随意的风云变幻或构图绘影中见出造化的神秀,天则使人在静观寂照的过程中返璞归真,免于迷失本性。

在中国,自然作为审美的对象有着悠久的历史。如果说孔子以"比德"的方式来观照山水仍处于伦理范畴的话,那么庄子所提出的"与物为春"和"乘物以游心"等命题便可谓是一种近乎自觉的审美意识了,尽管那里面潜藏着"道"的阴影。庄子极力推崇自然本真之美,认为"天地有大美而不言",故需要人们在静观寂照中去体悟。他以诗化的语言对"天籁"的描写就是一例。在庄子看来,"游心于物之初"的人,便可得到"至美至乐","得至美而游乎至乐"就成了"至人"或"天与人不相胜"的"真人",也就是得"道"的人。这种"至人"或"真人"达到了"逍遥游"或"神与物游"的自由境界,生时可"乘云气,骑日月,而游乎四海之外"(《齐物论》);死后可"乘东维,骑其尾,而比于列星"(《大宗师》)。显然,庄子主要是从自然无为的"道"出发,来审视天人关系或宣扬他的"游世"哲学的。他的奇思玄想在这里展示出一条从"有待"达于"无待"、从"有限"通于"无限"的心理途径。这种"无待"与"无限"的境界既是一种自由自在、天人合一的精神境界,同时也是一种轻松放浪、身与物化的审美境界。若以"与物为春"的审美态度来观照自然,以"情与物迁"的心理结构来感应自然,凭借"精骛八极,心游万仞"的审美想象来探访自然,就有可能获得"登山则情满于山,观海则意溢于海"的审美愉悦,或者获得"天地与我并生,万物与我为一"式的"刹那间见千古,瞬刻中求永恒"的超绝体验。

西汉的董仲舒,上承先秦、下启魏晋,从情理感应的角度来阐释"天人合一"的思想蔚然成风,影响深远,或借喜怒哀乐之情以答四时之变,或用心摇神驰之感以应物色之动……最后,则是"情景交融"美学命题的成熟与"天人合一"审美理想的确立。的确,中国的文人墨客对自然的那份情怀是十分独特的。面对宇宙万物,他们总是一往情深,感慨不已,思绪绵绵,处于天人感应或互动的密切关系之中,或则"仰观于天",或则"俯察于地",或则"遵四时以叹逝,瞻万物而思纷。悲落叶于劲秋,喜柔条于芳春。心懔懔以怀霜,志眇眇而临云",或则"望秋云,神飞扬;临春风,思浩荡"。

这委实是中国人的一种特有的文化心理结构,一种特有的天人感应意识。面对宇宙洪荒、自然万物,人们追求"合一"的境界,如果说是为了在精神上得到自由或无限,在情感上得到和谐或宣泄,在审美上得到愉悦或超越,那么这一切对于人的生命形态有何实存的意义呢?我们以为,那是一种生气与灵气的灌注形式,是一种使本体生命得以充盈的过程。事实上,人们游于青山绿水之间,观于花草虫鱼之前,通常期望在静观寂照与物我交流过程中,在个体生命与宇宙大化的回环激荡过程中,或以俯仰自得的精神来玩味自然万物的色相、形态、秩序、节奏与和谐,或以游心太玄的情致跃入大自然的生命律动之中,使自己的身心接受新的洗礼,使自己的神志经历新的炼铸,使自己的生命获得新的活力。这实际上是观物寄情、以心照物的传统方式。人们借此"求返于自己深心的心灵节奏,以体合宇宙内部的生命节奏"(宗白华),借此使自己的心灵节奏得到强化,使自己的生命形式变得充盈。这可以说是一种"物我同一"的艺术化的人生境界,或者一种"入乎其内,出乎其外"的人格发展过程。在此过程中,人们总是从自体的需要或意趣出发,以不同的方式和不同的程度达到自己的目的。他们或身与物化犹如庄周梦蝶,或"化景物为情思"借以表明心志,或以松柏喻精神,或以修竹喻气节,或以兰荷喻品……最终则是在"悦志悦神"(李泽厚)的高级审美体验的启动下,重新扬起生命的风帆,以渡人间沧海。这使人不由联想起古希腊神话中的安泰俄斯。

自不待言,除了自然景观之外,人们也可从古典园林、寺庙建筑、石雕和绘画等众多的人文景观中体验"天人合一"的美学精神。譬如,游览闻名世界的天坛,你会发现按"天圆地方"而设的回音壁、祈年殿、皇穹宇与圜丘坛,用"天数"而建的各层栏板望柱与台阶,均以象征的手法和形式表现了"天人合一"的思想。遥想当年"天子"统率臣民一同祭天的庄严法度与肃穆仪式,那种带有浓厚宗教色彩的"天人合一"氛围与气势是何等的壮观! 这些都有赖于导游、翻译的生动解说与游客的自行体会。

当然,"天人合一"的美学精神除与旅游审美活动和审美体验相关外,还会直接或间接地影响到旅游景观的开发与旅游生态环境的保护等方面。就自然景区的旅游景观开发和建设而言,这种美学精神具体地落实在追求自然景观与人文景观和谐统一的审美理想与开发原则上。譬如,在贵州黄果树瀑布附近的天星景区,人造景点"数生步"原来的石阶是方形水泥墩,与周围自然天成的风景很不协调,有碍观瞻。后来仿照自然的石头形态,重新加工,结果创造出"虽由人作,宛自天开"的和谐美景,从而大幅度地提高了景观自身的审美价值和来往游客的审美情趣或"游兴"。另就旅游生态环境而言,真正理解"天人合一"思想的旅游者和开发建设者,都会拥有强烈的环保意识。因为大自然是一个有机的整体,人是大自然的一部分,任何急功近利的滥用或人为破坏,都将是灾难性的、不可恢复的,甚至是自杀性的。再者,对于自然界的动物种类及江海湖泊,人类不需要的垃圾,它们也不需要。因此,人类如果想得到大自然各种形式的恩赐(如能源、场所、养生、审美等),如果想维系"可持续发展"的条件,就必须不遗余力地保护好自然生态环境,解决好人与自然的和平共处关系。总之,在旅游成为一种社会时尚的今天,在旅游景观趋于深度开发的现阶段,重估"天人合一"的思想和解决好人文与自然的关系问题,的确具有重大的历史与现实意义。

二、中国近代至今

(一)王国维的境界说

"境界说"是王国维诗学理论的代表性成果。在其所著的《人间词话》里,开篇即论"境界":"词以境界为最上。有境界,则自成高格、自有名句。五代、北宋之词所以独绝者在此。"显然,"境界"被奉为评价诗词艺术及其价值的最高标准。举凡诗词有了境界,高妙的格调与精彩的名句就会随之而生。故此,王国维断言:"沧浪所谓兴趣,阮亭所谓神韵,犹不过道其面目;不若鄙人拈出'境界'二字,为探其本也。"我们知道,严羽(沧浪)所言"兴趣",盖指盛唐诸人在诗中"吟咏情性"之时,注重诗歌的兴发感动作用,讲求"言有尽而意无穷",所用形象或所写情景具有如下特点:"羚羊挂角,无迹可求,故其妙处,透彻玲珑,不可凑泊,如空中之音,相中之色,镜中之象。"这其中潜藏着以禅喻诗的用意,同时也包含着诗道妙悟或禅道妙悟的暗示,但终究是专论触景生情、委婉含蓄的诗歌创作手法(兴)与意趣盎然、情深旨远的诗歌艺术韵味(趣),同时也是对唐诗艺术特点的归纳和强调,以此来反衬和贬斥"以文字为诗、以才学为诗、以议论

为诗"的文坛时弊。

至于王士祯(阮亭)所谓"神韵",是在严羽提出"诗之极致有一,曰入神"等言说的影响下,先后有所论及。如,在《池北偶谈》里,王士祯借用孔文谷之说,认为"诗以达性,然须清远为上。"在进而讨论"清""远"与"清远兼之"的三种诗歌风格之后,认为三者"总其妙,在神韵矣。"另在《渔洋诗话》中,王士祯列举了一连串律句,认为其妙在于"神韵天然不可凑泊"。比较而言,基于"清远"诗风的"神韵"说,盖指景物诗所抒发或表达的一种情思意趣使人有所感悟与体会;基于"神韵天然"的"神韵"说,"因其能由外在之景物,唤起一种微妙超绝的精神上之感兴,而写诗的人却只提供了外在景物,并不直接写出内心的感兴,于是便自然有一种含蕴不尽的情趣。如果从这种兴发感动的作用而言,则阮亭之所谓'神韵'与沧浪之所谓'兴趣',实在颇有可以相通之处。"不过,王士祯标举"神韵",也是有感而发,虽有抑少陵而扬王孟之嫌,囿于清远冲淡而忽略飘逸豪放之偏,但终究看出当时文坛的主要弊端,王士祯试图以此来矫正明代前后七子的复古主义流于肤廓之弊与公安派失于浅率之病。

那么,与上述两种诗说相比,王国维为何认为自己提出的"境界"说就是"为探其本"呢?我们知道,王国维是中西兼通的思想家与学者,其"境界"说的提出与论述,是中西诗学与美学思想融会贯通的结果。早在1904年发表的《孔子的美育主义》一文里,王国维受到席勒美学思想的启发,在中西跨文化的语境中,将"aesthetic state"转译为"审美之境界",继而赋予"境界"一词诸多新的含义,兼从西方的直观或直觉角度予以阐发,使其成为一个独立的美学概念,成为衡量诗文作品和品评诗人作家的根本性艺术与审美标准。

王国维于1907年发表的《〈人间词乙稿〉序》中曾断言:"原夫文学之所以有意境者,以其能观也。"这等于说诗词是否有意境,主要在于能够通过五官和心思的"直观"而发现其中所表现出的艺术"观念"或"理念"。另外,构成"境界"的"真景物、真情感",也正是"能观"(能够直观)的对象,是通过真切生动的艺术描写,将"所观之物既去,而象尚存"的"观念",还原为眼前可观、可赏的景象。因此,诗人词家要想取得"能观"的效果或感染力,就必须在创构和营造艺术"意境"或"境界"上多下工夫,在描写心意所感、耳目所触的"真景物、真情感"上多下功夫,以便使自己至少具备三种能力——"写情则沁人心脾,写景则在人耳目,述事则如其口出"。唯此,情景的"真"与"不真""隔"与"不隔"或"工"与"不工"之类的问题,便可迎刃而解了。

一般说来,能够直观或直觉,是人类特有的认识能力,原本是心灵的天生能力,无须先行地推理、分析或讨论,便能通过瞬间的洞察来认识普遍中的特殊事物,从中直接领悟其真理的要旨。通常,感性直观,是指可感对象在心灵中的直接呈现或形象化呈现,理智直观代表理性主义传统中所主张的理性洞见这一重要官能,借此可以领悟或把握共相概念、自明真理,以及不朽等一系列无法言表的对象。若从跨文化参证法的角度来进行概念追溯,不难发现王国维所言的"能观",同叔本华的"直观观念说"和"康德的审美观念说"有着直接而密切的关系。如果参照叔本华的思路,"境界"可以说是源于直观或静观外在表象的"观念",继而认识内在的"生命意志"这一本体。如果追随康德的思路,"境界"可以说是源于感性直观的"审美观念",继而体认艺术的"精神"。但王国维绝非食洋不化或食古不化的庸才,而是立意创化、"凿空而道"的天才。因此,他能越过"直观观念说"与"审美观念说",融会中外思想,以"境界"立论,成一家之言。

质而言之,王国维的"境界说",在思想根源上,一方面,比照的是严沧浪的"兴趣说"和王阮亭的"神韵说";另一方面,借鉴了席勒的"审美状态说"、叔本华的"直觉观念说"和康德的"审美观念说",实属中西之学"合璧"与会通的重要成果。究其本质,"境界"的生成,取决于

"以其能观"，而"能观"的对象则是文学的"二原质"，即"情"与"景"及其深层的"观念"。"境界"的显隐，取决于情与景的真切程度，也就是王国维所说的"真景物、真情感"。这里所言的"真"，不仅要求所表的情感应"沁人心脾"，所写的景物应"在人耳目"，所述的事件应"如其口出"，而且还要求"自然"，因为"古今之大文学，无不以自然胜"，元曲尤为如此，是"中国最自然的真文学"。此外，这种"真"，还须"深"，即入世要深，感人也要深。因此，王国维要求"诗人对宇宙人生，须入乎其内，又须出乎其外。入乎其内，故能写之。出乎其外，故能观之。入乎其内，故有生气。出乎其外，故有高致"。

那么，境界"为探其本"的要义何在呢？按照我们目前的理解，王国维所谓的"境界"，至少应从两个方面着手：其一，是作为根本性的诗词艺术法则或审美标准，用以衡量诗文作品的艺术价值与评论诗人作家的艺术修养；其二，是借助艺术作品所表现的意境，直观宇宙人生的真谛。这两个向度互动、互补，相映成趣。但较之前者，后者更像是王国维的目的性追求，故更能揭示"境界""为探其本"的深层意味。需要说明的是，这"直观"，是指诗性直觉与诗性灵思的融会贯通能力，是由感性、知性想象或迁想妙得的灵思等质素综合而成的一种洞察敏悟能力；这"宇宙"，是指一定历史时空背景下的大千世界；这"人生"，是指容含七情六欲的人类生存状况；这"真谛"，是指真正的意义、真实的情景或内在的本质。当然，通过艺术境界来直观宇宙人生之真谛，不仅是为了满足人们的好奇心与审美愉悦感，而且还让人们在获得思想启迪的同时探求自己的安身立命之道。也就是说，其一方面是指诗人基于真景物、真情感的诗性直观和灵思，能洞察宇宙人生之真谛，能以真切生动的方式将其表现在形象化的艺术境界之中；另一方面，是指这种艺术境界能以不隔能观的方式，引发鉴赏者的共鸣、反思与觉解，进而使其养成一种良好的审美趣味，找到一条应对人生哀乐的可能途径。

（二）李泽厚的积淀论

"积淀论"亦称"审美积淀论"。在《美的历程》一书里，李泽厚基于人类学历史本体论和实践美学的立场，认为仰韶与马家窑陶器造型中的某些几何纹样，是由动物形象的写实而逐渐演变为抽象化与符号化图案的，断言由再现（模拟）到表现（抽象化），由写实到符号化，正是一个由内容到形式的积淀过程，也正是"美"作为"有意味的形式"的原始形成过程。按照他的说法，这类抽象集合纹饰并非某种形式美，而是抽象形式中有内容、感官感受中有观念。这正是美和审美在对象和主体两方面的共同特点。"这个共同特点便是积淀：内容积淀为形式，想象、观念积淀为感受"。

人的审美感受之所以不同于动物性的感官愉快，是因为其中包含有观念、想象的成分。美之所以不是一般的形式，而是所谓"意味的形式，正在于它是积淀了社会内容的自然形式"。在《历史本体论》一书里，李泽厚在总结性论述"文化心理结构"时，结合人的心理和情感积淀，即从理性的内化和凝聚，理性在感性中的沉入、渗透和融合，以及心理成本体等角度，对广义和狭义的积淀论作了进一步的概括。如他所言：文化是"积"，由环境、传统、教育而来，或强迫，或自愿，或自觉，或不自觉。这个文化堆积沉没在各种不同的先天、（生理）后天（环境、时空、条件）的个体身上，形成各不相同甚至迥然有异的"淀"。于是，"积淀"的文化心理结构（cultural-psychological formation）既是人类的，又是文化的。从根本上说，它更是个体的。特别随着现代全球一体化经济生活的发展，各地域的生活方式，以及由之带来的文化心理状态将日益趋同。但个体倒因此更方便吸收、接受、选择不同于自己文化的其他文化，从而个体积淀的差异性反而可以更为巨大，它将成为未来世界的主题。就在这千差万别的积淀中，个体实现着自己独一无二的个性潜能和创造性。这也许是乐观的人类的未来，即万紫千红、百花齐放的个体独特性、差异性的全面实现。在宣告人类史前的那种同质性、普遍性、必然性的结束，偶发性、差异性、独特性将日趋重要和突出。

每个个体实现自己的创造性的历史终将到来。可见，"积淀"三层，最终也最重要的仍然是个体性这一层，它既是前二层的落实处，也是个体了悟人生、进行创造的基础和依据。显然，在经济、文化、生活的全球化背景下，李泽厚不仅从人类文化的历史发展角度出发，而且从跨文化的国际视野出发，以立足现实的态度和乐观进取的精神，有意凸显了"文化心理结构"的动态性和开放性特征，强调了个体积淀在人类总体发展条件下更为突出的差异性、独特性、偶发性和丰富性。至于这里所说的"积淀"三层，主要是指"积淀"在"文化心理结构"中的三个层面，即"人类的、文化的和个体的"三个层面。而在《美学四讲》一书里，具体到艺术鉴赏和艺术创造领域，李泽厚将"积淀"三层进一步展开：将第一层视为"形式层与原始积淀"；将第二层视为"形象层与艺术积淀"将第三层视为"意味层与生活积淀"。

按照他的相关阐述，审美积淀论与艺术积淀论在很大程度上是合二为一的关系，基本上都是"自然人化"的产物。其中，美的根源与工具本体相关联，艺术本体与情感本体相关联，艺术作品与心理本体相关联。

概而言之，艺术作品的"形式层"，在原始积淀的基础上，将向两个方向延伸：一是通过创造者的身心自然向整个大自然（宇宙）的节律的接近吻合和同构，即走向"人的自然化"；二是向其时代性、社会性延伸，因此包含了社会具体生活甚至意识形态（宗教、伦理、政治、文化……的影响）方面。所谓"形象层"，主要是指艺术作品所呈现的人体、姿态、行为、动作、事件、物品、符号、图景等，可以用语言指称的具象或具象世界。在此方面，原始巫术和古代礼仪曾经发挥了重要的推动作用。结果使形象层超越了悦耳悦目的感知形式层，日益渗透到与人的情感欲求相关的心理领域，并在无意识的深层结构里积淀和成长为人的内在心灵和人化情欲。因此可以说，"艺术形象层所呈现、所陶冶的，是更为内在的一层人性结构。它是情欲（动物性、原始本能）与观念（社会性、理性意识）的交错渗透"。由此引致的幻想世界具有多样性、朦胧性、宽泛性、非确定性和不可解说性等特征，由此更加丰富了人性的表现和人的各种不同需求。所谓"意味层"，是指艺术作品的形象层、形式层或"有意味的形式"中的"意味"。这意味不脱离"感知""形象"或"形式"，但却超越了它们，以至代表人化的整个心理状态，具有长久持续的可品味性，涉及纯粹人类性的心理情感本体，体现着人性建构的实现程度。在这里，作为情感符号的艺术作品不仅具有历史性、开放性和时代性，而且具有生命力、生命意义和人生意味。

总之，生活积淀成为艺术作品的意味层，恰好是对形式层和形象层原有积淀的某种突破而具有创新性质。因为原始积淀和艺术积淀都有化内容为形式，从而习惯化、凝固化的倾向……生活积淀则刚好相反，它引入新的社会氛围和人生把握而革新、变换着原有积淀……作为美的艺术，正好似透过形式的寻觅和创造而积淀着生命的力量、时代的激情，从而使此形式自身具有生命、力量和激情，这即是生活积淀。可见，积淀本身也是在矛盾冲突中变迁承沿着的。困难在于，艺术作品的三种层次，积淀的三种不同性质、形态，又经常是交错、重叠，彼此渗透而难以区分的。举其大端，则可简括为"原始积淀是审美，艺术积淀是形式，生活积淀是艺术"。

值得注意的是，"积淀论"是李泽厚对世界美学理论的一个重要贡献。他从马克思的实践哲学和人类学历史本体论立场出发，根据"自然的人化"与"人的自然化"这两个主要的人类实践活动向度，借鉴中国传统的思想根源与现代科学理论的相关学说，通过创造性转化和独特的运思方式，阐述了审美积淀论或艺术积淀论所涉及的"文化心理结构"中的基本要素。这对理解和欣赏中外艺术作品的"积淀"三层提供了具有较大解释力的理论依据。另外,这种"积淀论"不仅强调自由享受的审美直觉性,而且包含"以美启真"的认知目的性和"以美储善"的道德目的性。这样便把通常囿于感性直观范畴的西方美学观念,从悦耳悦目的层次提升到关乎理性直观和自由意志的悦心悦意或悦志悦神的高度。

【本章小结】

　　中国人与西方人对美学的思考、出发点、内在意蕴、人文性等方面,有着各自不同的特点。熟悉中西方主要的美学思想流派能够为专业学生进行酒店建筑设计、个性化服务等方面打下坚实的理论基础。本章从西方美学思想流派与中国美学思想流派展开,一是西方美学思想流派,在古希腊罗马时期至文艺复兴时期,以毕达哥拉斯、柏拉图、亚里士多德、普洛丁为主要美学思想代表人物,提出了美就是和谐及一切都是对数的模仿、艺术摹仿、美在形式等影响深远的美学思想;在十七八世纪到启蒙运动时期,以笛卡尔、狄德罗、鲍姆嘉通为主,其中鲍姆嘉通认为美是"感性知识的完善",确定了美学的研究对象;在 18 世纪末至 20 世纪时期,以康德与黑格尔的美学思想为代表。二是中国美学思想流派,在先秦到明清时期,主要以中和为美的儒家美学思想、自然为美的道家美学思想、空灵为美的禅宗美学思想、天人合一的美学精神为代表,而在中国近代至今,王国维的境界说与李泽厚的积淀说,二者融合了中西方的美学思想,取得了理论上的创新。

【复习与思考】

一、名词解释

1. 美就是和谐
2. 审美"观照"
3. 艺术摹仿
4. 美在关系
5. 中和为美
6. 天人合一

二、简答题

1. 请说说柏拉图与亚里士多德美学观点的联系与区别。
2. 笛卡尔主要有哪些美学观点?
3. 康德主要有哪些美学观点?
4. 我国主要有哪些美学思想流派?
5. 请举例说明你对王国维境界说的理解。
6. 李泽厚的积淀说对中国美学思想发展有哪些影响?

三、论述题

1. 根据所学知识,请谈谈中西方美学思想的异同点。

2. 经典的美学思想经久不衰,我们如何充分运用中西方美学思想提高消费者体验感?

【拓展阅读】

东方建筑审美如何嫁接高端酒店

红树林度假世界创始人、今典集团董事局主席张宝全是国内少有的真正钟情艺术的企业家,他资助艺术、推动艺术品交易、开设今日美术馆,他把他在北京的办公室布置得如山林一般,里面有假山溪流、郁郁葱葱,还有几只鸟在四处飞。但这些没有让我惊讶,因为国内一些附庸风雅的老板们也会这么做。张宝全让我吃惊的有两点,一是他几乎每日都作画、写书法,只有发自内心的热爱才会这么做;二是,他真正把酒店做成了艺术品。

先谈谈艺术是什么。通常对艺术没有太多了解的人,把艺术等同于美,赞叹一件器物很美、很精致时,会说"哇,这真是艺术品"。由于现代艺术艰涩难懂,他们又会认为那些抽象、不接地气同时躺在美术馆、艺术展、拍卖行里,价格十分昂贵的东西是艺术。其实,古往今来艺术的内涵一直在演变,艺术的形式也在增加,传统的八大艺术是绘画、音乐、建筑、雕塑、舞蹈、戏剧、文学、电影,现如今游戏、摄影、装置艺术、行为艺术也被归到大艺术范畴。内涵和形式的不断演变,使普通人对艺术更加不理解。

我认为,艺术虽然不停地变化,但有三点是不变的:一是艺术品有一种内在之美;二是它传递了一些有价值的信息,例如故事、情绪、思想、观念、哲理等;三是它体现了人的创造性。

内在美、有价值的信息、人的创造性,我认为这三点是艺术的基石,但在不同的时代、不同的艺术载体上,这三点并非同样重要。例如古埃及时代陵寝的壁画、古罗马时代皇帝们的记功柱,主要用意是记录帝王们的丰功伟绩;西方文艺复兴时期,大师们创造杰出的绘画、雕塑等,意在传达一种和谐、优雅、庄重、圣洁之美。相比文艺复兴追求的内在美,现代艺术走上了另一条路,表达思想,控诉现实,探索人性和内心世界,反映和改造社会,追求艺术形式和艺术技法的创新和极致。现代艺术对思想和探索的追求大过了古典意义的"美",这使它变得难以理解。

不管哪种形式的艺术,都包含了创作者的创造性,毕竟原样复制一幅《蒙娜丽莎》并不是艺术,"工匠精神"精雕细琢的精美工艺、奢侈品牌推出的珠宝箱包也不是艺术,因为它们的美来自借鉴和复制,并且很少附着有价值的信息。

三亚海棠湾红树林为什么是艺术品?

首先,是它体现出来的创造力,它是一栋126米高的巨大建筑,风帆状的造型给人的感觉十分轻盈,轻巧地屹立海边,犹如风中的舞者。它给我震撼最深的是酒店大堂,大堂巨大而通透,顶棚全透光设计,风从前后两边穿堂而过,完全感觉不到这是一座几十层的高楼,只觉得像是山崖上面向大海的一间凉棚,并且是如此硕大的凉棚,创意和创造力惊人。

其次,是它体现的内在美。国内其他高端酒店往往装饰得金碧辉煌,大水晶吊灯、名贵瓷砖包裹的地面和立柱以及无处不在的氛围灯,装饰装潢尽显豪奢。三亚海棠湾红树林完全不一样,它十分素净,没有水晶灯、氛围灯,靠自然采光。石头的浅白色构成了大堂的主色调,朴实的墙面和立柱全无装饰。顶棚整体呈波浪起伏状,天光透过顶棚的窗格投射在大堂地板上,构成光与影的纹路,形成自然的装饰。

除了光与影,这里还充满水韵,站在大堂中央,往前望是一个椰林环抱的长方形喷水池,往后望一片蔚蓝的海,天光照在地板上的反光如水波一般,大堂左右两边各有两条细长水池,和光影形成互动。这是一种融于自然的美,和豪奢的高端酒店相比,它简约而不呆板,空灵而不失活泼。

第三,是它传递的理念。三亚海棠湾红树林显然是一种东方式审美,东方式审美在国内酒店中太稀缺了。国内酒店尤其是高端酒店,其实是西方的舶来品,西方人设计酒店时大量从大教堂和城堡汲取营养,采用了很多新古典主义、巴洛克和洛可可风格,目的是让人感受到建筑的高雅、尊贵,因而酒店客房才能卖出相应价格,让人感觉物超所值。西方传统建筑的缺点是,它不能让人有亲近之感,大教堂是宗教祭祀的,城堡是彰显领主统治权的,平民会在建筑里感受神的伟大、领主的尊贵和自身的渺小。

东方传统建筑的理念则相反,它是给人住的,毫无压迫感,它强调与自然融为一体,强调居住的宁静与平和。三亚海棠湾红树林的水韵天光、光影交错、空灵与禅意,背后是张宝全对东方审美和东方哲学的挚爱。将这些理念应用于现代建筑,尤其应用于高端酒店,这十分困难。东方传统建筑很少追求高和大,高端酒店的东方化设计又很少有先例可循。张宝全和他的三亚海棠湾红树林几乎靠一己之力艰难地推动这一事业,在我看来,他非常成功,三亚海棠湾红树林是一件不可多得的现代艺术精品,饱含东方哲学和建筑审美。

艺术上的成功,并不等于经济上的成功,酒店毕竟是个消费品,要满足大众的需求和偏好,红树林酒店作了很多餐饮、商业、娱乐业态等方面的努力,努力为游客营造完美的度假体验。近在咫尺的三亚亚特兰蒂斯有海洋主题设计风格、水上乐园、水底套房、海洋馆、演艺秀等,这些对家庭亲子游客吸引力很大,对红树林产生一定分流效应。不过,相信以三亚旅游市场巨大的游客量以及中国旅游消费升级的势头,三亚海棠湾红树林和亚特兰蒂斯等不同风格的高端酒店在协同竞争中共存,并不是问题。

(资料来源:新旅界,2020-03-02)

思考:三亚海棠湾红树林如何运用中西方美学思想来提升品牌竞争力?

第三章 审美心理与体验

【教学目标】

1.知识目标

(1)掌握审美心理的五大要素内容;

(2)理解审美体验的不同层次;

(3)酒店美学观赏的方法及原理;

(4)熟悉在审美实践阶段中,主客体的关系的转换及特征。

2.能力目标

能运用所学知识,分析审美体验的层次,思考审美心理与体验在酒店业中的运用。

3.素质目标

增强学生的审美判断能力,引导学生从审美的过程与标准思考提升酒店美感的方式。

【关键词】

审美心理;审美体验;观赏方法;观赏原理

引 言

酒店审美是消费者在入住酒店期间所进行的一种价值判断。该过程通常伴随着复杂微妙但愉悦自由的心理活动。如同其他形式的审美实践活动一样,酒店审美活动也涉及审美心理的五大要素:审美感觉、审美知觉、审美想象、审美情感和审美领悟。这些要素作为特殊的审美心理功能,在互动作用中引发出不同程度的审美愉悦或审美快感(aesthetic pleasure)。对于在异质文化环境中旅游观光的人们来说,这种审美快感还涉及跨文化交际中的关联性、可理解性和平等对话意识等因素。

第一节 审美心理的要素

多种心理因素的交错融合,是审美感受较之其他单一的生理或心理活动更为丰富、更为持久的重要原因。从心理学角度来看,审美感受中有五种心理因素是基本性的。

一、审美感觉

感觉是对事物各种个别感性属性（如色彩、声音、形状、硬度等）的感受。感觉是审美经验的门户，而且是整个审美感受及其心理结构所依靠的基础。感觉是作为主体的人与客观外界发生实践关系最直接也是最可靠、最明确无误的心理现象。所以，强调、重视感觉在美感中的基础地位，是美学史上所有唯物论倾向的美学家的共同点之一（从亚里士多德到英国经验派的培根，从费尔巴哈、车尔尼雪夫斯基到马克思，无不如此）。又因为美感是感性特征突出的精神活动，所以，如果不立足感觉性，美感也就丧失了感性特点，从而失去了审美区别于其他意识形态的重要特征。这样，包括唯心论倾向的美学派别在内，对感觉基础地位的起码肯定，也是普遍的美学倾向。坚持肯定美感的感性及其基础作用，势必同时要肯定感觉的生物（生理）性，这也就突出了美感与生理性快感的联系问题。心理科学及实验美学早已证明，人对单纯的颜色就有本能的感觉反应，这属于视神经的生理性活动。外在物质世界的诸方面如音响、硬度、光滑度、亮度等，无不刺激着人的五官感觉，使之做出生理、心理反应。这些感觉的生理性快感必然会构成美感的一部分："假如希腊巴特农神庙不是大理石的，皇冠不是金的，星星不发光，大海无声息，那还有什么美呢？"为造型艺术重视的"质感"即对材料本身质地的感觉，突出的恰是感觉中较为低级、与生理快感直接相通的触觉的地位：青田玉雕比一般玉雕更美，恰是因其特殊的材料质地所引起的人的触觉快感（因而，观赏玉雕艺术时爱不释手及禁不住想要抚摸的心理，正是快感参与了美感的确实证明）。青铜器黝黑与沉重所产生的深邃凝重，绢绣使人感到秀美等，表明质感与审美形态、风格也密不可分。

审美感受中更为高级重要的心理形式，例如想象，其相当一部分活动也正是以唤起身体感觉为依归的："清辉玉臂寒""晨钟云外湿"之类诗句之所以优美，是与想象所唤起的感觉不可分的。这也正是前面谈及"通感"时所说的美感的生理、心理基础问题。它更加清楚地表现了感觉在美感中的基础地位。因此，像黑格尔那样强调"艺术的感性事物只涉及视听两个认识性的感觉，至于嗅觉、味觉与触觉则完全与艺术欣赏无关"，就用唯理主义的偏见歪曲了审美感受的本来状况。需要注意的是，如麦克卢汉所强调的，电子媒介（特别是触屏手机与苹果公司系列产品）的使用特性使触觉在当代的地位空前突出了。感觉所具有的生理快感虽然和美感有一定的联系，但是不能过分夸大这一联系。感觉的生理快感因素在美感中的作用一方面是局限的，另外，更重要的是，这种快感主要是通过与其他更为高级的心理因素的联系参与美感的。在各种感官中，主要是视、听两种器官发展成为审美的官能。心理学的实验报告表明，如果失去触觉和味觉而仅靠视、听感觉，会失去对外界对象的确切体察，但是仍可在一种可理解水平上把握对象。但如果失去视、听觉而光有触、味、嗅觉，对象将混沌、不可把握。更高级的心理诸如想象、记忆等，都会伴随视、听觉，特别是视觉。这是由于触、味、嗅觉感受对象的范围更狭小直接，而视、听觉的感受范围则更为广泛，有深入对象、加以概括和把握的能力，因而与人的高级心理或精神关系更为密切。而视、听觉之所以能有上述性质与地位，根本上缘于与劳动的密切关系。视、听觉与其他感觉相比，与个体直接的生物性需要较为间接，而在从猿向人类过渡的形成期，站立姿势与把握劳动工具、注意劳动对象、互相配合呼应等活动恰恰更需要的是视、听觉（特别是视觉）的配合。从而，在以劳动为动力的人化自然进程中，视、听觉的人化成为人类内在自然素质人化程度最高的感觉。这样，视、听觉才更为突出地失去其生物类的直接适应性、受动性与片面性，而愈益成为社会化的审美的主要感觉。

二、审美知觉

知觉不同于只是感受事物个别可感属性的感觉,而是把感觉的材料联合为完整对象的整体性感觉。

知觉以感觉为基础,但知觉并不是感觉要素的复合。所谓知觉,并不是先感觉到个别成分而后才注意到整体,而是相反地先感知到整体的现象,之后才注意到构成整体的各个局部。例如我们面对一个三角形,并不是先注意到三条不同方向的线段,然后再组合成三角形,而是直接就感知到那个三角形。也就是说,人是以完整的形式而不是以破碎的形式去把握对象的。强调这一原则的格式塔心理学因此也被称作完形心理学。这种形式的完整性可以是相对的。例如一个人又可划分为头部与躯干,而头部可再划分为耳朵、鼻子等,但是,最小的细部决不能成为让人无从判认的形状。人总是以某种熟悉的结构形式去知觉对象的。知觉是人把握一个完整对象的基本心理单元。

感觉在感受对象时是融化于知觉中发生作用的,因此,一般统称"感知"。相对而言,感觉的对象是质料,而知觉的对象是形式。感觉只有在知觉的总体中才会有相应的审美意义:感觉到的红色处于鼻子上,与处于女孩子脸颊上,其美丑正相反。审美感受的知觉性的一个基本表现即是:知觉所提供的表象是构成审美意象(或形象)的基础条件之一。完整的审美意象(或形象)是审美得以成立的起码条件,知觉因此给审美感受提供意义内容,给艺术提供主题。这不仅使抽象绘画(或中国书法艺术)这类艺术品获得了审美内容(主题和意义),而且引导了一种排除理性分析、专注于知觉对象形式的审美鉴赏态度。完形心理学美学对形式的推重(形式自身即是内容意义的化身而不是盛装内容的外在容器)与对知觉的唯一化强调,使它不仅批评基于感觉的构造主义,而且对强调形式之外的内容以及强调感知形式之外还需联想内容的联想主义等学派持否定态度。这样,人类更高级的其他心理形式诸如想象、思维、情感等对审美感受的重要作用意义也就被抹杀了。知觉机能的孤立化,也就实质上抽掉了知觉自身与其他心理因素共同构成审美心理运动的基础。就审美实践来看,对外界形式与内在审美心理结构经由积淀造成的同形、同构的对应共鸣意义内容的揭示,以及对感知形式的审美鉴赏特性的强调,对于指导审美(特别是视、听觉艺术审美)无疑有独特的意义,但推广运用于更依赖思维与想象的语言文学艺术(例如情节生动的长篇小说),就不适宜。就知觉自身特性的更进一步考察来看,知觉对特定对象形式的把握是有条件的。知觉具有选择性。人总是选择特定事物或事物的特定方面的形式去感知的,知觉在对特定对象的把握同时,也是对其他部分的"背景化"和忽略。因此,如何突出选择对象更具本质性或特征性的方面以更好地把握对象,始终是知觉的重要问题。审美感受的主体评价(情意状态)性质更突出地要求知觉的能动选择。例如儿童画中的人物不成比例,头大,五官中又以眼睛和嘴巴为大,所画的风景里太阳永远是高挂当空的红球,最感兴趣的景物总是占据画中央;"春风又绿江南岸"中的"绿"本是色彩性实感,但却有意地忽略掉对象其他更多的结构要素(整个"江南岸"的形状都不见了),只突出了审美意象(主体知觉、审美趣味与审美对象主要特征的结合产物)的主要特征等。

可见,在审美知觉的选择中恰恰突出的是审美感受主体的主体能动性。而审美感受的主体性。无论是审美个性和趣味还是审美观念、审美理想,它们都是在以往的经验基础上形成的。人们过去的经验所形成的暂时联系,在对当前的刺激物的分析综合的心理活动中起着重要作用,它影响着知觉的选择。不同的人对同一个对象的知觉,甚至同一个人在不同时间地点或不同心理状态下对同一个对象的知觉，都可能不同。

审美知觉经常涉及直觉因素。例如，我们有时看一片风景、一幅绘画或听一首乐曲，当下会感到是那样赏心悦目，但又说不出所以然，类似于"只可意会，不可言传"的感觉，这便是我们所说的直觉作用。这种直觉当然不是纯本能意义上的直觉，而是社会意义上或审美意义上的直觉，它体现一定的社会历史内容和"集体意识"，并以感性和直观的形式影响着人的审美知觉能力。按照李泽厚的"美感积淀说"，这种直觉作用在由"原始积淀""艺术积淀"和"生活积淀"而形成的人的审美心理结构中占有十分重要的地位。值得指出的是，审美知觉不同于一般的实用知觉。因为，后者在实用目的完成时便基本终止，不再注意和追求对象外在形体结构是否符合人的内在情感状态，也不再探索或反思对象的内容实质是否影响人的内在精神世界。而审美知觉则恰恰相反，它渴望借助物我之间的非功利性审美关系，使观赏主体的情感得以表现或陶冶，宣泄或升华。另外，审美知觉具有综合特征。表面看来，它似乎是迅速地直接判断结果，实际上这其中渗透着情感、想象和理解等心理因素，包含着个体的理想、偏爱、个性、信仰以及生活阅历等内容。

三、审美想象

从感觉发展到知觉，人的感受从个别到整体扩大着范围，主体表现出越来越能动的力量。而当主体不仅能够感受当时直接作用于主体的事物，并且还能感受当时不直接作用于主体的事物，甚至能够感受不曾作用于主体或根本不存在的事物的表象时，想象——这种"人类的高级属性"就出现了。如果说，知觉对于感觉来说主要是人类心理感受在空间中的拓展，那么，想象较之感知觉而言，则是人类心理感受对时间与空间的超越；由于打破了时间三维性的界限，想象同时也就把人带入了更广阔的心理活动空间，即所谓"精骛八极，心游万仞"，"观古今于须臾，抚四海于一瞬"。想象使个体心理从当时当地的直接感知走入超时空的自由感受，这也就使个体审美心理结构把人的本质力量对象化的纵向时间的历史性成果和横向空间的社会性成果得以在有限的形式中融合。也就是说，人化自然及其所积淀的无限性时空内容在有限时空的审美心理结构中，正是借助想象才被保留住并且复活了。在这个意义上，个体审美感受的超个体的人类性或者说个体与人类的联系性，也正是由想象所提供的纽带保证的。想象是个具有广阔内容的心理范畴。它的初级形式是简单联想。简单联想又可分为多种形式，其中重要的有接近联想、类比联想等。

接近联想是由于两件事物在时间或空间上的接近而形成的经验性联系，这种联系基于实践而在心理中积淀为某种条件反射。接近联想在审美活动中不仅可以打破特定对象的局限，由此及彼地从时空上扩大感知对象，而且可以由此引发造成这种联系的特定的实践的主体性情感内容。如陆游著名的《游园》诗："城上斜阳画角哀，沈园非复旧池台。伤心桥下春波绿，曾是惊鸿照影来。"陆游重游旧地，沈园池水与桥作为空间中介，将此时游园与彼时情人相遇两件事联系起来，并且由此抒发了怅惘与思恋之情。李白《宣城觅杜鹃花》则正相反："蜀国曾闻子规鸟，宣城还见杜鹃花。一叫一回肠一断，三春三月忆三巴。"杜鹃花开与子规鸟叫分别是诗人两处所遇的事物，但都发生在三月时节，这一时间中介引起了联想，并由此引出了对故乡的思念。

类比联想是一件事物的感受和引起该事物在性质上或形态上相似的事物的联想。如以暴风雨比喻革命、山鹰比喻猎人，梅、兰、竹、菊比喻人的高尚情操，这是取其性质的类似而联想为一体的;而"江作青罗带,山如碧玉簪"(韩愈:《送桂州严大夫》),则是因为江的形状、颜色同青罗带相似,从而引起联想。与接近联想相比,类比联想更多地摆脱了对实际事物时空条件的依赖,而把人类的抽象概括能力引入了感受中,从而为人类联想打开了更为普遍、广阔,更加深入细微的领域。前面曾讲到过的"通感"现象,所谓红色的热烈激动性,绿色呈现出的安详宁静,直线的坚硬,曲线的柔和等,都正是由于类比联想更为间接曲折然而也更为普遍广泛的概括包容,才大大扩充、丰富了人类审美感知的范围与内容。

马克思称想象力为"人类的高级属性",主要是因为人在从事创造性的实践活动(如艺术创作、科学发明、审美欣赏等)时均离不开想象。在现代心理学里,想象或想象力作为一个研究范畴,其内容与功能十分广泛和多样。为了便于说明,人们一般把想象分为初级和高级两种形式。初级形式指简单联想,包括接近联想和类比联想。高级形式则指与审美密切相关的知觉性想象和创造性想象。我们这里侧重介绍高级形式中的两种想象形式。

知觉性想象。知觉性想象即再造性想象。它与接近联想和类比联想的共性在于都不能完全脱离眼前具有感性形象的事物。在审美活动中,这种想象是面对着风光绮丽的自然景观或优秀感人的艺术作品展开的。诚如滕守尧所言:"当人的全部心理功能都活跃起来去拥抱自然或感受艺术品时,当人们的心境、爱情、痛苦、欢乐与大自然完全融合时,当人们无法把眼前那喧闹的小溪与昔日生活的某种情节和气氛区分开来时,人的想象活动便被激发起来了。"凡到过云南昆明石林的人们大都亲身体验过这种想象活动,即从眼前那座被称为"阿诗玛"的天然石柱上回想起电影《阿诗玛》所描写的那一动人传说,随着人们从现实心境进入到审美心境,阿诗玛那楚楚动人、如怨如诉的美丽形象便从那块坚硬而无生命的石头中显现了出来。这种形象并非那石块原有的形象,而是观赏者通过想象赋予对方的一种虚无的但却是审美的形象。这种形象说到底是观赏者带有情感色彩的记忆形象在石柱上的一种投射或折映。在旅游观光中,这种想象活动是经常发生的:无论是游桂林的"象鼻山"、黄山的"仙人指路",还是看庐瑶琳洞、庐山的"银河飞瀑"、芦笛岩的"虎豹熊狮"……这些山石的空间构景和形状与我们见过的某些形象有着既相似又不似之处,"这种模糊的原始材料经过想象的加工之后,便成了发乎自然而又不同于自然的事物。外部自然只是一种物质,而想象却赋予它们以生命;自然好比一块未经冶炼的矿石,而心灵却是座熔炉。在内在情感燃起的炉火中,原有的矿石熔解了,其分子又重新组合,使它的关系发生了变化,最后终于以一种崭新的形象在眼前闪现出来。"我们认为,在酒店审美活动中,对房间的命名只要比较贴切,或者说房间等命名只要与景观的空间形象趋于吻合,就会在不同程度上激发观赏者的审美想象。酒店从业者在具体的介绍中,要切忌简单而武断的解说,而要以生动直观的描述作为一种渲染手段,着力于激发消费者的审美想象,让他们自由地去体味,万不可先声夺人,把话说"绝",否则,会使看不出名堂的消费者感到失望,从而影响他们的观赏兴趣。

创造性想象。创造性想象类似我们常说的形象思维,是一种能够洞察、揭示和表现事物内在本质的艺术想象力。艺术家在创作过程中通常脱离眼前事物,凭借这种创造性的想象力,在内在情感的驱动下对许多记忆表象进行剖析和综合,从中抽象和创造出一种从未存在过的崭新的形象,即艺术的典型形象。严格说来,创造性想象是一个"由表及里"和"由里及表"的综合性想象过程,即不依据现成的描述而独立地创造出新形象的过程。在酒店审美活动中,创造性想象的主要效用在于从诗情画意的视野出发,依据个人的审美趣味与审美理想,在静观默照周围景观之时以因借、取舍和重新组合等方式,在自己的脑际里另行创造出一种新的图景来。

例如,来到颐和园观光的游客站在昆明湖的东岸,由低往高观看水景拱桥、画廊和万寿山佛香阁,再由近及远眺望玉泉山宝塔与西山的峰影,有时会在想象中将这些景致有机地连接或组合在一起,从而构成一幅有近、中、远景的山水图画,使自己的审美情趣得到进一步满足。

四、审美情感

情感是美感心理形式中地位最为突出的一种因素,它往往被人们视作审美与艺术的象征代表,甚至是特质所在。知意情与真善美并提已是人类古老的传统。情感在相当多美学家或艺术家那里占有中心地位。例如,列夫·托尔斯泰就是把交流情感当作艺术的本质,而在西方美学史上影响深远的"移情说",也正是以情感运动为审美特性的。我国美学界里也曾有人建议以情感取代形象在审美和艺术中的传统中心地位,主张改"形象思维"为"情感思维"。情感对于审美感受的重要性,于此可见一斑。情感是人对客观事物是否符合自己需要的一种心理反应。跟认识活动不同,情感不是对客观对象本身的反映,而是对对象与主体之间的某种关系的反映。所以它表现为对待客观对象的一定的主观(肯定或否定)的评价态度。因此,确切地讲,情感不是反映,而是评价性的感受、体验,情感不是再现,而是表现。

情感这一特性是它不同于感知、记忆、思维理解等其他心理因素的主要之处。而情感性成为审美最引人注目的特征,又正体现了审美与艺术区别于认知、美学区别于科学的人文学科的价值规范性。审美感受的情感活动有时被称作审美快感。这一称呼容易引起的误解,是把审美情感归于生理性的快感。生理快感是由生理欲望和冲动得到满足而引起的身心快适,它是本能性的,无论就其内容范围还是就其形式特征而言,都与社会化了的人类高级精神现象审美情感有本质的区别。尽管作为人化自然的成果,处于文明阶段上的人类生理快感已经不再等同于纯粹的动物性生理快感,而且人类多样丰富的情感无不具有社会化的性质,但是审美情感仍然是人类情感形态中最完美的典范。其根本原因在于,审美情感的对象就是人的自由本质:审美情感就是人区别于动物、为人所特有的自由创造性的本质的体验感受,它具有与人的本质正向度的关系。因而,并非所有的情感都能诉诸审美或艺术,少女可以歌唱失去的爱情,守财奴却不会歌唱失去的财富。二者情感之人性正负取向,决定了它们能否成为审美情感。情感同想象一样,是审美感受诸心理因素中最活跃的因素之一。情感的评价态度使之较其他心理因素更为积极主动,更突出地具有主体能动性,因而情感在审美感受的众多心理因素中起着动力作用,并且规定着审美心理活动的方向。由于情感的弥漫扩散性和包容性,因而协调着其他审美心理因素,维系着审美感受的有机整体性质,使审美感受普遍地染上情感色彩并最终呈现为一种情感状态。"枯藤老树昏鸦,小桥流水人家,古道西风瘦马。夕阳西下,断肠人在天涯。"(马致远:《天净沙·秋思》)如此纷杂的感知表象,正是凭借一种感伤凄清之情的中介联系,才构成了一个审美整体。在情感与审美其他心理因素相互作用的关系中,值得提出的是"情景"这一中国古典美学范畴。所谓"登山则情满于山,观海则意溢于海",就是指情感的积极主动扩散、包容的运动性。这里应特别注意的是情感对感知觉的渗透。因为,感知觉所提供的表象正是形成审美意象(形象)的一个基本来源。情感与表象的结合,即"情"与"景"的结合,"情景名为二,而实不可离。""夫景以情合,情以景生,初不相离,唯意所适。""情景"的出现,是主体情感与客体对象的统一的结果。这一审美心理过程的两个基本方面正是情感与感知觉(想象则使之更加活跃动态化、拓展使之更加广阔深入)。将"情景"所脱胎的视觉形象进一步推广普遍化为包括想象在内的表象感知,并同时将情感泛化为意向,就产生出更为普遍也更加重要的另一个中国古典美学范畴——"意象"。"意象"是以情感为代表的"意"与以感知提供的表象为代表的"象"的统一,它鲜明而准确地表达出审美活动的物我同一、主客同一、合目的性与合规律性同一的独特本质。

西方美学史上旷日持久的"表现说"与"再现说"的争执则表现出对审美意象的上述统一特质的形而上学割裂。严格意义上的"表现说",指20世纪从克罗齐开始,以英国美学家柯林伍德与阿诺。理德为代表,把审美看作情感的表现的美学与艺术学流派。柯林伍德的美学代表作《艺术原理》,系统地论证了艺术表现情感这一基本原理。这种从自我表现角度说明审美与艺术动因根源的理论,实际上与弗洛伊德的精神分析美学具有相同的性质,前者只不过是用情感表现取代了后者的(性)欲望表现。而早在此之前,"移情说"与联想主义的争论,其实也是围绕审美情感的性质所发生的"表现说"与"再现说"的对立。"昔我往矣,杨柳依依;今我来思,雨雪霏霏。"(《诗经·采薇》)在联想主义看来,事物的情感性质是主体根据过去的经验推断和联想出来的。杨柳无所谓依恋,雨雪也无所谓凄愁。只有当人们通过它们的形态联想到人的惜别依恋与凄凉悲愁时,它们才再现人的情感。这种解释已与古典"模仿说"和现实主义的立足于再现外界对象的立场有了很大距离,在一定程度上它也是属于情感表现说。它们仍然重视对象的客观性状,并据此判断与之相关的经验内容。但它面临非具象的抽象艺术时就无能为力了。"移情"不同于"联想"之处在于,联想是一种更多被动性的感知,而移情却是一种积极主动的投射。因此,"杨柳依依"的根源完全是主体自身惜别之情外化的结果。但审美情感的能动外化是有客观规定性的,特定情感与特定外界客观对象的结合也是有客观规定性的。仁者乐山,智者乐水。仁之操守立场与山之坚实稳定,智之敏捷动态与水之活动流转,主客、内外的统一不仅都有各自的条件性,而且双方的同形同构还可能发生对应关系,也根源于实践活动及历史积淀所产生的审美心理结构。

五、审美领悟

作为审美心理因素的"领悟",近似地相当于一般心理学所说的"思维"或"理解"。但在审美感受中不存在逻辑概念性质的"思维",也不宜说存在着仍然未脱出思维范畴的"理解"。逻辑思维或一般认知活动中的"思维"和"理解",与审美心理形式的"领悟"之间的关系,远不是初看上去那样简单。

审美感受中的领悟,并不是指文艺欣赏中对故事背景或细节象征内容之类的知识的理解,而是内在地贯穿审美感受全过程,与其他审美因素(感知觉、想象、情感)交融一体地对审美意蕴本质的把握;特殊地讲,审美领悟只是指把握审美意蕴本质的一刹那间主体审美感受发生质的飞跃时的心理状态,就此而言,它好像禅宗的"顿悟"。审美领悟的独特性质根本上取决于它所把握的对象,审美意蕴本质独特的人文性质。审美意蕴本质是体现于特定审美对象中的审美本质,它是一种意蕴。

审美本质作为人的本质的对象化,或合目的性与合规律性相统一的自由,总是体现在特定的审美对象中,从而形成了各自的特定审美意蕴。审美领悟不能摆脱特定的审美意蕴去抽象把握审美本质,从而形成了审美领悟的个性特色。但是审美领悟的核心乃是对审美本质的感悟,因而,审美领悟对审美意蕴本质的把握又具有可与理解水平相媲美的深刻性和普遍性。审美领悟的基本特点主要有以下四个方面。

情感性。由于审美领悟的对象其核心本质是理想态、典范性的主体自身,因而审美领悟普遍地呈现为参与型的情绪状态:或者是惊喜兴奋,或者是激动昂扬,或者是崇高肃穆,或者是意境超越。这种体验认同及评价倾向的情感状态,与科学思维为典范的逻辑概念认知的客观中立形成了鲜明的对照。

非概念化与感知性。从艺术创作审美创造角度讲,审美领悟性体现为不是通过概念及其逻辑而是通过形象(意象)来表达某种本质性的东西;从审美欣赏角度讲,则是不通过概念(及其逻辑),而是通过感知觉来领悟对象的意蕴内涵本质。它们都突出地表现了审美领悟与感知觉(及其所提供的表象)密不可分的关系;由于感知觉是借助想象(包括联想)活跃扩展起来的,因而同时也表现出审美领悟与想象密不可分的关系。正是与感知觉、想象这种密不可分的关系,使审美领悟总是呈现为特定审美意蕴的完整性领悟,而不是“剥离现象,抽取本质”式的思维认知。这一特点在审美与艺术中是如此突出显著,以至于人们长期用“形象思维”这一术语来概括审美领悟乃至整个审美活动的本质特征。“形象思维”及其对审美领悟感知觉性质的强调集中表现在语言文学艺术、文学的审美领悟的特征中。语言的概念化本性使之与科学性思维有着不解之缘。因而,文学的感知化亦即形象化,成为文学保持自身审美性质的关键问题。诗家传统的锻词炼句,都主要是为了避开、化解概念性语言而将其还原为感知性的表象;所谓艺术的感染力或形象性,一个基本方面也正是指艺术品对象的这种可感性程度。“不着一字,尽得风流,语不涉难,已不堪忧。”诗词原是语言文学艺术,而“不着一字”反倒成为最高的艺术成就。这并非说不用字(也不可能不用字),而是说要避免概念化的字,尽量用可感知性的形象化的字词。王安石“春风又绿江南岸”中“绿”字的几易其稿的改动,是中国诗家“炼字”传统的著名例子。从“到”“过”“入”“满”改定为“绿”,正是语言的可感知性的增大:色彩性质的“绿”已深入到比心理更深厚原始的生理反应层次了。李白诗:“玉阶生白露,夜久侵罗袜,却下水晶帘,玲珑望秋月。”后人评论:“无一字言怨而隐然幽怨之意,见于言外。”这不仅是指其中对具体可感知表象(玉阶、白露、罗袜、水晶帘等)的选用,更主要的是这些局部细节的感知性表象又塑造出诗中一个行动中的整体的人物形象(从外貌形象到动作形象),形成了新的感知系列,从而不仅取代了概念,而且取代了抽象逻辑的推导过程,使人获得了不离开感知觉的对审美意蕴的领悟体会。

趋向无限性。审美领悟之所以非概念化,除与感知觉不可分离外,还因为审美领悟的对象不是有限性的实在物,而是在对象化中展现的人的自由创造性。这种作为人的本质的自由创造性是不可限定的无限性,因而它无法为有限的特定概念所包容概括。正因为如此,审美领悟才伴随感知而又不等同于感知。审美领悟是通过有限的、特定的、偶然的感知性表象指向无限性意蕴,从而在审美中造成一种“张力”,使有限静态的表象趋向无限性的审美意蕴。因此我们可以进一步明白,想象之所以能活跃推进心理运动并表现出不可限定的时空无限性,是因为其中同时有着审美领悟超越感知、趋向无限的张力所起的作用。审美领悟趋向无限性的特征对艺术创作(审美创造)与艺术欣赏两方面都有重要意义。对艺术创作而言,艺术所包含的审美意蕴不仅要比特定的艺术素材丰富得多,而且也远远超出了创作它的艺术家特定的创作意图。因而,对于欣赏艺术品的人而言,任何真正具有审美价值的艺术对象都是意蕴无穷、向同时代与后代敞开新的解释领悟的无限前景的对象。这就是文学理论经常说的“形象大于思想”。审美感受如果不愿限定为概念化的思想而保持无限性的趋向,那就必须使思想成为领悟。

直觉性。审美意识的直觉性前面部分已经谈过,此处着重从审美心理因素的领悟特性角度再加以说明。领悟之“悟”,本身即含“开窍”,豁然贯通的意思。狭义的审美领悟,特指审美感受中把握住审美意蕴本质的一刹那。凭审美经验我们可以明白,这一刹那往往是审美感受的高峰,它使审美领悟成为审美感受中心理飞跃的一个关节点或中枢环节。而这一刹那间不经思索过程所飞跃达到的审美领悟,其基本特征正是直觉性。审美领悟的直觉性在电影蒙太奇中有着典型的表现。把两个镜头对列在一起,它们就必然会联成一种从这个对列中作为新质而产生出来的新的表象。蒙太奇这一新质正是以审美领悟方式获得的,它并非既定的镜头,而是作为一种意蕴蕴藏在两个对列剪接的镜头之间有待揭示领悟的关系中。例如电影《青春之歌》中卢嘉川就义时高喊"中国共产党万岁"之后,紧接着是林道静张贴"中国共产党万岁"的标语的镜头,观众从这一联结的刹那间即可领悟到革命前赴后继的历史力量。由于电影中两个镜头转换速度异常快(基于电影艺术特性的要求,它只能是瞬间完成),因此,对这一关系及其意蕴的领悟只能是直觉性的。从而,影片镜头转换的瞬间性客观地证实了同时发生的主体审美领悟的直觉性。

第二节　审美体验的层次

审美体验的过程是一个循序渐进的动态过程,随着观照、感受、认知、理解、领悟的交替进行和相互渗透,审美体验由表层到深层不断深化。审美体验过程中的静观状态只是在审美感知阶段表现明显些,当审美主体的体验逐渐深化时,联想、想象、情感、理解、回忆、幻觉等审美心理功能彼此交融,相互渗透,弥漫于审美主体的整个心灵,此时,审美主体不可能继续处于不动声色的静观状态,而是会产生审美的动情状态,或喜或忧,或乐或怒,甚至会忘情得手舞足蹈。西方美学强调静观,要求主体在审美欣赏时凝神观照美的形式和美的形象。中国美学则强调主体对客体的发现、选择和同构,强调审美体验是宇宙造化与主体心灵的融合,要求主体的审美体验能达到主客合一、物我合一、天人合一的最高境界。南朝宗炳就山水画的创作和欣赏提出"澄怀味象"说,认为"澄怀味象"并非一次性静观,而是要经过"应目"、"会心"、"畅神"三个层次和境界。由此可见,中国美学强调审美体验的动态过程比西方美学强调审美体验的静观性更符合审美欣赏的实际。

正因为审美体验的过程是一个循序渐进的动态过程,审美体验可以分为许多层次,层次越高,主观的成分就越大。按照由浅入深的精神活动进程,审美体验大致可分为三个层次:第一层次是直接体验,或称为知觉体验;第二层次是认同体验;第三层次是反思体验。需要特别说明的是,在审美体验的这三个层次中,每个层次都同时包含着历时性体验结构和共时性体验结构。

一、直接体验

体验并非局限于我们精神层面的意识,而且还包括我们对外部世界的意识和感知。直接体验指的是主体的感觉器官接触到颜色、形状、声音等各种外界刺激时,立刻就在心里产生一种愉悦感。如看到玫瑰花,无须想象和思索,玫瑰花的颜色和形状直接就使人感到愉快。在艺术欣赏中,直接体验与艺术作品直接接触,不受在第二、第三层面上发展起来的想象、联想、概念和理论中介的影响。如看到一幅画,还未思索和明白画的主题和意义,直接就被画的颜色和构图所吸引,从而产生愉悦感。直接体验的特点是:客观性程度较高,审美主体的注意力侧重于审美对象、审美对象的特性和复杂性。为什么直接体验具有较高的客观性？这是因为直接体验是一种知觉体验。梅洛·庞蒂说："我们的知觉指向物体，物体一旦被构成，就显现为我已经有的或能有的关于物体的所有体验的原因。"知觉是由于刺激物直接作用于感受器而产生的。在知觉中，一个事物显而易见地摆在我们眼前：在知觉中，被知觉之物应当是直接被给予的。这时事物出现在我对它进行知觉的眼睛前面，我看见它、抓住它。但知觉仅仅是我这个知觉主体的体验。知觉不是符号功能，因为它再现的是当时在场的事物。我在花园里看见一朵玫瑰，我闻到了它，我触到了它，我把它摘下来，听到了花梗轻微的折断声，我的手被它的刺扎痛了。在短短的时间里我就有了视觉的、嗅觉的、触觉的、温觉的、动觉的、听觉的和痛觉的知觉过程。这朵玫瑰是直接呈现的。我并没有运用想象来认定它的存在，尽管我当然能想象出与所有那些知觉非常相符的感受。我所进行的只是一个简单过程，而不是符号过程。知觉是体验的先决条件，没有知觉就不会有体验。

审美体验以及审美体验的表现始终离不开知觉，因为我们是靠知觉接触到面前的外部世界的。"每一种知觉形式都是一扇开向具有潜在的无数刺激的外部世界的小窗口。"审美是由对事物外在样态的知觉开始的。知觉到对象是主体产生审美体验的前提。这里的对象可以是自然景物和艺术作品，或者是社会现象，也可以是主体自身的生活经历和遭际。只有当审美主体的感觉器官感知到客观事物和现象时，他的头脑中才会留下事物和现象的生动、直观的印象，进而对它们产生情感体验，并去探索它们的社会意义，对它们作出评价。因此，知觉体验在审美体验的整个心理活动过程中占有重要的地位。今道友信认为："美是直接的感知，是活生生的，确确实实的感知。美不是思索的对象，而是感觉的对象。美确实是直接与视觉、听觉或感觉、感情有关的。当人们一听到某个旋律或和声时，马上就会被吸引；当读到或听到某首诗时，立刻就会觉得它美。一般不会深思熟虑后才喜欢起某首诗或某支乐曲。"今道友信的这段话不是专门论述知觉体验的，但如果不对它作片面的理解，用于说明知觉体验在审美体验中的重要地位正合适。知觉体验要求专注。对每一个对象，无论是天然品还是人工制品，进行审美感受都是可能的。如果我们用最简洁的方式表达，所谓进行审美感受就是：在我们看（或者听）某个对象时，无论是从理智上还是从情感上，都不要与对象本身之外的东西发生关系。只有全心贯注于自己感官对象的人才能进行审美感受。知觉依赖于主体过去的经验，人的经验越丰富，人的知识越广博，则人的知觉就越丰富，他从对象中看到的东西便越多。

二、认同体验

认同体验是在知觉体验的基础上发生的，是对直接的知觉体验的进一步深化和提升。直接体验（知觉体验）是审美体验的起点，是审美体验的较低层次，还有待于进一步扩展和深化。知觉指向客体，因此在直接体验阶段，还没有想象和移情的介入，主体是直接从对审美对象的外在感性样态的感知中获得生理和心理愉悦的。当主体的知觉融入想象时，体验对象的重心就由客体移向主体自身，此时，体验融入了主体自己的经历与情感，知觉体验就上升为认同体验。所谓认同体验是指在审美活动中审美主体与审美对象发生情感上的共鸣，审美主体在想象中把自己当作审美对象，或者由审美对象联想到与自己有关或曾使自己感动过的别的事物。在认同体验阶段，想象占主导地位，是想象使认同体验得以发生并完成。简单说来，认同体验有三种情形：一是审美主体把自己或他人认同于审美对象，如把自己或心上人认同于玫瑰花。二是审美主体把审美对象认同于另一抽象的事物，如把玫瑰花认同于爱情。三是审美主体将自己的情感移入审美对象,把审美对象拟人化。在自然美的欣赏中,认同体验往往表现为人与自然的直接交流与融合。李白的诗句"暮从碧山下,山月随人归""山花向我笑,正好衔杯时"就是认同体验的真实写照。石涛所说的"山川与子神遇而迹化也"也可以看作是对认同体验的注脚。

认同体验是产生审美快感的原因之一。正如耀斯所说:"审美经验不仅仅是视觉(感受)的领悟和领悟(回忆)的视觉:观看者的感情可能会受到所描绘的东西的影响,他会把自己认同于那些角色,放纵他自己的被激发起来的情感,并为这种激情的宣泄而感到愉快,就好像他经历了一次净化。"弗洛伊德在各种不同场合把审美快感描述为自我享受和对他物享受相联系。他把认同的审美快感追溯到审美距离提供宽慰和保护,而且追溯到想象活动的深层兴趣。剧场中的观众或者小说的读者可能"很乐于成为一个伟大人物",并且毫不犹豫地屈服于在正常情况下被压抑的感情。那是因为他的快感是在审美幻想中得到的。就是说,他受的罪得到了缓和,因为他确信:首先,舞台上作表演和受罪的是别的什么人而不是他自己;其次,那不过是一场游戏,不会对他个人的安全造成任何威胁。这样,认同的审美快感就释放出各种可能性,以便体验他人,而这个"可怜的家伙"绝不会认为在日常现实中他自己能够实现这些可能性。耀斯指出:正是悲剧的想象性对象、悲剧的远离实际生活目的的情节,才使观众得到自由,从而在与主人公的认同中,他的感情比在日常生活中更能无拘无束地激发出来,并能更完全地消耗自身。审美认同满足了人们变成另外一个人的强烈欲求,把人们带进一个理想的世界,也把他们原来的自我带进这个世界。

认同体验在艺术体验中最常见。艺术体验中的认同体验可分为创作认同体验和欣赏认同体验。认同体验的突出表现是自居体验。"自居"原是精神分析学术语,指精神病患者沉浸在自己幻想的角色中,以其自居。艺术家在构思中也用"白日梦"的方式幻想着自己成为各种角色,通过自居体验塑造各种艺术形象。在自居体验中,艺术家把自己投射到对象中去,成为被创造的对象本身,从而体验各式各样人物的复杂情绪,甚至把非人的东西拟人化。在自居体验中,艺术家对笔下的人和物倾注了全部感情,使其成为"生气贯注"的活的生命。洛夫说:"作为一个诗人,我必须意识到太阳的温热也就是我血液的温热,冰雪的寒冷也就是我肌肤的寒冷,我随云絮而遨游八方,海洋因我的激动而咆哮。我一挥手,群山奔走,我一歌唱,一棵果树在风中受孕,叶落花堕,我的肢体也碎裂成片。我可看到山鸟通过一幅画而融入自然的本身,我可以听到树中年轮旋转的声音……"老舍在谈剧本创作的体会时说:"我是一人班,独自分扮许多人物,手舞足蹈,忽男忽女。"

高峰体验始终伴随着自居体验。福楼拜在自述写《包法利夫人》的经历时,说他"写这部书时把自己忘去,创造什么人物就过什么人物的生活"。例如写到女主人公和情人在树林里骑马游行时,"我就同时是她和他们的甜言蜜语,就是使他们的填满情波的双眼眯着的太阳"。巴金说过:"我写《家》的时候,我仿佛在跟这些人一同受苦,一同在魔爪下面挣扎。我陪着那些可爱的年轻生命欢笑,也陪着他们哀哭。我一个字一个字地写下去,我好像在挖开我的记忆坟墓,我又看见了过去使我的心灵激动的一切。"自居体验往往出现在想象的情景中进行模拟行动。传闻赵松雪好画马,晚更入妙,每欲构思,便于密室解衣踞地,先学为马,然后命笔。一日官夫人来,见赵宛然马也。创作认同体验的极致是出现幻觉体验:艺术家生活在自己的内心世界,全部身心深入其创造的世界中去。巴尔扎克临终前疾呼"皮安训"(巴尔扎克笔下的一名医生,曾在许多作品中出现过)来救他。贝多芬说:"我的王国是在天空。"李贺在《神弦》中说"山魅食时人森寒"，这是李贺长期任祭祀官职，敬神如神在而产生的幻觉。

三、反思体验

　　反思即反省分析。人有反省的本领。朱光潜说："所谓反省，就是把所知觉的事物悬在心眼里，当作一幅图画来观照。"我们肯定反思体验的存在，反思中的了悟就是体验。苏轼的"人有悲欢离合，月有阴晴圆缺，此事古难全"和"人生如梦"是他在人生失意后对整个自身经验反思中的了悟。这种了悟升华为艺术体验，超越了经验世界。李煜的"流水落花春去也，天上人间！"和"问君能有几多愁？恰似一江春水向东流。"也是他人生失落后的反思体验的真实写照。由皇帝而成为阶下囚，人生的巨大落差不能不引起他的生命反思，这种反思本身就是一种深刻的人生体验和审美体验。那么，什么叫反思体验？从宽泛的意义上说，反思体验指人们对自身心理世界的一切内省式把握。从审美的角度来说，反思体验指人对自身原发性心理状态的关注与体味。反思体验是一种审美体验。反思体验具有超越性，它既超越了人所处的具体情境，又超越了这情境直接引起的心理反应，因此，反思体验是一种再度体验，或者说是对体验的体验。有人认为反思会立刻毁掉审美体验，起码减弱了它，反思无助于审美体验，这种观点是片面的。实际上，反思性体验产生的是净化的快感。反思体验在分析的精确性和明确性方面使生命体验得到提升。在今天，有许多人认为，只有当审美体验抛弃一切享受并上升到审美反思的高度，它才是货真价实的。阿道诺对艺术的所有愉悦性经验进行了尖锐的批判。他认为那些在艺术作品中寻找并且得到享受的人都是庸人。"'耳朵的乐事'之类的评语立刻暴露出他们是庸人。"阿道诺的这一观点尽管有些偏激，但他对反思体验的重视却是值得肯定的。梅洛·庞蒂认为，反省分析不仅能把握"观念中"的主体和客体，而且也是一种体验，我在反省时又重新置身于我之曾经所是的这个无限的主体中，并且我把客体放回作为其基础的关系中，没有必要询问我从何处得到这种主体概念和客体概念，因为这些概念仅仅是为人存在的东西的必要条件的表达。

　　反思体验的特点是审美主体有着对已有体验的描述与反应，努力向自己和他人解释体验的情形，也许还要努力去分析构成这种情形的因素，例如要提到艺术作品、观赏者和艺术家，并且用某种理论对其进行解释。审美主体必须对自我之外的人生形式进行观察和思考，也应对自我人生体验进行思考。反思体验具有内指性特征，它是主体将自己的内心体验作为客体来观照，是意识对自身心理体验的反向把握。反思体验产生的条件是，主体必须摆脱自然情感的直接控制，使心情处于平静状态。平静的心情是进行反思体验的必要条件，因为只有当人的大脑皮层上没有与现时刺激直接相关的强兴奋点时，以往的情感储备才能完整地复现出来，人才能对以往的情感加以再度体验。

第三节　酒店美学观赏的方法原理

　　人在审美的过程中大脑的整体功能得到充分发挥。感知、想象、情感、领悟等心理过程同时展开，相互促进，形成审美心理机制。依据美学理论，按照逻辑顺序，审美运行机制可分为三个阶段：审美准备阶段，这是初始阶段；高潮阶段，即审美实践阶段；审美回味阶段，也称效果延续阶段。下面我们将对这三个阶段逐一加以分析。

一、审美准备阶段

审美过程的准备阶段是指即将进入审美状态的初始阶段,涉及审美经验、审美品位和审美理想三方面的内容。

(一)审美经验

审美经验指保留在审美主体记忆中的,对审美对象以及与审美对象有关的外界事物的印象和感受的总和。审美经验通常在多次反复的审美实践中形成。人在实践活动中,特别是在审美实践活动中,积累了大量关于外界事物的知识和经验,审美时,一旦受到审美对象的信息刺激就会调动有关的经验记忆,并产生联想,立即作出审美的反应。由于审美经验的参与,对美的欣赏常常无须思考而直接做出判断。普列汉诺夫曾分析说,原始猎人第一次用其捕获的禽兽身上的羽毛装饰自己时,他们直接意识到的是羽毛显示着自身的智慧、勇敢、力量;以后再看到此类羽毛时,他们就专门把羽毛作为美的装饰品去追求和欣赏,而不再去意识和体验羽毛所标志的猎人的力量了。审美经验是人们在观赏具有审美价值的事物时,直接感受到的一种特殊的愉快经验。它原则上包括对一切具有审美价值的事物的经验,如对山川河流、蓝天白云、花草树木、风俗民情等各种审美对象的经验,它是审美主体对审美对象反应、感知的结果和凝聚。心理学表明,人类的需要、情绪、态度和价值观念经常影响审美经验。审美经验凭借主体的心理机制积淀和保存在主体的心灵中,并成为下次审美活动的基础和前导。例如,观赏过海边潮起潮落的人,就具有了对潮水的审美经验,当他来到钱塘江边观潮时,就比其他旅游者更能体会钱塘江一线潮、人字潮、回头潮的魅力。

审美经验丰富就会在一定程度上形成良好的审美判断力,也会产生较强的审美敏感力,而审美判断力和审美敏感力在实际审美准备阶段。对人的新的审美实践活动的影响是巨大的,而且对于新的审美经验的获得也起到重要的作用。

1. 审美判断力

审美判断力指审美主体在极短的瞬间内对一个审美客体的美的本质做出判别。审美判断力的产生需要两个条件,即审美对象和具有鉴赏力的审美主体。审美判断力的高低与审美主体审美经验的积累成正比。不同的审美主体对同一审美客体可能表现出不同的审美判断;甚至同一审美主体,由于处在不同的情绪下,对同一客体也会表现出不同的审美判断。一般说来审美经验的积累越丰富,他的审美判断力也就越强。

2. 审美敏感力

审美敏感力指审美过程中,在很短的时间内引起审美注意,发现美并感受到美,立刻投入到审美活动中去,从而充分感受审美对象的形状、线条、色彩、声音、时间、空间、韵律、平衡、统一与和谐等形式,主观的情感、想象等也会自觉或不自觉地投入其中,继而唤起人的审美知觉和审美欲望,进入审美实现阶段。审美敏感力是审美经验的反映。

(二)审美品位

审美品位指审美主体对于不同层次的美的感受的深度和强度。高度的敏感力和判断力会促进审美者的审美品位的生成。由于人类的审美品位的高低不同,才使人们之间形成了各不相同的审美效果、审美体验。由于审美主体的生理基础、心理素质、文化教养、生活环境、生活经历不同,就会产生审美者不同文化素质的差异,也就会相应地形成不同的审美敏感力和审美判断力。怎样才能形成较高的审美品位呢？文化素质越高,审美经验越丰富,就越容易产生较高的审美品位。

1.丰富的文化知识是基础

要想拥有较高的审美品位,没有一定的历史、文化等方面的知识做铺垫是不行的。在既定的社会中,总是有雅、俗之别,这很大程度上取决于不同审美主体的文化知识和素养。

2.充足的审美经验作铺垫

拥有较高的文化水平也并不一定就会形成较高的审美品位,在进行直接或间接的文化知识学习的过程中,涉及的日常审美经验和旅游审美经验的相关知识和实践越多,就越有利于形成较高的审美品位。一个经常阅读中国古代文学书籍的人,一定在进行中国旅游文学审美时具有较高的审美品位;一个艺术家在进行旅游艺术美审美时,一定具有较高的艺术审美品位。

3.高昂的审美激情作推进

在日常的审美活动中,审美者要自觉地去形成一种投入的精神,只有集中自己的注意力进行审美,才能够更好地把握美的事物,辨别真正的美与丑,才有助于形成以良好审美判断力为前提的审美评价,最终形成较高层次的审美品位。

（三）审美理想

审美理想是对审美最高境界的一种追求,这种境界是相对而言的,是审美的至上标准,体现着人类发展的终极目标和超越现实的愿望。审美理想一般表现为完美的感性意象或生动具体的美好图景,具有经验性的形象特征和标准。它是在审美经验的基础上产生的,是对审美经验的高度概括。审美理想是相对的,具有可变性,随着社会的发展而变化。在阶级社会里,审美理想尤其具有明显的差异性。各时代、各阶级有其自身的审美理想,从而形成了一定时代的审美趣味,因此审美理想和审美品位密不可分。审美理想还同时具有历史继承性和共同性。每个时代的审美理想都带有历史的痕迹。审美理想渗透于审美感受之中,主宰着一个民族、一定时代和一定阶级的审美品位、风尚和趋向。"环肥燕瘦"代表的是唐、汉两代不同的审美观。审美理想表现的不仅是个别人的直觉趣味,而且是整个社会集团和社会阶级的审美关系的实践。因此,审美理想与一定的世界观,社会制度和实践要求密切相关,并在许多社会因素的影响下产生和发展。在改革开放后的今天,人们物质生活水平有了极大的提高,继而对精神生活也有了新的要求。人们要求和谐的社会环境,要求安定的生活,要求参加审美实践,希望欣赏艺术,希望去旅游,这时对审美理想的追求和向往就会变成审美实践的动力。同时,审美理想在审美实践过程中会起到方向性的指导作用,也会对形成较高层次的审美体验起到一定的作用。

二、审美实践阶段

审美实践阶段是一种积极的心理活动阶段,其中包括感知、想象、理解、情感多种因素的交错融合。审美愉悦与一般的生理愉悦、道德愉悦、求知愉悦不同,它是更多的心理功能活动的结果。例如,一部歌剧能使人感到审美愉悦,就必须能够调动起人们多种心理功能的主动活动,因此审美实践不是一种被动的活动,而更注重审美者的积极主动的实践。

实践阶段又称高潮阶段,它集中体现了审美心理过程的动态特征。在这个阶段里,需要有多种心理要素之间的积极配合和参与。比如欣赏一幅画,画布本身是平面的、静止的,但我们能感受到画中三维空间的存在。这就不仅要有感知的因素(形式感知),还要有想象、情感和理解的成分(意味感知),尤其是对一个较长时间的欣赏过程来讲。从这也可以看出,到了审美实现阶段,美感已不可避免地有了理性因素的介入。康德所谓的想象力与理解力的自由和谐的运动,正是这个阶段所具有的特点。因为,这时的审美感知已不单单是知觉事物在空间中的形状变化,而是渗透着积极的想象和理解的一种创造性活动。

　　审美感知首先从形式感开始。在经过了初始阶段的审美注意和审美期待后,对象的形式特征引起了主体的一系列的审美感知活动。比如我们欣赏一件雕塑品,首先要去感知它的形状、大小、方位等空间关系的变化。然而,这种感知却与一般认识活动的感知不完全一样,由于此时主体是以一种非实用功利的态度来感知事物,所以能克服一般认识的或功利的感知时那种漠然与急功近利的做法,并积极地唤起已有的经验模式去同化对象或相反地改变原有的经验模式以顺应来自视知觉和其他感觉组织的刺激信息。对优美型对象的欣赏一般表现为同化过程,而对崇高型对象则多表现为顺应过程。但是,"知觉不是简单的被刺激模式决定的,而是对有效的资料能动地寻找最好的解释"。这里涉及了经验对知觉的改造和加工的问题。相反,格式塔心理学派的解释与此有所不同,他们是根据大脑生物电场的变更情况来解释知觉,认为这些电场复制着被知觉到的物体的形状。这里,格式塔学派恰好忽视了人的知觉的社会性的一面,只是从生物体的同形原则出发去解释审美知觉,没有看到知觉里储存着经验,感性里积淀着理性。应该说,审美感知既是感性的,又是超感性的,它由个体感性地去感知具体的事物,同时又能超越这些感性的具体本身,去实现某种超感性的深层理性价值,这就是经验对知觉的改造与加工作用。由此可见,在审美实现阶段里,伴随着审美感知的是认识活动的开始,已初步进入了理性的层次,因此也就同时具有了某种功利的内容。当然,这种认识活动是以联想和想象形式展开的,它始终不脱离感性,是一种想象中的认知。前面我们说过,审美必须要具备一种超脱于功利之外的态度,才能进入美的境界,体验到美感的愉悦,如果功利感太强烈,就会压倒美感甚至破坏了美感,而这里又说审美不能完全脱离功利的考虑,这不产生了矛盾了吗?其实,这个矛盾是审美心理所固有的特点,是我们前面说过的审美心理的二重结构的特性所决定的,这个问题早在康德那里就已经被明确地提了出来。我们知道,康德的整个美学体系前后充满着矛盾,在"美的分析"里,美是不涉及任何功利欲念,而只是对对象形式特征的一种静观愉悦;可是到了"崇高的分析",又认为崇高感不是由对象的形式方面所引起的,而是涉及我们自身的情感,这种情感又以特定的观念连在一块,康德认为这是一种更高级的"合目的性"。这就否定了他在"美的分析"中提出的审美不依赖于概念的观点。这说明康德还不能完全解释清楚美感矛盾的辩证关系及产生这种矛盾的社会历史根源。后来提倡"距离说"的瑞士心理学家布洛,他把这一矛盾称为"距离的内在矛盾"。他说:"艺术作品之所以能感动我们,它的感染力的强度如何,似乎是和它与我们的理性和感情特点以及与我们的经验的特殊性互相吻合的完美程度如何直接成正比例的。"他认为,最完美的艺术就是把距离最大限度地缩小,而又不至于使其消失的那种境界。究竟如何才叫距离最大限度地缩小? 如何又才算是互相吻合得完美? 他没能进一步加以说明。我们认为,虽然美感是由对对象的形式观照开始的,但要达到对对象的深层体验,往往要借助于理性的力量,由知觉层次上升到理性层次。然而,这种理性不取决于逻辑分析形式,不直接诉诸于对象,而是一种融合于感知之中的领悟力,即直觉领悟能力,我国传统艺术思维所讲的"触即觉"(王夫之语),指的就是这种心理能力。这是自然人化给予实践主体的最深刻的历史成果,是审美所达到的极致境界。因此,克罗齐把审美称作形象的直觉,可说是在深刻的片面中得出了富有价值的结论。直觉是离不开经验的,而经验里积淀着人类理性的成果,即使是欣赏一首纯描写自然物象的诗,也同样如此。比如谢灵运的《登池上楼》里有这样的诗句:"初景革绪风,浙阳改故阴。池塘生春草,园柳变鸣禽。"这几句诗中直接呈现的物象是冬去春来,四时景物的更迭、变化,但由于在人们的理性经验中,"春"这种物象实际上已代表了一种抽象化了的"类生命体"的意象,当这种意象一旦受到具体感性事物的再次触发,便能立刻唤起经验组织中的理解,于是,这首诗就能给人一种生机勃勃的象征着生命力的感受。显然,在这个直觉经验中,实际已经蕴含着丰富的理性内涵。再者,就这个直觉经验的心理形式来说,不仅有感知这样的形式层(如寒风、池塘、青草、鸟禽等),还有想象、联想乃至于理解等意味层(如春天、生命、过去、未来等),这些不同心理要素之间的动态组合,完成了审美体验由感性上升到超感性,即不脱离感性的意味隽永的形而上层次的领悟。需要指出的是,在进入到高潮阶段的整个体验过程也不完全都表现为直觉经验,因为这个阶段从时间上说有个较长的持续期,主体心理活动的空间较大,大脑皮层的紧张度也会变得越来越强。因此,主体常常会表现出对对象的长时间的凝神观照、详审细察、反复玩味的兴趣,或激动不已,或蹙眉沉思,总之,已逐渐进入了一种深层体验之中。这时所体验到的审美愉悦就不仅仅是对象形式本身所能赋予的,也不光是只凭直觉过程就能领悟到的,而是一种伴随着理性经验在内的想象与情感的高度活跃状态。这时,主体已达到了自身能力的顶峰,在强烈的审美体验之中,似乎已领悟到某种超感性、超个体的永恒的生命力与宇宙规律的无穷意蕴。比如,李白的《黄鹤楼送孟浩然之广陵》和《望庐山瀑布》(之二),同样两首小诗,前首仅凭直觉领悟还很不够,而是在直觉领悟的同时,主体渐渐进入了一种深层体验,反复玩味、咀嚼诗里呈现出的意象,体会到了人世的无常和宇宙的永恒:"故人西辞黄鹤楼,烟花三月下扬州。孤帆远影碧空尽,唯见长江天际流。"这种体验显然同时包含着理性理解的作用。而后一首诗里虽然也能上升为宇宙境界的层次,但更多的是一种直觉感悟,比较接近于禅宗的瞬时之中见出永恒的境界,是一个直观顿悟的过程。当然,无论是长时间的深刻体验,还是瞬时的直觉感悟,都标志着审美回味阶段开始到来。

三、审美回味阶段

在审美活动中,当审美对象离开审美主体时,或是当审美主体离开审美对象时,仿佛是审美活动的结束,其实,审美活动并没有真正结束,随之而来的就是审美回味阶段。在审美实践阶段,我们的情感与审美对象的变化同步或共鸣,我们的情感被故事情节、眼前的艺术品、自然风光或优美的音乐旋律所感化,使我们的情感随着审美对象的变化而变化,常常是不能自主、不能控制的,体验是强烈的、情不自禁的,处于"如痴如醉"的亢奋的状态。很多人在参加音乐会后,都会有这种体会。当人们在听音乐会时默不作声,独自感受艺术之美,待到音乐会结束之后,人们仍然沉浸在美的陶醉中,继续进行音乐会的审美。通过审美判断和评价来延续音乐会的美感。审美回味阶段是审美实践的必然结果,也可以说是审美实践的后续效果,这种现象是普遍存在于审美过程中的。回味能够使人静静地审视美的独特内涵,寻求更佳的意趣;回味使人拨响引发共鸣的音符,默默思索其中高深的哲理。审美欣赏、审美实践都离不开回味,回味有赖于审美主体对美的景物的感受力、鉴赏力和创造力,当然也包括甚佳的心情、良好的氛围,同时还需要辅以能与之交流的共勉情境。美感在每个人具体审美活动的回味中得到强化,真正的快乐体验也只有在每个人的审美活动回味中才能得以升华。

审美回味阶段有很多作用,主要有以下三个方面。

（一）审美回味与美感体验

审美回味可以延续、加深审美主体的美感体验。审美实践中留下的某些记忆和痕迹，在审美回味中复活、再现，审美主体常会有一种"余音绕梁，三日不绝"的感受，这种审美回味不仅可延长和加深主体对审美对象的情感感受，而且还可能发现和领悟出先前从未曾领悟到的乐趣，并作为审美经验积累下来，成为主体的相对稳定和持久的心理要素。

（二）审美回味与审美判断力和敏感力

审美回味可以自觉地提高审美判断力和敏感力。审美回味有助于审美判断力和审美敏感力的提高，进一步增强审美能力。审美能力不是生来就有的，而是通过后天学习得来的，是在多次的审美实践活动中逐步形成并不断提高的。审美回味是一种提高审美能力的方法。

（三）审美回味与审美趣味及审美理想

审美回味可以增强审美趣味并实现审美理想。审美回味可以增强审美趣味和实现审美理想，成为下一次审美活动的动力。表面上看似乎回到了审美机制的原点，但这是一种螺旋式的返回，是更高层次的返回。在审美回味时。虽然具体的审美对象已不再直接呈现在主体眼前，主体也不再会有直观对象的审美体验，但这种得到强化的新的审美需要和欲望，不仅会推动审美欣赏持续发展，而且会推动审美创造，一般来说，这种审美回味促使人们追求美和创造美，成为追求和创造美的动力。人们对审美的追求往往伴随一生。我们都读过白居易的《忆江南》，在中学时读它是从文学的角度来欣赏领会的，其实这首词正是白居易在江南旅游后，回到洛阳对江南旅游审美回味的描述。

审美心理机制由审美准备、审美实践和审美回味这三个部分组成，这三个部分之间是一种渐进和逐步深入的关系。所以在日常审美中，缺少哪个层面的审美实践活动都不是完整的审美。当然作为审美主体而言，因为个体差异，审美者的审美心理机制会各不相同，即使是同一位审美者，对同一个审美对象，每次审美所经历的心理过程也会有所差异。

【本章小结】

审美是人类特有的心理需要和精神需要。由于美的存在和发展，人类审美活动的不断展开，也就逐步产生和形成了美学。审美过程是一项需要多种感觉器官参与的复杂心理过程，通过感知、想象、情感、领悟等心理过程同时展开，相互促进，形成审美心理机制。

本章内容从审美心理要素、审美体验层次、酒店美学观赏的方法原理三个方面展开阐述，其中审美心理的五个要素分别是：审美感觉、审美知觉、审美想象、审美情感和审美领悟；审美体验的直接体验、认同体验以及反思体验展现了审美三个不同的层次，阐述了每个层次都同时包含着历时性体验结构和共时性体验结构，说明了审美体验是一个循序渐进的动态过程；而酒店美学观赏的准备、实践和回味三个审美阶段，其中审美准备阶段介绍了影响审美的初始状态的三个主要因素——审美经验、审美品位以及审美理想，审美实践主要介绍不同审美心理的动态特征、非实用功利的审美感知、伴随着理性经验在内的想象与情感的审美愉悦，审美回味阶段主要介绍情感与审美对象的变化同步或共鸣、审美欣赏、审美实践与审美回味之间的关系、审美回味阶段的主要作用。

【复习与思考】

一、名词解释

1. 审美领悟
2. 直接体验
3. 认同体验
4. 审美品位
5. 审美理想
6. 审美情感

二、简答题

1. 审美感觉与审美知觉的区别是什么？
2. 审美理想受哪些因素影响？
3. 审美领悟有哪些特征？
4. 审美心理机制主要包括哪些方面？
5. 审美实践阶段包括哪些方面？

三、论述题

1. 我们如何运用审美实践阶段理论提升顾客入住酒店的满意度？
2. 请说说提升个人审美能力的方法和途径。

【拓展阅读】

创新鲜活的艺术设计搭配富于灵感的热情服务，这家酒店绝了

正如世界上没有两片相同的叶子，世界上也没有两家相似的英迪格酒店。英迪格酒店品牌致力于成为宾客探索城市和本地社区的一扇灵感之门。苏州古运河英迪格酒店充分展现出苏州这座历史文化名城的独特魅力，并融合了耳目一新的邻间文化、创新鲜活的艺术设计和富于灵感的热情服务。

《苏州好风光》中唱道："上有呀天堂，下呀有苏杭。城里有园林，城外有水乡。上有呀天堂，下呀有苏杭。古韵今风，天下美名扬。哎呀，说不尽苏州好呀好风光！"来苏州，听一首昆曲，体验一回苏州好风光。苏州是印在画卷上的城市，洲际集团匠心独作的苏州古运河英迪格酒店，在这座临水而繁荣的宝地诉说着千百年来独有的故事。英迪格将品牌所倡导的邻间文化作为独具匠心的设计灵感，以摩登时尚的方式诠释苏州传统文化之美，为商务及休闲宾客带来别致独特的设计美学、个性化灵感服务和富有目的地文化特色的沉浸式下榻体验。

1. 揽胜姑苏

姑苏城外蜿蜒流淌的大运河连接起悠久的历史与古今繁华,千年文脉奔涌不息。展开那幅《姑苏繁荣图》,古运河两岸的热闹景象跃然纸上。酒店的整体设计灵感即来源于此图,新加坡 HBA 设计团队,将久负盛名的织造署、街头巷尾里的七里山塘、细腻迷人的昆曲文化以及古典雅致的苏州传统园林等元素以现代手法演绎,融于酒店每一个空间,移步换景,将姑苏的建筑与人文风情展现得淋漓尽致。穿越古今,苏州古运河英迪格酒店傍水而建,继续传承这座运河之城的人文风情。让我们沿着这幅传世名作,开启一场时光的探索之旅。

"姑苏城外寒山寺,夜半钟声到客船。"酒店的入户大堂通过圆拱形桥洞的设计让人仿佛置身于乌篷船内,设计师用灯光营造出水光的氛围,波光粼粼,仿佛真的在河中飘荡。沿着古运河穿过枫桥,桥墩两岸山塘狸猫静坐。听说苏州七里山塘,一里一桥镇守着一只狸猫,故有很多人称之为"七狸山塘"。这七只可爱又神秘的狸猫分布在酒店各个角落,有机会前去定要统统"抓住"。

穿越时间与空间的升降电梯,来到位于 46 层的空中大堂,窗外姑苏城全景尽收眼底。区别于入户大堂,空中大堂是酒店真正具有功能性的空间,可为旅客提供歇脚及办理入住。堂内古今结合设计巧妙,一道腾空而起的弧形装饰带,像一条甩向天边的丝带,使得大堂更加酷炫,空间结构更加立体。将耳朵贴近挂在大堂墙上的铜钟,仿佛能够听到那悠长的钟声从不远处的寒山寺传来,恍惚间真的跟随钟声来到传说中的寒山寺脚下。也可以在这里点一杯香茶静坐,感受这座城市的古韵和摩登。

2. 沉浸园林

身处繁华深处,枕水而眠,自有诗意入梦来。踏入英迪格的客房,仿佛进入了苏州传统园林,现代与古代的融合设计体现在客房每一处。水上船篷、苏式花窗、苏绣屏风,苏州传统园林精髓、京杭大运河文化与现代时尚在此相融共生。酒店拥有 276 间风格独特的景观客房和套房,面积从 37 平方米至 138 平方米不等。部分客房及套房可远眺虎丘塔,透过落地窗,俯瞰整座姑苏城,伴随着江南软语,去梦里邂逅一场苏式浪漫,好不惬意。传统园林元素经过全新诠释,少了古板,多了灵动,比如那浴室内,镜面与花窗的一体设计,正是通过现代简约手法延续姑苏园林一步一景的典型体现。

3. 赏味邻里

餐厅及酒吧隐于 46 层的酒店大堂,名为渡46,取码头之意,灵感来源于横塘驿站。听说这是苏州通往石湖、太湖等重要地区的要塞。在古代,每一个路经此地的旅人侠客都要在此打尖歇息。在大堂落座,看着来来往往的住客,仿佛能看到千年前迎来送往的一派热闹景象。餐厅甄选了当季食材入馔,搭配着设计感十足的餐具器皿,宾客不仅能够品尝世界美食,还能感受本地的邻间之味。

古人常云:高处不胜寒。然而在渡 46 餐厅,不仅可以品味美食,还可以俯瞰全城。270 度全景落地窗可远眺古城标志性建筑——虎丘塔,聆听"狮子回头望虎丘"的典故传说,览遍车水马龙的闹市。夜间,置身云端之上一边赏景一边静享匠心独运的意大利地中海风味及创新融合鸡尾酒,无不令人沉醉。

4. 昆韵宴会

著名昆曲《牡丹亭》的戏文唱到"情不知所起,一往而深"。莺声婉转,衣袂翻飞,慧心巧思油然而生。酒店宴会厅的灵感便来自昆曲。宴会厅位于 45 层,全景落地窗视野开阔,将自然光线和风景引入室内。303平方米的灵活空间,可同时容纳约220位宾客与会。厅内灯饰以昆曲中旦角挥舞的水袖为灵感,色彩斑斓而飘逸灵动,昆曲中的鼓、笙等乐器化为宴会厅的桌椅、装饰,此外,3间小型多功能会议室,延续了别致的设计风格,为高端商务会议、社交活动、婚礼派对提供支持。

5. 徜徉运河之上

看波光粼粼处,与天空融为一体,水天相连处正是位于酒店44层的健身中心。泳池的设计灵感来自古运河,周边环绕的是别具一格的休憩躺椅,如同一艘艘镗锣船将宾客带至碧波之上,悠然惬意。健身房配有"星驰"健身品牌设备,包括有氧运动和力量健身器械等。透过室内无边泳池的玻璃窗,城市风光一览无遗。健身房及泳池24小时为宾客提供服务,繁忙旅途过后,来空中运河放松身心,好不痛快。

6. 藏在设计里的小细节

每一家英迪格酒店都秉承着"与灵感为邻"的品牌理念,设计师用精心巧思解读当地文化,苏州古运河英迪格酒店也不例外。多雨的江南,雨伞成为酒店设计团队的第一个设计。将蓝色伞面的其中一角改为《姑苏繁华图》的画中选景,这样的设计巧思立马使得设计作品从数十个设计中拔得头筹。姑苏城中,烟雨行舟,撑着伞,漫步姑苏古城,你在画中走,也是画中景。如此,也更符合英迪格酒店的品牌精神。房卡的设计延续《姑苏繁华图》的设计线,从长达12米的画中选取五段邻间故事,分别是:熙熙攘攘的枫桥、古戏台昆曲表演、虎丘山上云岩寺塔、园林嬉戏以及船来船往的古运河。据说集齐五张房卡,便能拼凑出一张专属苏州古运河的英迪格记忆。苏州古运河英迪格酒店沉浸式体验的设计细节还体现在每一位员工的名牌。每一位提供服务的员工都佩戴琵琶形状的名牌,这可是苏州评弹演奏必不可少的乐器。酒店里,仿佛每一位员工化身乐师,用自己的服务给来往宾客唱一首苏州小调。英迪格品牌崇尚充满仪式感的品质生活。民以食为天,食的器皿必然也要讲究。在渡46的邻里餐厅中,酒店选用了色彩斑斓的餐具,让食客们的用餐体验多了几分色彩。富有造型感的玻璃杯,选用了意大利著名品牌,形似苏州园林中的怪石。餐盘是东山樟木手工打造的,将从田园到餐桌的概念做了最自然的诠释。

在苏州评弹馆中点一杯香茶静坐,享受着时光带来的安逸与舒适。酒店挑选了拥有百余年历史的苏州虎丘茶,茶的品种选自苏作茉莉花和桂花碧螺红,免费提供给每一位下榻的宾客。在英迪格酒店的客房,就可享受姑苏特有的茶文化。其中苏州的茉莉花茶是苏州茶的代表,据市郊虎丘山麓古花神庙碑文记载,此茶已有二百六十余年的悠久历史,香气幽雅而不浮,味爽清冽而不浊,回味悠长而不俗。无论晴天或雨天,在房间沏一壶茶,可谓偷得浮生半日闲。酒店收集了关于苏州的六种特有声音,每一种声音都有它自己的故事,这些声音会让客人回忆起在苏州的某段经历。酒店的设计者深知每一位到访苏州的游客,都恨不能把城市放进口袋带走,于是设计了声音明信片,让旅客可以把这座城市的声音装进行囊。

停步驻足,窗外的车水马龙将思绪重新带回21世纪。光与影的交会,时光与空间的穿梭,此行到此结束。在这座千年古城里,一条繁华运河畔有这么一间酒店。它印证着时光的存在,保留着历史的痕迹。英迪格品牌强调"世界上没有两片一模一样的叶子"的初衷,打造了这座专属苏州的酒店。带着对苏州的向往与期待说一句"江南三千里,有缘还复游"。

（资料来源:酒店评论,2022-01-11）

思考:洲际集团旗下的苏州古运河英迪格酒店是如何打造美学体验的?

第二部分　酒店美的欣赏

第四章　酒店建筑之美

【教学目标】

1. 知识目标

(1)了解世界各地酒店的建筑之美;

(2)掌握酒店建筑设计的现实依据与美学原理;

(3)掌握酒店建筑的造型之美、环境之美、空间之美;

(4)了解如何通过建筑设计来表现酒店文化。

2. 能力目标

能鉴赏各地酒店建筑之美,并运用所学知识,分析不同酒店建筑之美的异同,思考酒店建筑美学的发展方向。

3. 素质目标

提高学生的酒店建筑审美素养,培养学生良好的酒店建筑审美习惯,引导学生对酒店建筑设计进行创新思考。

【关键词】

建筑造型;建筑环境;建筑空间

引　言

　　美国现代建筑大师莱特认为建筑应该与自然有一种协调的、结合的感觉,使自己成为环境中的有机的一部分,给环境增加光彩,而不是损害它。建筑就像植物的有机生长一样"从属于自然环境,从地上长出来,迎着太阳"。任何建筑都是建在一定的环境之中的。要使建筑达到预期的功能和审美的效果,不可不重视建筑与环境的关系。如果环境由许多元素组成的话,那么建筑可以说是其中最主要的元素。反过来也可以这样说,假如建筑无视周围环境的特征、不注意环境的因素,必将与环境貌合神离、格格不入。为更深入地了解酒店建筑之美,本章从酒店建筑造型之美、建筑环境之美、建筑空间之美三个方面,探讨满足顾客对于酒店建筑的感官、情感甚至灵魂深处的审美需求的问题。

第一节　建筑造型之美

　　"一件造型艺术的作品,它的美首先在于造型的美"。建筑是为满足人类生活需求而依靠物质技术手段和艺术手段创造出来的美好的物质,它既实用又是美的。与其他造型艺术一样,它的美首先在于造型的美。酒店作为一种商业性建筑,它表现了艺术与科学的高度复杂的综合。酒店建筑的造型艺术与一般造型艺术的不同之处在于,它是人们想象力的创造和驾驭现代科学技术的产物。不同的建筑造型就像是一种凝固的语言表达着酒店不同的形象,反映不同的格调。

一、建筑造型的基本内涵

建筑是居住的机器,但是建筑也有自己的艺术性,而其艺术性的表现就在于建筑的形态和造型的语言。自古以来,人类不断地寻找建筑和造型的表达形式。在长期的生产劳动中由于受环境影响,基于相互交流的作用,人们创造了早期的建筑、生产活动的工具等一系列的生活方式,并且对不同的形、色、质都有了一种先入为主的认识观,久而久之这些认识具有了广泛的意义,成为特定的符号。随着时代的不断发展,这些符号形成为一门理论,引入到建筑设计当中去,形成了一门新的学科——建筑形态学。建筑师利用一定的物质、技术手段,在满足建筑功能目的的同时,在建筑创作中运用建筑构图的规律进行有意识地组织与加工,综合反映建筑的环境布局、空间处理、外部形象,称为建筑造型。

建筑艺术是一种造型艺术,建筑美主要体现在造型上,建筑造型通过与功能、尺度、细部设计与空间组合的结合,达到空间与平面、整体与细部、内容和形式的和谐统一,表现出当今建筑科技和建筑艺术的进步。当今的建筑艺术主要有这些特点:第一,建筑造型首先是为了服务于建筑的基本功能。第二,建筑造型与建筑的物质材料、结构技术、施工方法等有着密切的关系;因此在进行设计时,建筑造型要考虑设计的科学性、设计的经济性、工业化的施工方法、新材料新工艺的运用、新结构的研究等因素。第三,建筑艺术的表现是通过一定的建筑语言,如空间和形体、比例和尺度、色彩和质感等方面构成的艺术形象,表达某些抽象的思想内容。第四,建筑造型具有一定的社会性,表现出地方性和民族性的特点。

二、酒店建筑造型的基本形式

低层酒店造型千变万化、无穷无尽,高层酒店造型一般都是以块体形成的。常见的酒店建筑造型有下列几种形式。

(一)直面块体及其组合

直面块体是直面垂交形成矩形块,具有设计、施工方便、造价较低的优点。此种酒店体型最为常见,如广州白云酒店就是此种体型。方形块体常用来建造高层塔式酒店,法国里昂索弗尔国际酒店是典型的方形块体型,南京金陵酒店是略有变化的方形块体型。

以直面斜交呈折角或三叉形形成新的块体,如日本东京太平洋酒店是直面斜交呈折角体型,东京新大谷酒店旧馆是直面斜交呈三叉形体型。另一种是二个矩形的叠加,成工形平面,如东京京王广场酒店或上海酒店都是采用这种经济、简洁又有变化的造型。

在矩形基础上稍作变化,就形成了异形酒店,也具有较强观赏性,如广州白天鹅宾馆即属此种造型,挺拔秀美,大有展翅欲飞之态。

此外,十字形、台阶式等酒店造型可容纳更多客房楼,新颖别致,具有观赏价值。

(二)曲面块体

曲面块体更显得舒展、亲切、气氛活泼。

圆形平面的酒店是曲面块体中的最简单、洁净的形式。由于其具有核心区域宽敞、交通走廊短等优点，可使酒店客房平面层取得经济合理的效果。

圆柱形塔式酒店可以采用几个大小、高低不一的客房楼组成，更富神奇变幻的特征。如美国亚特兰大桃树广场酒店为圆柱形塔式酒店。

圆弧形酒店也属此种类型。苏联莫斯科的宇宙酒店，其高层部分以半圆弧构成。它的凹面对着广场，以取得良好的空间效果。上海的锦江饭店也属此种造型。

（三）直面块体与曲面块体的转化与组合

直面块体与曲面块体的各种巧妙组合，使得酒店建筑更有千变万化的造型，演变成为折板式直面块体、波浪形的曲面块体和弧形三叉或反弧风车式曲面块体等，它们可以相互转化，使得酒店建筑造型具有更强烈的可识别性，特别引人瞩目。

（四）顶部、底部与中部处理

高层酒店顶部常常构成城市空间的构图中心，必须加以重点处理。如上海虹桥新区的扬子江大酒店采取塔式体型，其顶部是尖斜面，非常突出、醒目。

低层酒店顶部处理同样重要。山东曲阜的阙里宾舍为了与近邻孔庙、孔府古建筑相协调，采用中国传统风格的房顶。

加拿大蒙特利尔的龙宫酒店为了显示中国气派，建筑师特意设计一座富有浓郁中国传统风格的重檐塔楼屋顶，使得酒店个性突出，用以表达华夏文化气息。

酒店底部造型，常常采用增加体量的"加法"，以示伸手欢迎之意。也可以结合环境特点，把酒店一角作斜向切面，则用"减法"处理，以示内含、兼容。

中部的造型处理，即在竖向面上求变化，如采用不完全对位等手法，以取得与众不同的奇特的体型效果。

三、酒店建筑造型主要风格

酒店作为经营的场所，其建筑外观设计是极其重要的，一个好的建筑外观设计不仅能够充分体现酒店的档次，而且对于消费者来说，更是一种文化，一种身份的象征。酒店设计综合来说，应充分体现酒店的战略目标、经营方针和文化，比较容易表达建筑风格和文化内涵。现在酒店的建筑风格大致有下列几种。

（一）传统东方式风格

传统东方风格显示了典型的东方文化的思想，挖掘传统建筑艺术的时间和空间内涵，创作手法特点是：一般采用大屋顶、琉璃瓦、木结构的梁架和隔断，追求形式上的对称。如上海和平酒店的龙凤厅用红柱、天花藻井、仿木结构的梁方斗拱，显示了中国宫殿建筑风格的特征。华清御汤酒店是一座仿我国古代宫廷建筑的宾馆，国外游客在中国的"行宫"中住一住会感到十分愉快，留下难忘的印象。但更多酒店是仿皇家园林及江南园林、华南商贾园林及居民建筑的风格。如杭州"楼外楼"酒店的亭楼建筑，中山温泉宾馆，扬州富春花园茶社之"园中园"……山东曲阜的阙里宾舍为了与邻近的孔庙、孔府古建筑相协调，设计者戴念慈先生充分抓住了历史文化环境的气氛基调与建筑形式风格的协调一致。为了把这个一万三千多平方米的现代宾馆"淹没"在孔庙、孔府的建筑中，设计者把建筑物化整为零，缩小每块每组建筑的体量，以便和孔府的体量尺度相一致，没有采用琉璃瓦，不强调商业气氛，而突出文化气氛，不追求珠光宝气,而以朴实典雅为建筑的主调,采用中国传统风格的青瓦坡屋顶、粉墙,这一系列追求都很有效地使这座在特定位置的建筑物被淹没了。有位学院教授到曲阜去后竟然没有发现阙里宾舍的存在,可见"淹没"的成功。

中式建筑以小空间见大空间,通过有限空间欣赏无限空间的乐趣与奥秘。"窗含西岭千秋雪,门泊东吴万里船"(杜甫)就是把门窗作为取景框。古代的"景洞"有圆形、六角形、月形等。"景窗"形状有扇形、菱形、梅花形等,许多"景窗"上面有镂空窗楔。北京香山酒店的"溢香厅"向四方延伸到各层客房的单面连廊,就是借用古建筑的这类景窗。

上海龙柏酒店门厅的井字梁采用了水泥拉手的做法,井字梁的顶板内做了倒梯形的金属饰面板,并且悬挂三球灯,整个顶棚粗犷有力而有新意,用现代的材料、工艺,借鉴传统的装饰手法,颇具特色。中国建筑有自己优秀的传统,有很高的美学价值,那些在世界建筑史上独树一帜、自成系统的巧妙而科学的框架式结构,庭院式的组群布局,丰富多彩的艺术形象,以更富有诗情画意的园林艺术,偏重于含蓄、平缓、深沉、连贯、流畅、"功到深处气意平"的审美观和哲学思想,值得当代酒店建筑设计借鉴。

(二)古典西方式风格

古典西方风格是指代表西方传统文化和习俗的风格。有哥特式、文艺复兴式、巴洛克式、洛可可式等。

在欧洲有许多中世纪保留下来的驿站、客栈、别墅、磨坊、城堡、宫殿、教堂、修道院甚至古代的仓库,加以适当改建成为酒店,保留其外表的建筑风格,那严谨的古典柱式、壁炉、穿戴古老服装的服务员给人一种怀旧情绪。如西班牙把大量的古堡改造成酒店,从外观到布置不仅保持浓厚的民族特征,而且还出租盔甲、毛驴、马车,让旅客体验体验唐·吉诃德式的骑士生活。

(三)乡村式风格

在工业高度发达的大都市,人们无法尽情地享受大自然恩赐的清新空气、美好风光。"重返大自然"已成为现代旅游者的目的之一。如果身居酒店就能领略当地百姓生活,这对于旅游者来说,无疑也是一次改变生活环境,且满足猎奇的一大乐事。所以乡村风格的现代酒店已日趋普遍。

乡村风格就是立足当地民居建筑形式,采用当地产的竹、木、石、砖和传统生活用品等进行装修和陈设,追求古拙、淳朴、清新的乡土风貌。

西藏拉萨饭店在 1986 年全国优秀建筑设计评选中名列前茅。设计者成功地将西藏地方建筑的文脉特点、内在气质有机地融合在富有现代美感的建筑中,一气呵成,质朴自然,有鲜明的时代感和西藏地方建筑的风采神韵。它的造型采用平屋顶、白粉墙和小窗户,平面错开造成的体块搭接,尤其是统一在各个细部上的屋檐部位的三角形斜面切角处理等,有一股强烈的西藏地方建筑韵味。新疆的酒店建筑造型,运用符号学原理,提炼出具有民族和地方特色的建筑艺术语言。如新疆昆仑宾馆新楼檐头和入口多次出现了半圆拱主题,沿街 40 多米高的弧形山墙吸取了伊斯兰建筑中"叫拜塔"的形象,加强了宾馆建筑形象传统特色和地方色彩。

浙江建德灵凄洞边的旅舍习习山庄,是一个很有地方特色且富有时代精神的创新之作。设计者从浙江山野乡土中具有的硬与韧的内在气质、品格和精神受到启示,旅舍造型为 22.8 米长坡屋顶,屋面与山势采用相同坡度,应用当地材料卵石作墙,毛竹为顶。它是风景美与乡土美结合的旅游建筑杰作。

所谓乡土风味，也是一种富有生活气息的人情味。对乡土美的追求，是一种高尚的审美情趣。我国各地旅游酒店，以乡土风味取胜者，比比皆是。

（四）现代风格

我国现代风格酒店大都修建在北京、上海、广州和深圳等大城市和新开发区。以现代科学技术、现代工业化材料为基础，讲究功能和经济。以几何形体和流线条为倾向特性，造型简洁，色彩上强调功能作用和心理效果。基本形式是高层建筑加裙楼，高层主楼作为旅业部分，体量大，客房标准化。裙楼是公共活动场所，给人以干净利落挺拔之感。

如北京的长城酒店、建国酒店、西苑酒店，上海的华亭宾馆、希尔顿酒店，南京的金陵酒店，广州的花园酒店等都属此类。它们的特点是以钢、铝、优质玻璃等为材料，以现代工艺技术，经过光、色等功能推敲而形成神奇舒适的环境。

现代酒店还常结合现代雕塑，相得益彰，形成强烈的时代感。

（五）综合式

在我国酒店建筑形象中，严格地说，纯粹的某一种建筑风格是很少的，任何一种建筑或多或少，自觉或不自觉地融进了其他形式。80年代以来，我国出现了橄榄形、丫形等板式建筑形象，而且还出现了方形、圆形、十字形、回字形、双字形以及丛塔式高层建筑形式。华裔建筑师贝聿铭先生设计北京香山饭店时明确提出要走"第三条路"——把民族和现代化结合起来的道路，最后在创作上取得了极大成功，引起国内外的广泛瞩目和评论。酒店的外形为西方式方形组合，洁白明净，如宝石镶嵌在万绿丛中，自然风光环绕四周，中国式园林景观遍布内外，远望赏心悦目，近观雅趣天成，令人心旷神怡。上海龙柏酒店的樱柏村建筑，属日本现代别墅式小楼房。其设施和装修都具有明显的现代感。但有的墙面装饰有北欧斯堪的纳维亚半岛的风格。北京的长城酒店的玻璃幕墙，空间开放，内外融合，四季厅、不锈钢柱、音响系统、喷泉、水景、屋顶花园等这些既有鲜明的现代意识，又很好地保持了民族审美情趣和文化传统。现在许多新建的酒店，尤其是豪华型的，常常是在现代风格中包含一些古老的特征，从而产生迷人的效果。

【知识链接】

造型独特的酒店建筑

1. 澳门摩珀斯酒店

摩珀斯酒店是澳门新濠天地旗下酒店，酒店所在建筑是全球首座采用自由形态的不规则外骨骼结构的摩天大楼，这座独当一面的建筑由已故的全球知名建筑大师札哈·哈迪德(Zaha Hadid)设计，整个酒店科技感、未来感满满，内景比外观震撼，细节比整体精彩。

2. 北京日出东方凯宾斯基酒店

北京日出东方凯宾斯基酒店的整栋建筑寓意旭日东升彩云追日，酒店建筑是个扇贝的形状，扇贝在中国文化里代表了财富，配合酒店建筑正面的圆形"旭日东升"寓意中国经济的蓬勃发展，酒店的外墙使用了近万块环保玻璃，充满灵秀之美。

3. 北京怡亨酒店

北京怡亨酒店设计外观为闪闪发光的玻璃棱锥体，壮观的玻璃结构设计突出了绝佳的城市景观并提供了独特的气候控温环境,这个设计使豪华客房、豪华露台房以及豪华泳池套房全年 365 天处于夏季气候,这样的特色在中国绝无仅有。

4. 杭州洲际酒店

杭州洲际酒店的确仅凭外观就能让人印象深刻并且过目不忘,据说曾被很多人戏称为"费列罗""金太阳""大金球"等,并且因其匠心独具的设计和美轮美奂的建筑风格,而成为杭州的又一新地标。

5. 湖州喜来登温泉度假酒店

中国首家水上白金七星级酒店,马岩松先生主创设计的湖州喜来登温泉度假酒店坐落于浙江省湖州市风宜人的南太湖之滨,被称为"太湖明珠"。从中国古典建筑中汲取灵感,融入湖州水墨文化气息,力求以现代手法表现水文化。这座代表"爱的诺言"的指环形建筑呈弧形横跨湖面之上,成为湖州的标志性景观。

6. 上海佘山世茂深坑洲际酒店

这个酒店原来是一个毫不起眼的废弃石矿坑,历经 12 载,耗资 20 亿,将矿坑伤痕变为城市瑰宝,建成全球首个石坑内的豪华酒店,建筑格局为地上 2 层、地平面下 16 层,其中水面以下 2 层一反向天空发展的传统建筑理念,下探地表 88 米,开拓建筑空间,依附深坑崖壁而建,是世界上首个建造在废石坑内的自然生态酒店,被美国国家地理杂志誉为"世界建筑奇迹"。

7. 天子大酒店

酒店外形采用传统的"福禄寿"形象,外观用了夸张的彩绘。"福禄寿"是中国民间信仰的三位神仙,象征着幸福、吉祥、长寿。酒店算不上什么星级大店,但是在建筑界却相当有知名度,不过是以负面为主,引来了不少吐槽,被网友选为全中国最难看建筑。

第二节　建筑环境之美

酒店建筑总是存在于一定的环境之中。建筑与环境关系处理成功与否,是酒店的形象美与不美的关键。旅游是一种消遣活动,也是一种审美活动。酒店作为旅游者憩息的场所,毫无疑问,应该赋予它以优美的环境。要使酒店有美好的形象,只有从环境出发,深入把握环境的特点,揭示环境存在着的美的内涵,作为酒店建筑设计构思(创作意图)的依据,一定要把酒店与周围环境结合起来,取得整体和谐统一的视觉效果。这是打破当前酒店建筑形式千篇一律的重要途径。我们必须下很大功夫来探讨酒店建筑与环境的关系,做到建筑与环境的对话,力求达到和谐协调的美学效果。

一、建筑环境美的基本内涵

建筑环境是人类生存和发展的重要组成部分,具有重要的文化、经济、社会和生态价值。建筑环境的美感是建筑艺术的最高境界,也是建筑设计的一个重要因素。

建筑环境的美感不仅是外在的,也包括内在的,如空气清新、光线明亮、温度适宜、声音和谐等。建筑环境的美感直接关系到人的身心健康和生活品质。

建筑环境的美感有几个方面,首先是形式美,即建筑的外观设计是否优美,是否具有独特的形式美感;其次是色彩美,建筑的色彩是否搭配合理、清新自然、具有视觉效果;第三是材料美,建筑的材料是否优质、耐久、富有质感,如石材、木材、瓷砖等;第四是空间美,建筑的空间布局是否合理,是否给人以舒适的感觉,如通风、采光、墙面的色彩和设计;第五是功能美,建筑的功能是否满足人们的需求,是否能够为人们提供便利。

建筑环境的美感需要建筑设计者从多个方面进行综合考虑。建筑设计不仅要注重美感的表现,也要注意建筑的功能和使用效果。只有这样,才能够将建筑的美感和实用性完美结合,创造出更加优美、实用的建筑环境。

二、酒店建筑构筑依据

(一)选择优美的自然环境

自然的本义是"天生自在""不假人为"的东西。自然环境也就是指自然形态的客观世界(如大地、山水、草木、云烟等)。人对于自然,总是充满着喜爱和亲近的感情。

自然环境是人类生活的第一环境。自然界是非常美丽迷人的。我们伟大的祖国幅员辽阔,地形复杂,历史悠久,文化灿烂。可以说是"无山不美,无水不秀",可供游览的风景点不胜枚举。诸如泰山日出、庐山瀑布、黄山云海、桂林山水、太湖烟波、洞庭风涛、西湖春雨……自然美是吸引人们外出旅游观赏的真正动力。

酒店如果能充分利用自然美,选择在优美的自然环境中建造酒店,当然是最理想的境界。为什么说是最为理想呢?因为在优越的自然条件里建造酒店,能使旅游者身临其境,能够从游、观、听、嗅、思等多方面进行"全方位观赏",从自然中获得美的享受。中国古代一些著名旅游建筑,都是选择在风景佳绝的自然环境里修建。如岳阳楼面对洞庭湖,黄鹤楼雄踞长江之滨,烟雨楼建于南湖之中,春潮带雨,秋水落霞,风帆点点,沙鸥群飞。登楼可以把酒临风,凭栏赏月,令人胸襟开阔,精神舒畅。古人的经验,至今仍有借鉴意义。选择优越的自然环境,利用自然美来美化酒店的内外环境,这是一条有效而经济的途径。

(二)反映自然景观特征

什么是自然景观特征?所谓"特征",也就是与众不同的形象特点。自然景观的形象特征是由各风景区的构景要素在不同的地质地理环境中形成的。

古往今来,多少游人对各地自然风景、山水风光作出美的评价,以及在现代地理学考察工作基础上所概括出"雄""奇""险""秀""幽""旷"等形象特征。诸如"泰山天下雄""华岳之险峻""峨眉天下秀""青城天下幽"等。又如"塞外秋风骏马""大漠孤烟直""长河落日圆"的壮美,"杏花春雨江南""小桥流水人家"之优美等,这些在不同程度反映了各地区的自然景观的审美特征。

为了使建筑在某地区的酒店与周围环境协调,必须要注重酒店建筑外观与内部环境设计,要巧妙地反映当地的自然景观特征,使建筑与自然景观取得神貌契合、浑然一体的效果,使得酒店与自然环境联在一起,这是美化酒店环境行之有效的办法。例如,建造江南水乡的旅游酒店,无须去追求洋味十足的现代建筑风格,可以尝试用江南常见的青瓦白墙、临水布局的设计,以体现江南山清水秀的景观特征。反之,西北黄土高原上的旅游酒店,就应该表现朴实、浑厚的风格。每一个地区,由于地理条件不同,它所表现出来的景观的形象特征也是不同的。酒店建筑应该尽量融合到周围环境中,而不应该孤立地突出自己。

酒店设计者必须了解周围的环境,抓住景观的形象特征进行构思,才能达到预期的效果,使酒店建筑与自然景观吻合,取得美好的外观形象。

（三）强调民族风格

每一个民族都有自己的共同语言、自己的文化传统。这是提高民族自尊心、自信心,加强民族内聚力的需要。

酒店建筑强调民族风格、民族形式,讲究民族性,这是时代的需要。为什么这样说呢？第一,我们的目标,是建设一个具有中国特色的社会主义的现代化国家。第二,我们经营旅游业,走的是有中国特色的旅游发展道路,而不是照搬西方旅游发展模式,这就决定我们在旅游建设的各个方面,应该考虑中国特色,也就是民族化问题。酒店建筑毫无疑义也应该体现中华民族风格。

外国旅游者远涉重洋来到中国,希望变换环境,更多地感受异国情调,满足求新、求知、猎奇的审美心理需求。而不是为了住西式高档饭店,也不是为了吃丰盛的西餐。绝大部分旅游者是为了探索中国古老文化的奥秘,欣赏中国优美神奇的自然风光,了解中华民族的风土人情。因此说,富有民族特色的旅游酒店,颇能吸引海外旅游者投宿。我国的酒店旅游应该保持自己的民族特色。

"只有民族的才是世界的",中国建筑有自己优秀的传统,有很高的美学价值。如巧妙而科学的框架式结构,庭院式的组群布局,丰富多彩的艺术形象,以及富有诗情画意的园林艺术,在世界建筑史上独树一帜,自成系统。完全可以作为当代旅游酒店建筑设计构思的借鉴。尤其是中国传统的室内设计是很有特色、很有情趣的。依靠家具、隔断、博古架、落地罩、几案、屏风、帷幕、帘幔等装饰与陈设,把室内环境布置得丰富而有变化,优雅而又含蓄,形成中国独有的情调和气氛。具有无可比拟的美学价值。

鲁迅用过一个比喻:吸收外国的东西和借鉴古人的东西,就好像一只鸟的两个翅膀,缺一不能飞翔。我们讲究民族风格,不等于排斥外国优秀的东西,继承民族传统,不等于是复古,吸收先进经验和继承传统,都要我们自己的立场、观点,都要立足于今天的现实生活,既要有民族化,更不能忽视时代感。

（四）表现地方色彩

酒店建筑除了反映自然景观特征,强调民族形式,还应该注意地方特色和乡土风貌的表现。它能增加旅游酒店的艺术魅力,吸引更多旅游者。

鲁迅先生说:"有地方色彩的,倒容易成为世界的,即为别国所注意。"

酒店不能脱离环境,一定要与周围环境和谐统一。这是保证酒店建筑形象美观的关键所在。而环境则是包括自然环境和人为环境(历史环境、社会环境)两大系统。一幢优秀酒店建筑,应该充分反映当地的自然美与人文景观美,要充分渲染历史文化气息和浓郁的乡土色彩,还应该保持一定的时代特征。既要强调现代的物质功能,又不能忽视精神功能,两者决不可有所偏废。"洋"是美,"土"也是一种美。洋溢着浓郁乡土美的旅游酒店,往往是十分诱人的,它具有天然、清新、质朴的风采,应该说这是一种高层次的美学追求。

三、酒店室外环境美化艺术

酒店的室外环境美化不能脱离周围的环境,而一定要与周围的环境相协调。周围的环境包括自然环境和人文环境。在酒店的室外环境美化过程中,"审美要求""地方特色""民族传统""乡土气息"等已逐步成为人们追求的目标。因此,酒店的室外环境美化也是一种更高层次的美学追求。

酒店室外环境艺术是一种综合的,全方位的,多元的群体存在,它的构成因素十分复杂多样,是任何一种单体艺术品所无法比拟的。一般来说,它有如下的一些特征。

(一)酒店的环境美化艺术是自然环境与人工艺术创造的结合

"大漠孤烟直,长河落日圆"的壮阔,"明月松间照,清泉石上流"的静寂,"千里莺啼绿映红"的妖娆及"二月江南花满枝""小桥流水人家"的江南秀色,这些自然环境本身就有独立的审美意义,在不同程度上反映了各地区的自然景观的审美特征。另一种是利用天然材料。在酒店环境设计中,人们并不满足于已存在的环境,还要通过环境艺术创造出更为丰富多样的欣赏对象,这种创造以自然环境的存在为前提,它或者只是对自然加工的同时又添加了人工的艺术品。美国著名建筑大师莱特指出:"每种材料有自己的语言。在中国和日本特别珍爱石料本身的如画般的美,似乎在其中看到了宇宙万物,至少是这个地球上的一切造物,他们以真诚的赞美和喜悦潜心研究石材。"的确,运用天然的石块砌筑墙体,保持一定程度的粗糙感,这些处于未完成状态的墙体充满着粗犷的自然野趣。不把人工的精心设计显示无遗,少就是多。它是自然美和艺术美的有机结合。

中国古代的环境艺术特别重视把文学也融入其中,如楹联上的诗句,匾额上的标题与颂语。这些人工的作品除了每个单体自身都应具有艺术品的资格和单位之间必须具有的和谐之外,它们又全都与所处的自然环境有密切无间的关系。

环境中的自然,不仅只是自然的体、形和色,还包括自然物的声和香,潇潇春雨,潺潺秋溪,莺歌燕舞以及荷风馥郁,桂子飘香,都应该纳入环境艺术的综合体中,它们与环境中的其他构成因素一道,通过视觉和通感效应,全都化为美感,达到"万物与我为一"。

(二)酒店的环境美化艺术是物境与人文条件的紧密结合

上述自然环境和人工艺术品都是实体的存在,除此之外,环境美化艺术通常还应该考虑到与所在地域的人文条件的结合,即把该地区的民族和乡土的文化因素,历史文脉的延续性,民情风俗,以至神话传说和该地区人们的服饰仪容都融化到环境总体中来,或把物的环境融化到人文的环境中去。这种结合从环境设计的一开始就应给予密切关注,大至环境整体的宗旨,连贯一气的总格调,小至环境中某一局部和片段,如当地民族典型的生活用具、一块地砖的图案、一根华丽的线脚、灯具的选材和造型、人员的服饰仪表……都应该与所处的人文环境和谐呼应。使得这个后来设就的物化环境,仿佛本来就是原来的人文环境中的一个天造地设般的不可缺的部分。我国是历史悠久的文明古国,不论是皇家苑囿的沧浪湖泊,还是民间园林,都具有独特的民族风格和浓郁的乡土气息,它们都蕴含着诗情画意,体现了我国传统理水整石的技法。自然界的千姿百态,它的风韵、气势,它发出的声音,都能给人以美的享受,引起人们无穷的联想。"无园不石",在我们常见的苏州园林中,往往只是将几块太湖石加以组合和雕琢,但结果却是造型各异、妙趣横生,国人视之为国粹。

(三)酒店的环境美化艺术是空间与时间、局部与整体、大与小、内与外的结合

环境美化艺术不能离开人这个根本。在进行环境和艺术设计时,要研究人们在某一室外环境里进行各种活动所需的面积和空间尺度、人流特点等。同时还要根据以上各种功能要求归纳出人们在某一室外环境中的"活动模式"。如设计一个室外游园,除了分析布局、面积、人流等方面的问题之外,还要考虑为哪类人提供活动场所,如儿童、青年还是老人,内宾还是外宾。

随着我国的国民经济进一步发展,大批酒店、饭店等住宿设施如雨后春笋般拔地而起,我国酒店的环境美化艺术创作也更被重视,如广州白天鹅宾馆就是其中的典型。白天鹅宾馆是一个拥有 1000 个客房规模的大型酒店,它成功地利用自然环境,使酒店的形象独具风姿、令人迷恋。酒店建于沙面岛南侧,尽揽得天独厚的临江景色。根据珠江河道规划,筑堤填滩,背靠沙面岛,面向白鹅潭,环境清旷开阔,旅客可以凭窗远眺,临流揽胜,酒店还沿着珠江在沙面岛南边的水面上建起了一座漂亮的长桥,作为酒店的专用通道,现在已成为许多影视作品的外景地,让客人尽情地享受南国风光。这些酒店、饭店取得成功很重要的一点,就是酒店建设与环境美化相结合。莱特认为,建筑就像植物和有机生长一样"从属于自然环境,从地上长出来,迎着太阳",这充分阐明了环境、人、建筑三者之间的关系。酒店建筑的美学鉴赏效果不仅与其规模、舒适程度和经济效益有关,而且与其选址也有较大关系。日本东京"东方 21 世纪"国际级酒店,有 21 层楼高,客房 404 间,它离地铁东西线东阳町车站约 10 分钟车程,如果从羽田机场下飞机坐车约半小时,便利的交通也是它吸引人的地方。它具有现代建筑之美的外形,一语双关的命名:"东方 21 世纪"中的"21"一指自己的楼高 21 层,二隐喻自己将是 21 世纪的大赢家。诚如专家所言,商品成功与否,命名占了 80% 以上的因素。同时酒店还通过陈设的世界名画,经常举办大型舞会、歌剧、音乐会,显示了酒店与众不同的"艺术气质"。优越的地理条件、优美的形象和艺术气质,使它在短短半年间成功地引爆日本酒店业革命,并成了东京市中一颗耀眼的新星。

现代酒店需要我们悉心研究周围的环境,要有意识地创造有自然生态的、时代的、个性的环境,以适应现代旅游者追求人与自然契合的心态,追求深层心理的感情的交流和陶冶,追求美和美感的享受。

第三节　建筑空间之美

建筑不仅是人类生活中的重要组成部分,同时也是一门特殊的艺术门派,其在本质上与绘画、美术、音乐等没有多大差别,都是一种艺术形式,其空间设计必须要遵循美学原则,即要讲究统一、协调、韵律、尺度等,一旦对这些没有把握好,不仅会影响到建筑空间的艺术审美,而且也会给建筑空间的实用性功能带来一定的不良影响,因此必须要把握好建筑空间的艺术特征,确保建筑空间在具有实用性的同时还具有良好的艺术性,提高建筑空间使用者的舒适度,将建筑物的社会效益与经济效益充分发挥出来。

一、建筑空间艺术美的基本内涵

(一)建筑空间艺术美的概念

所谓建筑空间艺术美,指的就是通过建筑物空间的结构形式、形体形式、色彩装饰、建筑群组织以及建筑内外空间的结合等多方面协调处理得到的一种实用性艺术,建筑空间的艺术美不仅是一种美的呈现,更是现代社会审美观念进步的体现。对于建筑空间艺术来说,其不仅可以跨越时代场所与时间维度,而且还是构成城市生活与群体记忆的组成部分,其作为一种永恒艺术,可以打破时代、地域的限制,在这种由实体与空间构成的艺术中,包含着各种建筑形式具有的美的规律,给人以美的视觉享受,是综合了实用性、艺术性与科学性的一种艺术形式。

(二)建筑空间艺术美的内容

1. 建筑空间的风格美

风格不是一朝一夕就有的,是一个时代与民族的独特特征,不同时代或民族都有不同的文化与观念,这种文化价值观念体现在建筑空间中也就有了不同的建筑风格,一个具体的建筑物风格甚至是当地、当时所有意识形态与上层建筑灵魂的凝聚。通过回顾建筑空间风格的演变历程,也就可以领略到各个民族的不同时代精神、生活情趣以及审美思想。比如,中华民族与西方民族的建筑物风格就迥然不同,哥特式风格是西方民族中一种主要的建筑风格,哥特式风格的建筑通常都有着非常高耸的塔尖,充满神秘感与威严感,是西方独特宗教文化的很大体现;而我国各个地区分别都有着不同的建筑风格,以皖南民居为例,其建筑形式一般都是统一的屋顶、门窗、墙柱、马头墙等,其中马头墙是皖南民居的最大特色,整体建筑看起来十分素朴清雅,独具地方特色。

2. 建筑空间的结构美

建筑艺术作为一种用结构来表达思想的艺术,结构美是建筑空间艺术美中的重要组成部分。结构是建筑物的骨骼,按照力学规律形成的结构是建筑设计的重要元素。作为一种空间受力的实体,建筑空间的结构表现具有非常深刻的艺术美内涵。在建筑行业得到快速发展的今天,建筑行业领域涌现出了各种新材料、新工艺以及新技术,尤其是在新型建筑结构体系出现了以后,现代建筑空间就开始有了越来越丰富的结构形式。从某种程度上来说,建筑就是结构,结构也就是功能,建筑空间的艺术美在很大程度上也就等同于结构美,当建筑、结构与功能这三者达到了一种完全统一的状态时,建筑空间结构也就会表现出一种丰富独特的美。以东方明珠广播电视塔为例,其作为我国的一种标志性建筑,代表着上海市的城市形象,在我国建筑史上占有重要的地位。东方明珠广播电视塔位于黄浦江边,东临大海,内接内陆省市,具有非常优美秀丽的身姿,同时还透露着一种挺拔、华彩、妩媚的气息,是结构美的典范之作,使建筑、结构与功能实现了完美统一,在具有了深刻的结构美的同时也体现出了一种独特的艺术魅力。

3. 建筑空间的整体美

建筑空间的整体美是从其与建筑周围环境的有机融合体现出来的,建筑并不是一个孤立的个体,而是处于社会环境中的一个有机整体,其与周围环境之间的融合、协调也是其艺术美的体现,反之如果建筑物与其周围环境不相搭配只会使得这个建筑物看起来与周围环境格格不入,大大减少了建筑空间的艺术美感。也就是说,建筑空间的艺术美不仅在于建筑物本身的形体、色调、装饰、形体以及空间组合等构成的实体形象美,建筑物与其周围环境中其他自然景观或建筑群的协调性也是其艺术美的一部分,两者共同构成了建筑空间的整体美,缺少了任何一种美,建筑空间的艺术美都不是完整的。建筑是一种人工创造的美,将这种美与自然美融合在一起,不仅加深了建筑空间艺术美的深度与广度,而且还有助于让建筑物复归大自然,当建筑美、自然美与人文美达到了相互渗透与统一之后,建筑空间所具有的艺术美也就上升到了一个新的层次。

二、酒店空间美的设计理念与逻辑

（一）酒店建筑空间美的概念

酒店建筑空间美是指酒店建筑在空间设计上所体现出的美感和艺术性。它是一种综合性的美感体验，包括酒店建筑的外观和内部空间、装饰、灯光、音乐等多方面的因素。酒店建筑空间美可以让人在视觉、听觉、触觉等方面得到愉悦的感受，从而提高客人的入住体验。

（二）酒店建筑空间美的要素

①外观设计：酒店建筑的外观设计是酒店形象的重要组成部分，它能够直接影响到人们对酒店的第一印象。因此，外观设计需要符合酒店的品牌形象，同时要与周围环境相协调。

②内部空间：酒店的内部空间设计需要考虑到客人的舒适感，并且要具有一定的美感。它应该充分考虑到客人的需求，例如空间大小、布局等，同时还要考虑到整体空气质量和采光等方面的问题。

③色彩搭配：色彩是酒店建筑空间美的重要组成部分，它可以影响人们的情绪和感受。酒店建筑的色彩搭配需要符合品牌形象，同时还要与周围环境相协调。

④装饰：酒店建筑的装饰是营造空间美的重要手段之一，它可以增强空间的美感和艺术性。酒店建筑的装饰需要考虑到品牌形象和客人的需求，同时还要符合环保和安全等方面的要求。

⑤灯光：灯光是酒店建筑空间美的重要组成部分，它可以营造出不同的氛围和感受。酒店建筑的灯光设计需要考虑到客人的需求，同时还要符合环保和安全等方面的要求。

（三）酒店建筑空间美的设计原则

①品牌形象：酒店建筑空间美的设计需要符合品牌形象，增强品牌形象的识别度。

②人性化：酒店建筑空间美的设计需要充分考虑到客人的需求和舒适感，让客人感到如家一般的舒适。

③融入环境：酒店建筑空间美的设计需要与周围环境相协调。

④艺术性：酒店建筑空间美的设计需要具有一定的艺术性，能够给人带来美的感受。

三、酒店空间美案例赏析——万豪酒店

万豪酒店以现代设计美学营造灵感旅居空间

伴随着 Bleisure 新型旅行形态的兴起和旅行者出行需求的变化，越来越多的新一代消费者在出行时希望同时满足商务和休闲两种需求体验。作为万豪旅享家旗下 30 个卓越酒店品牌之一，万豪酒店以摩登设计结合当地自然意境和地域人文，演绎品牌标志性的现代设计美学风格，同时巧妙平衡艺术美感与实用功能，为新一代旅行者打造灵活多变的旅居空间。近年来，万豪酒店旗下新开业酒店亦沿袭品牌现代设计美学，并运用到酒店各区域，包括大堂吧、客房空间、餐饮空间、万豪贵宾空间等，为宾客呈现"旅获自在"的居住体验。

（一）大堂空间

万豪酒店大堂吧日间出品咖啡甜点或是精致下午茶，为商务洽谈或休闲聚会提供时尚舒适之所。夜间则化身为活力涌动的酒吧，宾客可在此静享特调鸡尾酒，感受自在与轻松。不仅如此，大堂吧采用灵动的空间设计，助力宾客日晚间角色自由转换的同时，旗下酒店将地域人

文和自然风貌融入其中,打造在地文化体验。

深圳中洲万豪酒店作为万豪酒店品牌亚太区旗舰店,室内设计则回归南山之源,并将鱼米之乡中的藤编、渔具、荔枝花等元素融入其中。位于43楼的中空大堂吧随处可见岭南山海设计元素,山峦叠嶂的线条在墙面延展开来,大堂酒廊入口处的艺术品"奔马"以手工雕刻的方式表现出精神抖擞、豪气勃发,舒适的棉麻、皮革质地沙发及座椅更是带来惬意感受。当阳光穿过网格的玻璃外墙洒入大堂吧内,光影交错,让三五聚会和独酌时光都变得悠闲浪漫(图4.1)。

图4.1　深圳中洲万豪酒店大堂吧

(二)客房空间

万豪酒店始终致力于为宾客打造身心焕活且优雅舒适的入住体验。客房整体设计在时尚性、舒适性、功能性之间获得巧妙平衡,以简约现代的设计表达结合地域特色文化,带来流畅舒适的感官享受,同时设置了灵活的工作空间来满足宾客的不同需求。宾客还可通过万豪旅享家移动应用程序(Marriott Bonvoy App),轻松享受手机房卡、快速入住及退房等多项便捷服务,尽享数字化体验。

深圳中洲万豪酒店340间舒适客房延续岭南设计元素,将荔枝花元素用于皮革花纹墙面,并配备木质家私、意大利橡木实木地板、居家氛围感定制小圆桌与垂挂式吊灯,棉麻布艺休闲沙发,整体风格素雅清新。开放式客房及推拉式屏风则营造了一处灵活的空间,满足宾客工作、放松以及静心的需求。宾客可透过全景落地窗将海湾城市旖旎风光尽收眼底(图4.2)。

图4.2　深圳中洲万豪酒店豪华城市景观大床房

(三)餐饮空间

餐饮作为酒店的重要组成部分,万豪酒店旗下餐厅设计风格上突显酒店整体设计主题的同时,融入当地自然人文,和谐统一又各具风貌。

成都首座万豪酒店的莲中餐厅采用中式传统庭院的设计风格,以林木配色为基调搭配竹屏风隔断,仿佛置身川蜀山野的竹林之中(图4.3)。配合餐厅以本地新鲜食材烹制的经典川味和粤式美食,在感受美食的同时丰富了感官体验。

图 4.3　成都首座万豪酒店的莲中餐厅

（四）贵宾空间

万豪贵宾廊是为万豪旅享家白金卡会员、钛金卡会员、大使会员以及行政楼层宾客打造的专属场所，亦延续品牌现代美学的设计理念，结合地域自然境域，展现出各具特色的空间表达。这里不仅提供全天候美味餐饮，同时提供高效办理入住及退房服务，为商务旅客提供便捷舒适的尊享服务。

温州万豪酒店和盐城万豪酒店的万豪贵宾廊（图 4.4）均坐落于酒店顶层，前者可俯瞰瓯江壮丽美景，原木色与灰色的色调则营造出淡雅而舒适的氛围，错落有致的空间分区布局，宾客既可在此享受悠闲的小酌时光，也可以选择开放式工作区域灵活办公，或与商务伙伴共享轻松时刻。盐城万豪酒店亦延续品牌设计风格，为贵宾打造了一处融专注工作、放松休息及享用美食于一体的摩登专属空间。

（a）温州万豪酒店万豪贵宾廊　　　　　　　　　　（b）盐城万豪酒店万豪贵宾廊

图 4.4　万豪贵宾廊实景

秦皇岛万豪度假酒店的万豪贵宾廊则为宾客呈现窗外海天辽阔的壮丽景致，室内空间中米灰色调里加入一抹深邃蓝，仿佛引导客人进入宁静的海洋（图 4.5）。墙面、家具以及天花板的水波装置以弧形互作呼应，增加整个空间的流动感。

图 4.5 秦皇岛万豪度假酒店万豪贵宾廊效果

【知识链接】

中式建筑空间美学

中国传统建筑的空间美,体现在室内空间与室外空间交替运用产生的虚实明暗的空间节奏感,又体现在建筑内部空间组织分隔产生的丰富的空间流动美。这种建筑室内空间的组织和划分与传统建筑的结构模式有很大的关系。

中式建筑积累了其他建筑体系所不及的无比丰富的创作经验,原因是建筑设计与结构设计结合在一起而产生的一种标准化的平面的结果,室内房间的分隔和组织并没有纳入建筑平面的设计之内,内部的分隔完全在一个既定的建筑平面中来考虑。

正是这种传统的木框架结构,除了围护用的外墙,室内的墙壁并不承重,赋予了建筑内部空间处理极大的灵活性,使人们可以按照需要在一个大屋顶下任意划分出多个不同用途的室内空间。如此长期以来形成了独特的室内空间的划分方式。

传统室内空间讲求的是"围"与"透",一是由于自古人们开始便围造一些场所用以庇护;二是人们努力地想摆脱有限空间的桎梏,千方百计地回到大自然中去,正如前述"天人合一"的思想所致。于是人们便使用各种手法使这矛盾的二者达到统一。其中手法之一便是使用借景,使室内、外空间相互渗透,把室外的景物引入室内,通过门、窗、洞等向自然外界取景来补。

另一方面,在室内利用各种形式的隔断和家具等形成似分非分、似隔非隔的空间关系,取得围中有透、空间中有空间的趣味,从而在围造出的有限空间中体会无限空间的感觉。围与透、虚与实是我国古代建筑的基本设计思想,墙是建筑中实的部分,而门、窗、洞、廊等则属虚的部分。它们与实墙之间形成虚实对比、围透对比,而介于这明确的虚实之间,起到过渡作用的就是格门、罩、隔断、屏风、博古架等设施和家具。在我国传统室内空间,这样的手法既可以分隔空间,又可以增加空间的层次变化。

【本章小结】

　　通过本章节的学习应该了解到建筑不是孤立的实体，它必须与环境对话，让人们感受和谐的空间环境之美。就酒店建筑来说，它也和其他建筑一样，都要以人为中心，协调"建筑——人——环境"的关系，它对内要向游人开放，对外要向环境开放，把自己融合到周围的环境中去。酒店建筑既要使人感受到自然之美，还要体现历史文化特色。在实际应用中，需要悉心研究周围的环境，要有意识地创造出有自然生态的、时代的、个性的环境，以适应现代旅游者追求人与自然契合的心态，追求深层次心理的感情的交流和陶冶，追求美和美感的享受。

【复习与思考】

1. 酒店建筑造型的新趋势有哪些？
2. 酒店建设和环境保护如何实现平衡？
3. 酒店还有哪些空间容易被闲置、浪费？该如何利用？
4. 如果给你足够的资本，让你做一家理想的酒店，你会在哪里建？如何建？

【实践与拓展】

一、实践要求

　　亲身去至少五家不同类型的五星级酒店或者价格不低于五星级酒店的民宿，用所学知识观察其建筑之美，并完成一篇不少于3000字的实践报告。

二、拓展学习

乡村民宿设计案例

　　近年来，中国的改造项目逐渐增多，而项目的主题，也逐渐从城市向乡村过渡。然而我们所遇到的乡村，已经不再是传统的乡村，它本质上更多的是城市人视角的乡村和满足城市人想象的乡村。在这样一种大环境下，民宿这种建筑类型，则成为了城市生活介入乡村发展的一种极为方便的载体，它所满足的，是城市人对乡村生活的想象。下面介绍两家乡村民宿设计的成功案例。

洛奇·溪堂民宿酒店
　　项目坐落在天津蓟州区郭家沟村落的中心，南北各有一片自然水面，西邻大山，东临村落。在项目场地和东边村落间隔着一大块空地和一条主干道，村落内部的道路呈扇形分布并最终汇集到这块空地。现状楼群是青瓦坡屋顶、灰砖墙体承重的单层建筑，项目最大限度地尊重了现有条件,对建筑主体结构及材质进行了保留甚至凸显,在此基础上,置入了钢结构白色方盒子、玻璃幕墙、木格栅等现代材质及形体,以求得新与旧之间的平衡和融合。

鸟瞰视角下的秩序感和拼贴感,寻求新旧关系的对话。在公共空间区域中,项目对广场及入口做了三个处理:①引入静水面,形成不同亲水方式,激活广场的公共活动性。②主立面采用新旧材质形成层次丰富的拼贴效果。③将主入口处理成一个空间以及框景器,供人茶歇休息及提供引入性。中庭是一个双重属性的空间。当茶室和主入口的门关闭的时候,它是一个可举办集会活动的内院;当门打开时,它是入口广场的内向延伸。后山以景观处理为主,这里有一个供人休息观景的露台,还有人造山水景观作为露台和自然山色间的过渡,对自然景观以还原保留为主。洛奇·溪堂民宿酒店如图4.6所示。

(a)建筑鸟瞰　　　　　　　　　　　　(b)俯瞰建筑

(c)酒店外观　　　　　　　　　　　　(d)酒店入口

图4.6　洛奇·溪堂民宿酒店

大乐之野·谷舍精品民宿

柿林古村,属浙东峡谷地貌,光照和雨水充沛,地表植被多样且覆盖率高。柿子、樱花、竹笋、茶叶是古村重要的经济农作物。四面环山,独特的地理位置让这个有着八百年历史的古村更具神秘感。古村一直以厚重而交织的底蕴与纹理探寻蹊径,希望通过一个个精品民宿的建成带动其旅游产业的发展。

大乐之野·谷舍精品民宿选址于柿林古村,室内设计由DAS Lab设计完成。该项目地形是典型的高山台地,四周高山峡谷,中间岗连坡平。俯瞰周边景观,独特的地理位置使场地内的自然景观丰富多样。建筑群的布局是类似"卫城"的设计手法,保证了内部活动空间的安全感。22间客房的开窗均朝向外围,留给室内的是直面外部的自然景观。大乐之野·谷舍精品民宿如图4.7所示。

（a）建筑概览

（b）建筑外观

图4.7 大乐之野·谷舍精品民宿

（资料来源:筑龙学社网站）

第五章 酒店器皿之美

【教学目标】

1.知识目标

(1)了解中国传统饮食器皿在不同时期的美学风格;

(2)掌握现代饮食器皿的美学风格和实用美学原则;

(3)掌握饮食器皿与文化的关系;

(4)掌握酒店餐饮与器皿的搭配。

2.能力目标

能鉴赏各地酒店器皿之美,并运用所学知识,进行简单的饮食与器皿的搭配,思考色彩美及器皿搭配对饮食的美学影响。

3.素质目标

提高学生的酒店器皿审美素养,培养学生良好的酒店器皿审美习惯,引导学生对器皿美与酒店餐饮美的完美结合进行创新思考。

【关键词】

器皿与文化的关系;餐饮与器皿的搭配

引　言

中华美食文化源远流长,璀璨辉煌。与美食文化的发展相伴的餐饮器皿,从远古时期到21世纪的今天,经历了翻天覆地的变化。餐饮器皿与美食犹如琴身与琴弦,彼此密不可分。只有器皿与饮食完美的搭配才能奏出美食的乐章,挑动消费者的味蕾。中国人讲究把美食与美好的器具有机结合,不同的食物配不同的器具,既方便食用,又相映成趣,在两者的结合中,食物和器具本身的美都得以充分展现,优美的食物造型配上相得益彰的餐具,更衬托出菜品的美。为更深入了解饮食器皿的美学价值,本章节从中国传统饮食器皿在不同时期的美学风格、现代饮食器皿的美学风格、现代饮食器皿使用的美学原则、烹饪餐具美的实用艺术等方面,就如何正确地使用饮食器皿给顾客以美的享受进行分析。

第一节　中国传统饮食器皿

我国传统饮食器皿不仅在烹饪宴饮活动中有着不可或缺的实用价值,而且具有很高的艺术价值。纵观传统饮食器皿演进的历程,作为一种社会文化的表征,其审美形式感和实用性从不分离。本节内容主要是通过对不同种类的传统饮食器皿的学习,来探寻其美的内涵。

一、玉器

中国玉文化源远流长,距今已有 7000 年的辉煌历史。玉在中国文化中有特殊的位置。玉质纯净坚硬,在历代中国人心目中,象征着至高至上的美。玉器最初为实用工具,至商代以前被作为礼器,尔后数千年间,其使用价值发生了历史性的转变,由上古时期占主导地位的礼仪玉、殉葬玉,趋向用于实际生活的生活用具(其中包括饮食器皿)。古人相信用玉制作的食器可以避毒,故玉器中碗、盘、杯、壶等饮食器皿较多。由于历代玉材的不同,处理技法不同,加上审美情趣、风俗的不同,其美学风格也是不同的。

(一)原始玉器时期

该时期主要有两种风格,即良渚玉器、红山玉器。这一时期作为饮食器皿出土的玉器较少见。

①良渚玉器:以大取胜,造型对称均衡,深沉严谨,形式多样。

②红山玉器:以精巧见长,精于运用玉材,追求形象"神似"。

(二)夏、商、西周时期

出现了仿青铜彝的饮食器皿如碧玉簋、青玉簋等。其美学风格从总体上看,由起初的表现为活泼多样的形式而发展到有点呆板、过于规矩的形式,这与当时的社会宗法、礼俗制度不无关系。

(三)春秋、战国时期

玉器已经成为上层社会生活中不可缺少的一类器物,尤体现在玉佩饰品上,成了权力、道德礼仪的象征。这一时期的玉器造型崇尚自然写实,纹饰古朴、典雅而华丽,具有较强的时代特征。作为饮食器皿出土的有玉杯(图5.1)、玉碗(图5.2)、玉盘等。

图 5.1　玉杯

图 5.2　玉碗

(四)秦汉时期

这一时期的玉器具有豪放浑厚的艺术风格,制品充满动态和灵气,普遍动用镂空技术。作为饮食器皿,出土了玉樽(图5.3)等。

(五)魏晋南北朝时期

早期玉器的美术价值和礼仪观念在这段时期消失殆尽,没有很好地发展。作为饮食器皿出土了玉杯等。

图 5.3 玉樽

（六）隋唐、五代时期

这一时期的玉器造型既有自然新鲜的活力，又呈现富丽堂皇的艺术风格。唐代的装饰风格以写实的花鸟为基础。出土的八瓣花纹玉杯（图 5.4）、兽首形玛瑙杯（图 5.5）均作为当时的饮食器皿而使用。

图 5.4 八瓣花纹玉杯

图 5.5 兽首形玛瑙杯

（七）宋、元、明、清时期

这一时期的玉器体现了敦厚庄重的艺术风格。宋、辽、金时期，玉器实用装饰占据了重要地位，玉器在这个时期更接近现实生活；元代玉器采取超高技法，颇具元人雄健豪迈之气魄；明清时期是中国玉器的鼎盛时期，作为饮食器皿的茶酒具十分盛行，其使用之广也是前所未有的。作为饮食器皿出土的有：宋代玉荷叶杯、明代玉盘、清代菊瓣形玉盘（图 5.6）等。

图 5.6 菊瓣形玉盘

二、青铜器

青铜器作为我国独具特色的传统文化艺术源远流长，从历史发展的角度看，青铜器经历了两个高峰。

殷墟出土的商代青铜器是中国古代青铜器发展史上的第一个高峰。

春秋中期到战国中期是中国古代青铜器发展史上的第二个高峰。

从出土的青铜器看，饮食器皿占据很大的比例，由于当时青铜铸造业全部被王室、贵族所占有，权贵们用吉金盛肉，用簋（或敦）盛黍稷稻粱，用盘、匜盛水，用爵、樽盛酒。他们将用吉金"以蒸以尝""以食以享"演绎为权力的象征，从而大大发展丰富了饮食器皿。

（一）夏（二里头文化时期）

青铜器已从铸造简单的工具、兵器发展到比较复杂的空体容器，作为饮食器皿，出土了爵、斝等，见图5.7。

（a）（二里头文化）乳钉纹爵

（b）饕餮纹斝

（c）饕餮纹簋

（d）镂空雷纹觚　　　　　　　　　（e）饕餮纹卣

图5.7　夏时期青铜器

（二）商（二里岗时期）

作为饮食器皿出土的容器是薄胎的。

（三）殷墟时期

作为饮食器皿出土的容器是厚胎的。

（四）商代

商代青铜器礼器是以酒器（觚、爵）为核心的"重酒组合"，其美学风格崇尚华丽繁缛、雍容堂皇。作为饮食器皿出土的食器：簋；酒器：觚、爵、斝、角、樽、卣、壶、罍；水器：磐、盉。见图5.8。

（a）饕餮纹罍　　　　　　　　　　（b）饕餮纹盉

图5.8　商代青铜器

（五）西周

西周青铜器礼器是以食器(鼎、簋)为核心的"重食组合"。其美学风格渐趋简朴、大方,定型化、程式化显著。作为饮食器皿出土的食器除上面提到的还有簋、盨、盘;水器:匜、觥、彝(图5.9)。

(a)鸟柱盘 　　　　　　　　(b)水陆攻战纹鉴

(c)鸟盖壶 　　　　　　　　(d)重环纹豆

图5.9　西周青铜器

（六）春秋战国时期

青铜器的地方性显著加强,呈现多种风格争奇斗艳的新形式。北方表现为雄浑凝重,南方表现为秀丽清新。作为饮食器皿出土了敦等,见图5.10。

(a)令方彝

(b)铜簠　　　　　　　　　　　　　　　(c)铜敦

图 5.10　春秋战国时期青铜器

（七）秦汉时期

秦汉时期青铜器形制固定化，变化不多，崇尚实用，更趋朴素轻巧的美学风格。过去的觚、爵、斝等饮食器皿逐渐被淘汰，取而代之的新品种、新造型，大多是有利于实际生活需要的，同时也沿用了一批传统饮食器皿，如鼎、壶、盘、盂、盏、豆等。其造型装饰在原有的基础上有所发展，因而具有新的风格特点。

三、金银器

作为饮食器皿出土的金银器，多供封建帝王享用美食时专用，是为适应当时封建统治阶级的奢侈生活和当时社会上的浮华奢靡风尚的需要而打造的，直到今天仍占有很重要的地位。

（一）秦汉以前

金银器工艺承袭青铜器风格装饰繁缛华美，造型富丽典雅，作为饮食器皿出土了：金盏、金杯、流金刻花银盘等，见图 5.11。

(a)战国 金盏　　　　　　　　　　　　(b)战国 楚国银匜

图 5.11　战国时期金银器

（二）唐代

唐代是我国金银器制作的繁荣期，出土了大量日常生活用具。作为饮食器皿，出土了碗、盘、壶、觥、觞、酒筹、筒、茶托、碟、锅、盆、茶罗子、茶碾子等金银器（图 5.12），这一时期崇尚造型优美、纹饰富丽的美学风格。

(a)唐 八棱金杯

(b)唐 银杯

(c)唐 刻花赤金碗

(d)唐 银壶

(e)唐 银盘

(f)唐 银羽觞

图5.12　唐代金银器

（三）宋代

宋代金银器广泛使用，并已商品化。不仅皇室宫廷、富商巨贾享用，甚至上层庶民和酒肆妓馆的饮食器皿都使用金银器，其风格一改唐代之风，崇尚素雅大方，器物朴实无华，器体比例均衡，秀丽潇洒，无矫揉造作之弊，给人以恬静、舒畅的美感。作为饮食器皿出土的有鎏金银八角杯、菱花银盘等(图 5.13)。

（a）宋 银托杯

（b）宋 银壶

图 5.13　宋代银器

（四）元、明、清时期

　　这段时期的金银器有着极为鲜明的时代特征、民族特点和宗教色彩。金银器风格与宋代大体近似,只是器皿轮廓的棱角更为突兀,令人有繁花似锦之感。到了清代,金银器工艺空前发展,崇尚纤巧华丽的装饰风格,出土了大量饮食器皿的金银器,如:盘、碟、杯、壶、匜、碗、盂、鼎、爵、犀、斝等,见图 5.14。

（a）元 银盘

（b）明 金盂

（c）明 银鼎

（d）明 银爵

（e）清 金嵌珠錾花杯

图 5.14　元、明、清时期金银器

四、漆器

在人类历史上发展并使用天然漆是中国人始创,漆器具有比青铜器、陶器优越得多的实用和审美方面的特点——轻便、耐用、防腐蚀,可以彩绘装饰等。早在六七千年前的河姆渡文化时期,漆器就已作为饮食器皿出现,制造了漆碗。时至春秋战国,作为饮食器皿的漆皿在许多生活领域逐渐取代了青铜器皿,出土的饮食器皿有豆、盘、杯、樽、壶等。其风格具有简朴洗练的艺术效果。

（一）秦汉时期

此时的漆器比铜器贵重,被视作奢侈的表现,崇尚典雅、淳朴、富丽、庄重的美学风格。作为饮食器皿,出土了耳杯、云纹漆案及杯盘、漆奁等,见图5.15（a）。

（二）西晋时期

此时期的漆器出土很少。据考证,作为饮食器皿的漆器让位于瓷器,由日常生活用具转向工艺品发展,见图5.15（b）。

（三）宋代

漆器发展至宋代,值得一提的是市面上流行的"光素漆器",其崇尚质朴无华的美学风格,以制作实用的生活器皿为主,作为饮食器皿出土了碗、盆、盘、杯、盏等,见图5.15（c）、（d）。

（a）凤鸟形双联漆杯　　　　　　　（b）彩漆鸳鸯禾雕豆人

（c）漆盘

（d）素漆托盏

图 5.15　漆器

五、陶器

从陶器出现以后的漫长历程看,它不仅逐渐成为人类生活中的多功能的器物,尤其反映在饮食器皿上,对于烹煮食物,改善生活,确是开辟了一个新纪元,而且它还发展和产生了存在于社会和生活中的实用美学。"具有感情色彩的样式,萌生于动物的造型和装饰以及线条与色彩的美。"其中,作为饮食器皿的陶器,它所显示的不只是它丰富的艺术表现力,更多反映的是一种服务于人类饮食的实用美。在人类漫长的历史长河里,陶器是人类主要的生活用具,作为饮食器皿沿袭至今。

陶器按制作手法和表现的装饰风格可分为:彩陶、黑陶、红陶、灰陶、白陶、印纹陶等。按地区和文化类型可作如下分类。

（一）黄河流域

①仰韶文化:开创了彩陶的先河,器形样式繁多,作为饮食器皿的有:钵、碗、杯、豆等。其特点:古朴、雅拙、图案变化丰富。见图 5.16（a）、（b）。

②马家窑文化:器形主要有盆、钵等。其特点是:图案绚丽对称,优美流畅,不拘繁缛的花纹风格,花纹全为黑色,遍布器物内外,有满、平、匀的装饰美。见图 5.16（c）。

③大汶口文化:器形有豆、壶、杯、盂、钵等。其特点是:色彩鲜明,绚丽灿烂,彩绘纹样图案多用复色,别具一格。见图 5.16（d）、（e）、（f）。

④龙山文化:器形以鼎最多,另外还有壶、豆、杯。多出土黑陶,以蛋壳黑陶为代表。其特点为:器壁薄而均匀,装饰简朴,不以纹饰为重,以造型见长。见图 5.16（g）、（h）(i)、（j）。

（a）猪纹钵

（b）陶鹰樽

(c)舞蹈纹彩陶盆

(d)陶猪形鬶

(e)八角星纹彩陶豆

(f)宽鋬蒂流黑陶杯

(g)陶鬶

(h)陶杯

(i)彩绘陶鼎

(j)几何纹白陶瓶

图 5.16　黄河流域陶器

（二）长江流域

①河姆渡文化：器形以钵为多。其特点是：陶质比较单一，器形较粗厚。

②屈家岭文化：以彩陶纹路和薄胎彩陶最具特色，器形有碗、杯、足壶等。

③良渚文化：泥质黑陶是良渚文化中最具有特征的器物。器形有双鼻壶、豆、盘、樽、篮等。其特点是器物造型饱满、轻盈优美。

④商、周时期：商代的制陶手工业，在上承新石器时代制陶技术的基础上，又有了很大发展，其晚期刻纹白陶的创制和使用，是制陶工艺的新成就，具有素净细腻的美学风格，为以后制瓷业的发展奠定了物质基础。白陶作为生活用具是理想的宴饮器皿，作为饮食器皿，出土了几何纹陶瓶、黑陶杯等。

⑤宋代：北宋时期兴起的紫砂陶器在近百年的陶瓷发展过程中独领风骚，至今犹为人们所喜爱和乐道，发展至明代逐渐出现了集陶艺、诗词、书法与篆刻为一体的茶具，成为茶文化的组成部分。这一时期作为饮食器皿，出土了壶、杯、罐等，见图5.17。

（a）大彬收提梁紫砂壶　　　　　（b）紫砂桃形杯

图5.17　长江流域陶器

六、瓷器

瓷器是我国古代劳动人民的伟大发明之一。瓷器的诞生在中国文明史上具有重要意义，由于其价廉物美的特性，使其成为与人们关系最密切的日常生活用具，尤其作为饮食器皿得到广泛使用。其美学价值中具有世界上无与伦比的悠久历史传统和自身发展的特性。我国古代各个时期的精美瓷器见图5.18。

（一）商代——东汉时期

历史上把这一时期称为瓷器的发生期。其制品称为"原始瓷"，已具备了成熟瓷器的某些特征：胎骨坚实呈灰白色，击之有铿锵声。其风格表现为朴素、雅致而有力度。作为饮食器皿，出土了青釉大口梅、青釉印纹筒形罐等。

（二）魏晋南北朝时期

这一时期突出表现在青瓷器上，具有典雅秀丽、温润柔和的美学风格。器皿造型独具特色，既饱满浑厚，又端庄挺秀，突出表现了这一时期的时代风貌。作为饮食器皿，出土了碗、壶、罐等。

（三）唐代

这一时期主要表现为以邢窑①为代表的白瓷(是一种胎色洁白、袖色白净的瓷器,具有素净莹润的特点)和以越窑②为代表的青瓷(具有胎体细薄、釉色青绿光滑的特点),有"南青北白"的显著特征。其风格给人以圆浑饱满的观感,精巧而有气魄,单纯而有变化。作为饮食器皿,出土了碗、盘、碟、壶、杯、盆、水盂、缸等。

（四）宋代

宋代是我国制瓷史上空前繁荣的时期,打破了唐代青、白瓷的单纯色调,在陶瓷美学方面开辟了一个新的境界。其追求质朴无华、平淡自然、清逸典雅的美学风格。

1. 官窑和民窑的审美情趣比较

官窑追求清雅,融合自然,其色素是冷性,具有幽玄、寂谧的感应,适应于当时的道学。

民窑追求朴实豪放,大气磅礴,有一种生机蓬勃的色性。

另外,官窑的青色釉和民窑的多彩色釉相比以及纹饰相比自有简与繁、冷与热、内涵与外扬等各种的悬殊。形成两种对立的艺术风格。

2. 宋代五大名窑的美学风格

①钧窑:在今河南省禹州市,古代称钧州,故名。以烧制色釉"窑变"为其特色。其出品造型质朴端庄,釉色红蓝相间,釉质凝练含蓄,表现出凝重的质感和含蕴的美学风格。

②定窑:在今河北省曲阳县,古代属定州,故名。以烧乳白色瓷器为主,形制多样,素面装饰,创造了图案工整严谨的印花工艺,表现出清新典雅的审美情趣。

③汝窑:在今河南省汝州市,古称汝州,故名。釉面透亮,满釉支钉支烧,表现出单纯、明朗清逸的艺术效果。

④官窑:宫廷自置瓷窑烧造,故名。其特征与汝窑器相似,崇尚朴素无饰的美学风格。

⑤哥窑:表现为两大特点——一是纹片(又称开片,即釉面裂纹);二是紫口铁足。其具有不同风格的装饰效果。这一时期作为饮食器皿出土了樽、盆、奁、盘、碟、碗等。

（五）元代

青花瓷的出现,开辟了中国瓷器工艺的一个新纪元,具有着色力强、发色鲜艳、明净的特点。青花瓷最适合制作餐具、茶具等生活用器。其美学风格表现:深厚、丰满、朴实、端庄、稳重、雅致。作为饮食器皿,出土了盘、碗、高足杯等。

（六）明、清时期

彩瓷的出现使瓷器的发展进入黄金时代,是我国四千年来的瓷器艺术的一个总结,彩瓷先后经历了青花五彩(色彩浓艳,填笔简朴自然)、斗彩(胎质细腻洁白,莹润如脂,彩色柔和艳美)、康熙五彩(色彩厚实、浓艳)、珐琅彩(瓷胎画珐琅,色泽鲜艳明亮,花纹绚丽典雅)、粉彩(色彩带粉,有柔和的效果),其崇尚精细俗艳的美学风格。作为饮食器皿,出土了杯、碗、盘、壶等。其中有不少器形都是精心设计而成的,结构合理、庄重大方。构成了清新明快、幽靓雅致、自然豪放的艺术风格。

---

① 邢窑窑址在今河北省邢台市。

② 越窑窑址在今浙江省余姚、绍兴和上虞一带。

(a)青釉大口樽　　　　　　　　(b)青釉弦纹把杯

(c)秘色瓷盘　　　　　　　　　(d)钧窑樽

(e)宜德青花纹高足杯　　　　　　(f)永乐青花压手杯

（g）官窑盘　　　　　　　　　（h）宣德青花盘

（i）盖豆　　　　　　　　　（j）天启青花觚

（k）成化斗彩葡萄杯　　　　　（l）康熙五彩花鸟纹茶壶

图 5.18　瓷器

第二节 现代饮食器皿实用美学

一、现代饮食器皿的美学风格

从演进历程看,饮食器皿经历了由起初的注重实用到后来的实用兼顾美观的发展过程。它作为一种社会文化的象征,已经成为饮食业不可缺少的具有实用功能的装饰陈设品,出现在酒店的餐桌上,将美传达给人们。现代饮食器皿具有鲜明的特质,它属于设计文化和饮食文化结合形成的一种新的文化现象,有着特定的功利属性。现代饮食器皿的造型意识、加工手段、材料运用必须满足现代人使用的要求,同时还要适应人们的审美习惯,因此,形成了独立的审美特征。其主要表现在这几个方面。

(一)对现代科技的运用呈现了一种技术美

科学技术的发展,为饮食器皿开拓了宽广的前景。运用现代工艺技术、新材料,制作出了花色品种繁多的现代饮食器皿,如水晶玻璃、搪瓷、塑料、金属等饮食器皿,构成了饮食器皿丰富多彩的艺术风格,其发展逐步趋向标准化、通用化。

(二)对传统的继承与创新表现了一种创造美

饮食器皿在我国有着丰富的宝贵遗产和优良传统,随着社会主义经济的不断发展,人民生活水平的不断提高,人们的审美情趣也发生了改变,从而出现了能反映现代风尚的多种多样的饮食器皿。它们无论在造型设计意识,还是装饰配置方面,都已适应了现代社会中人们的审美要求。如追求富丽堂皇风格的仿金银饮食器皿,追求简朴、大方风格的不锈钢饮食器皿等,在传统的基础上有了很大发展,呈现出了现代饮食器皿的繁荣景象,可以说它们是劳动人民智慧的结晶。

(三)美学和实践的结合运用体现了一种功能美

由于现代人审美要求的不断提高,在使用饮食器皿的同时要求获取美的享受。现代饮食器皿表现出了高度审美功能和明确的使用功能的完美结合,加强了对现代造型意识的设计处理,并力求通过运用美学和实践结合的原则增强其造型的生动感,达到良好的功能性和艺术美感的和谐统一,这是现代饮食器皿的一个发展方向。

二、饮食器皿的实用美学原则

饮食器皿的实用美学原则,是指酒店按照美的规律,在饮食器皿之间,饮食器皿与菜点、餐厅环境、服务人员之间协调配合以创造美的原则。

(一)饮食器皿之间的协调配合

饮食器皿之间的协调配合应遵循多样统一的原则。作为饮食器皿的食具、酒具、茶具的形态、色彩不同,多种多样,我们在使用时的关键问题是如何达到"统一",所以在使用时应尽量做到成套组合。如不配套,应注意做到以下几点:

①达到食具与酒具、茶具造型风格上的统一。具体方法是:采取整体造型统一的形式组合,求得统一;采取按品种统一造型的办法,予以处理。

②达到食具与酒具、茶具装饰风格上的统一。具体方法是:采用图案花样相同的形式,求得统一;采用装饰形式、装饰部位和色调一致的方法,求得统一。

(二)食具与菜点的协调配合

食具可以说是为菜点服务的,其造型装饰也是多样的,其与菜点的配合应做到以下几点。

①食具造型与菜点造型的配合应遵循适形造型原则,应符合食者的视觉效果。具体应做到:菜点造型形态要适应食具造型形状,菜点占有空间的体积要适合食具造型的容积。

②食具的图案形式与菜点图案的配合应遵循变化统一的原则,既要表现餐具的图案美,又要突出菜点的造型美。具体方法有四种。一是中心图案式食具与菜点造型的配合,应以突出食具中心图案为主。有的可以不显示食具中心图案,但装配的菜点仍具有突出中心图案的作用。二是边框图案式食具与菜点造型的配合。应以强调突出食具边缘图案的装饰围边作用为主,装配的菜点图案纹样要适合食具边缘图案的纹样。三是自由式图案食具与菜点造型的配合。自由式图案食具分为两类:第一类为无纹样清一色的餐具;第二类是布满图案纹样餐具,在与菜点造型的配合上,前一类装配菜点时不受食具图案的限制,可随意处理,菜点图案形式只求适合食具外形。四是装配的菜点形式的图案从内容和形式上都要适合食具的图案。如云纹盘在菜点造型图案的选择上要与云纹相结合,菜点造型选择龙凤图案等。

③食具色调与菜点色调的配合应遵循对比调和的美学原则,具体方法是:浅色调食具应装配深色调菜点,深色调食具应装配浅色调菜点,花色调食具应装配单一色调菜点,单一色调食具应装配花色调菜点。

(三)饮食器皿与餐厅环境风格的协调配合

饮食器皿作为酒店的环境艺术中的一部分。在使用时,应遵循饮食器皿与餐厅家具陈设,室内装饰美学风格上的统一。具体应做到这两点:饮食器皿与餐厅环境风格的民俗性统一,饮食器皿与餐厅环境风格的装饰性统一。

(四)饮食器皿与人的协调配合

饮食器皿的美学风格应尽量与服务人员的服饰风格一致,并与进餐人员的审美修养契合。饮食器皿与服务人员的服饰风格应根据宴席的风格来定,并注意餐厅环境风格的选择。由于服装种类、样式、花色繁多,在与饮食器皿的配合上具体应做到:传统风格的一致性,如仿古饮食器皿配仿古服饰;现代风格的一致性,如现代饮食器皿配现代服饰。

三、烹饪餐具美的实用艺术

"美食必美器"。烹饪餐具作为美化烹饪菜点的主要饮食器皿,有其复杂的造型装饰。学习烹饪餐具造型装饰形式美各方面的知识,是为了很好地掌握它,用来指导烹饪工艺具体实践。下面从烹饪餐具造型装饰与菜点的配合关系上阐述。

(一)烹饪餐具造型分类

烹饪餐具按其图案结构(几何形)法则分为两类:一是规则造型的烹饪餐具;二是不规则造型的烹饪餐具。

①规则造型的烹饪餐具:形状符合对称和均衡法则,有一定的规律,属于对称造型,包括盘、碗、碟等,见图5.19。

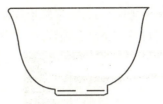

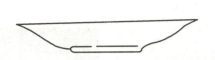

图 5.19　规则造型的烹饪餐具

②不规则造型的烹饪餐具:形状无一定规律,属不对称造型,包括异形餐具、象形餐具等,见图 5.20。

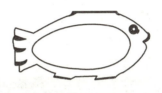

图 5.20　不规则造型的烹饪餐具

(二)几种常用烹饪餐具造型与菜点的配合

1.碗类造型与菜点的配合

碗类造型有两种分类方式。

①从实用角度可分为无盖碗、盖碗两类,见图 5.21。

无盖碗

盖碗

图 5.21　无盖碗、盖碗

②从造型结构上分为几何形碗类造型和自然形碗类造型。

几何形碗类造型:以对称几何形体(主要以图形)为主,属规则造型的烹饪餐具。此类碗的外形单纯,变化体现在碗壁上,包括饭碗、汤碗等,见图 5.22。

图 5.22　饭碗、汤碗

自然形碗类造型:自然形碗也称象形碗,是依据自然界中的形象成型的,属不规则造型的烹饪餐具,包括罗汉碗、金钟碗、(十二生肖)碗类等,见图5.23。

图5.23　自然形碗

碗类造型与烹饪菜点造型的配合要点如下。

①菜点占有空间的体积要适合碗类造型的容积,以饱满适中为宜。

②菜点形状可依据碗类造型成形,如菜点扣碗成形,见图5.24。

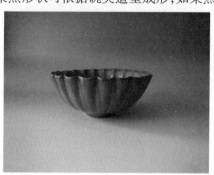

图5.24　菜点形状可依据碗类造型成形

2.盘类造型与菜点造型的配合

盘类造型有两种分类方式。

①从实用角度可分为浅盘(平盘)和深盘(汤盘)两类,见图5.25。

(a)浅盘　　　　　　　　　　　(b)深盘

图5.25　餐盘、深盘

②从造型结构角度可分为几何形盘类造型和自然形盘类造型。

a.几何形盘类造型:以对称、均衡几何形体为主,属规则造型的烹饪餐具。其变化体现在盘口上。主要包括圆形盘、椭圆形盘、多角形盘等,见图5.26。

图5.26　几何形盘类造型

　　b. 自然形盘类造型:属不规则造型的烹饪餐具,其造型多取自自然界的形象,包括鱼形盘、花形盘、果形盘等,见图5.27。

图5.27　自然形盘类造型

　　盘类造型与烹饪菜点造型的配合要求:菜点造型形态要适应盘类造型形状,属几何形造型的菜点应选用几何形盘类,以求得统一美的图案效果;属象形造型的菜点应选用与之外形相近的餐具造型,以适合外形的要求。见图5.28。

图5.28　菜点造型与盘类造型相匹配

　　菜点造型堆积的高度应不超过该盘类餐具最长直径的1/3为好,以符合食者的视觉效果。

（三）作为烹饪餐具使用的锅类造型与菜点造型的配合

　　作为烹饪餐具使用的锅类造型有两种分类方式。

从实用角度主要包括:汤锅、火锅、汽锅、砂锅等。

从造型结构角度分为:几何形锅类造型和象形锅类造型。

①几何形锅类造型:以对称几何形体(火锅、汽锅、砂锅)为主,属规则造型的烹饪餐具。

②象形锅类造型:造型来自于自然界的形象,属不规则造型的烹饪餐具,主要是指汤锅。其变化多见盖上,如鱼形汤锅。

作为烹饪餐具的锅类造型与菜点造型的配合要点如下:

菜点造型占有餐具的空间以饱满适中为宜,并应考虑到加热时对菜点造型的影响。菜点造型多以图案形式出现。

【知识链接】

清代皇后用的黄瓷暗云龙纹碗,里外全黄。明清两代,黄色所具有的极为特殊的象征意义被皇室尤为看重,使用上则有更为严格的限制。黄釉瓷器属宫廷专用瓷,釉彩、胎质都要求极高,也因此成为中国古代颜色釉瓷器中最具贵族气质的一朵奇葩。

常在在清代后宫嫔妃中位级较低,她们所用的瓷器是一律的"五彩红龙"盘、碟、碗,如五彩红龙瓷碗。宫中瓷器的配额在颜色、纹饰和数量上都有严格的等级,从皇后到常在逐级递减,所以,她们用的碗又被叫作"位份碗"。

清代宫廷饮食有严格的等级制度,宴馔的品种、用餐的食器要体现吃饭的人身份、地位的高低,即使过年家宴仍不能有丝毫僭越。比如皇帝要用金龙盘、金龙碗、金勺、金箸;皇后用里外全黄的暗云龙纹盘碗,金勺、金箸。贵妃及以下就无权用金餐具了,要用"位份碗"来表示各自的等级身份:贵妃、妃用黄地绿龙盘碗,嫔用蓝地黄龙盘碗,贵人用酱地蓝龙盘碗,常在用五彩云龙盘碗。

中国饮食文化,不论是美食还是美器,到清代已然发展到巅峰。食与器的结合近乎完美,尤其是宫廷饮食,食物的"器"与"形"之间的调配,其核心是要体现出一个符合"礼"之规范的仪礼庄重之"美",从食器的质地、造型、使用,到各种筵宴的规格、座次,包括食具的安排,均按森严的等级与伦理规范来操作。有意思的是,中国封建社会最后一个王朝的宫廷饮食对"礼"的看重,似乎是对千年前食文化开端的呼应,是一种对中华几千年食文化的回归,抑或是一种哲学意味上的螺旋式上升?

纵观中国几千年的饮食文化史,从"吃"的本能所推动的器皿的产生,到吃的文化所促进的各类精致器物制造工艺的发展,以及先民们对吃所蕴含的天赐生存之意义的敬畏,导致中国文化核心之一"礼"的诞生——一个"吃"字,不简单。(节选自《中华遗产》2010年第2期 撰文/苑洪琪 供图/故宫博物院)

【本章小结】

通过本章节的学习应该了解到饮食器皿作为日常生活实用器皿在现代生活中占据重要地位,它们内在具有的历史、艺术、科学、实用的价值,将随着社会的进步发展,逐渐被人们所认识、利用。在使用饮食器皿的过程中,其优美的造型、和谐悦目的色彩装饰都会给人以无穷的美感和愉悦。饮食器皿之美也是酒店饮食美的重要组成部分。饮食器皿既有实用价值,又有审美价值。因此,酒店必须研究饮食器皿的美学价值,正确地使用,才会给顾客以美的享受。

【复习与思考】

1. 中国饮食器皿的发展历程及审美特征是什么?
2. 酒店餐饮为什么特别注重盛器的选择和器皿的搭配?
3. 谈一谈几种常用烹饪餐具造型与菜点的配合关系。
4. 联系实际谈谈饮食器皿的实用美学原则。

【实践与拓展】

一、实践要求

1. 了解不同品牌的星级酒店餐厅所使用的餐具品牌,谈谈感受。
2. 了解 3 家奢华酒店中的米其林餐厅中盛器的选择和器皿的搭配情况,说一说最触动你的美的感受。

二、拓展学习

欧洲经典陶瓷餐具品牌

Meissen porcelain

德国的梅森(Meissen)瓷器厂建立于 1710 年,是全欧洲最古老的陶瓷厂,也是全世界最著名的瓷器制造商之一,产品包括餐具、茶具、瓷偶、其他装饰品等。梅森的瓷器(图 5.29)风格多样,从早期的仿亚洲风格到后期开创的欧式风格皆有。这其中最著名最经典的产品线则要数 Royal B-Form 系列餐具,以及蓝洋葱(Zwiebelmuster)系列餐具。B-Form 是巴洛克风格(baroque form)的缩写,这个系列的瓷器都有着精致华美的鎏金装饰。蓝洋葱(Zwiebelmuster)系列,优美典雅的青花瓷器。

图 5.29 Meissen porcelain 餐具

Vienna porcelain

奥地利的 Vienna 瓷器(图 5.30)是世界著名瓷器品牌,成立于 1716 年,是继梅森之后的欧洲第二古老瓷器商,产品包括餐具、茶具、装饰品等。经典系列有 Du Paquier 时期的瓷器,通常带有大量镂空,图案有各种边框、植物花卉纹样,繁复精美;以及之后的新古典主义风格瓷器,细腻明亮的绘画风格加上大量的金色运用,典雅而有质感。

图 5.30 Vienna porcelain 餐具

Fürstenberg

Fürstenberg 是德国留存至今的第二古老瓷器厂,建立于 1746 年,产品包括餐具(图 5.31)、礼品和装饰品等,风格简洁优雅,功能性与设计性兼具。ALT FÜRSTENBERG 洛可可风格系列餐具、DUKE FERDINAND 新古典主义风格系列茶具等都是该品牌的经典产品线。

图 5.31 Fürstenberg 餐具

Royal Crown Derby

Royal Crown Derby 是英国著名的骨瓷品牌,成立于 1750 年,主要生产餐具(图 5.32)和装饰品,丰富的色彩加上精美典雅的描金,华丽精致的 Imari 风格系列是该品牌的经典产品。

图 5.32　Royal Crown Derby 餐具

Royal Worcester

Royal Worcester 也是英国最古老的陶瓷品牌之一,成立于 1751 年,产品包含餐具(图 5.33)、花瓶、瓷偶、礼品等。Worcester 最初生产软膏瓷,以皂石(soapstone)为原料,后期才开始制造硬瓷。而早期的软膏瓷盘仍然是其经典产品。

图 5.33　Royal Worcester 餐具

Sèvres

法国的 Sèvres 是欧洲最著名的瓷器品牌之一,成立于 1756 年,并且之后一直由法国皇室或政府所有,一直保持着最高品质标准。Sèvres 的产品包含餐具(图 5.34)、花瓶、瓷偶类装饰品等。风格强烈鲜明的色彩、有大量华丽高贵金饰的 Empire style 系列瓷器,以及纯净典雅的素瓷雕塑系列都是该品牌的经典产品。

Wedgwood

Wedgwood 成立于 1759 年,是英国著名陶瓷品牌,制造精美餐具(图 5.35)、茶具、花瓶、装饰品以及奢侈配件等。曾深受英国女王青睐并被赐名"女王的陶器"的奶油色陶瓷、像古代浮雕玻璃般典雅别致的 Jasperware 陶瓷系列都是 Wedgwood 的经典产品。

图 5.34　Sèvres 餐具

图 5.35　Wedgwood 餐具

Royal Porcelain Manufacture Berlin

Royal Porcelain Manufacture Berlin,简称 KPM,成立于 1763 年,是德国最有名的瓷器品牌之一,产品包含餐具(图 5.36)、花瓶、雕塑等。KPM 瓷器风格多样,而装饰均由艺术家手绘而成,并带有签名,每一件都可以算得上是艺术品。洛可可风格系列及 Kurland 系列都是该品牌的经典作品。

图 5.36　Royal Porcelain Manufacture Berlin 餐具

Royal Copenhagen

位于丹麦的 Royal Copenhagen 成立于 1763 年,是享誉全世界的顶级瓷器品牌。主要生产餐具(图 5.37)及装饰品,手工艺结合东方瓷绘风格,造型优美典雅。以收录了丹麦国内三千多种植物的图鉴《丹麦之花》为名,手绘植物图案的丹麦之花(Flora Danica)系列瓷器是皇家哥本哈根最经典的作品,不仅与皇室息息相关,也在外交历史上有重要参与,因而也是丹麦国宝级的瓷器。此外简洁素雅的 Blue Fluted 系列也是经典产品。

图 5.37　Royal Copenhagen 餐具

(资料来源:知乎专栏)

第六章　酒店饮食之美

【教学目标】

1. 知识目标

(1) 掌握中餐和西餐的饮食特点与餐桌礼仪；

(2) 了解美学在酒店餐饮的应用；

(3) 理解美食与器皿、餐厅氛围等因素的相关联系；

(4) 掌握艺术美和酒店餐饮美的完美结合。

2. 能力目标

能鉴赏各地酒店饮食之美，并运用所学知识，分析不同饮食之美的异同点，能够在生活中实践餐桌礼仪。

3. 素质目标

提高学生的饮食审美素养，培养学生良好的饮食审美习惯，引导学生对美学在酒店餐饮的应用进行创新思考。

【关键词】

中西餐饮食；中西餐餐桌礼仪；餐饮美学应用

引　言

　　酒店是旅游业发展的产物。所谓"旅者，客寄之名，羁旅之称，失其本居而寄居他方，谓之为旅"，是供旅游者食宿、生活的场所。现代酒店不仅以其为游客提供食宿获取经济效益，而且以其独特的美学风格成为游客的特殊审美对象，更受游客青睐。因此这一章节我们将进一步探讨酒店的饮食之美，如何按照美的规律创造美，满足人们饮食和审美的需要。并了解中国菜肴造型艺术美的构成因素，了解西餐基本知识和西餐礼仪，了解和掌握筵席的主题与意境、时间与节奏、空间与布局等设计。

第一节　中餐菜肴之美

　　中国菜肴造型艺术美的构成因素有材料美、技术美、形态美、意趣美等。其中，材料美为基础，技术美为手段，形态美为表象，意趣美为内涵。

一、材料美

材料美主要指菜肴原料之美。它是菜肴造型艺术的基础。对菜肴原料的选择和利用,是烹饪师发挥创造才能的先决条件。选择是为了利用,利用必依赖于事先的选择。倘若不善于选择优质原料,就无以利用进行创造;倘若不善于利用,好的材料也会被破坏而烹制不出好的菜肴。善于利用原料的烹饪师还可以将各种美或不够美的原料,互相衬托,各得其所,形成美的整体。

材料美又包括色泽美、质地美、形状美三个主要方面。

（一）色泽美

烹饪原料都有其色彩和光泽,充分运用固有色泽进行组合,便可以获得色泽美的效果。如白色原料有熟蛋白、熟鸡脯肉、水发燕窝、牛奶、山药、莲子、粉丝、豆腐等,有的洁白如雪,有的晶莹如玉,有的又白又嫩。绿色原料有菠菜、芹菜、香菜、蒜苗等,绿色本为中性色,平和而富于生气。用在烹饪饮食中,相比之下,绿色偏冷,易使人产生清爽舒适之感,利于清口和品味。尤其在品尝过油腻菜肴以后,其作用更为明显。红色原料有番茄、红辣椒、红胡萝卜、草莓、山楂等,大都鲜艳夺目,用作点缀尤佳。黑色原料有海参、紫菜、黑木耳、发菜等。黄色原料有海米、蟹黄、蛋黄、橘子、金针菜等。此外还有褐色、紫色等原料。

烹饪原料的固有色常常在加工以后发生变化,掌握和利用这一变化规律,是达到色泽美的基本技能之一。一般说来,绿色植物原料,水煮后容易变黄,某些菜肴正好需要这种黄绿色,可谓信手拈来。但如果需要保持原有的鲜绿之色,则必须加适量纯碱。水产类动物原料在加热后,色彩由浅变深,由灰变艳,如虾、蟹之类的红色,十分美观,常为烹饪师所利用。陆产类动物原料在加热后,色彩多由浓变淡,由艳变灰,如肉片生时鲜红,熟后灰白,干贝生时洁白,熟后偏黄,这些都是烹饪师必须掌握的规律。

利用固有色及其变化规律进行色彩的调配,这是掌控烹饪色彩的上策。这样所制成的菜肴色泽美得自然,也符合卫生原则,有利于发挥本味,制作也十分方便。而在一些特殊情况下,固有色及其变化不够利用时,必须借助人工色彩达到某种特殊的效果。于是,人工色剂应运而生。在利用人工色剂,尤其是化学色剂时,便不能计较色剂本身的营养价值,如民间喜庆时,蒸馒头和糕点时常用红色剂点缀,生孩子时送染红的鸡蛋等,只要保证色剂无毒,对人体无害即可。化学色剂以外,还有以烹饪原料配制成的人工色剂,这种色剂本身亦有食用价值,为烹饪师所特别喜爱。现在流行的这类色剂有:黄色剂,将蛋黄与淀粉调和,裹满料物,用油炸或笼蒸;白色剂,以蛋清、牛奶制成;绿色剂,以菠菜叶、油菜叶的汁调面或肉泥而成;红色剂,有红曲叶、虾脑汁、番茄酱等;黑色剂,用乌饭叶汁将米染黑,称乌米饭。另外,调料的合理运用,也是取得理想色泽的手段之一,如酱、糖、油等,皆可使菜肴变成一种暖色,起到刺激食欲的作用。

（二）质地美

烹饪原料的质地之美是十分重要的。如水发黑木耳好似黑牡丹的片片花瓣,鸡蛋白质地如景德镇白瓷,肉松如绒,豆腐皮如绢,葡萄如珠似玉,番茄如琉璃,肉类、鱼类亦皆有不同的质地之美。高明的烹饪师十分善于发扬这些质地之美,组成精美的食品造型。

（三）形状美

凡烹饪原料都有形状。不过,有的经过加工以后改变了原来的形状。但也有的并不改变原型。如白果形状之美,古人常用以比喻美女的脸型。鹌鹑蛋的椭圆形呈现玲珑之态。整鸡、整鸭、烤乳猪、鱼、虾等,无不有着令人喜爱的形状。对这些形状之美的利用在烹饪中有特别的意义,因为它最能体现原料本身的面貌特色,没有任何雕琢气。

二、技术美

菜肴造型艺术的创作过程中,几乎处处要依赖技术创造美。最见功夫的技术主要有二:刀工的运用和火候的控制。

(一)刀工技术美

通过刀工,可以把优美的菜肴原料切削成块、片、丁、丝和各种花形。娴熟的刀工技巧,可以创造出均匀的节奏和韵律之美。如香肠和肴肉,可以切成形状一律、大小一致、厚薄相等的片状,装在盘中或围或排、或堆或铺,皆可以组成规整的图案。再如猪腰子、鱿鱼等,经烹饪师采用"花刀"法加工,便可以炒出一朵朵玲珑剔透的"腰花""鱼花"。秦菜中著名的刀工菜"水磨丝"是由猪耳朵加工而成。操作时,先用刀把猪耳朵四边略加修整,去掉内外表皮的两片不用,采用平刀法,切成极薄的薄片。高明的刀工技术,可将一块猪耳片切成二三十片之多,再将这些薄片切成丝,真可谓"透明发亮薄如纸,穿针引线细如丝"。加之猪耳朵中有软骨,平面用刀切开时,呈现出水磨石纹,成丝后富有弹性,放在盘中有波动之感,故名"水磨丝"。扬州名菜大煮干丝也是如此,一块不到两公分厚的干子,可削成二十多层,切成丝后,细劲柔和,令人不能不惊叹刀工之美。

(二)火候技术美

正确掌握火候,也是创造菜肴造型艺术美的重要技术。有时温度把控不够,食品造型便不能实现预期的效果。如蒸发酵面点时温度过高,面点会失去鲜艳的色泽,炒菜、烧菜、烙饼时温度过高,食品会炭化;应当在沸水下锅的,倘若在冷水中下锅,食品造型也常常会被破坏,如水饺。陕西名厨的特技"飞火"炒菜,操作时,颠翻炒瓢,菜肴在瓢中翻动,火声呼呼,菜声嗤嗤,临到菜熟,一个颠翻,火光戛然而止。观赏这样的操作,本身就是一种美的享受。更有甚者,飞火炒出的菜,白者更白,绿色更绿,色泽尤加鲜艳,色、香、味俱佳。北京烤鸭色泽之美亦依赖火候。此外,如红案中的焯水、制汤、过油、走红、挂糊、上浆、勾芡等,白案中的成型技术、熟制技术等都对食品造型有着举足轻重的作用。这些,对一个烹饪师来说,非一朝一夕所能掌握,必须长期训练,方能达到理想的境界。还有一点,技术的产生本非为了形式美,而是为了实用。然而,它一诞生,便包含了美的因素。食品美的最高境界也必须同时是烹饪技术的最高水平,二者统一,才能达到烹饪美学的最高境界。如切割肉片时,保持厚薄一致,便于在加热过程中同时成熟,而不至于有的过熟,有的夹生。大小适度,本来是便于入口。挂糊上浆,本是为了口感酥脆、滑嫩而松软。但这一切技术,恰好也都起到了造型美的功用,使肉片达到小巧匀称、光润饱满之美。审美和实用,二者结合得天衣无缝。那些单纯追求美观而不考虑实用的做法,一般是不可取的。

三、形态美

菜肴形态之美可分为三种:自然形态、几何形态和象形形态。

(一)自然形态

自然形态有两种情况,一是散碎形态,如"水磨丝""大煮干丝""宫保肉丁"等,只需在菜肴成熟后,注意选用合适餐具,在装盘时注意适合于餐具的造型,并注意不过满或过浅。过满显得粗鲁而不雅,过浅又显得空旷不和谐而小气。菜肴数量多时,可以堆放,周围留出适当的空白;少时可以铺放,使周围空隙适当减少,以求相称得体。二是整块形态,如"干烧岩鲤""片皮乳猪"等,保留着原料本身的原始形态,只需与特定的餐具配合,放正放稳,尽可能展示出形体的特点,并注意在上菜时将最美的一面朝向主要宾客即可。

(二)几何形态

这类形态属于有规律的组合形态,常常适合于餐具的造型,构成圆形、椭圆形、扇形、半圆形、方形、梯形、锥形或多种形状的综合形,且常常运用中心对称和轴对称的表现手法。有时也采用重点点缀和均衡表现手法。如谭家名菜"银耳素烩",成熟装盘后的造型为中心对称的几何图案。黄色银耳居中成圆形,发菜、青笋、鲜蘑菇、胡萝卜等依次呈扇形排列于周围组成一个大的圆。胡萝卜、青笋皆横切成圆形片状整齐排列,与大圆形相互协调,构图饱满,重点突出。

(三)象形形态

这类形态的绘画性和雕塑性很强,常见的有模拟动物、花卉、建筑等。如有的面点捏塑成小鸡、小鸭、金鱼、荷花等,有的冷盘拼成蝴蝶、凤凰、孔雀、亭、台、楼、阁等,有的食品雕刻成牡丹、月季、菊花、兰花、宫灯等,这是菜肴造型艺术中难度最高的一种。每席菜肴中如果设计一两件这样的工艺菜,如工艺拼盘、生日蛋糕之类,会使整个筵席生机盎然。象形形态的菜肴制作方法有雕刻法、拼摆法和其他一些手法。取形要求美观、大方、吉利、高雅。有两种做法是不可取的,一是辅助手段太多,甚至为了造型,连铁丝、木棒都用上去,有失烹饪美学的本色;二是过分追求形似,不惜精雕细刻,追求逼真,不仅事倍功半,而且还令人生厌。如过分象形于猪、羊、熊猫等,会使人联想到这些动物的腥臊恶臭。此类动物形象,宜采用"似与不似之间"的手法,因材制宜,夸张变形,不仅富有天趣,而且惹人喜爱,也更符合中国艺术的基本精神。形态美的获得,必须依靠坚实的造型技巧。因此,烹饪艺术家必须懂得绘画和雕塑,同时注意发挥烹饪原料的特点,掌握一套食品造型规律。

四、意趣美

意趣美指情感趣味之美。意趣之大者谓意境,意境之小者即意趣。意境、意趣,究其本质,都是作者的情感在艺术形象中的显现,也是借以感染欣赏者的要素。大型宴饮场面或有气势磅礴者,或有庄重典雅者,堪为意境之称。但绝大多数宴席皆以轻松愉快、活泼幽雅为主调,称为意趣,更加确切。

意趣的获得,全仗烹饪师的学识修养,同时,与烹饪宴饮活动的每一个环节都密切相关。如切工中的平刀、斜刀、滚刀、花刀,各种刀法所加工成的丰富精巧的形象便富有意趣。拔丝菜的长丝颇有藕断丝连之趣,面点中捏塑的小鸭、小鸡具有天真活泼之趣,冷菜装盘和热菜造型等技巧,运用得当,皆能意趣横生。适当注意整个宴席意趣的统一性,对加强宴席主题,创造筵席意境有着重要的作用。

意趣的获得还有一条重要的途径,是运用文学手段,可说是烹饪中的文学美学。如行酒令,是古代宴饮活动中常用的文学美学形式。

【知识链接】

中国菜肴的名称之美

菜肴的名称也充分体现了烹饪中的文学之美。中国菜十分讲究名称之美,其命名方法众多。

直呼其名法:一般上等原料和体现一定的风味特色的菜肴多用此法。因为原料本身的贵重和特色可以给人美的感觉,很能令人注目,引起与宴者对菜肴的兴趣。如"蜜汁燕窝""清蒸鱼唇""竹荪肝膏""鲜贝原鲍""银耳鸽蛋""糟鹌鹑""天麻鱼头"以及海参、鱼翅、熊掌之类。

夸张比喻法。如发菜豆腐名曰"白璧青丝",以白璧比喻豆腐,以青丝比喻发菜;"龙虎斗",以虎喻猫肉,以龙喻蛇肉;"红烧狮子头"以狮子喻肉圆;"佛跳墙"用戒荤的出家人忍不住跳墙过来吃,这样的生动形象,来形容荤食之美;"水磨丝"以猪耳朵截面的水磨石纹形比喻猪耳朵切成的冷菜……这种比喻事物的方法,必须是人们所熟知的、高雅的形象,使人听之内心的美感油然而生。

谐音转借法。如福州称鸭蛋为"太平",是因为鸭蛋在福建方言中称"鸭卵",音谐"压乱",便呼之为意同的"太平",语言优美,因此福州人在寿诞宴或远行者出发之前必食"太平面",喜宴上亦常以"太平燕"作大菜。而鸡卵音谐"羁乱"便弃而不用。

依形取意法,或称诗情画意法。如"玲珑牡丹""孔雀开屏""花篮""龙凤呈祥""桃花香扇""门泊东吴万里船""掌上明珠"……或因形而得意,或以形美而生意,或先立意而后构形,皆以形意俱佳为上。还有重义而轻形者,如"光饼""征东饼"表达了人们对民族英雄戚继光的永远纪念。"全家福"用以表达节日团圆的吉利心愿。民间传为纪念屈原而包的粽子,其形并不惊人,但取意甚美。

还有其他各种取名方法,皆以富于意趣者为上,否则,不足以为美。

大型正规筵席中最重要的是从头到尾的全部菜肴名称应尽可能地像诗文一样,有主题,有意境,有统一的构思,形成美的整体。扬州青年烹饪师刘涛曾设计过几个筵席菜单,虽不尽善尽美,但给人一定的启示。如婚庆宴会菜单:工艺雕刻冷盘——双喜花灯;六围碟——龙穿凤翼、如意蛋卷、八宝冻鸡、玫瑰肉脯、荷花卞蛋、金钱冬菇;四热炒——鸳鸯酥饼、宫灯鱼丝、宝石虾仁、掌上明珠;四大菜——游龙戏凤、富贵金鱼、月宫海参、香酥鸭子;一甜菜——百合莲心;二点心——四喜饺、碎金饭;水果——香蕉、苹果。围绕婚庆,工艺雕刻冷盘点出了筵席主题,六围碟进一步烘托了喜庆气氛。后续各式菜肴层层铺垫,将宴席推向高潮,其菜名暗喻了宾客们的美好祝愿:祝新婚夫妇恩爱和睦、早生儿女、前程远大。水果以苹果暗喻平安,香蕉暗喻开花结果。有一定的文学趣味之美。

此外,有的食品还讲究声音之美。如三鲜锅巴、醋熘鳜鱼等,在烧汤汁时发出强烈的嗤嗤声。扬州当地在上这类菜肴时另设听席于筵席近旁,由烹饪师端菜,饮食服务人员浇汤汁,让宾客隔座闻声,食欲大振,也不失为一种意趣。

材料美、技术美、形态美、意趣美,四者合一,形成食品造型艺术美的整体。当然,在同一作品中,往往以其中一美为主,其他三美居次。但次不等于无,四美并存,方为上乘。如冷菜拼盘,必须是上好的原料,加以娴熟的刀工,拼成美丽的图形,配之以雅致的名称,获得美妙的意趣。

第二节　西餐美食之美

　　西餐这个词是由于其特定的地理位置所决定的。"西"是西方的意思。一般指欧洲各国。"餐"就是饮食菜肴。东方人通常所说的西餐主要包括西欧国家的饮食菜肴,同时还包括东欧各国、地中海沿岸各国和一些拉丁美洲如墨西哥等国的菜肴。而东南亚各国的菜肴一般统称为东南亚菜。南亚地区的印度菜独为一种菜系。西餐一般以刀叉为餐具,以面包为主食,多以长桌台为台型。西餐的主要特点是主料突出、形色美观、口味鲜美、营养丰富、供应方便等。西餐大致可分为法式、英式、意式、俄式、美式、地中海等多种不同风格的菜肴。

一、西餐的特点

（一）西餐食品原料的特点

　　西餐使用的食品原料,主要是海鲜、畜肉、禽类、鸡蛋、奶制品、蔬菜、水果和粮食。

　　西餐食品原料中的奶制品包括牛奶、奶油、黄油、奶酪、酸奶酪等,这些奶制品是西餐中不可缺少的原料,失去奶制品将使西餐失去特色。

　　西餐使用的畜肉,以牛肉为最多,其次是羊肉和猪肉。

　　西餐常以大块食品为原料,如牛排、鱼排、鸡排等,因此人们用餐时必须使用刀、叉,以便将大块菜肴切成小块后再食用。

　　西餐的食品原料特别讲究新鲜,这是因为许多菜肴是生吃的,如生蚝、生三文鱼、生的各种蔬菜制作的沙拉、生鸡蛋黄制作的沙拉酱等,甚至牛排也经常是半熟或七、八成熟,有些顾客还喜欢三、四成熟的牛排。

（二）西餐的制作特点

　　西餐制作最主要的特点是,突出主料,讲究菜肴的造型、颜色、味道和营养,讲究菜肴的加工和烹调工艺。

　　西餐在选料方面很精细,菜肴的食品原料质量和规格都有严格的要求。西餐的初加工有严格的程序,如畜肉中的筋、皮一定要剔净,鱼类的头尾、皮骨等基本上全部去掉。

　　西餐讲究调味,不同的菜肴有不同的调味方法,如烹调前的调味,烹调中的调味,烹调后的调味。

　　西餐菜肴讲究卫生。西餐在制作中有严格的卫生标准,如原料保存的温度、保存的时间和菜肴在加工中的卫生要求等,都有很具体的规定。

（三）西餐道数的特点

　　欧美人在用餐中,对菜肴的种类和上菜的次数有着不同的习惯,通常这些习惯来自不同的年龄、不同的地区、不同的用餐习惯、不同的用餐时间和不同的用餐目的等。较传统的欧美人吃西餐时,讲究一餐的道数(Course),尤其是在正餐时人们会点上(购买)三至四道菜肴。

二、西餐的分类

　　在西餐中较有名气的菜式有法式菜、英式菜、意式菜、美式菜、俄式菜等。另外,德国、奥地

利、匈牙利、西班牙、荷兰、葡萄牙等国的菜点也都各具特色。不同国家的人有着不同的饮食习惯，有种说法非常形象，说"法国人夸奖着厨师的技艺吃，英国人注意着礼节吃，德国人考虑着营养吃，意大利人痛痛快快地吃"。现在，我们就来看看不同类别西餐的主要特点。

（一）西餐之首——法式大餐

法国人一向以善于吃并精于吃而闻名，法式大餐至今仍名列世界西菜之首。

法式菜肴的特点是：选料广泛（如蜗牛、鹅肝都是法式菜肴中的美味），加工精细，烹调考究，滋味有浓有淡，花色品种多；法式菜还比较讲究吃半熟或生食，如牛排、羊腿以半熟鲜嫩为特点，海鲜的蚝也可生吃，烧野鸭一般六成熟即可食用等；法式菜肴重视调味，调味品种类多样，如用酒调味，什么样的菜选用什么酒都有严格的规定，如清汤用葡萄酒，海味用白兰地酒，甜品用各式甜酒或白兰地等；此外，法国人还十分喜爱吃奶酪、水果和各种新鲜蔬菜。

法式菜肴的名菜有：马赛鱼羹、鹅肝排、巴黎龙虾、红酒山鸡、沙福罗鸡、鸡肝牛排等。

（二）简洁与礼仪并重——英式西餐

英式的饮食烹饪有家庭美肴之称。英式菜肴的特点是：油少、清淡，调味时较少用酒，调味品大都放在餐台上由客人自己选用。烹调讲究鲜嫩，口味清淡，选料注重海鲜及各式蔬菜，菜量要求少而精。英式菜肴的烹调方法多以蒸、煮、烧、熏见长。

英式菜肴的名菜有：鸡丁沙拉、烤大虾苏夫力、薯烩羊肉、烤羊马鞍、冬至布丁、明治排等。

（三）西菜始祖——意式大餐

在罗马帝国时代，意大利曾是欧洲的政治、经济、文化中心。就西餐烹饪来讲，意大利餐可谓是始祖，可以与法餐、英餐相媲美。

意式菜肴的特点是：原汁原味，以味浓著称，烹调注重炸、熏等，以炒、煎、炸、烩等方法见长。

意大利人喜爱面食，做法吃法甚多。其面条制作有独到之处，各种形状、颜色、味道的面条至少有几十种，如字母形、贝壳形、实心面条、通心面条等。意大利人还喜食意式馄饨、意式饺子等。

意式菜肴的名菜有：通心粉素菜汤、馄饨、奶酪、通心粉、肉末通心粉、比萨饼等。

（四）营养快捷——美式菜肴

美国菜是在英国菜的基础上发展起来的，继承了英式菜简单、清淡的特点，口味咸中带甜。美国人一般对辣味不感兴趣，喜欢铁扒类的菜肴，常用水果作为配料与菜肴一起烹制，如菠萝焗火腿、苹果烤鸭等。美国人对饮食要求并不高，只要求营养、快捷。

美式菜肴的名菜有：烤火鸡、橘子烧野鸭、美式牛扒、苹果沙拉、糖酱煎饼等。

（五）西菜经典——俄式大餐

沙俄时代的上层人士非常崇尚法式饮食，饮食和烹饪技术主要学习法国。但经过多年的演变，特别是俄国的气候要求食物要高热量的特点，俄式菜肴逐渐形成自己的烹调特色。俄国人喜食热食，爱吃鱼肉、肉末、鸡蛋和蔬菜制成的小包子和肉饼等，各式小吃颇负盛名。

俄式菜肴口味较重，喜欢用油，制作方法较为简单。口味以酸、甜、辣、咸为主，酸黄瓜、酸白菜往往是饭店或家庭餐桌上的必备食品。烹调方法以烤、熏、腌为特色。

俄式菜肴在西餐中影响较大，一些地处寒带的北欧国家和中欧南斯拉夫民族的饮食习惯与俄罗斯人相似,大多喜欢腌制的各种鱼肉、熏肉、香肠、火腿以及酸菜、酸黄瓜等。

俄式菜肴的名菜有:什锦冷盘、鱼子酱、酸黄瓜汤、冷苹果汤、鱼肉包子、黄油鸡卷等。

(六)啤酒、自助——德式菜肴

德国人对饮食并不讲究,喜欢吃水果、奶酪、香肠、酸菜、土豆等。德国人对饮食不求浮华,只求实惠营养,首先发明自助快餐。德国人喜喝啤酒,每年的慕尼黑啤酒节大约要消耗100万公升啤酒。

三、西餐的礼仪

西餐提供着两种美学享受,即美食和交谈。所以,在欧洲所有跟吃饭有关的事,都备受重视,除了口感精致之外,用餐时酒、菜的搭配,优雅的用餐礼仪,调整和放松心态,享受环境和美食,正确使用餐具、酒具都是进入美食天地的先修课。

(一)西餐礼仪常识

1. 预约

在西方,去饭店吃饭一般都要事先预约,在预约时,有几点要特别注意说清楚,首先要说明人数和时间,其次要表明是否区域视野良好的座位。如果是生日或其他特别的日子,可以告知宴会的目的和预算。在预定时间到达,是基本的礼貌。

2. 服饰举止

再昂贵的休闲服,也不能随意穿着上餐厅。吃饭时穿着得体是欧美人的常识。去高档的餐厅,男士要穿整洁,女士要穿套装和有跟的鞋子。如果指定穿正式的服装,男士必须打领带。进入餐厅时,男士应先开门,请女士进入。应请女士走在前面。入座、餐点端来时,都应让女士优先。特别是团体活动,更别忘了让女士们走在前面。

3. 入座

最得体的入座方式是从左侧入座。当椅子被拉开后,身体在几乎要碰到桌子的距离站直,领位者会把椅子推进来,腿弯碰到后面的椅子时,就可以坐下来了。用餐时,上臂和背部要靠到椅背,腹部和桌子保持约一个拳头的距离。最好避免两脚交叉的坐姿。

4. 点酒

在高级餐厅里,会有精于品酒的调酒师拿酒单来。对酒不太了解的人,最好告诉他自己挑选的菜色、预算、喜爱的酒类口味,让调酒师帮忙挑选。主菜若是肉类应搭配红酒,鱼类则搭配白酒。上菜之前,不妨来杯香槟、雪利酒或吉尔酒等较淡的酒。

5. 上菜的次序

正式的全套西餐上菜顺序是:①前菜和汤②鱼③水果④肉类⑤乳酪⑥甜点和咖啡⑦水果,还有餐前酒和餐酒。没有必要全部都点,点太多却吃不完反而失礼。稍有水准的餐厅都欢迎只点前菜的客人。前菜、主菜(鱼或肉择其一)加甜点是最恰当的组合。点菜并不是由前菜开始点,而是先选一样最想吃的主菜,再配上适合主菜的汤。

6. 餐巾的使用

点完菜后,在前菜送来前的这段时间把餐巾打开,往内摺三分之一,让三分之二平铺在腿上,盖住膝盖以上的双腿部分。最好不要把餐巾塞入领口。

（二）西餐就餐礼仪

1. 刀叉

使用刀叉进餐时,从外侧往内侧取用刀叉,要左手持叉,右手持刀;切东西时左手拿叉按住食物,右手执刀将其切成小块,用叉子送入口中。使用刀时,刀刃不可向外。进餐中放下刀叉时应摆成"八"字形,分别放在餐盘边上。刀刃朝向自身,表示还要继续吃。每吃完一道菜,将刀叉并拢放在盘中。如果是谈话,可以拿着刀叉,无须放下。不用刀时,可用右手持叉,需要作手势时,就应放下刀叉,千万不可手执刀叉在空中挥舞摇晃,也不要一手拿刀或叉,而另一只手拿餐巾擦嘴,也不可一手拿酒杯,另一只手拿叉取菜。要记住,任何时候,都不可将刀叉的一端放在盘上,另一端放在桌上。

2. 餐巾

不要拿餐巾去用力擦脸的下部,要轻轻地沾擦。不要抖开餐巾再去折叠,不要在空中像挥动旗子那样挥动餐巾。餐巾应放在大腿上,如果离开餐桌,要将餐巾放在椅子上,并把椅子推近餐桌。注意动作要轻。用餐结束时不要折叠餐巾;否则,不了解情况的服务生可能会再给别的客人使用。用餐结束时要将餐巾从中间拿起,轻轻地放在餐桌上盘子的左侧。

3. 咀嚼

嚼东西时嘴要闭紧,无论你有什么惊人的妙语,时机多么恰到好处,只要嘴里有食物,绝不能开口说话。不能为了着急说话而马上将食物吞下,要保持细嚼慢咽的姿势,将食物咽下后会意地露出笑容,以传达你内心的活动:刚才完全可以有妙语出口,只是口中有食物。

4. 坐姿

就座时,身体要端正,手肘不要放在桌面上,不可跷足,与餐桌的距离以便于使用餐具为佳。餐台上已摆好的餐具不要随意摆弄。将餐巾对折轻轻放在膝上。

5. 面包

面包上抹黄油尤其要注意,将面包掰成可以一口吃下的小块,不要拿着整块面包去咬,临吃前在小块上抹黄油,不要图方便将整个面包上都抹上黄油。

6. 速度

切忌速度过快,大口吞咽食物不仅有害健康,而且也不雅观,尤其是和他人共同进餐时,这么做会显得失礼。共同进餐时大家的量应该一样,并保持同时开始同时结束的速度,别人都开始品味甜食了而你还在喝汤是不可取的。

7. 剔牙

如果塞了牙,切忌在餐桌上剔牙,如果的确忍受不住,就找个借口去洗手间,你可以在那里剔个够。

8. 口红

将口红留在餐具上是不可取的,工作用餐尤其如此。如果没有随身携带手帕,进酒店时可以顺便到洗手间去一趟,或到吧台去取块纸餐巾。

9. 吸烟

即使在吸烟区用餐,用餐期间吸烟也不可取,吸烟不仅会影响他人的食欲,而且和整个气氛不和谐,应该等到用餐结束后再吸烟。还应记住:不要用盘子当烟灰缸。

10. 物品

女用手提包及男用手提箱这类东西不要放在餐桌上,钥匙、帽子、手套、眼镜、眼镜盒、香烟等物品都不要放在餐桌上。总之,凡是和用餐无关的东西都不能放在餐桌上。

【知识链接】

西餐进餐时的小细节

1. 喝汤时不要啜,吃东西时要闭嘴咀嚼。不要舔嘴唇或咂嘴发出声音。如汤菜过热,可待稍凉后再吃,不要用嘴吹。喝汤时,用汤勺从里向外舀,汤盘中的汤快喝完时,用左手将汤盘的外侧稍稍翘起,用汤勺舀净即可。吃完汤菜时,将汤匙留在汤盘(碗)中,匙把指向自己。

2. 吃鱼、肉等带刺或骨的菜肴时,不要直接外吐,可用餐巾揞嘴轻轻吐在纸上放入盘内。如盘内剩余少量菜肴时,不要用叉子刮盘底,更不要用手指相助食用,应以小块面包或叉子相助食用。吃面条时要用叉子先将面条卷起,然后送入口中。

3. 吃鸡时,欧美人多以鸡胸脯肉为贵。吃鸡腿时应先用力将骨去掉,不要用手拿着吃。吃鱼时不要将鱼翻身,要吃完上层后用刀叉将鱼骨剔掉后再吃下层吃肉,要切一块吃一块,块不能切得过大,或一次将肉都切成块。

4. 喝咖啡时如添加牛奶或糖,添加后要用小勺搅拌均匀,将小勺放在咖啡的垫碟上。喝时应右手拿杯把,左手端垫碟,直接用嘴喝,不要用小勺一勺一勺地舀着喝。吃水果时,不要拿着水果整个去咬,应先用水果刀切成四瓣再用刀去掉皮、核,用叉子叉着吃。

5. 吃有骨头的肉时,可以用手拿着吃。若想吃得更优雅,还是用刀较好。用叉子将整片肉固定(可将叉子朝上,用叉子背部压住肉),再用刀沿骨头插入,把肉切开。最好是边切边吃。必须用手吃时,会附上洗手水。当洗手水和带骨头的肉一起端上来时,意味着"请用手吃"。用手指拿东西吃后,将手指放在装洗手水的碗里洗净。吃一般的菜时,如果把手指弄脏,也可请侍者端洗手水来,注意洗手时要轻轻地洗。

6. 吃面包不可蘸调味汁吃到连调味汁都不剩,这是对厨师的礼貌。注意不要把面包盘子"舔"得很干净,而要用叉子叉住已撕成小片的面包,再蘸一点调味汁来吃,这才是雅观的做法。

第三节　筵席之美

筵席之"筵"与"席"本为二物,皆由竹编而成,铺于室内地面,筵垫于下,席覆于上。古人席地而坐,饮食都在其上进行。《礼记·乐记》称:"铺筵席,陈尊俎,列笾豆。"后就称设宴为设筵,称酒席为筵席。中国筵席无论大小,无论何种规格、形式,自始至终都充满着美学的内容,应用着美的规律,而且常是中国各种美学门类——建筑美学、绘画美学、音乐美学、文学美学、工艺美学、技术美学、伦理美学等的综合体现。总之,从理论上讲,任何筵席无不与美学紧密联系。筵席设计美学正是研究筵席全过程所表现出来的各种美学现象,即研究各种美学和艺术在筵席中的体现、应用和作用,从美学角度把握中国烹饪的规律,以便自觉地用美学来指导筵席设计,让美学为人们的饮食生活放射出更多的光彩。

一、主题与意境

主题本指文学艺术作品中蕴含着的基本思想,是文学艺术作品的灵魂。它通过题材而体现,是作者对生活的认识、感受和审美趣味的反映。

意境是中国传统美学和艺术中极其重要的概念之一,是文艺作品中所描绘的客观图景与所表现的思想感情融合一致而形成的一种艺术境界。筵席和文学艺术作品一样,也有着一定的主题和意境。

在通常情况下,筵席是通过宴饮,增加营养,品尝美酒佳肴,达到心情舒畅,这本身就是主题。但是因为人们的饮食活动常常包含着各种各样的社会交往活动,有学术性的、政治性的、商业性的、节庆性的、交流感情性的等,这就使筵席主题呈现出千姿百态。

筵席的意境也是如此,家常便饭有时也有一定的意境,但并不十分突出,故一般称之为"意趣"比较恰当。筵席主题的多种多样导致了筵席意趣的丰富多彩。很多大、中型筵席有着浓厚的艺术色彩,有着与艺术作品一样的意境。根据筵席的具体情况,分析、提炼主题,表现主题,创造意境,这是对烹饪师的最高要求,也是烹饪美学的根本任务。

二、时间与节奏

凡是筵席都在有限时间中进行,都有着一定的节奏,即使是最普通的筵席也不例外。如一般先上冷菜,其性清凉,可以慢慢品尝而不会变味,节奏是缓慢的,犹如音乐中的序曲。从上热菜开始,节奏加快,进入高潮,主菜是最高潮。江苏一带民间婚宴,上主菜时,由新郎新娘向宾客行礼,名曰"献头菜",此时气氛最为热烈。然后上清汤、水果,节奏由快而慢,相当于音乐的尾声。如果将这种节奏用音乐关系式来表示,大致可编排成如下形式:

序曲(冷菜)→初入高潮(热菜)→最高潮(主菜)→尾声(清汤、茶点)……

菜点之外,还有宾客的言谈举止、服务人员的活动等,主调之外配有和声,无异于一首交响曲。

筵席节奏之美的实现手段有以下几种。

(一)艺术手段

实现筵席之美所采取的最好手段是艺术手段。常用的艺术手段有音乐、舞蹈、戏曲等,而又以音乐为主。在艺术中,音乐表达情感的能力是最强的,连婴儿听到音乐声后,都能随着音乐节奏的起伏而手舞足蹈。音乐可以使人振奋、愉快,也可以使人消沉、颓废,甚至可以直接影响到人的情感活动和生理机能,影响到人们的身心健康。因此音乐手段运用得当,对筵席的节奏之美起着极为重要的作用。

(二)礼仪手段

中国是礼仪之邦。礼的表现形式谓之"仪"。不讲礼仪便近于野蛮,难以言其美。封建时代,我国礼仪极为烦琐,十三经中的"三礼"论及饮食之仪、饮食之礼者比比皆是,其烦琐的仪式早已被淘汰,但其中有关伦理美和形式美的一些规律仍相沿至今,有古为今用的价值。今之所言礼,一般指礼节、礼貌和一些必要的仪式,这一点,对筵席的节奏之美也起着一定的作用。例如,祝酒词也是一种礼节形式,致辞时,宾客进餐的节奏是缓慢的或休止的。致词最后一句"干杯"便把筵席推向高潮,使节奏有张有弛,有起有伏。碰杯是宾主表达友好的礼节形式,可使宾主情绪激动,增强筵席的节奏感。此外,还有各国、各民族的礼仪,各种级别、辈分的宾客特有的礼仪和饮食服务人员的礼仪。

（三）服务手段

服务手段必须依靠烹饪师和服务人员的密切配合,并以服务人员为主来实现。中国筵席有主题、有主调、有主菜,有节奏变化——序曲、高潮、间歇、高潮、尾声,有气氛变化——平静、激动、热烈、舒缓……这一切,同戏剧、电影等艺术形式相似。从筵席的空间布局、时间节奏,到宾主的情绪起伏、感情交流,如果说是一出抒情剧,服务人员便是出色的导演,总设计师便是总导演,宾客犹如演员,演员随着导演的引导,时而悠然,时而活跃,时而安静,时而兴奋。如开宴之前,服务人员向宾客介绍本场筵席的特色,起到了一个指导欣赏的作用,这一步称作宴前欣赏。宴会进行不久,宾客对美味佳肴甚感兴趣,忘记了还有很多的好菜在后,服务员便及时提醒宾客放慢节奏。主菜上桌时,服务人员用优美的语言,生动地描述其风味特点、制作方法,结合这道菜的起源和民间传说故事,把筵席推向了高潮,宾客或热烈鼓掌,或争相拍照留念。加之服务人员在撤盘换碟时,动作干净利落、从容不迫而又彬彬有礼,都直接控制了节奏和气氛。

三、空间与布局

（一）空间布局的美学原则

无论是高档筵席或一般筵席,其空间布局都必须讲究美感效果。一般筵席虽然在家具、餐具、陈设艺术品上的质量标准方面不十分考究,其空间布局的形式美的法则却与高档筵席是一样的。布局得当,同样可以使人感到优雅舒适。高档筵席虽然各方面标准都很高,但如不掌握空间布局的形式美的规律,就很可能变美为丑。这里的美与丑,仍以人的生理、心理感觉为标准。好的空间布局,必然是科学性和艺术性的有机融合。所谓科学性,指充分利用现代化科学技术,使室内温度、湿度、空气、光线、色彩和空间比例、尺度服从于实用的需要。所谓艺术性,是指在充分发挥餐厅内各种设备的功能要求基础上,还要有恰到好处的美的结构组合形式,形成应有的美学风格和美感效果。一般说来,这种结构形式的美感效果既要避免壅塞感、烦躁感、凌乱感、拘束感,又要避免空旷感、冷清感、纵逸感,而要使人感到整洁、亲切、优雅。同时,大多数筵席都要求空间布局突出主题、主要席位、主人和主宾,并利用虚实、动静、抑扬等对立统一的艺术手法处理,使餐厅中物与物和谐,物与人和谐,人与人和谐,生动而又不板滞,寓对比于统一之中。

（二）筵席环境布置

筵席大多在室内举行,从宾客向餐厅迈步时起,就进入了烹饪美学的欣赏阶段。因此,筵席的环境布置涉及从室内到室外所有的视觉空间。餐厅外形之美,可以产生先声夺人的效果,使人感到"未成曲调先有情",未尝美味先得意。如餐厅大门口悬挂的匾额,其题字的内容既要使人感到亲切,又要富于文采,加上中国书法的艺术魅力和装饰手法的运用,使宾客进门之前就感受到一种典雅大方、和谐亲切的美,并直接影响到进餐的情绪。餐厅内部的环境布置更为重要,它将伴随宾客,与筵席相始终,直接影响到筵席全过程中宾客的情绪。因此,筵席的环境布置是各种饮食活动不可忽视的重要步骤。

筵席环境布置分两种情况,一种是普通餐厅,天天举办各类筵席,长年不断,主题不定,这种筵席的美学风格应力求雅俗共赏、四季咸宜,即使需要临时变换成一种特定的美学风格,亦无须大动,只要稍微调整一下墙饰、屏风或者窗帘、桌布、盆景之类即可。如在普通餐厅中举办婚礼筵席,可临时调换暖色调的屏风,加几盏双喜宫灯,用不着大布局的调整,整个气氛便可为之一变。另外一种情况是特殊宴会的环境布置,这就必须根据宴会的主题,选择专厅,专门设计,使环境的每一局部都服从于宴会的主题。通常须有一个主席台,张挂点明宴会主题的横幅标语等。主宾席、主人席应居于最醒目的位置,周围可用盆景相映衬。一切装饰和实用器具、陈设都必须经过选择,使之与宴会的美学风格相一致。

(三)席位空间布局

席位空间布局的主要内容就是桌、椅、屏风等空间实体的布局和安排。它既有礼节、礼貌上的要求(如主宾居首,主人居次,一般宾客更次),又有形式美的构图要求(对称、均衡等),也有功能尺度要求(方便进餐、方便服务)。三者互相配合,缺一不可。这里着重介绍形式美的组合法则。

1.中餐散座筵席餐桌布局

中餐散座筵席是饭店、旅馆和大多数公共进餐场所最常见的进餐形式。通常是在一个餐厅中布置若干席桌,每桌为一个相对独立的进餐单位。在这种情况下,席桌与席桌之间,必须根据餐桌的多少,结合餐厅的大小,呈一字形或品字形,或方格形、菱形,整齐排列,不宜过紧或过松。所有桌凳应尽量做到统一规格。如果在这样的餐厅中举行包办筵席,必须以屏风隔成小型餐区,给人心理上形成相对的闭合空间。在这一小型餐区中的家具规格可以另配,不一定与大餐厅中的一般家具规格相同。

2.中餐宴会餐桌的布局

宴会皆有主题,与设宴者之间或是新朋,或是故友,或是为了一个共同的目的而聚会,形成一个进餐集体。这样的进餐不同于散座筵席的分散形式,而必须有一个规整的、有秩序的形式。要做到这一点最关键的是突出主桌。突出主桌的方法很多:可以将主桌置于主席台下,使主宾和主人面向众席;无主席台时,可将主桌置于主墙之下,面向众席;也可以将主桌置于众席之中,让众席围绕主桌。主桌可比一般席桌大一些,装饰也可精美、突出些。

3.中餐筵席席位布局

中餐筵席不仅在餐桌的排列上讲究突出主桌,组成秩序井然的布局形式,而且讲究席位安排,以突出主宾和主人,这里有着深刻的伦理学和社会学方面的美的要求。我国自古有南面为尊的习俗。中国建筑多坐北朝南,面阳光而背北风。宫廷中,皇帝面南而坐,表示他的尊严、高贵。民间传统上亦以南面为尊,这就影响到人们的饮食活动中席位的安排。中国旧式的"八仙桌",便以朝南二席为尊(但在大门不朝南的餐厅中以面门为尊)。此二席中,又以左边(东边)一席最尊,称为"首席"。首席进餐者不但面光向阳,任何宾客进门、入席,都首先受到他的"接见"。而且,他执筷的右手正好位于桌面中线,自然形成全桌的指挥中心。故首席位置最为尊贵,多为长者、首长或主宾居之。三、四席位于首席之对面。以下位次因全国各地礼俗不同而各异。现代筵席既讲礼节,又不死守陈规,多以朝南二席为尊,确定最重要的两席位之后,其余随便入座。

4.西餐酒席宴会的台形和座次排列

我国举行宴会,一般应以中国自己的民族风格为主,但在一些特殊场合,也必须采用西方的形式,因此,有必要对西餐的美学风格进行研究。这样也便于洋为中用,丰富和发展我国的烹饪美学。

西方美学风格与中国相比,偏于刚性。如西方建筑,多采用直线,几何形结构呈高耸之势。而中国建筑多以直线和弧线掺合,体势平缓。反映到烹饪美学上,中西风格亦迥然有别。西餐酒席宴会的餐桌一般以小方台拼接而成,外形刚劲利落,有"一"字形、"T"形、"门"形等,也十分注重主人和主宾的位置安排。

西方还有一种特别自由、特别随意的聚饮方式叫酒会,近代也渐渐传入中国。酒会主要可分为鸡尾酒会和冷餐酒会两种。鸡尾酒会不设餐台,另设备餐室,酒菜由餐厅服务人员托送,客人在音乐声中时而饮酒,时而交谈、漫步,除年老体弱者外,一般不座。冷餐酒会有设座和不设座两种,不设座的冷餐酒会要在正面靠主墙处摆上长条形餐台,设座的冷餐酒会餐台摆法与西餐酒席宴会相同。

(四)席面空间布局

席面空间布局指餐桌上碗、盘、碟、匙、壶、瓶、筷、刀、叉等器具和食品的放置排列中的美学法则,其中以摆台为最基础。摆台时确定基本的美学风格和形式,撤换盘碟,上菜下菜时,仍须始终保持美的格局,直到筵席结束。其基本要求是有主有次、匀称优美、干净利落、方便进餐。

以中餐正摆式台面的布局为例,所谓有主有次、匀称优美,是就构图形式而言。好的席面每时每刻都必须在布局上做到主次分明,方才不会显得琐碎而影响审美效果。一开始的冷菜当中一个大型拼盘,造型十分优美,周围一圈围碟,成为大盘的陪衬,再外围是宾客各自的专用食具,形成一个个独立的构图单位。单位虽小,仍有主有次,多以托碟为主,筷、勺、杯、碗为次,排列于托碟周围。由这样的小单位围成一圈,产生一种匀称优美的旋律,烘托了席面中心的菜肴,菜肴中又以副菜烘托主菜,形成整体构图重心,望之节奏分明、秩序井然,给人以无限舒适之感。

西餐台面的布局,虽各国有各国的风格特色,但殊途同归,同样要遵循有主有次、匀称优美、干净利落、方便进餐的原则。而在美学风格上,应与其餐台排列风格一致,偏于刚性之美。在形式上,与中餐的明显区别是:中餐以每一桌自成一个独立的进餐区,多桌分散排,形成一个大区。而西餐人数较多的宴会以小方桌连接排成一个整体,整体中每一段自成一个小餐区。段与段之间有时用盆花相隔,由这样的小餐区相连组合成整体。每一小餐区中,客人的个人专用餐具同样自成一个构图单位。服务人员只需掌握客人的个人专用餐具排列法和每个小餐区的布局法,即可以此类推,进行整体布局。

西餐、冷餐、酒会的餐台设在餐厅四周,台布的铺设要使前方下垂部分基本与台脚相齐,约离地两寸,并用图钉将两端绷平,这样可在餐台下面放置酒瓶、酒箱等,下垂部分的台布上还可装饰一些图案或文字标语,以烘托宴会主题。

(五)餐巾叠花及其陈列艺术

餐巾又名口布、茶巾。餐巾的使用,在我国已有近百年历史,随着中西交通日益发达和文化交流的频繁,越来越得到普遍的重视。其作用有二:一是作卫生用品,进餐时可用它擦拭碗筷,又可围在胸前或摊在膝上,以防菜汤酒水滴落玷污衣服;二是美化台面,餐巾叠花所形成的各种动物、植物图形,生机盎然,可以根据不同主题的筵席或不同的冷菜造型,选择有象征意义的花形,给酒席增添轻松欢快的气氛,给宾客以艺术美的享受,花形的主次还可根据宾客身份来插置,以标别席位,表示礼貌。

餐巾花型很多,目前流行的花型大致有 200 余种,常用的有 100 余种,烹饪服务员还可以在实践中不断发明创造,并形成独特的艺术风格。餐巾花型依表现内容可分为以下几种。

①植物形象:兰花、桃花、梅花、牡丹、荷花、鸡冠花、竹笋、仙人掌、卷心菜、姜芽、寿桃等。

②动物形象:孔雀、凤凰、鸽子、鸳鸯、燕子、大鹏、鸵鸟、长颈鹿、小白兔、蝴蝶、金鱼、对虾等,还有取动物的局部特征造型的,如大象的耳鼻、兔子的长耳等。

③实物形象:篮、折扇、僧帽、领带等。

【案例分析】

开国第一宴

"开国第一宴"即 1949 年 10 月 1 日开国大典的当晚,新中国举办了第一次国宴。

当时,毛泽东、刘少奇、周恩来、朱德等党和国家领导人以及各界人士共 600 余人欢聚在北京饭店。宴会由当时红极一时的淮扬名厨执勺承办。

第一次国宴的菜谱如下。

美味四小碟:扬州小乳瓜、琥珀核桃、白糖生姜、蜜腌金桔。

淮扬八味冷碟:香麻海蜇、虾子冬笋、炝黄瓜条、芥末鸭掌、酥烤鲫鱼、罗汉肚、镇江肴肉、桂花盐水鸭。

大菜及点心:清炒翡翠虾仁、鲍鱼浓汁四宝、东坡肉方、鸡汤煮干丝、口蘑罐焖鸡、扬州蟹粉狮子头、全家福、炸年糕、黄桥烧饼、艾窝窝、淮扬汤包、菠萝八宝饭、水果拼盘。

当年共和国开国时百废待兴,这样的盛典也毫不奢华,但却味美情浓,令人难忘。

思考:"开国第一宴"美在什么地方?

提示:从筵席的主题、节奏及单个菜肴点心的特点考虑。

【本章小结】

通过本章节的学习应该了解到酒店除了提供旅客住宿以外,还有很重要的一部分,即饮食的美学内涵。通过了解美食的文化历史,了解中式菜肴美、西式美食美、筵席之美的来源,了解人类饮食与美有着不解之缘,发现中西饮食文化是如何按照美的规律来创造的。酒店员工在提高自身的服务质量同时,应该掌握更多的饮食美学知识。尤其要掌握以材料美为基础,技术美为手段,形态美为表象,意趣美为内涵的中国饮食美学系统知识以及对西餐美食的基本知识和西餐礼仪应有足够的了解。

中国筵席的美学风格是本章的重点。通过学习可以在中国筵席的主题与意境、时间与节奏、空间与布局、席面的摆式和辅助的餐巾叠花等知识点中系统地学到中国饮食文化的精彩片段。

【复习与思考】

1. 中餐菜肴美的构成因素有哪些？
2. 中餐所讲究的"色香味形"在西餐中是如何体现的？
3. 如何实现筵席的节奏美？
4. 比较酒店餐饮与社会餐饮，请谈谈酒店饮食之美体现在哪些方面。

【实践与拓展】

一、实践要求

1. 参观所在城市的不同品牌的星级酒店，谈谈感受。
2. 参观同一酒店的不同风格餐厅，找找异同点，说一说最触动你的美的感受。

二、拓展学习

酒店餐饮和社会餐饮之区别

可以说，社会餐饮比较"灵活、简单"，酒店餐饮则比较"正规、复杂"。我相信，随着社会的不断进步与发展，在出品质量和服务细节方面，社会餐饮与酒店餐饮之间的区别也会逐步缩小，但因为接待客人的需求不同、档次不同，有些区别也将永远存在。

在我40年的餐饮职业生涯中，曾经在广州酒家做过10年的社会餐饮，后来又在白天鹅宾馆干了30年的酒店餐饮管理，有很多朋友都好奇地问我，做酒店餐饮管理和社会餐饮管理区别大吗？到底酒店餐饮和社会餐饮有什么区别？

其实，无论是做酒店餐饮还是社会餐饮，都是为满足客人果腹之欲，为客人提供优质的美食出品，提供让消费者满意的餐饮服务，整体来说，区别并不是很大。但因为接待的客人对象不同，特别是像白天鹅宾馆这样的五星级酒店，酒店餐饮要面对来自世界各地不同国家和地区的住客，全国各地不同省份、不同民族的客人，因此，在餐厅布局、菜式设计、出品要求、食材规格、服务流程和经营管理等方面都要求不同，有所区别。

作为一家五星级的国际酒店，在餐厅布局方面，首先就要考虑来自世界各地不同国家和地区宾客的需求，不但要有装修雅致的中式餐厅，有经营国际菜式（可以享用零点或自助餐）18小时服务的咖啡厅，有经营法国菜或意大利菜的高级西餐厅，甚至还有高级日本料理餐厅；有能让客人放松身心的酒吧、茶室，有满足客人商务、会展需要（具备同声翻译功能）的多功能大、小宴会厅，还要有24小时供应的送餐服务。拥有这样各式各样不同风格的餐厅，才能够满足不同国籍、不同民族、不同信仰、不同口味客人的不同要求。而社会餐厅则往往只是经营比较单一的菜系，或者是凸显某些地方风格特色的菜式，营业时间也不需要这么长。

正因为酒店的客人来自世界各国、各地，酒店就更加要尊重他们不同的信仰和文化，例如在各个不同餐厅的菜式设计上，就尤其要小心谨慎，社会餐饮能够售卖的菜色，但酒店就不一

定能够出售了,比如广东人喜欢吃的狗肉,在酒店餐牌上是绝对不能出现的,因为在西方客人的文化里,这可是大逆不道的野蛮。还有,因为入住酒店的客人来自不同的国家和民族,在各个餐厅的菜谱上,都要有一定的素菜品种及大荤品种的菜式供应,这样,才能够满足不同的客人的需求。而社会餐厅则没有这么多顾忌,只要是客人喜欢,有市场价值的菜式都可以随意在餐厅售卖。

基于酒店服务特点的需要,酒店员工的福利待遇、工作环境往往比较好,由此酒店的管理团队和员工队伍相对比较稳定。同时,为打造好的餐饮品牌,五星级酒店往往都肯花重金,或聘请国外管理团队和总厨进行管理、培训,或派出管理人员到国外交流深造,培训系统比较完善,国外先进的管理理念、品牌意识、出品质量都比较到位。酒店还能通过经常举办不同主题的"美食节",邀请世界各国、全国各地的名厨到酒店交流,使酒店的厨师能够大开眼界,增长见识,从而不断提升中、西餐厨师的修养和烹饪水平。而社会餐厅员工的福利待遇比较差,流动率比较大,不少老板往往对培训工作不够重视,不肯花大钱培训员工,导致管理团队和厨师队伍的素质参差,造成出品和服务的不稳定。

食品安全问题,一直是消费者关注的大问题。作为一家每天都要接待国际客人的五星级酒店,不可避免地也要面对这个问题。但酒店餐饮的价格一般比较高,没有太大的成本压力,一般都非常注重食材品质,从进货源头抓起,绝对不会为了节约成本,而贪便宜使用廉价的食材配料。例如广东"无鸡不成宴",为了保证鸡的质量,白天鹅宾馆使用的"葵花鸡"进货成本,就比普通市面上的鸡贵了一倍。酒店使用的进口原材料,从芝士到牛油,从火腿、三文鱼到牛肉,也一定要使用最顶级的。有了好的食材,厨师才能够创造出好的菜式,出品才能出色。而社会餐厅则往往迫于价格和同行激烈的竞争,一些餐厅为了在较低价格中获取利润,往往要寻找较低价格的食材或替代原材料,导致出品质量难以令消费者满意。

同样,在服务流程设计方面,酒店也尊重国际客人的进餐习惯,按照国际上通用的服务标准来执行。例如白天鹅宾馆无论中餐或西餐的服务流程,都作出了相应的调整,比如"餐厅服务操作规程(包括上、撤餐具右上右下)""葡萄酒服务操作规程""雪茄服务操作规程""中、西宴会操作规程"等,有基本统一的规范;从客人进入餐厅门口到离开餐厅,所有提供的细微服务,都有详细量化的指标。这些都与社会上的餐厅有较大的区别,目的是使客人能够在酒店享受到标准的国际化优质服务。消费者无论在社会餐厅还是在酒店餐厅进餐,应该都能够获得品质的保证和消费的尊严,享受到更多的惊喜和感动。

(资料来源:《天下美食》,2012-10)

第七章　酒店色彩之美

【教学目标】

1. 知识目标

(1)掌握酒店色彩的概论；

(2)理解酒店常见色彩的意义；

(3)掌握酒店室内风格类型；

(4)熟悉商业酒店色彩设计和运用色彩元素搭配实践。

2. 能力目标

能运用所学知识,进行酒店色彩的搭配,鉴赏酒店色彩之美。

3. 素质目标

增强学生对酒店色彩概论的认知和关注,引导学生创新实践酒店配色设计。

【关键词】

室内风格;色彩意义;色彩设计

引　言

色彩是室内空间设计中调节空间氛围最重要的元素之一,既有表现空间装饰气氛的作用,还有一定的审美效果。同时色彩在空间里能通过感知、印象产生相应的心理影响和生理影响,也直接影响空间的装饰效果。如果设计师对于色彩的运用能富有见识和目的性,色彩就能够给空间增添重量感,改变一个酒店房间的基本比例,并且在各个方面都发挥出镇静或提升情绪的作用。室内空间色彩装饰能左右我们的情绪,并在一定程度上影响我们的行为活动,所以色彩运用得是否恰当合理,在室内空间设计中是很关键的,可以更有效地发挥设计空间的使用功能,提高工作和学习的效率。

而酒店作为一种最普遍的消费形式,在现代生活中占据一定地位,它的色彩运用,同样已成为一个酒店美感呈现的主要表现要素,而酒店作为具有发展前景的城市文化模式,更需要色彩的恰到好处的表达,色彩设计正是设计师为酒店各功能空间营造主题氛围最直接简单的工具。

第一节 酒店室内色彩概论

一、色彩的构成

1666 年,英国科学家牛顿设计并进行了色散实验,证明了色彩是以色光为主体的客观存在。色彩有三种构成因素光、物体和眼睛。从概念上讲,色彩是光从物体反射到人的眼睛所引起的一种视觉心理感受。色彩是通过眼、脑和我们的生活经验所产生的一种对光的视觉效应。人对颜色的感觉不仅仅由光的物理性质所决定,比如人类对颜色的感觉往往受到周围颜色的影响。有时人们也将物质产生不同颜色的物理特性直接称为颜色。

人眼能够感受到的色彩是丰富多样的,但并非无规律可循,色彩可以分为两个大的种类:无彩色系和有彩色系(图 7.1)。

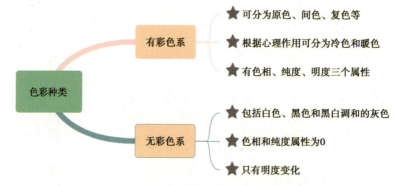

图 7.1 色彩种类

色系丰富多彩,用不同的彩色装饰居室可给人不同的心理感受(图 7.2)。

图 7.2 有彩色系酒店客房
(图片来源:成都 W 酒店官网客房图)

色系色彩较少,却是现代酒店室内设计中不可或缺的一类色彩(图 7.3)。

在三原色的基础上,通过色彩混合可以调和出更多的色彩。

图7.3　无彩色系酒店客房

（图片来源：广州文化东方酒店官网客房图）

①原色（三原色）（图7.4）指不能用其他色混合而成的色彩。

三原色：红、黄、蓝。

②间色（第三色）（图7.5）指三原色中，其任何两种色调和出来的色彩。

图7.4　三原色图　　　　　　　　图7.5　间色

例如：红+黄=橙色

　　　红+蓝=紫色

　　　黄+蓝=绿色

③对比色、互补色。

对比色：在24相色相环中，120度范围内色彩（图7.6）。

互补色：色相环上，夹角互为180度的色彩，互补色具有极其强烈的对比（图7.7）。

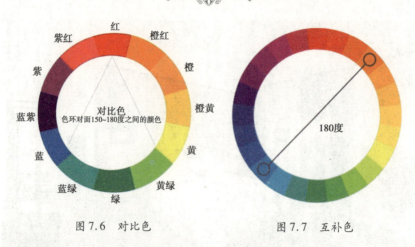

图 7.6　对比色　　　　　　　　　图 7.7　互补色

（图片来源:凤凰新闻图片）

二、色彩的属性

有彩色包括可见光谱中的全部色彩,以红、橙、黄、绿、青、蓝、紫为基本色,通过基本色间不同量的混合,以及基本色与黑、白、灰之间不同量的混合,形成五彩缤纷的色彩。任何有彩色都具备三个基本特征:色相、纯度、明度,在色彩学上,称为色彩的三属性、三要素或三特征。

（一）色相

有彩色的最大特征是色彩所呈现出来的相貌。人们称呼色彩时使用的名称就是色相,如紫红、橘黄、群青、翠绿等。从光学物理上讲,各种色相是由射入人眼的光线的光谱成分决定的。为了更直观地表现色相之间的关系,色彩学家按照光谱中色相出现的顺序将它们归纳成环形,即色相环,也称为色环(图7.8)。

　　（a)12 色标准色色相环　　　　（b)孟塞尔 20 色标准色相环　　（c)奥斯特瓦尔德 24 色标准色色相环

图 7.8　12、20、24 色色相环

【知识链接】

色相环是以黄(yellow)、红(red)、蓝(blueness)三色为基础,由此三原色配置组合而成。一般色相环有五种或六种甚至八种色相为主要色相,若配列各主要色相的中间色相,就可做成十色相、十二色相或二十四色相等色相环。黄、红、蓝这三种色相不能够通过任何方式合成,因此称为原色;将原色分别两两混合后,会得到橙色、绿色、紫色,称为间色或二次色;将原色和间色混合后得到的 6 种颜色,称为复色或三次色。这十二种颜色即是所有色相的基础。

（二）纯度

纯度是指色彩的纯净程度,也称为艳度、彩度、鲜度或饱和度,是色彩鲜艳程度的判断标准。纯度表现的是一种色彩中所含有色成分的比例,比例越大,纯度越高;比例越小,纯度越低。不掺杂其他任何色彩的色相,被称为纯色,纯度最高。

不同色相相比较,原色的纯度最高,间色次之,复色最低;同色相比较,纯色的纯度最高。

（三）明度

明度表示的是色彩的明暗程度。色相和纯度都需要依赖一定的明暗才能显示出来,可以说明度是色彩的骨骼。无彩色中,黑色明度最低,白色明度最高,灰色居中,变化最多。有彩色系的色彩明度差别包括两个方面:一是某一色相的深浅变化,如浅红、大红、深红,均为同一种色相,但越来越暗;二是不同色相间的明度差,如黄色明度最高,紫色明度最低。

色彩的明度变化,可通过加入白色、黑色或不同明度的灰色来调和。不同颜色会有明暗的差异,相同颜色也有明暗深浅的变化。比如,深黄、中黄、淡黄、柠檬黄等黄颜色在明度上就不一样,紫红、深红、玫瑰红、大红、朱红、橘红等红颜色在明度上也不尽相同。这些颜色在明暗、深浅上的不同变化,就是色彩的又一重要特征——明度变化。

【案例分享】

有色物体色彩的纯度还受其表面结构影响。如果物体表面粗糙,漫反射作用将使色彩的纯度降低;如果物体表面光滑,全反射作用将使色彩显得比较鲜艳。在实际应用时,可以利用这一关系,来调节色彩的纯度或增加整体配色的层次感。例如,在酒店室内设计中加入面积较大的正红色,可以选择粗糙一些的材质呈现,以降低刺激感;或当一种颜色用于多处位置时,搭配多种材质来增加层次感。

三、有彩色的分类

凡带有某一种标准色倾向的色(也就是带有冷暖倾向的色),称为有彩色。光谱中的全部色都属有彩色。有彩色是无数的,它以红、橙、黄、绿、蓝、紫为基本色。基本色之间不同量的混合,以及基本色与黑、白、灰(无彩色)之间不同量的混合,会产生成千上万种有彩色。无彩色是没有任何色相感觉的。

（一）暖色

人们见到红、红橙、橙、黄橙、红紫等色彩后,会联想到太阳、火焰、热血等事物,从而产生温暖、热烈、危险等感觉,因此将此类色彩称为暖色。

（二）冷色

人们见到蓝、蓝紫、蓝绿等色后,很容易联想到天空、冰雪、海洋等物象,从而产生寒冷、理智、平静等感觉,因此将此类色彩称为冷色。

（三）中性色

除了暖色和冷色外,还有一些色彩既不让人感觉冷也不让人感觉温暖,人们将此类色彩称

为中性色,有彩色中的中性色为紫、绿等。

第二节　常见色彩意义

一、常见室内色彩意义

（一）红色

红色的波长最长,穿透力强,所以感知度高。人们看到红色会联想到太阳、火焰、花卉等。红色具有温暖、兴奋、活泼、热情、积极、希望、忠诚、健康、充实、饱满、幸福等象征意义。红色在中国还是代表喜庆的颜色。红色空间配色宜忌,见表7.1。

表7.1　红色空间配色宜忌

空间配色宜忌	红色很适合用来表达喜庆的氛围、活泼感,同时还具有时尚气质。红色与浅黄色搭配最协调,与奶黄色、灰色为中性搭配。
	纯红色具有高刺激性,不宜大面积使用,且不适合暴躁易怒的人群。它还与绿色、橙色、蓝色相斥,忌等面积组合。

（二）黄色

黄色是有彩色中明度最高的色彩,因此其明视度和注目性高。黄色具有光明、迅速、活泼、轻快、明朗、快活、自信、希望、高贵等象征意义。黄色空间配色宜忌,见表7.2。

表7.2　黄色空间配色宜忌

空间配色宜忌	黄色具有刺激食欲、激发创作灵感以及提高空间的作用,很适合装饰餐厅、书房和阴暗的房间。黄色与绿色组合搭配,会显得很有朝气和活力;黄色与蓝色相配,显得美丽、清新。
	纯黄色使用时应注意面积的控制,否则容易让人产生刺激、苦闷、压抑等情绪。

（三）橙色

橙色的刺激性没有红色大,但其视认性、注目性也很高,既有红色的热情,又有黄色的光明和活泼,具有光明、温暖、华丽、甜蜜、喜欢、兴奋、喜庆、富贵等象征意义。橙色空间配色宜忌,见表7.3。

表7.3　橙色空间配色宜忌

空间配色宜忌	橙色同样有刺激食欲的作用,也适合用来表现喜庆氛围和富贵感。橙色与浅绿色或浅蓝色相配,可以构成最明亮、最欢乐的效果;与淡黄色相配有一种很舒服的过渡感。
	纯橙色同样具有刺激性,不适合大面积装饰墙面。橙色较宜与紫色或深蓝色相配,否则会给人一种不干净、晦涩的感觉。

（四）蓝色

蓝色对视觉器官的刺激比较弱,当人们看到蓝色时,情绪会比较安宁、冷静。蓝色具有沉静、永恒、清爽、悠久、可靠、真理、保守、严肃、理性、冷静等象征意义。蓝色空间配色宜忌,见表7.4。

表7.4　蓝色空间配色宜忌

空间配色宜忌	蓝色可以使人冷静,非常适合情绪暴躁的人群以及常年炎热的区域。不同的蓝色与白色相配,表现出明朗、清爽与洁净;蓝色与黄色相配对比度大,较为明快。
	采光不佳的空间不适合大面积使用暗沉的蓝色装饰墙面,否则容易让人感觉阴郁、不积极。

（五）绿色

绿色观感舒适、温和,常令人联想起葱翠的森林,草坪等自然事物,具有自然、新鲜、平静、安逸、安心、和平、可靠、理智、淳朴等象征意义。绿色空间配色宜忌,见表7.5。

表7.5　绿色空间配色宜忌

空间配色宜忌	绿色宽容、大度,几乎能容纳所有的颜色,具有缓解视觉疲劳的作用,很适合装饰书房。
	与红色、紫色等组合时,忌面积均等,否则容易让人感觉不舒服。

（六）青色

青色是绿色和蓝色的复合色,可以理解成偏蓝的绿色或偏绿的蓝色,清爽而不单调,具有坚强、希望、古朴、庄重、亲切、朴实、乐观、柔和、沉静、优雅等象征意义。青色空间配色宜忌,见表7.6。

表7.6　青色空间配色宜忌

空间配色宜忌	适合追求和平、安定生活氛围的人群,还能够表现善良的性格特点。青色是较为百搭的色彩,无论与什么色彩放在一起,都别有一番风情。
	采光不佳的房间内,忌使用明度过低的青色,否则容易显得压抑。

（七）紫色

紫色是蓝色和红色的复合色,具有神秘、高贵、优美、庄重、奢华的气质,有时也会让人感觉孤寂、消极。紫色空间配色宜忌,见表7.7。

表7.7　紫色空间配色宜忌

空间配色宜忌	适合表现高贵、优雅的氛围,做色彩搭配时,可适量搭配对比色来避免消极感。
	紫色加入黑色或灰色调和后,易使人产生负面情绪,忌大面积使用。

（八）粉红色

粉红色是属于女性的代表色,还带有一些时尚感和活泼感,具有浪漫、可爱、娇柔、温馨、甜美、娇嫩、青春、明快、纯真、温柔等象征意义。粉红色空间配色宜忌,见表7.8。

表7.8　粉红色空间配色宜忌

空间配色宜忌	粉红色搭配白色能够表现出浓郁的甜美感和纯真感;搭配类似明度的蓝色、绿色、黄色等,可渲染出童话氛围。
	低明度且低纯度的粉色容易显得"脏",不适合大面积使用,可少量使用,调节层次。

（九）褐色

褐色亦称棕色、咖啡色、啡色、茶色等,是处于红色与黄色之间的任何一种颜色。很多土地都是褐色的,因此也称之为大地色。褐色具有稳定、可靠、亲和力等象征意义。褐色空间配色宜忌,见表7.9。

表7.9　褐色空间配色宜忌

空间配色宜忌	褐色几乎和所有颜色搭在一起都不会觉得突兀,但当使用面积较大时,宜搭配亮色调和。绿色、银灰色、紫色这三种颜色非常适合与褐色搭配。
	褐色忌遍布空间各处,否则容易使人感觉沉闷。

（十）白色

白色是明度最高的颜色,常给人以光明、纯真、高尚、恬静等感觉,具有明亮、干净、畅快、朴素、雅致、贞洁、高级、科技等象征意义。白色空间配色宜忌,见表7.10。

表7.10　白色空间配色宜忌

空间配色宜忌	白色适合与任何颜色组合,在其衬托下,其他颜色会显得更加鲜亮、明朗。在设计中,可以将白色调成乳白、亚麻白、米白、珍珠白、象牙白等来使用。
	白色忌单独且大面积地使用,否则会让空间显得乏味而缺乏情趣。

（十一）黑色

黑色的明度最低,和白色相比,给人以暖的感觉,具有神秘、深沉、寂静、坚硬、沉默、绝望、悲哀、严肃等象征意义。黑色空间配色宜忌,见表7.11。

表7.11　黑色空间配色宜忌

空间配色宜忌	黑色与其他颜色配合时均能取得很好的效果,无论什么色彩,特别是鲜艳的纯色,与黑色相配,都能取得赏心悦目的良好效果。
	黑色不能大面积地使用,否则会产生压抑、阴沉的恐怖感。

（十二）灰色

灰色是最被动的色彩,也是彻底的中性色。当它靠近鲜艳的暖色,表现出偏冷的感觉;靠近冷色,又表现偏暖的感觉。灰色具有柔和、细致、平稳、朴素、理智、谦让等象征意义。灰色空间配色宜忌,见表7.12。

表 7.12　灰色空间配色宜忌

空间配色宜忌	灰色可用来渲染时尚感和都市感,可与任何色彩组合。它不会明显影响其他色彩,是非常理想的背景色彩。
	灰色不能大面积地使用,否则会让人感觉缺乏人情味。

二、色彩与室内设计的关系

当顾客进入酒店某个空间的最初几秒钟内,产生的印象中有 75% 是对色彩的感觉,然后才会去理解形体,也就是说,室内色彩设计对视觉的冲击力和感染力要高于室内物体的造型设计。在室内设计中只有合理地运用色彩,才能够创造出愉悦、舒适的环境,营造出美妙的氛围。色彩被称作室内设计的"灵魂"。成功的色彩设计既能满足大众的审美要求又是居住者的个性表达,它是室内设计中最为生动、最为活跃的因素,具有举足轻重的地位。

（一）调节空间

色彩对人的视觉效应和心理影响不仅包括冷暖感,还包括前进感和后退感、膨胀感和收缩感、轻感和重感等,利用色彩的这些特征,能够在一定程度上改善室内建筑结构的不良尺度。

（二）调节心理

色彩可以刺激人的心理及生理需求,如果使用了过多的高纯度的色相,会使人感觉过分刺激而容易烦躁;而过少的色彩,又会使人感到空虚、寂寞。因此,室内色彩要根据使用者的性格、年龄、性别、职业和生活环境等,设计出各自适合的色彩,才能满足视觉和精神上的双重需求,还可以根据各空间的功能进行合理配色,以起到调整心理平衡的作用。

（三）调节氛围

室内设计总的来说可分为硬装和软装两部分。硬装的色彩不便改动,可选择具有平和感的色彩,避免刺激人的心理和生理,奠定一个舒适的整体氛围。而在遇到节日或其他纪念日等需改变氛围的时候,可通过改变软装的色彩来烘托气氛,调节室内整体氛围。

（四）调节温感

室内温度的感觉会随着不同颜色搭配方式而发生改变。调节温感主要靠的是色彩的冷暖感觉,寒冷的地区可选择红、黄等色相,明度可以略低,纯度可以相对高一些;温暖地区可以选择蓝绿、蓝、蓝紫等颜色,其明度可以相对高一些,但纯度需降低。同理,光照充足的房间可以冷色为主,光照少的房间可以暖色为主。但是,气候是循环变化的,因此要根据所在地区的常态来选择合适的色彩方案。

（五）调节光线

色彩可以调节室内光线的强弱。各种色彩都有不同的反射率,如白色的反射率为 70% ~ 90%,灰色在 10% ~ 70%,黑色在 10% 以下,根据不同房间的采光要求,适当地选用反射率低的色彩或反射率高的色彩即可调节进光量。如朝北的房间常有阴暗沉闷之感,可采用高反射率的色彩;朝南的房间日照充足、光线明亮,采用低反射率的色彩。

（六）体现个性

色彩可以体现一个人的个性,使用者的性格往往决定了其装修时所选用的色彩。一般来说,性格开朗、热情的人,喜欢暖色调;性格内向、平静的人,喜欢冷色调。喜欢浅色调的人一般是直率型;喜欢暗色调、灰色调的人大多深沉。女性多喜欢紫色、粉色等;男性多喜欢蓝色、灰色、褐色等。因此,在客房色调搭配时可以根据市场需求情况来满足某部分群体的审美需求。

第三节　酒店室内风格类型与色彩

一、酒店中式风格的色彩

(一)中式风格特点

在现代室内装饰设计中,常见的中式风格包括中式古典风格和新中式风格两类。中式古典风格在室内布置、线形、色调及家具陈设的造型等方面,吸取传统装饰"形""神"的特征,以木材为主要建材,充分发挥木材的物理性能,运用色彩装饰手段,如彩画、雕刻、书法以及家具陈设等艺术手段来营造意境。

新中式风格是将中式元素与现代材质巧妙糅合,提炼明清时期家居设计理念的精华,将其中的经典元素提炼并加以丰富,呈现全新的传统家居气息。它不是中式元素的堆砌,而是将传统与现代元素融会贯通的结合。与中式古典风格相比较,新中式风格更简约、更现代,符合现代建筑的特点。

(二)中式古典风格常用色彩搭配

中式古典风格会较多地使用木材,而木材又多为棕色系,因此,在中式古典风格的居室中,棕色常被作为主角色使用。它的运用范围比较广泛,墙面、家具、地面等部位通常至少两个部位会同时使用棕色系。为了避免棕色面积大而产生过于沉闷的感觉,会加入高明度或高纯度的色彩做调节。中式古典风格常用色彩搭配,见表7.13。

表7.13　中式古典风格常用色彩搭配

棕色+白色	两种色彩可以等分运用,营造出古朴又不失明快感的氛围 也可以将棕色作为较大面积的主角色,白色作为配角色使用
棕色+白色+淡米色	棕色同时搭配白色和明度接近的淡米色 此种配色方式比棕色与白色的配色方式层次感更丰富一些,但整体上仍给人素雅的感觉
棕色+白色/米色+单一皇家色	以棕色系为主角色,白色或米色做配角色,与纯度略高一些的红色、黄色、蓝色、绿色、紫色等具有皇家特点的彩色中的一种组合 所使用的皇家色能够减弱大面积棕色带来的厚重感,并增加高贵气质
棕色+白色/米色+多种皇家色	组合方式与前一种类似,但皇家色的数量有所增加,至少会使用两种 当所使用的皇家色数量增加后,居室内的氛围会变得更活泼一些,华丽感也会有所提升

（三）新中式风格常用色彩搭配

1. 黑、白、灰组合

此种配色方式灵感来源于苏州园林和京城民宅，以黑、白、灰色为基调（表7.14），有时会用明度接近黑色的暗棕色代替黑色，或在基色组合中加入一些棕色做调节。无论何种方式，都给人朴素、静谧的感觉。

表7.14 新中式风格常用色彩搭配（1）

黑、白、灰组合	黑、白、灰三色中两色或三色组合作为配色主角，源于苏州园林的配色 装饰效果朴素，具有悠久的历史感，其中黑色可用暗棕色代替
白色/浅米色+黑色/暗棕色	通常以白色为主角色，黑色做配角色或点缀色使用 整体效果朴素而时尚，给人一种黑白分明的畅快感，如果觉得黑白搭配的色调对比太强，可用米色代替白色，或用暗棕色代替黑色
黑、白、灰+棕色	以黑、白、灰中两种或三种组合，作为基调，与棕色搭配，简洁而有现代感 若以大地色为主角色，米色或米黄色为配角色，则具有厚重感和古典感，使用频率也非常高
黑、白、灰+棕色+其他色彩	以黑、白、灰中的两种或三种组合，作为基调，地面或家居会使用棕色 其他类型的彩色如蓝色、绿色等，可用在部分墙面上，也可作为点缀色或配角色使用

2. 黑/棕、白、灰和彩色组合

在黑/棕、白、灰基础上以皇家住宅的红、黄、蓝、绿、紫、青作为局部色彩（表7.15）。棕色也经常会出现在配色组合中，但使用位置或使用面积并不十分突出。

表7.15 新中式风格常用色彩搭配（2）

黑/棕、白、灰+单彩色	黑/棕、白、灰三色中的两色或三色组合作为配色主角，搭配皇家色中的一种 在朴素的背景色的映衬下，所使用的彩色的特征会显得尤其突出
黑/棕、白、灰+近似色	最常采用的近似色是红色和黄色，它们在中国古代代表着喜庆和尊贵，是具有中式代表性的色彩 将两者组合与大地色系或无彩色系搭配，能够烘托出尊贵的感觉
黑/棕、白、灰+对比色	对比色多为红蓝、黄蓝、红绿对比，与红色、黄色一样，同样取自古典皇家住宅，在主要配色中加入一组对比色，能够活跃空间的氛围 这里的彩色明度不宜过高，艳色调、明亮色调或浊色调均可
黑/棕、白、灰+多彩色	选择彩色中两种以上的色彩与黑/棕、白、灰等色彩组合，是所有新中式配色中最具动感的一种 色调可淡雅、可鲜艳、也可浓郁，但这些色彩之间最好拉开色调差

二、酒店欧式风格的色彩

（一）欧式风格特点

在现代室内装饰设计中，常见的欧式风格包括欧式古典风格和简欧风格两类。

典型的欧式古典风格，以华丽的装饰、浓烈的色彩、精美的造型达到雍容华贵的装饰效果。室内多用带有图案的壁纸、地毯、窗帘、床罩、帐幔以及古典式装饰画或物件；门窗上半部多做成圆弧形，并用带有花纹的石膏线勾边。客厅顶部喜用大型灯池，并用华丽的枝形吊灯营造气氛，室内有真正的壁炉或假的壁炉造型。

简欧风格是将欧式古典风格与现代元素相结合而产生的风格，保留了欧式古典风格的神韵，但造型、配色等更简洁，既保留了传统材质和色彩的大致风格，又摒弃了过于复杂的肌理和装饰，简化了线条。

（二）欧式古典风格常用色彩搭配

1. 金色或明黄色的组合

金色或明黄色能够体现出欧式古典风格的高贵感，金色常用在描金家具、装饰物、墙面雕花线条等部位，在整体居室环境中起点睛作用，充分彰显古典欧式风格的华贵气质，见表7.16。

表7.16　欧式古典风格常用色彩搭配(1)

金色/明黄	此种色彩组合以金色/明黄为基调，具有绚丽、明亮的视觉效果，是最能彰显奢华气氛的色彩组合，能够体现出欧式古典风格的高贵感，构成金碧辉煌的空间氛围
金色/明黄+彩色	彩色选择具有欧式代表性的紫色、红色等色彩，金色通常以描边、饰品等方式出现 此种色彩搭配方式能够充分彰显出欧式古典风格的华贵气质

2. 红棕色的组合

红棕色具有古典气质，符合欧式古典风格的特点。在室内设计中，红棕色常会出现在兽腿家具、护墙板等部位，充分营造出华贵、典雅的欧式空间，彰显贵族气息，见表7.17。

表7.17　欧式古典风格常用色彩搭配(2)

红棕色	
红棕色+金色/银色	红棕色木质材料加金漆或银漆描边 此种配色方式，能够彰显出欧式古典家居奢华、大气之感
红棕色+褐色调/深色调蓝色	红棕色与蓝色属于对比色组合 当觉得大面积的红棕色显得有些沉闷时，就可以选择或淡雅或浓郁的蓝色系列的家具或装饰品与其组合，用色彩对比活跃氛围

（三）简欧风格常见色彩搭配

1. 以白色为主

背景色多为白色，搭配同类色(黑色、灰色等)时尚感最强；搭配金色或银色的饰品，能够体现出时尚而又华丽的氛围;搭配米黄及蓝或绿,是一种别有情调的色彩组合,具有清新自然的美感。

2.以暗红及大地色为主

以暗红或大地色为主的配色方式,少量地糅合白色或黑色,最接近欧式古典风格。可加入绿色植物、彩色装饰画或者金色、银色的小饰品来调节氛围。若空间不够宽阔,不建议大面积使用大地色系做墙面背景色,以免使人感觉沉闷。

三、酒店现代风格的色彩

(一)现代风格特点

现代风格是比较流行的一种风格,追求时尚与潮流,非常注重居室空间的布局与使用功能的完美结合。现代主义也称功能主义,是工业社会的产物,其最早的代表是建于德国魏玛的包豪斯学校。

现代风格造型简洁,讲求装饰数量的精简,推崇科学合理的构造工艺,重视发挥材料的性能。室内装饰具有简洁明快、实用大方、夸张、个性、突破传统等特点,讲求体现材料自身的质地和色彩的配置效果。

(二)现代风格常用色彩搭配

1.无彩色系组合

以黑、白、灰为主色,三种色彩至少出现两种。其中白色最能表现简洁感,黑色、银色、灰色能展现明快与冷调,见表7.18。

表7.18 现代风格常用色彩搭配(1)

无彩色系组合	
白色+黑色/灰色	白色组合黑色或灰色作为主要配色,具有经典、时尚的效果 以白色做背景色,黑色用在主要家具上,适合小空间;黑色用在墙面适合采光好的房间 白色与灰色组合,以白色为主、灰色为辅助,或者颠倒过来均可,兼具整洁感和都市感
白色+灰色/黑色+金属色	以白色为主角色,在重点部位例如电视墙或沙发墙或小件的灯具及软装饰部分使用银色、浅金色或古铜色等,效果具有科技感和未来感
无彩色系组合	第一种为黑、白、灰三色组合,可适当加入一些大地色,配色具有极强的时尚感,且层次更丰富 第二种为以黑、白、灰组合为基础,加入金色或银色。加入银色增添科技感,加入金色增添低调的奢华感
黑、白、灰+高纯度彩色	以无彩色系的黑、白、灰为基调,搭配高纯度或接近纯色的色彩,作为主角色、配角色或者点缀色,能够塑造出夸张又个性的感觉 组合的色彩色相不同,整体氛围会随之而变化

2.棕色系组合

以浅茶色、棕色、象牙色等为主色,表现具有厚重感的前卫性。若喜欢厚重感,可用不同明度的棕色系组合,无彩色系做点缀,见表7.19。

表7.19　现代风格常用色彩搭配(2)

棕色系	
棕色系+黑、白、灰	棕色系包括茶色、棕色、象牙色、咖啡色等,因为是泥土的颜色,因此也被人们称为大地色系 棕色系与无彩色系组合的前卫家居配色具有厚重而时尚的基调,而厚重感的多或少取决于棕色系色调的深浅
棕色+高纯度彩色	用棕色放在主要位置表现前卫感,特别是使用暗色调的棕色时,少量地点缀一些高明度或高纯度的彩色可以减轻一些厚重感 采用对比色的搭配是最具前卫感的搭配方式

3. 基色和强对比色的组合

以上面两种组合方式为基色,搭配高纯度对比色或多色,此种方式能够形成大胆鲜明、强烈对比的效果,创造出特立独行的个人风格,见表7.20。若为大面积居室,对比色中一种可作为背景色,另一种作为主角色;若小面积居室,对比色可作为配角色或点缀色使用。

表7.20　现代风格常用色彩搭配(3)

对比色组合	
两色对比	以一组对比色组合为主的配色方式,如红蓝、黄蓝、红绿等,互补色对比感最强 用白色或灰色调节对比色,能令空间具有强烈的冲击力,配以玻璃、金属材料,效果更佳
多色对比	以至少包含一组对比色为主,组合其他色相的多种色彩,进而产生对比效果 为了避免过于刺激而失去家居氛围,可用无彩色系调节 是现代风格中最活泼、开放的空间配色方式

第四节　商业酒店色彩设计

酒店室内环境色彩设计应注重整体性原则,首先需确定一个主色调来表现酒店室内环境色彩设计主题,每种主色调都要通过两种以上色彩搭配形成统一、和谐的环境,表达出空间主题,而后根据不同空间的功能性,在保持主色调的前提下,进行具体的色彩搭配。

一、大堂的色彩设计

大堂不仅是一个提供公共活动场所的空间,更是一个突出酒店设计主题的视觉焦点,一般通过热烈、亲切的色彩布置在第一时间给客人造成一定的视觉冲击。当代风格的酒店一般通过简练的色彩来凸显大气、个性的环境氛围,而传统风格的酒店入口则更偏向于选择具有渐变韵律的暖色系,彰显其高贵、典雅、独特的气质。

服务台一般根据酒店的主题选择不同的材质和色彩,常以黑色或棕色的大理石、花岗岩、木材、皮革等材质为主,服务台工作区域后面常设置大面积艺术背景墙,其色彩要与其表现的题材相协调;大堂休息区的色彩一般是通过运用明亮的暖色营造出大方、富丽的感觉。另外,一些民族气息浓郁的酒店,其休息区会运用具有地域代表性的热烈色彩,而少数现代风格酒店则会运用几种深色演绎出简约、精致的环境主题。

二、餐饮区的色彩设计

酒店的餐饮空间是指提供用餐、饮料等服务的区域,如餐厅、茶馆、咖啡吧、酒吧、宴会厅等,是供客人休闲、交流的场所,因此,其色彩设计应主要以欢快、明朗、热烈的暖色调为主,以引起顾客的食欲和消费欲望。

三、娱乐区的色彩设计

娱乐空间是现代酒店中不可或缺的一部分,是长久吸引客人、获得收益的重要渠道,包括舞厅、KTV包厢、迷你影吧、游戏室等。娱乐空间的色彩设计应充分展示独立的风格特征,彰显强烈的个性形象。其中,大面积色块、背景等一般应采用简洁、淡雅的单色,主要通过五光十色的灯光来营造热烈的气氛。而在一些活跃空间的造型元素中,则可以适当运用具有一定表现力的色彩,从而更加丰富空间视觉层次。

四、客房区域的色彩设计

客房是酒店内最核心的功能区域,主要提供睡眠、会客、阅读、办公、洗漱等功能,因此色彩设计应尽量给人舒适、放松、私密的感觉,一般通过中性色或单色调搭配营造出安静、舒适的感觉,尤其是窗饰部分,常采用低调色彩和简洁纹理来突出窗户的明亮和开敞感。同时可运用各种不同织物、陈设品、家具等形成局部小范围的对比色搭配,在安静的主基调上增添几分明快和生动感。

【本章小结】

现代人们对于公共生活空间的规范要求更加严格一些,包括内部功能类型划分的细致性和色彩搭配的协调性结果。尤其是色彩表达,往往会赋予酒店空间独特的造型美感效应,以及情感氛围和性格特征。本章节要求学生熟练运用色彩来美化酒店室内空间,首先了解色彩的基础知识,包括它们的定义、种类、搭配设计等,在掌握基础知识后,通过拓展案例学习,更好地提高酒店空间的品位及格调。

在酒店装修设计中,酒店色彩的选择极为重要。因为顾客在入住的过程中,酒店的色彩是给顾客的第一印象会影响到顾客去留,设计适宜的色彩还能够为酒店留住更多的老客户。选择正确的酒店色彩,能够提升一个酒店品牌的"气质",所以,在酒店装修时应该对色彩装饰进行一个完整的设计和规划,结合酒店的经营方向,根据酒店未来要发展的路线设计不同的色彩组合。有些酒店走奢华路线,有些酒店走温馨路线,而酒店装修风格上最重要的区别就是色彩的搭配了,色彩的搭配影响到酒店整体的感观,从而给客户不一样的视觉冲击。

【复习与思考】

一、名词解释

1. 三原色
2. 色彩明度
3. 色彩纯度
4. 中性色

二、简答题

1. 色彩的三种属性分别是什么？各自具有怎样的特征？
2. 常见的色相都有怎样的象征意义？
3. 色彩对室内设计都有哪些影响？

【拓展阅读】

基于人文情怀的民宿酒店色彩设计分析

相对于常规的酒店而言,民宿酒店不仅需要有家庭氛围感,更讲究生活的仪式感与设计创意的碰撞。国内民宿酒店的发展起步较晚,但形式十分多样。例如,古老民宿在保留古老建筑外貌的前提下,适当进行内部装修,赋予民宿建筑历史元素。旅游业的发展在一定程度上促进了民宿酒店的进步,民宿设计需要不断在原有基础上优化升级,才能够满足人们日益提高的居住需求。

民宿酒店设计中的色彩设计原则

色彩会间接影响人们的情绪。例如,蓝色会给人忧郁和冰冷的感觉;绿色是许多植物的色彩,更容易给人大自然般的清新感;红色在中国人的传统印象中往往是节日、婚庆常用的颜色,因此往往也会给人喜庆的感觉。

民宿酒店室内装修设计

在进行设计时需要灵活运用颜色给人带来感官体验和情感体验,尽可能不使用过于压抑的色彩为主色调。例如,民宿酒店中的大堂不像传统酒店大堂那么严肃,其功能更像客厅咖啡吧或书吧,主要用于接待客人。设计的优劣决定了居住者对该民宿酒店的第一印象。因此,色彩设计时更应当注重给人柔和、舒适的感觉,同时注重亲和力的营造。

民宿酒店餐厅设计

餐厅设计的颜色搭配就很有可能会影响人们的食欲。一般来说,暖色调的食物看起来更加美味,如橙色、黄色、红色等,有研究者甚至认为人们之所以喜爱吃油炸食物,与油炸食物的颜色有着一定的关系。

在进行餐厅设计时,可以根据实际情况选择适宜的色彩,如以杏色、淡红色等颜色为主色调,这类颜色与肉的颜色接近,更容易激起人们的食欲。

民宿酒店卧室设计

民宿中的卧室设计是设计环节中的重中之重,不同类型的民宿有其不同的风格,地域色在民宿卧室设计中的体现最为直观。位于海边的民宿往往会以蓝色为卧室设计的主色,位于林中的民宿往往会以绿色作为设计的主色,另外粉色、棕色、黄色、纯白色也是民宿设计中应用频率较高的几种颜色。

科学合理地搭配颜色,巧妙应用当地具有特色代表性的地域色不仅能够调节人们的情绪,同时能给人身临其境的奇妙视觉体验。

民宿酒店设计中的色彩搭配原则

从本质上看,民宿酒店设计中的色彩设计会直接影响人们对于该民宿的印象,因此应当注重做好色彩搭配。色彩过于相似会导致设计感的降低,而色彩过于跳跃又会产生过强的对比性,给人混乱感,如何找准和谐与对比之间的关系是关键。

首先,深入结合色彩的三要素,针对相对应的设计要求和功能定位进行分析,再进一步有效融合相关要素,这样可以体现出更加良好的设计效果。同时确保各类要素能够在室内的民宿酒店设计过程中进行充分融合,这样可以在满足功能定位要求的基础上体现出更加良好的设计效果。

其次,需要严格按照相对应的设计要求和操作要领,确保素材的融合设计效果得到充分体现,也要充分符合环境要求和节能环保需要,使各类要素融入到民宿酒店室内设计中。当色相、纯度以及明度能够保持协调时,人们的感官体验也会更加舒适。无论是冷暖对比,还是纯度对比和明暗对比,都可以被应用于民宿的室内空间设计中。

再次,许多优秀的设计人员能够运用色彩设计突出民宿酒店中不同空间的使用功能。例如,卧室中的灯光可以运用更加温暖、柔和的黄光,通过这样的设计一方面可以更有效地保护人们的视力,在视觉方面有更加良好的防护效果,有效规避各类干扰因素的影响。另一方面可以使整体的居住环境更加地温馨,在整体层面可以呈现出居住环境的舒适度。套房中客厅电视墙上方的灯光设计可以更多地运用相对较暗的灯光,保障电视画面的清晰度的同时,也不会过于喧宾夺主。

过多元素加入在一起会对整体的室内设计效果造成混乱之感,使得居住者在视觉感觉杂乱,而且在各类元素的融合作用下使整体的空间感也不够明确,缺乏应有的协调性和融合性,在实际的居住过程中不能呈现出良好的体验感。因此,在实际的设计过程中要充分体现出优化和简化的效果,确保各类元素能够得到充分且高质量的应用,这样才能更充分地体现出应有的价值。

最后,要进行科学合理的功能分区和色彩方面的协调,在整体的协调布局方面体现出应有的价值,使居住者在视觉感官方面有耳目一新的感觉,这样才能体现出更加良好的设计成效。同时在各类元素和色彩的搭配方面也要体现出以人为本的基本原则,结合居住者的个性化体验来进行针对性的搭配和协调一致,充分符合技术者的设计要求。此外,在色彩的融入优化和完善方面体现出根本性的价值,为整体结构的设计和色彩的巧妙融合提供必要的指引和方向。

通常情况下,在整体布局方面如果没有进行宏观把握,细节方面往往会堆砌更多的元素,导致整体的空间结构存在杂乱或者居住体验不佳等问题,因此要着重做好优化和简化工作。相对来说,纯度越高的色彩明艳度越强,更容易体现浓重的、欢愉的氛围,纯度越低的色彩则更能体现清新感和自然感。

（资料来源:《中国建筑装饰装修》,2022-08）

思考:如何彰显色彩设计能够产生的直观情感体验,赋予民宿酒店与众不同的魅力?

第八章 酒店音乐之美

【教学目标】

1.知识目标

(1)掌握酒店环境音乐及其重要性;

(2)理解酒店音乐的美学原则;

(3)熟悉酒店音乐的选择与应用。

2.能力目标

能运用所学知识,深刻理解酒店环境音乐的功能及重要性,并能较好地赏析酒店氛围音乐。

3.素质目标

增强学生对酒店音乐的兴趣及认知,引导学生能够为高星级酒店选择适合的环境音乐。

【关键词】

环境音乐;选用原则

引 言

酒店背景音乐是酒店文化的形态之一。它和酒店的装修、寝具档次、摆饰陈列、灯光色调、壁画墙纸以及员工服饰、服务程序等一样,呈现给了旅客独特的酒店名片,彰显了酒店的文化内涵。从酒店行业起步至今,酒店背景音乐就伴随着酒店行业的发展。它是一个时时刻刻为酒店服务但是又往往被酒店忽视的细节。我们清醒地看到,酒店的快速发展并没有带动背景音乐水平的提升,酒店之间对于背景音乐盲目地使用和效仿而导致了很多酒店缺乏自身的特点。所以,如何最大程度地利用背景音乐来丰富酒店的文化内涵,提升酒店品位,吸引消费者,缩小竞争的差距,创造更大利润,是值得我们思考和研究的问题。

酒店背景音乐无论是在现在还是将来,它在酒店行业里发挥着重要且不可替代的作用。随着时代的不断发展,行业的竞争越来越激烈,背景音乐的影响力也会凸显出特有的风采。当优美的背景音乐运用于酒店业,它的影响力是巨大的,同时也是潜移默化的。利用背景音乐提升酒店文化品位和竞争力将逐步成为酒店经营者高超的商业技巧之一。酒店的背景音乐是体现酒店企业文化的重要组成部分,它既是酒店硬件的必要补充,又是酒店软件的有效延伸,是提升酒店文化品位,打造酒店独特名片的重要内容,也是影响酒店长期发展的重要因素之一。

所以,完善酒店背景音乐也就成为酒店需要解决的新课题。

第一节　酒店音乐与美

一、音乐与美

（一）音乐是什么

音乐是凭借声波振动而存在,在时间中展现,并通过人的听觉器官而引起各种情绪反应和情感体验的艺术。它必须通过演唱或演奏的中间环节,才能使听众感受到音乐的情感与意境,从而产生艺术效果,达到审美的目的。所以,人们常常称音乐为表演的艺术。

人们聆听音乐,首先必须通过听觉来感知。那优美的旋律和丰富多彩的音色变化,只有直接作用于人的听觉,才能使欣赏者对作品达到完整的听觉把握,从而引起各种情绪反应和情感体验。因此,我们说音乐是听觉的艺术。音乐作品表现自身的情感与内容还需要经历一定的时间,它必须在时间的流动中展延、结束。音乐作品在时间流动中塑造艺术形象、表现人的情感这一特殊功能,是音乐的主要特征之一。此外,在音乐欣赏中,欣赏者也只有随着时间的推移,才能完整地体验音乐作品包含的情感与内容。

那什么是声音呢? 我们生活在声音的世界里,人们通过声音来观察世界、了解世界。声音是由于物体的震动而产生的。空气将震动传到我们耳朵的鼓膜,刺激听觉神经后传至大脑,最终形成声音的感觉。震动强、震波深,声音就强。有了声音,才有了构成音乐的基础。

音乐是声音的艺术化体现。音乐不是生活中杂乱无序的声音组合。窗外的鸟叫声、河边的蝉鸣声、海边的波浪声、汽车的鸣笛声,这是声音不是音乐。音乐是由各种音响的组合、变化而构成的艺术作品。作曲家将声音进行筛选,并按照一定的作曲手法构成具有整体性、连续性、完整性的音乐作品,并借助作品展现一定的思想和情感。

（二）环境

什么是环境? 环境既包括以大气、水、土壤、植物、动物、微生物等为内容的物质因素,也包括以观念、制度、行为准则等为内容的非物质因素;既包括自然因素,也包括社会因素;既包括非生命体形式,也包括生命体形式。环境是相对于某个主体而言的,主体不同,环境的大小、内容等也就不同。

随着社会的不断进步与发展,环境的存在价值变得尤为重要。从自然环境而言,每天的新闻充斥着提倡减排低碳环保生活以净化空气的内容。对于人造的内部环境,过去我们进入餐厅,只是为了能吃得饱。而如今,我们选择酒店首要看环境是否干净卫生,讲究一些更是注重环境是否高雅有情调。过去,我们外出旅游选择酒店只求住得经济实惠。而如今,我们选择酒店更看重酒店的硬件设施以及软件服务。因此,可以说环境在很大程度上影响着人们的生活。

（三）环境音乐

环境音乐,其实就是人们说的背景音乐,它跟正统的音乐还是有区别的,在商业和旅游上起到了一定的辅助性。从它的功能性上讲,它也是音乐的一种,有音乐的作用,音乐可以提高注意力,创造良好的记忆环境,使人头脑清晰、思维敏捷、精力旺盛。在思考问题时,音乐能使

· 184 ·

大脑的活动积极起来,使大脑的能量充分发挥,使人兴趣盎然地沉浸在对问题的思考之中,甚至不再注意到周围还有音乐的响声存在。从心理学的角度,心理学家们认为,环境音乐在学习中的应用,能够消除烦躁心理和稳定情绪,能使学生在较长的时间里不会对学习感到厌烦。环境音乐的功用性主要是通过音乐作用于人的心理,从而达到功用目的。在环境中随意播放和演奏的音乐从严格意义上讲不能算作是环境音乐。这些随意播放和演奏的音乐,如能对人类的活动和心态产生积极的作用,则可纳入环境音乐的范畴。

那些高雅的环境音乐则需要认真地反复聆听,它们不能像音乐会上的音乐一样作为欣赏的对象,而只是环境中的一部分,作为背景来衬托主体的活动,是一种辅助手段,与音乐作为主题活动不同。早期的环境音乐强调简约性和抽象化。其曲调大多平缓、简朴,音乐不能过于吸引人,音乐作为一种审美性而存在,从而影响了音乐作为功用性目的的实施。也就是说环境音乐是那种令人舒心而又不妨碍人们的主要意识活动的音乐。环境音乐必须使个体集中意识去做原来的工作,其发出的声响只是进入个体的潜意识层。Brian Eno 是最早提出"Ambient"(环境的)一词的音乐家,他强调"环境音乐是为了让听者更注重聆听,你甚至可以完全忘却它的存在,即使环境音乐就在你的身边"。

我们随便走进一家商场或者超市里,都会听到播放的背景音乐,这种背景音乐对商场或超市的员工能起到提神的作用,使他们工作起来效率更高。同时也能使顾客精神愉快地进行消费。而且在播放慢节奏的音乐时,会让顾客的脚步减慢,消费增加。在噪声大的工作环境中,要播放平和镇静的音乐,净化机械噪声,以缓解工人因噪声引起的烦躁心态,从而提高工人的工作效率。在医院的手术室播放的音乐应有助于减少病人紧张恐惧的情绪和身体上的痛苦,同时也要有助于消除医生的疲劳和手术带来的不安情绪。

二、背景音乐的功能

背景音乐一般指室内公共场所以中央音乐控制系统播放卡带或 CD、VCD 音乐(有时也有小型乐队现场演奏的纯音乐),以营造温馨浪漫可人的气氛的一种音乐形式。饭店使用背景音乐必须将音乐功能与饭店功能、客人心理紧密结合,以体现背景音乐的独特功能。

背景音乐在不同的场合有相应的特性和效应,如在多功能大厅分割使用时,可以弥补隔声量的不足,减少对邻室的干扰,而在其他室内也可以掩饰各种噪声的干扰。在前厅、大堂等场所可以创造一种欢乐的气氛,在客人和员工之间创造一种融洽、亲切的气氛,可以改善关系。对工作人员来说,可以使其精力集中和持久,提高工作效率。为餐厅专门播放的背景音乐可以使顾客舒畅安逸,增加食欲。在公共场所,如果空无一人,寂静无声,会使人感到恐惧,此时若有一曲美妙的音乐响起,将会使人感到温馨。因此饭店公共场所设置背景音乐完全是为了创造一个与环境相适应的气氛,它可以活跃气氛,增强感情色彩,消除寂寞和孤独感,使饭店更具情趣。背景音乐不是为了欣赏,而是为了创造一种环境气氛。客房内的背景音乐能放松客人的身心,让客人在一天忙碌之后能得到更好的休息。

未来学家托夫勒说:"在一个旨在满足物质需要的社会制度里,我们正在迅速创造一种能够满足心理需要的经济。"流淌着美妙音乐的饭店,使那些雄伟、高大、粗犷线条的建筑物变得柔和,格调亲切,并巧妙缩短客人与冷漠建筑物之间的距离,使建筑物变得富有人情味,"润物细无声"地引导客人心理上的自由和满足感,消除初到异地的紧张感、陌生感,产生心理上的亲切感,为客人提供高品位的愉悦需要。同时,提高饭店入住率。

三、背景音乐的地位

在国内酒店行业,播放背景音乐也有相当长的历史了,但是与国外酒店业不同,国内酒店对背景音乐的选择往往不太重视,要么是一些耳熟能详的口水歌,不适合酒店的形象,要么就是不适合酒店的风格特点。而近年来,由于国家规范音乐版权,对背景音乐收取版权费,很多酒店为了省钱,选择一些不必缴纳版权费的老音乐,从而造成了一流的环境与服务却搭配陈旧的音乐,难以令人满意。

当我们酒店的设施设备、服务项目等都已经达到国际水平的时候,差距往往又从类似播放的背景音乐这些细节上表现出来。既然难免要播放背景音乐,为什么不能重视起来,从而使酒店的这一细节问题获得长久的解决呢? 当播放的背景音乐已经成为人们衡量酒店档次水平高低的时候,特别是当优美的背景音乐能够显著提高客户的满意度甚至增加酒店营业收入的时候,背景音乐就不再可有可无,因此,根据酒店的特点而量身定制背景音乐方案才是最明智的选择。

四、背景音乐的作用

(一)营造舒适而温馨的消费环境

宽敞的大堂,迷你瀑布喷泉,各式热带鲜花植物和轻柔曼妙的背景音乐,令你远离城市的喧嚣,带你进入一个宁静而温馨的城市绿洲。当你在某个酒店享用下午茶,或是和情人一起享用浪漫的晚餐时,耳边缓缓传来为你营造优雅气氛的小夜曲,你啜饮着葡萄酒,品尝着眼前的美味佳肴,一曲曲天籁之音就这样流泻出来,你会不会沉浸在置身天堂的错觉里? 这样的环境难道不是你我共同追寻的吗?

(二)提高工作效率和改善服务质量

因为音乐有放松身心、缓解压力、调节情绪的作用。音乐与人体的神秘呼应,来自于两者之间节奏的共鸣。音乐的基础之一便是节奏,如果音乐的节奏和人体的某些生理节奏和谐一致,就会产生生理共振,紧接着,人们的皮肤温度、心跳速度、呼吸频率都有可能发生变化,最终使人产生快乐、兴奋和幸福的感觉。优美动听的背景音乐可以为员工营造一个轻松和谐的工作环境,良好的工作环境有助于激发员工的工作热情和改善劳动态度,员工的行为结果必然会影响酒店的服务质量。正如假日集团的创始人凯蒙·威尔逊所说:"没有满意的员工,就没有满意的顾客;没有使员工满意的工作场所,也就没有使顾客满意的享受环境。"

(三)创造良好的酒店气氛

酒店经营成功的一个重要因素就是要了解产品,从酒店的角度讲,酒店产品是酒店有形设施和无形服务的综合。它包括酒店的位置、酒店的设施、酒店的服务、酒店的形象、酒店的价格以及酒店的气氛等重要部分。通过对酒店产品进行分析,我们了解到酒店产品有着不同于一般产品的显著特性,其特性之一就是:酒店产品是高气氛的产品。气氛是客人对酒店的一种感受,是酒店气质、文化在顾客心理上所引起的反应。酒店的气氛取决于设施设备的外观,如大堂和客房的装潢,各色餐厅和酒吧的布局、装饰、色调与照明,不同风格、不同档次的壁画和艺术品陈列,错落有致的花草布置;服务人员的服饰打扮、服务过程中的精神面貌与行为特征;适宜的室内温度以及美妙的背景音乐。人们利用音乐易于表达感情的特点来烘托气氛,它可以鼓舞人心,还可以同时协调、影响众人的行为与思想交流,使我们在聆听音乐的过程中感受到一种生命的感动。

（四）提升酒店的品牌形象

良好的酒店氛围是酒店管理综合效果的直接反应,我们应充分利用音乐的功能和特性去创造酒店的美好环境和良好的酒店气氛,使顾客在情感上获得最大的满足。上海的一些高档酒店显然已经充分意识到了这一点,作为 2000 年吉尼斯世界纪录千禧年版的"世界最高酒店"——金茂君悦大酒店的设计,可谓新潮而摩登,为全面提升酒店的形象气质,酒店专门聘请了一位音乐顾问,专门录制与之相匹配的音乐光碟:一些 Ambient、Lounge Music、Alternative 风格的乐曲,在各个特定的场景中滚动播放,为本就高雅的酒店环境增光添彩。

第二节　酒店音乐的美学原则

背景音乐功能决定了并不是所有的音乐皆能成为背景音乐,它遵循如下原则。

一、轻柔性

①轻柔的音乐使人精神向上,心旷神怡,轻松愉快、舒适安逸;过重、刺激的音乐或噪声令人心烦意乱,上下不安,易感疲劳和易发怒;而无声的空间又使人孤寂难熬。因此,使用背景音乐必须遵循轻柔性原则。音乐作品方面的要求:结构简单、主题不太富哲理,旋律流畅、生动,风格高雅。在音乐风格的选择上,以播放古典纯音乐、轻音乐为主,适当选择一些改编成单旋律单器乐演奏的流行音乐。

②音响设备、技术方面的要求:背景音乐一般采用中央音乐控制系统管理与操作,要求整套播音系统设备要精良、高品质,以及安装的合理化。操作人员要求具有娴熟的操作技能,同时播放时不宜使用过多的混响,造成声音的浑浊不清,听觉不舒服,形成空间污染,破坏环境。音量以不被客人明显感觉,不打扰客人谈话为佳。

二、融合性

①背景音乐与建筑风格、经营特色的融合。背景音乐力求与饭店整体形象、风格相一致,给客人以美的享受,留下深刻印象。如在一家现代化的饭店里,应潺潺流淌着钢琴曲、小夜曲;而在具有浓郁民族风格的饭店里,应飘荡着古筝、琵琶、二胡等民族演奏的音乐;江南庭院式饭店回响着是柔美的丝竹乐;充满古文化情调的古朴典雅的饭店,听到的是坝、箫、编钟、古琴演奏的悠悠古乐,委婉、低吟,仿佛将人带回到那久远的年代,遐思万千;中西合璧式饭店相对而言音乐选择范围可大些,可选择轻松优美的轻音乐、古典西洋乐、民乐,也可用西洋乐器演奏的民族音乐,如用钢琴演奏的《浏阳河》《彩去追月》等。

②背景音乐与客人的需要相融合,饭店管理人员应根据本饭店主要的入住客人的年龄、职业、国籍、文化程度、兴趣、爱好等情况进行音乐播放。如外宾较多的饭店应相对选择较多的西洋乐,年纪轻的客人较多的话,应侧重选择活泼、诙谐的爵士乐,还可适当选择一些改编成单旋律单器乐演奏的流行音乐。不论如何,饭店都应使所选择的背景音乐与各方面形成一个完美的整体,使客人的整个心灵世界处于一种和谐自由的境界,身心在多维的情感体验之中得到

享受。

三、愉悦性

酒店是为客人提供休息、娱乐、餐饮的休闲场所。目的是消除客人的紧张情绪，创造温馨浪漫气氛，使客人产生宾至如归的心绪，满足客人歇息的心理需要。因此，提供的背景音乐不宜使用主题太突出，戏剧冲突较大，政治性强的音乐。如贝多芬的交响乐《命运》《英雄》等，强烈的交响乐会破坏环境。还有常常听到的乐曲《回家》(萨克斯曲)、《二泉映月》(二胡曲)，优美的旋律在饭店响起，数不知伤感的情怀已经包围了客人，使客人产生赶快回家的念头。但一些主题性、政治性强的音乐经过改编，其中的片段还是可以使用的，如大家熟悉的协奏曲《梁山伯与祝英台》《黄河》中的《化蝶》《黄水谣》，改编后变成轻松抒情的轻音乐，成为很好的背景音乐。

第三节　酒店音乐的选择与应用

当客人下榻所选择的奢侈或高档酒店时，他们所听到的那些音乐显然是精选而制的，而非在网络平台上随随便便找一个歌单来进行播放，因为这样对酒店来说无疑是冒险的尝试，既无法保证曲目的质量，也无法满足特定的场合感。

一般来说，酒店会根据一些基本的要素来进行设计，主要包括以下几个方面。

一、酒店地点

（一）酒店所在地域

同为度假型酒店，因其所在不同，例如东南亚和日本，那么曲风的呈现自然是不一样的。消费者之所以游历四方，是因为渴望感受当地的特色。

（二）设计与酒店文化及风格吻合的音乐

酒店的风格主要指建筑外观、内部装饰和企业文化气质等。

在音乐作品中运用不同的音色与在美术作品中运用不同的颜色是极为相似的。既然是背景音乐，背景就应该具有很强的装饰性，背景的颜色不同，所起的装饰效果是完全不一样的。音色与颜色同样能给人以明朗、鲜明、温暖、暗淡等感觉。就像绘画离不开颜色一样，音乐艺术也离不开音色，而音色与颜色之间存在着自然的联系。从物理角度上说，它们都是一种波动，只是它们的性质和频率范围不同而已。不同的乐器会呈现出不同的音色，比如弦乐器演奏的声音往往听起来更显热情，而木管乐器则显得相对冷静。

历史上就有人把不同风格的作曲家的作品与色彩联系起来，有人说莫扎特的音乐是蓝色的，肖邦的音乐是绿色的，瓦格纳的音乐则闪烁着不同的色彩。音色与颜色之间的联想，产生于生活实际和艺术实际，正是有了这些联想，才使我们在欣赏音乐的过程中，得到更加形象的多彩的艺术感染力。

在播放背景音乐时，应选择与酒店的风格、气质相吻合的音乐，以便对酒店的整体气质起到更好的烘托效果和修饰作用。上海浦东的香格里拉大酒店是一家非常亚洲化的酒店，从酒店朴实稳重的外观设计到精致典雅的内部装潢,无不体现亚洲特有的文化底蕴。在这里,背景音乐是根据时间的不同而特别设置的,那一首首古今中外截然不同的乐曲,经过精心安排后,在不同的时段内播放,散发着音乐独有的魅力,为每一位顾客带来非凡的音乐享受。

二、酒店风格

(一)中式酒店

中式酒店应该以播放中国民族乐器演奏的中国民乐为主,如成都市的高星级酒店可以用西部音乐营造浓郁的西部风情。西藏的饭店可以让消费者充分享受到原汁原味的西藏古老民歌,成都的大酒店可以播放经典的四川民歌,内蒙古的酒店可以选择马头琴演奏悠远的长调音乐和草原牧歌等。梦之旅文君楼宾馆位于成都著名的仿古一条街——琴台路,建筑风格古色古香,配合以中国民族乐器演绎的古典音乐飘扬在庭院式酒店的每个角落,情景交融、浑然天成,很好地表现了酒店的主题特点。这样通过背景音乐渲染的地域特点也应该是酒店营销的一大特色和卖点。

(二)西式酒店

一般来说,西式酒店会使用西洋乐器演奏的音乐作品。如香格里拉酒店、天府丽都喜来登饭店、加州花园五星级酒店等,这些酒店一般都有豪华的恒温游泳馆、观光花园咖啡厅、西餐厅、超级豪华的会议厅、高级商务会所、城市俱乐部,并且有充满了现代艺术情调的名家壁画、雕塑、油画等。与之相称的背景音乐应该是优美、高雅的钢琴曲或小提琴曲,体现出酒店典雅、华丽的气派,使高雅的酒店环境更添光彩。

三、酒店区域

酒店区域可包括 lobby(大堂)、ADD(全日餐厅)、gym(运动中心)、bar(酒廊)等,那么很显然,在这里音乐的呈现需要能够反映不同的功能区。

(一)酒店大堂

高星级酒店大堂往往金碧辉煌、豪华不凡,是酒店的门面和窗口。大堂背景音乐的主题是接待服务,所以酒店大堂的背景音乐应是高贵、典雅、明朗的,应该选用节奏舒缓、明朗优雅的古典音乐,音量大小适度,既消减环境噪声,又声声入耳隐约可闻,营造出高雅、独特的享受环境。给消费者留下优雅舒适的第一印象。

(二)酒店餐厅

高星级酒店一般都有西式餐厅和各种特色风味餐厅。餐厅背景音乐的选择要按照餐厅所体现出的地域特色和经营风味以及菜系特点,进行合理的选配和适时地播放,营造出不同的就餐氛围,刺激和提高消费者食欲,在为消费者带来美味享受的同时,也满足消费者听觉的审美享受。

1. 西式餐厅

西餐厅的建筑结构、装潢、摆设以及餐具,都突出了欧洲特色的餐饮文化,用餐厅环境烘托出西式特色菜品。所以西餐厅应该选择播放柔和、美妙、典雅的西洋乐曲,比如钢琴 Solo、Jazz、Acoustic、Alternative 等风格的背景音乐,用以营造出西式浪漫情调的用餐氛围。而且背景音乐的选择应该与餐厅菜肴所在国一致。如在意大利餐厅,可以选用意大利的标志性音乐——歌剧选段或意大利艺术歌曲,如《茶花女》中的《饮酒歌》《我的太阳》《重归苏莲托》等充满浓厚意大利风情的音乐。在法国餐厅,一边品尝着法国红酒、法式菜肴,一边欣赏潺潺流淌的钢琴曲、小夜曲,如《玫瑰人生》《天生一对》或者是德彪西的《月光》《水中倒影》,埃里克·萨蒂的《裸体歌舞》和《玄秘曲》或古诺的《小夜曲》和《圣母诵》等,让消费者在品味法国大餐时,也充分领略法国人特有的浪漫情怀。

2. 中式餐厅

酒店的中式风味餐厅可以按照古今、民族和主题的不同进行划分,并将背景乐与餐厅风格和菜肴协调一致。例如仿古类型餐厅,在专营皇宫御膳系列菜品和仿古风味的餐厅里,可以选择和浓郁的民族建筑风格以及特色菜系特点一致的古典音乐。如《高山流水》《梅花三弄》《春江花月夜》《阳关三叠》《霓裳羽衣曲》等。在埙、箫、编钟、古琴、古筝、琵琶、二胡演奏的悠悠古典音乐中,品味着中国源远流长的美食文化。在现代中餐厅,选择背景音乐的范围更大,轻音乐、古典音乐、西洋乐、民乐、现代音乐皆可,如《流水》《牧童短笛》《梁山伯与祝英台》《秋日的私语》《月光》《我住长江头》《渔光曲》《叫我如何不想他》《草原之夜》等。

3. 风味餐厅

川菜餐厅可以按照地域范围和菜品特点来选曲,可以选用经典的四川民歌《槐花儿几时开》《康定情歌》《太阳出来喜洋洋》《峨眉酒家》《情深谊长》等,也可以使用四川清音、四川琴书等曲艺音乐来烘托就餐环境。广泛传唱的四川歌曲《神奇的九寨》《麻辣烫》《川江船歌》《井巷子》等也可以用来突出地域特色,表现火辣辣的川菜味道。

粤菜餐厅根据菜系的特点,当然要选用广为流传的广东音乐,如《旱天雷》《倒垂帘》《雨打芭蕉》《赛龙夺锦》《饿马摇铃》《平湖秋月》《步步高》《鸟投林》《禅院钟声》《鱼游春水》《春郊试马》《山乡春早》《喜开镰》《彩云追月》等。也可以选用潮州音乐和客家山歌等地方色彩浓郁的音乐作品。还可以选用年轻人喜欢的经典粤语歌曲,如《海阔天空》《千千阙歌》《真的爱你》《偏偏喜欢你》《漫步人生路》《相思风雨中》等。

朝鲜风味餐厅或者韩国烧烤屋适合播放朝鲜和韩国本土音乐,如朝鲜族民谣民歌《阿里郎》《道拉吉》《七甲山》《彩云》《金达莱花》等。也可以选用韩国电影电视剧的插曲,如《浪漫满屋》《命运》《对不起我爱你》《雪之花》《珍贵的人》《蓝色生死恋》《祈祷》《深情几许》《冬季恋歌》《My Memory》《大长今》《呼唤》《触不到的恋人》《Must Say Good-Boy》等。

日本料理餐厅,则应该配以和菜品相协调的东洋音乐和日本民歌。如《樱花》《草莓白书》《红蜻蜓》《四季歌》《拉网小调》《北国之春》《海边之歌》《星之语》《东京爱情故事》《Merry Christmas Mr. Lawrence》《故乡》《邮递马车》《远岛船歌》《鼓舞》《变奏曲》等,营造出樱花之国的用餐气氛。

东南亚风格的餐厅。比如马来西亚、越南、印尼、印度等国风格的餐厅则可以选用东南亚流行的音乐和民歌《星星索》《宝贝》《浚罗河》《白云飘飘浮萍流》《船歌》《海鸥》等。

4. 酒店咖啡厅、酒吧、茶座

酒店咖啡厅、酒吧、茶座是消费者休息休闲、会客交际的地方。朦胧的灯光、恬适的气氛、飘香的咖啡,宜选择钢琴、小提琴、大提琴、萨克斯、木管等演奏的轻音乐,利于朋友间亲切交谈、缅怀往事、倾诉真友情、共享回忆。所以一般选用 New Age、Ambient、Kitsch、Arts、Classic、

Atmosphere 或者沙发音乐等风格的音乐。也可选用莫扎特的《小夜曲》、班得瑞的《大自然情诗》《邓丽君歌曲精选》《绿钢琴》等。还有古筝、二胡、琵琶、扬琴、笛子、箫、葫芦丝等民族乐器演奏的《渔舟唱晚》《空山鸟语》《将军令》《草原情歌》《懒画眉》《月光下的凤尾竹》等中国名曲。曼妙的琴声可以营造出柔和典雅的气氛,增添浪漫情调。

5. 酒店客房

酒店客房是专属于消费者个人的私密空间,是消费者在酒店起居、办公,也是停留时间最长的地方。为了保障消费者在客房得到充分的休息和睡眠,得到有效的身心调节,客房的音乐应选择节奏缓慢、音色柔和、情绪宁静的背景音乐。如莫扎特的《催眠曲》和《小夜曲》、勃拉姆斯的《摇篮曲》、门德尔松的《仲夏夜之梦》以及曼托瓦尼乐团的《秋叶》等。

高星级酒店为了满足不同消费者对背景音乐的个性需求。可以在酒店客房安装独立音乐点播系统,客房的音乐点播"菜单"要具备多元化、多样化的音乐资源和丰富多彩的音乐风格,并可根据喜好和需要自我调节音量。国际顶级酒店客房提供的音乐素材特别丰富,客人在房间内用遥控器就可以随心所欲播放最喜爱的背景音乐,甚至有大海潮汐声、潺潺流水声、各种野生动物的声音、雷鸣电闪声等。让背景音乐不知不觉地渗入客人的心扉、消除疲劳,让消费者获得轻松甜美的休憩。

6. 酒店娱乐、健身场所

酒店娱乐、健身场所根据其功能的不同选用相适应的音乐。要注重音乐旋律轻柔、朦胧的美感,体现出高雅、精致的品质。各个娱乐场所选择音乐应该让消费者隐约可闻却又浑然不觉。随处轻轻流淌着的背景音乐营造出酒店高雅的环境,彰显出酒店高贵的服务品质。

四、功能性和主题性原则

旅游饭店背景音乐的设计应遵循功能性和主题性的原则。一家饭店包括多种不同功能的部门,同一部门还有不同的主题,不同功能的部门和不同的主题应有不同的背景音乐衬托。也就是说在背景音乐设计方面应注意其功能性和主题性的表现。

以前厅为例,前厅是饭店的门面和窗口,不同于喧闹的市场,也不同于庄严肃穆的会堂。它以优雅、亲切、宁静、高贵的品位给宾客留下深刻的第一印象,所以前厅的背景音乐应是"阳春白雪"型的。当钢琴、小提琴或木管乐器演奏的明快、悠扬的古典音乐回旋在前厅里,步入的宾客就融入一个高雅、舒适的世界,感觉到自己的"绅士或淑女"身份,如释重负、步履轻松。

此外,还应根据不同的主题来设计背景音乐。比如,婚宴庆典时,播放婚礼进行曲等曲目;圣诞节到了,播放圣诞音乐;春节期间,饭店的背景音乐又以热闹祥和的音乐为主等。

五、日期时段

我们通常将一日分为三个时段:早晨、日间、夜晚。当然时段也可以划分得更为细致一些,这里仅作举例。不同区域在不同的时段,甚至是一周不同的日期,比如周中(周一至周五,抑或有别)和周末,其所需要的声音和氛围也是不尽相同的。

人们对一段音乐的好恶会随着心境的不同而产生变化。音乐在人们心中的定位不应按照喜欢和不喜欢来分,而应按现在想听和现在不想听来分。喜有喜乐,悲有悲音,难怪有人说当心情好的时候,从一声犬吠中都能听出欢快;心情不好时,从布兰妮的歌声中也会听到琼瑶的悲泣。因此,背景音乐应根据人们一天的生活节奏和情绪变化而特别设置,不同的时间段应播放不同的音乐。以酒店大堂为例,上午时间选择一些使人振奋精神、头脑清醒的乐曲,如李斯特的钢琴曲《钟》,节奏欢快活泼,让人带着轻松愉快的心情投入到新的一天中去。下午时间播放让心情平静恬适的音乐,如圣桑的大提琴曲《天鹅》,让人们在优美的旋律中,尽情地享受这美妙的下午茶时光。晚上时间则播放温馨浪漫梦幻的音乐,如门德尔松的《乘着歌声的翅膀》,乐曲洋溢着满怀的喜悦与安详,散发出一股镇定人心的气氛,使人的心情显得特别宁静与安详。

随着春、夏、秋、冬四季的变化,人的情绪也在不断地发生着变化。春季,大地春暖花开,人们身清气爽;夏季,气候炎热,令人心情烦躁;秋季,随风飘零的落叶,使人产生莫名的惆怅;冬季,寒风萧萧,白雪飘落,让人内心充满了对春天的渴望与期待。音乐永远是和人的情感凝聚在一起的,就算是再冷的寒冬,温暖的音乐给予人的情感,依然可以使人疏忽窗外已是冰冷的世界。人,无论是失落,或者惆怅,哀怨或者孤独,聆听一首温暖的音乐,总是可以得到一种感动——一种莫名的、可以让你落泪的感动,仿佛刹那间,所有的寒冷和痛苦都随之而去。

人们一天的生活节奏和情绪是不同的,酒店的背景音乐也应该分时段播放不同的音乐。

早晨,是新的一天的开始,人们需要带着愉快的心情和旺盛的精力投入到工作中去。所以在上午这个时段,应该选用旋律优美、节奏欢快、使人精神振奋、乐观自信的背景音乐。如李斯特的《钟》《晨曦》《天籁森林》等,让人如沐春风、如浴朝霞、精神百倍。

午间,可放一些悠闲的、节奏稍慢的音乐,使消费者舒适地休息。下午茶时间,浓浓的咖啡或淡淡的香茗伴随着旋律深情、节奏舒缓的音乐,如古筝古琴拨动的《梅花三弄》《平沙落雁》《梦江南》,小提琴、钢琴演奏的《化蝶》《思乡曲》《水边的阿狄丽娜》,单簧管萨克斯演绎的《人鬼情未了》《西班牙小夜曲》《片片枫叶情》等经典音乐,让消费者在茶香余韵之中平添一份闲适优雅的享受。

傍晚,当华灯初上时,忙碌了一天的客人回到酒店,用旋律宁静优美、轻柔温馨的音乐,如门德尔松的《乘着歌声的翅膀》、贝多芬的《月光》、肖邦的《夜曲》以及《神秘园之歌》《星空下的琴声》《迷情仙境》《静夜单簧管》《一曲玫瑰》等,松弛紧张的神经,消退工作后的疲劳。

六、档次风格

为了能更好地展现别具一格的品牌特色,很多奢侈酒店希望通过音乐的设计,为客人带来独一无二的听觉享受。这里的声音设计除了考虑以上所有,还需要更好地根据酒店的特点及其具体的需求来考虑。

经济型酒店,其特点是价格低廉、方便快捷、经济实惠。来消费的普通大众居多,总体节奏比较快。实现的是消费者和酒店互利的模式。适合播放一些节奏活泼,曲风欢快,前卫现代的流行音乐,体现经济、快捷的节奏特点。

度假型酒店。度假型酒店以接待休闲度假的消费者为主。大多兴建在海滨、温泉、风景区附近。其经营的季节性比较强,比较适合采用舒缓优美的器乐名曲,营造度假型酒店惬意的环境。

商务型酒店。一般建在市区或商业区,其入住率一般不大受季节的影响。主要接待从事商务活动的消费者。一般应该选用青春活力、热情奔放的轻音乐和现代时尚的流行音乐,完成商务型酒店的功能。

连锁型酒店。连锁型酒店在快节奏的城市生活中越来越受消费者亲睐,市场份额占有率也越来越大。所以应该在不同城市的连锁酒店里播相同的音乐,以不断加深消费者的印象,增强其认同感,以其连锁品牌效应影响消费者的心理和选择。

观光型酒店。大多建造在旅游景区,除了具有一般酒店的功能外。它的背景音乐应该和酒店的地理位置、旅游景区的风景特色一致。比如,桂林香格里拉大酒店的背景音乐是特别设置的广西民歌和刘三姐的歌,让消费者印象深刻;康定景区的观光型酒店播放的则是当地的民族音乐和经典的四川民歌;位于九寨沟的五星级观光酒店——九寨天堂,其背景音乐都是特别录制的藏族民乐民歌。这些各具特色的背景音乐和观光型酒店的主题形象、文化品质相得益彰。

七、特殊时节

一年365天,世界各地的人们都会不时地迎接林林总总的节日。每当节日来临之际,人们享受假期,商场打折促销,而在酒店,特定的节日歌单一定也不会缺席。高星级酒店往往会有各种庆典、宴会、年会、产品推荐会、商务活动发布会等不同主题活动,背景音乐也要分主题选用。节日庆典主题,如圣诞节时期,可以播放《欢乐颂》《圣诞歌》《平安夜》《铃儿响叮当》等圣诞音乐。春节期间,用《新春乐》《春节序曲》《丰收锣鼓》《喜洋洋》等背景音乐突出了喜庆祥和的新春年味。

宾客活动主题,如婚宴庆典活动,应选择播放《婚礼进行曲》《花好月圆》《彩云追月》等专用音乐突出婚宴主题烘托婚礼气氛;寿宴庆典活动,应选择祝福长寿、美好祝愿的音乐,如《生日快乐》等;同学会、老战友聚会等活动播放怀旧音乐或者军旅歌曲,以渲染气氛、回忆往事、畅谈友谊。

人类对音乐本身的分析和研究在最近四百年中已相当深入,最近科学家对音乐又有了新的发现,不是所有的音乐对人们的学习、生活和工作都能起到积极的有益的作用。因此,酒店应做到因店、因时、有目的、有选择地播放背景音乐。

八、根据营业面积的大小控制音量

在公众场所播放音乐时,音量过大会影响人们的正常交谈,会造成交谈的双方不自觉地提高说话的音量,不但没有起到掩盖噪声的作用,反而在制造噪声;音量过小,又失去了播放背景音乐的实际意义。因此,音量应适当地控制在最佳的效果范围之内。在播放的过程中,音量切勿时大时小。

【本章小结】

现代酒店的经营,从选址、建筑、装潢、设备、菜系到制服的设计制作都近乎完美,酒店的背景音乐,自然也不应粗糙而应制作精美。为顾客提供优质的自然环境,是酒店管理者义不容辞的责任,而优质的自然环境,则是要使顾客在酒店停留期间感受到文化、绿化的高雅品位及艺术的魅力,完善酒店背景音乐也就成为酒店需要解决的新课题。酒店要想在激烈的行业竞争中脱颖而出,一个往往被行业所忽视的元素也许能够给我们提供一些参考和帮助,那就是背景音乐。音乐的作用,在于改善生活质量。当音乐运用于商业,它的作用往往是潜移默化的,既难以用语言来表述音乐的重要性,又不可或缺。

【复习与思考】

一、简答题

1.一家北京的传统中餐厅的午餐需要怎样的音乐呢?
2.意大利的海滨餐厅的晚餐搭配怎样的声音为佳呢?

二、论述题

1.选择酒店背景音乐,应遵循哪些原则?
2.北京华尔道夫酒店是新中式酒店的代表之一,试论述其中式音乐是如何体现美的。

【拓展阅读】

音乐之声——上海 Prodor 柏凡·郎朗音乐酒店

序曲

上海母亲河——黄浦江从上海城市中心穿过,杨浦区的"东外滩"拥有上海各区中最长的沿江岸线,随着城市的发展和上海市产业结构的调整,滨江区原有功能迁移,地区功能逐渐消失。依托得天独厚的"一江一河"滨水空间为建设载体,贯通黄浦滨江两岸45 km的步行空间,打造世界级滨水休闲区,将滨江空间与承载城市生活的街道空间有机连接。在这样的环境下,找到新产业发展动力,赋予项目一定的城市意义,同时营造充满活力的空间,是建筑师的使命。Prodor 柏凡·郎朗音乐艺术世界项目恰好位于黄浦江的两个轮渡站之间,属于杨浦滨江南段二期。从总图上可以清晰看出4个板块,入口建筑与景观改造,大堂雨棚及周边景观的巧妙结合,沿江后场与城市空间的连结,屋顶酒吧与直面黄浦江地理区位的呼应。

灵感:泛博物馆

面对城市整体形态更新及景观外立面改造的双重挑战,设计师提出"泛博物馆化"的理念。"泛博物馆"是指室外博物馆,整个场地像博物馆一样以环形流线的方式陈列着空间设计和草坪上预留着的艺术品空间,同时丝带般曲线的场地步道赋予了景观生命力,表达了从建筑向周边、从陆地到河流的曲线运动趋势。建筑场地具备清晰的参观和娱乐动线,巧妙连接城市空间和酒店内部空间。

"爱丽丝艺术之家"(Alice' House)是 Prodor 柏凡·郎朗音乐艺术世界户外空间改造的主题,"爱丽丝艺术之家"的灵感来源于贝多芬创作的世界钢琴名曲曲"献给爱丽丝"(For Alice)。整个系列分为三大部分,"爱丽丝之眼""爱丽丝艺术花园""爱丽丝天空俱乐部"。"爱丽丝之眼"(The Eyes of Alice)是 Prodor 柏凡·郎朗音乐艺术世界的入口,主题为"璀璨的眼睛"。设计者制造了视觉高潮,造型取意于爱丽丝的裙摆,顶部造型似一只眼睛,契合钢琴曲线造型趋势,远观宛如钢琴撑开的琴架。

"爱丽丝艺术花园"(The Alice' Art Garden')是 Prodor 柏凡·郎朗音乐艺术世界户外景观改造的主题。"爱丽丝艺术花园"的主题为"舞动的旋律"。设计者希望艺术花园的场地设计如同乐曲一般,伴随着节奏的抑扬顿挫,隔绝外界的喧闹,完成与内心的安静对白。

"爱丽丝天空俱乐部"(The Alice's art sky club),设计者选取音符和键盘的意向,打造了集观演、展廊和餐厅于一体的视野极佳的"天空俱乐部"。由于地处黄浦江畔,一线江景尽收眼底,西南角为东方明珠塔,滨江对岸是筒仓美术馆,东北角为杨浦大桥,视野极度开阔。

筑:艺术节点

在蜿蜒的城市之河两岸,共有多达 30 处的城市艺术公共空间,其中不乏"龙美术馆""筒仓美术馆""艺仓美术馆""油罐博物馆"这样的知名艺术世界,城市之河更像是艺术之河,是名副其实的滨江艺术生态链。

Prodor 柏凡·郎朗音乐艺术世界以艺术激活

串联室内外空间的设计逻辑符合整体黄浦江滨江延续艺术生态圈氛围。它不局限于景观设计,还为艺术品展陈提供场地与氛围,放大到城市艺术生态链来看,郎朗音乐艺术世界即为滨江艺术生态链的重要艺术节点。

览:空间美学

Prodor 柏凡·郎朗音乐艺术世界的设计回应城市公共空间,同时又具备空间美学。入口处原为空旷的前场,赋予了入口处标志性的门头,增设水池,丝带形门头与叠水设计尊重了城市界面和人体尺度,与行人进行了良好互动,呼应黄浦江的同时也连接了城市界面。

大门开阔式的布局既为地库入口分流,又为使用者进入花园的视觉指引,游客的视线得到了足够的延伸,景墙同时往里延展,体现了城市公共的渗透关系。

丝带般的流线把后场分为不同的活动区域,后场动线神似船行水中。后场沿滨江部分设置了城市公共的座椅,目的是在私密与公共空间之间有一个友好的过渡,建立公共与半公共的关系,滨江外散步的人能在此休憩欣赏,酒店内的人也能与江景进行美好的互动。

随蜿蜒的步道,漫向花园深处。移步异景的美学意境,将曲线消隐于美学之中。

光:感知灵动

入夜,左右延展相互流通的光线,高低错落的音符,与黄浦江景形成了互相渗透的格局,赋予空间生命之感和自然的灵性。

建筑强调流通感的设计,模糊空间的界限。在室内环境与音乐之间建立对话,于室内营造另一层风景。

音乐中心大堂明朗开阔,犹如一架支起的三角钢琴,穹顶、墙面、立柱呈现立体架构,大面积呈现金属质感。落地窗引入自然光线,打造出一个通透、壮阔的艺术殿堂。

内部空间巧妙引用钢琴结构,琴键与外在弧线的融合接纳,演绎建筑与音乐的绝美唱和,探索"泛博物馆"建筑复合形态。

听:归还时间

在本项目里置入了设计师为项目量身定制的两件艺术装置——"时空之眼"与"叁"。"时空之眼"放置在前场酒店入口雨棚处,以直线三棱锥的形式与入口雨棚的曲线造型形成对比呼应,暗示了音乐的流动和时间的凝固与永恒。"叁"放置于沿黄浦江边的后场"泛博物馆"上。

"叁"的外形似三只耳朵,希望在这个特殊的城市音乐空间中,通过三只耳朵,一只聆听音乐时间的钢琴声,一只聆听黄浦江的波涛与游船的汽笛声,还有一只聆听远处陆家嘴城市的独特之声,同时也暗示着过去、现在与未来三种时空维度在此相交。

精神意识通往时间,通向无尽。建筑的重生必然有属于它的城市意义,成为滨江线上的艺术节点的便是 Prodor 柏凡·郎朗音乐艺术世界的建筑使命。上海滨江沿线一带已经开始形成自己的艺术序列,音乐艺术世界通过建筑改造和艺术品装置展陈等一系列艺术行为,为滨江沿岸注入新的活力,未来这里也将成为艺术圣地,见证建筑与音乐两种艺术语言之间的碰撞与共鸣。

(资料来源:《中国建筑装饰装修》,2023-08)

思考:如何通过音乐传递酒店的美感给客人?

第九章　酒店气味之美

引　言

目前随着我国旅游产业的持续发展,酒店行业也获得了巨大的发展空间,在此背景下酒店也需要不断提高其产品质量和服务水平,加强产业结构的优化与调整,立志于为消费者提供更加完善的服务。其中在酒店行业的不断发展与转型过程中也需要重视酒店业存在的实际问题,采用更加科学的对策促进酒店行业的发展,优化利用多元化的附加产品提高酒店业的优势。为了加强消费者对酒店的第一印象,刺激消费者的消费欲,引导消费者对酒店产生消费依赖,进一步提高酒店的经济产业结构,促进酒店持续发展,可以通过设计香氛产品来实现。

国际上不同品牌的酒店,在酒店设计、酒店标准、酒店用品及酒店服务、营销手段上相互模仿,以致酒店的品牌含金量、酒店的文化价值出现逐渐趋同的现象。同样,酒店也应该有自己的独特个性,这既是酒店品牌发展策略的重要内容,更是酒店文化不断塑造和发展的核心要求。国外酒店管理集团在推广酒店香味营销的同时,把酒店香味作为自己区别于同行业其他品牌的重要标志。进而把酒店香味的差别引进了酒店品牌的形象识别系统,从而根据酒店自身品牌的定位,选择合适的香味以提升客人舒适度及满意度,并通过精油挥发有效的改善酒店空间环境,促进入住酒店客人的身心健康。从而使入住的酒店客人潜意识对香味产生记忆,闻到此香味就会想起入住此酒店的经历,香型的选择对诠释自身酒店品牌的风格、形象、文化起到了画龙点睛的作用。

第一节　中国"香史"发展

香,灵动、高贵而朴实无华,既能悠然于书斋琴房,又可缥缈于庙宇神坛;既能在静室闭观默照,又能于席间怡情助兴;既能空里安神开窍,又可实处化病疗疾。这是中国香文化中对"香"的描述。对于香的使用,早在古时就已兴起,如李商隐、李煜、苏轼等人的经典著作中都有记载。对于中国"香史"的介绍,可以用一句话来概括:"肇始于春秋战国,滋长于秦汉两朝,完备于隋唐五代,鼎盛于宋元明清。"

（一）香文化的萌芽阶段

春秋战国时期,王公贵族们已经开始使用香料。通过熏烧、佩戴香囊、煮汤、熬膏、入酒的方法,用于祭祀、驱虫、辟秽之用。但这一时期,中原气候温凉,适宜生长的香料植物较少,只有泽兰、蕙草、桂树、白芷等植物。

（二）香文化的发展阶段

香文化的发展是在秦汉时期。这一时期秦朝的统一,致使疆域不断扩大,南方湿热地区的香料能够进入中原。此外,陆海"丝绸之路"为东南亚、欧洲等地的香料进入中国大开方便之门,如苏合香、鸡舌香、沉香都是这一时期传入。道教思想的盛行与佛教的传入,也在一定程度上推动了香文化的发展。不仅熏香更为普遍,还采用多种香料调制出"香方"。"香"不再是单一香料,也包含由多种香料调和而成的"合香"。

（三）香文化的成熟时期

大唐盛世的繁荣景观推动了国内外的贸易交流,陆海"丝绸之路"使得西域的香料源源不断流入国内,再经福建、两广等地进入北方。香不再是贵族的专属,而是受到文人、药师、医师、佛家、道家人士的青睐,各种香料的研发与调制、香具的打造与运用也逐步进入系统化、精细化。香开始分门别类,各有用途。此外,香文化的发展也离不开佛教的盛行。在唐朝时期,敬佛供佛、高僧登台说法、浴佛法会等都要焚香以示敬畏之意。

（四）香文化的鼎盛时期

宋朝以前,香是王公贵族、文人墨客的身份象征,是优雅生活、怡情养性的悠闲追求。而这一时期,香已经能够走入平常百姓中,遍及社会生活的方方面面。政府利用海上的丝绸之路加大与欧洲、东南亚等地的香料运输,并通过政府监控促其发展,个人不得私自交易。这一时期的香具工艺精美、造型多样,包括香炉、香盒、香瓶、烛台等,还冶炼出后世传奇的"宣德炉"。香,已成为百姓生活的一部分,居室内有熏香,宴庆活动要焚香,出行在外配香囊,制作茶点添香料。香饼、香丸、线香、印香,种类繁多,制作工艺更加精良。然而,清朝末年国家战火连绵,百姓居无定所。连绵不断的战争和政局的长期不安以及西方社会思潮的传入,颠沛流离的生活让人们失去了熏香的闲情逸致,使中国的传统社会体系受到了前所未有的冲击,中国香文化也进入了一个较为艰难的发展时期。

（五）现当代的香文化

19 世纪的欧洲,化学工业飞速发展,致使香的制造原料不再局限于传统形式,更多地借助化工原料合成。廉价的成本带来丰厚的利润,合成香料取代了天然香料,成为制香行业的新宠儿。越来越多的人喜欢在工作、学习等场景中品香、用香。商家通过香味来展现特色美、定位品牌形象,企业用其改善工作环境、提升工作效率,医疗机构用其缓解病人紧张情绪、减轻病痛。人们对香水的运用早已渗透到生活的方方面面,从儿童的教育用品到各种生活用品。据克莱恩公司调查,全球市场的香水销售额已经突破了 250 多亿美元,每年有 300 多个新产品上市。美国在 2010 年间,空气清新剂产品的销售额就已经达到 6% 的增幅,带来了 33 亿美元的收入,欧洲香水等一系列的产品,在各个领域的销售额涨幅也将在一年里超过 14%。

第二节　香味的划分

香味是什么? 香味是一种气体挥发,是经过人们的感知器官获得的一种感受。香味有多少种? 世界上已知的香味有成千上万。多年来,人们尝试寻找一个适当的方法对香味进行分类,但依然没有找到一个绝对的、完整的分类体系对其进行划分。这里简单介绍几种分类方法,供大家了解。

（一）扑却的挥发性分类

这是 1954 年法国调香师扑却(Pouch)在《化妆品化学会志》中提出的。他通过分辨 330 种天然香料、混合香料以及其他香料在辨香纸停留时间的长短进行划分,设定停留一天为系数"1",在此基础上以此类推,分别得出头香(系数 1～4)、体香(系数 15～60)、基香(系数 62～100)三大类别。这种分类法虽然带有一定的主观性,特别是对于香气停留时间长短的那个"点"很难确定,但这种分类法为香气的选择提出了较为明确的方法。

（二）比斯的"调性"分类

法国调香师比斯(Piesse)将气味比拟成音乐的音阶,认为香气也是按照"CDEFGAB"的顺序由低到高顺序排列。每个音符对应一种气味,不同气味的组合也如同音符组合构成的和弦一样,或是和谐(如四度、五度、八度)、或是不和谐(如二度、七度)。例如,C 音符对应茉莉香,D 音符对应香柠檬香,G 音符对应玉兰香,C 与 G 即茉莉香与玉兰香融合在一起就很协调,但 C 与 D,即茉莉香与柠檬香则不适合在一起。这种创意性的想法在当时轰动一时,但如何定义每个音符所对应的味道确实令人大伤脑筋。

（三）林祥云的"气味 ABC"分类

《香味世界》的作者林祥云在书中提出了"气味 ABC"分类法,即将气味按照 26 个英文字母进行排列,并在此基础上将两个字母结合,增加了 6 种气味,从而形成 32 种气味。每种气味都对应着不同的功效,如字母 M 对应着铃兰花,功效是抗抑郁;字母 O 对应兰花,功效是提高效率;M、O 的组合就是霉味、菇香。

（四）十大香气分类

《闻香识品牌》融合上述几种分类法,依据气味挥发的强度、气味类型等角度,将气味分为

10 大类别:柑橘类、海洋类、木类、琥珀类、草药类、水果类、绿色、动物类、花香类以及辛香类。

（五）常用的香料基本分类方法

气味有成千上万种,香料也有数以万计,如何找到合适的香料融合成所需的香味,展现品牌的个性美,让消费者获得愉悦,这是关键。只有了解香料的种类,才能准确把握风格。

1. 以原料的来源进行划分

天然香料和合成香料。天然香料是以动植物的芳香部位为原料加工而成的原态香材,或是利用蒸馏、浸提、压榨等物理方法,从天然原料中分离出来的芳香物质,经常以精油、浸膏、净油、香膏、酊剂等形态呈现。如檀香取自木材,薰衣草来自于植物的花,木香取自植物的根部,麝香、龙涎香则来自于动物体内的分泌物和排泄物。合成香料是以煤化工产品、石油化工产品等为原料,通过化学合成方法制取的有香味的化合物。目前,世界上的合成香料已多达 5000 多种,已成为现代精细化工的重要组成部分。

2. 以香料形态进行划分

液态香料和固态香料。液态香料也称为香精,既有化学合成的香料,也有用天然香料制作而成的精油。将芳香物质溶解于水中即得出水溶性香料,以此类推,还包括油溶性香料和乳化香料。固态香料则是在外观形态上与液态香料相区别,呈现粉末状、片状或块状,其使用原料既可以是天然香料也可以是合成香料。

3. 以用途进行划分

食用香料、日用香料和其他香料。食用香料包括生活中的很多食品,如香烟、酒类、糖果等。日用香料则添加在日常的洗涤用品中,最常见的有化妆品、香水、洗涤剂、香氛、香薰等。其他香料是指专用于塑料、皮革、油墨、除臭剂、饲料以及昆虫引诱剂等产品的香料。

【知识链接】

根据酒店品牌定位的不同,香型的选择也应该有差异。表 9.1 为不同品牌定位的酒店采用对应的香型提供参考。

表9.1　星级酒店各类品牌推荐香型

分类品牌	品牌定位	推荐香型
高档商务酒店	五星或白金五星标准 彰显尊贵与奢华 体现高品质和高品位的消费诉求	Diamond(钻石):美好、高洁、温馨、尊贵、品质 Ocean Flora(花香海洋):如海风拂过的惬意,如置身花园的沁人心脾,如置身海天之际,与寰宇全然合一 Green Tea(绿茶):清新 随心随行 清爽 怡人
豪华假日酒店	主要面对旅游度假者 给客人身体带来愉悦感 让人精神彻底放松	Oriental Charm(东方风韵):快乐 迷人 幸福 释放 醒神 Classical Woody(木香):醇香 哲思 沉稳 热情
时尚精品酒店	强调"小而精致" 提供独特和个性化的居住和 服务内部装修别具特色	建议根据不同装修风格,民族风格等特色选择不同的香型对酒店进行诠释

第三节　酒店香型使用的主要原则

一、香型使用原则

（一）突出个性化之美

酒店的香味彰显着酒店内在之美以及对品位的无限追求，必须要突出酒店的个性品牌。纽约香气基金会的执行董事 Theresa Molnar 说，标志性的香气是"感官性品牌策略"的一部分，这一观点被很多公司所采纳。从香格里拉酒店的以香草、檀香和麝香为基础香调，其中掺杂了佛手柑、白茶以及生姜的"香格里拉香氛"，到威斯汀酒店的由天竺葵和小苍兰混合而成的白茶味；从福朋喜来登专属的由美国 ScentAir 芳香公司为它们量身定制的混合无花果、薄荷、茉莉和小苍兰香的"风车味"，到丽思·卡尔顿酒店的由佛手柑、柑橘、青竹、南姜、肉豆蔻、雪松木、檀香木组成的青竹香；从巴黎凡登凯悦花园酒店的广藿香，到上海新天地的朗庭酒店的姜花香，每一家酒店都根据自己的品牌特色全新打造属于自己的独特香味。即使是同属于一个集团下的多个品牌，如喜来登集团下的众多品牌瑞吉、豪华精选、W 酒店、艾美国际都有着自己个性化的香气。

香气可以唤起人们的回忆，能够架起个人与酒店之间的情感桥梁。正如布朗大学的拉切尔说："芳香可以赋予室内环境相应的情感体验，它会让我们想起某些地方，某些体验，还会触发我们的联想。"酒店正是借助独特的香气，通过视觉、听觉、触觉以及嗅觉的多重体验，向客人传递一种情谊，吸引客人，让客人爱上酒店，爱上酒店的环境，爱上酒店的服务，更是爱上酒店的味道。

同时，有一项研究表明，香味还能够延长客人在酒店停留的时间，增加其消费欲望。闻到一款喜爱的香味，能够提升客人对酒店的评估和评价，是对酒店认同度的一个凭证。酒店的目标就是，努力在客人入店的十分钟内，让其体验到奢华，呼吸舒畅，感触到典雅，记得住独特之美。

（二）延续特色之美

香味的使用不再只局限于改善固有的环境。酒店已经将独特的香味之美延伸到客人的生活方式中。

香格里拉酒店集团是较早聘请专门的香氛公司设计专属香气的，清新淡雅深受客人的喜欢。在十多年的时间里，香格里拉一直保持着这种香味，并生产出一系列的香氛用品，如精油、香氛、香薰、蜡烛和迷你套装等，放在商务中心出售。酒店希望通过对特定香味的认同转化为对酒店的信任与依赖，将这种特色之美深印在客人的记忆中，延续到客人的生活中。

实行这一做法的不仅有香格里拉酒店集团，包括威斯汀酒店、喜达屋酒店、洲际酒店等，都陆续将特有的香味用于旗下的所有产品，如精油、香氛等，利用气味这一独特的名片向客人传递着品牌的特色之美。客人将这种美渗透到生活中，时时刻刻都能忆起曾经的出行。闻到清新的白茶味道，忆起在威斯汀酒店度过的美好时光；感觉到清新的柠檬香味，就知道这是来自于洲际快捷酒店的味道。气味不仅代表了品牌的特色美，同时将这种美通过客人感知、传播，

并长期融入到日常生活中。

（三）追求意境之美

加香妙在似有似无，香味不浓不淡，若有似无，丝毫不对嗅觉产生负担，这是酒店在香氛运用中的首要原则。

香格里拉酒店的负责人表示："顾客入店的 10 分钟就已经决定了对该酒店的印象。视觉与嗅觉的感受都是最为直接的。因此，酒店大堂的花束一年四季各有不同。夏天选择清新淡雅的白色，到了冬天则选择温馨柔和的粉色。花束摆放的位置也尤为注意。像百合的花香较浓，容易干扰酒店的独特香气，最好放在门口通风处，而大厅多以绿色植物为主。"此外，负责人表示，酒店对香氛运用度的要求很严格，确保不会因为过于浓厚反变成一种异味。香味有专人负责，包括香味剂的用量，精油、香氛的用量都是有严格的依据标准。香味管理人员介绍说："酒店的毛巾都会使用植物香精进行浸泡，但不是将精油滴至水中，而是用手指蘸少量精油，在水盆中搅拌均匀，再将毛巾浸泡其中，已达到若有似无的淡雅香味。"

（四）打造区域之美

酒店加香是有主有次，有所差别的。总体来说，酒店大堂、行政酒廊、宴会厅、酒店会议中心、客房、健身房等都是酒店加香的重点区域。

酒店大堂是该酒店的门面，是酒店风格与品位的象征。大堂的装修、设计、整体布局直接影响了该酒店的整体形象。同时，它又是重要的工作场所，承接着礼宾、前台、行李、问询、商务中心、咖啡厅、大堂吧等多项任务，适度的香氛对大堂正常发挥功能性有着重要的作用。行政酒廊是酒店为高级商务客人专设的独立楼层，可单独享受用餐与休闲。行政楼层的格调显示出酒店对高端服务的定位，对这一区域重点加香，不仅可突出酒店特色的品牌香气，更可传递酒店的品牌服务与经营理念。宴会厅同样是重点加香区域。据 Scent 公司介绍，香氛可以去除宴会厅由于人多集中而产生的异味、烟味，因此，在对外出口和独立门厅处使用香氛系统，通过循环流通，缓解封闭空间带给客人的压抑感，最大程度地营造舒适环境。对于健身房的加香也是同样道理。酒店的健身区域是满足客人在工作之余的休闲活动，是提升客人满意度的区域，但运动区域是最容易产生汗味与异味的，如果不经过特殊处理，就容易暴露酒店的不足，而香氛可以有效分解运动后产生的异味感。

客房是酒店的核心之地。客房的设备设置、床具用品以及客房服务都代表着酒店的品牌形象。干净整洁、舒适便利，感受到家的味道，能够在今后的旅途中回想起入住酒店的愉快经历，并对此产生依赖与信任，这是酒店的根本目的。对于香氛，客人的喜好程度各有不同。可以根据客人的需求，采用便携式的香氛仪，有选择性地进行加香。

（五）彰显人性化

香味是酒店品牌的展示，寻找香味的过程实际上是一个品牌定位与梳理的过程。我们需要了解酒店的定位，受众群体的年龄、性别、教育程度、地域差异等问题，分析其喜爱的香味，从中寻找到我们需要的气味。前面提到过，不同年龄段的人群对味道的喜好大不相同。20 ~ 30 岁的年轻人喜欢甜甜的水果香味，30 ~ 40 岁的青年人喜欢清新、爽朗的味道，40 岁以上的中年人则喜欢消毒水的味道。同一种香味对不同地域、不同民族的人们会产生不同的感受，中国人情性内敛不爱张扬，喜欢清新淡雅的香水，而西方人热情奔放，自由无拘束，其香水的选择上偏好于浓烈。

喜来登集团旗下的福朋喜来登酒店,以使用清新舒爽的"风车味"深受客人的喜爱。但酒店最初选用的并不是这种味道,而是一种带有甜甜腻腻的"苹果派"的味道,希望客人在入住时能够感受到妈妈的味道,有一种归家感。然而经过一段时间的使用,反响效果并不好。酒店主要的客户群体集中在 30～40 岁的中青年人士,他们年轻、热情、崇尚自由简约的生活方式,更喜欢户外的清新香味。于是,酒店针对客人的意见做了调整,选择这款名为"Pinwheel in the Breeze"的大风车味道,让客人在紧张工作之余能够舒缓压力、放松心情。

　　同样,酒店在选择香味上既要了解客户群体的年龄,也要顺应不同文化和地域的潮流与时尚。特别是对于全球性的连锁酒店,需要在不同国度和文化背景下开展商务活动,香味的运用更要融合地域文化,否则会弄巧成拙。在 21 世纪初,水果香味是深受美国人喜欢的味道,有橙子一样的香气,然而这种味道在欧洲并不受欢迎,反而被认为是不成熟的标志。

　　酒店香味的选择,不仅要考虑到顾客的反应,同时也要顾及员工的感受。员工是真正长时间处于酒店各工作场所内的,员工对气味的接受程度也会影响其服务的质量与效率。有研究结果表明,令人愉快的气味能够提高员工的工作积极性,加强员工的工作专注力。如果选用比较个性化而非大众所接受的气味,有可能会造成个别员工身体不适,影响工作效率。因此,酒店在香味的选择上要慎重,要体现以人为本的核心理念。

二、酒店香氛释放顺序

　　一般酒店香氛分为前味、中味和后味三个部分。

（一）前味

　　前味主要指的是在 0～3 分钟范围内散发的气味信息,也就是说当我们接触到香味的十几秒左右所闻到的气味。大部分情况下十几秒内闻到的香氛气味,都是由挥发性香精油产生的味道,味道相对来说较为清新,一般以花香或柑橘类香味为主,其主要目的是吸引人们的注意力,但实际上前味并不是香氛产品散发的真正味道,因为前味一般只能持续几分钟,随后会在空气中消失,再散发出新的味道。

（二）中味

　　3 分钟～3 小时左右散发出的香味一般是中味,也是香氛产品最重要的气味部分,能够表达人的意境和情感,这一阶段所散发出的香气也是一款香氛产品的精髓所在,一般情况下中味主要是以某种特殊的花香、木质香或刺激香组成,可中味不论是清新或浓郁的气味,都必须要和前味有效衔接。所以这一部分香味的调配也是调香师最重视的环节,不仅需要突出相关产品的特色,还需要与酒店文化特色相融合。

（三）后味

　　一般指的是香氛产品散发出的余香,通常是微量的动物性香精或雪松等植物性油脂香氛调配而成,不仅能够散发出清新淡雅的香气,且味道持续时间更加长久,大部分香氛产品的后味都可以持续一日或数日之久。

【知识链接】

　　不同的香薰精油品类具有不同的功效,表 9.2 列举了部分香薰精油品类对应的具体功效,可以作为在不同场景下香薰精油选择的参考。

表 9.2　香薰精油功效一览表

品类	功效
薰衣草	清新花香,安抚心灵、使人镇静、帮助睡眠、治疗失眠
玫瑰	安抚、舒缓神经、愉悦心情
茉莉	抗忧郁、使人愉悦、心情放松
檀香	木香、香味持久醇厚、提神醒脑、镇静、安抚神经紧张及焦虑
桂花	甜香、香味浓醇、消除沮丧情绪、使人产生美好的联想
香橙	改善皮肤缺水、收缩毛孔,使人心情开朗,增强与人沟通的欲望
紫罗兰	防感冒,抗疲劳,增进排毒功能,使大脑处于放松状态,改善偏头疼
柠檬	疲惫时转换心情、提神醒脑、使头脑清醒
姜花	调节放松情绪、排除压力、增强记忆力、有助思维
雪莲	平衡荷尔蒙及皮脂分泌
艾草	祛湿寒,止痛、抗菌、消炎、镇咳化痰、促循环,补气,提升免疫力

第四节　香氛在酒店中的应用价值

一、香氛在酒店业中的商业价值和应用

（一）彰显酒店特色

酒店本身属于服务行业,需要给消费者带来良好的服务体验,因此酒店本身不仅需要加强产品质量与产品服务的不断优化,还需要加强各种隐性服务项目的开发应用,坚持为消费者提供完善、个性、周到的服务,树立优质的酒店业发展态度。

比如在我国酒店发展过程中不少消费者和游客反映,酒店虽然在服务项目方面为消费者提供了高质量的服务方法及服务策略,但是却没有考虑到消费者的个性差异,尤其是在酒店基础设施方面缺乏个性特色,酒店都没有根据自身客源特色设置配套设施。香氛作为一种能够彰显酒店特色的隐性基础设施,虽然并不能给消费者提供实质的服务,但是却可以利用自身所散发的气味性,加深消费者对酒店的印象,进一步突出酒店特色,有效优化完善酒店基础设施建设,完善营销产业结构。

（二）提高酒店市场竞争力

随着我国酒店行业的持续发展,许多外出人员都将酒店作为自己暂时休息居住的主要方式,但是随着酒店产业的发展,各类酒店数量不断增多,消费者在选择酒店时更加注重酒店的特色产业和创新思维。所以酒店不仅需要加强日常管理、物品管理、客户信息管理方面的技术建设,还需要营造出符合酒店特色的主题香氛,让消费者在酒店中获得新奇的体验,得到感官刺激,有效促进消费者再次选择酒店,吸引消费者入住。因此香氛产品的使用对酒店的可持续

性发展有着至关重要的影响意义,香氛产品的选择也将成为影响企业营销价值的主要渠道。酒店要善于利用香氛产品给消费者制造嗅觉记忆(表9.3),进一步提高消费者对酒店的好感,进而有效推进酒店的产业经济持续发展。品牌营销大师 Martin Lindstrom 曾研究并指出:"人的情绪有75%是由嗅觉产生,人对照片的记忆,在一年后只剩下50%,但回忆气味的准确度高达65%。"香味能让客户对品牌形象加深记忆,加强酒店品牌形象的塑造,从而提高酒店的竞争力。

表9.3　人类感官记忆时间对比

嗅觉	一年	65%
听觉	一年	40%
味觉	一年	69%

(三)提高酒店嗅觉形象

在经济领域当中如何能够激发消费者的购买欲望,是影响其经济产业发展的主要问题,因为商品的美感会直接引起消费者的购买欲,采用这种情感营销的方式可以给顾客带来不同的消费情绪,刺激消费者的消费欲望。酒店可以通过各种相关设备营造独一无二的酒店氛围和环境,也可以配合各种芳香精油让消费者如同置身于各种环境,打造更加高端的芳香体验。这无疑是提高消费者对酒店第一印象的主要方式,酒店必须要做好全方位的嗅觉营销,给消费者带来与众不同的新鲜感,加强酒店视觉嗅觉形象的建设,让酒店的气味也成为消费者选择消费的一大理由。因此加强酒店香氛规划与设计不仅能构建更加具有竞争力的酒店形象,也能够为酒店的营销发展提供一个全新的方向。

二、香氛在酒店业中应注意

(一)突出主题

酒店在进行营销推广活动中,为了使消费者产生更加独特的消费体验,在应用香氛气味的过程中要根据不同主题、季节、节日设计不同的香味。长远的形象定位以及短期营销这两个角度都是酒店在设置和选择香氛品牌时要考虑的要素,酒店自身的品牌、文化形象是酒店长期的主题,在很长一段时间内难以更改,可以考虑通过酒店文化、地理环境、目标客户群体等多方面因素选择合适的香氛产品。比如经济型酒店在选择香氛产品时,应注重香味为消费者带来温馨幸福得如同家一般的感受,提高消费者的归属感和幸福感;高档商务酒店在选择香氛产品时要注重体现尊贵、雅致和品质,强调香氛产品所带来的高端嗅觉体验;精品酒店一般强调的是个性时尚,香氛产品可以尽量选择一些年轻人比较喜欢的现代香氛,突出其个性时尚特点。短期营销需要根据不同主题选择不同的香氛产品,这就需要香氛设计公司参与到酒店主题活动的配置与设计当中,比如在春节、元宵节,产生更好的嗅觉体验。另外也可以根据一年四季的变化调换不同的香氛产品,让消费者能够在酒店中获得不一样的新奇体验。

(二)突出协调性

协调性指的是气味与环境相互协调,突出酒店环境文化与气味的整体性,加深消费者对酒店的印象。对于酒店而言,酒店环境的灯光、音乐、设施、氛围都是选择香氛产品的主要依据,通过环境能够在无形中体现出酒店的档次与服务,也会直接影响消费者的第一印象,酒店服务需要将无形的环境特色与人文特色体现出来,并在特定的环境中添加特有的味道,使整个环境与气味融为一体,有效提升环境品质。这就需要酒店打造属于酒店的专属香味,强调与其他环境因素的协调。酒店香味可以从服务人员身上散发,使消费者在与服务人员的交谈接触中获得更加直观的嗅觉享受,还需要注意香氛味道与服务人员的仪容仪表协调一致,强调强大的专业服务能力,促进香氛元素与酒店环境协调一致,并扩大其影响力。另外也可以在酒店的宣传单、菜单、床单等多个基础设施中加入不同的气味。比如高端酒店可以在客房使用具有芳香凝神作用的香氛,进一步体现酒店的品位,提高消费者的居住体验。像一些精品酒店,可以选择具有个性特点的香薰蜡烛作为客房装饰物,在提高酒店档次的同时也能够为消费者带来更加细致的入住体验。

(三)突出健康性

现如今,针对中高档次的消费对象,香氛产品已经被广泛应用于各种高端消费场所、私人空间以及公众区域,这一消费群体对各种香味产品的要求极高,不仅要求香味产品带来良好的嗅觉体验,健康作为不可或缺的要素更是消费者看重的。因此,将顾客健康作为首要标准是酒店在选择符合自身形象定位的香氛产品时必须考虑的要素。酒店可以与国内外知名香氛机构合作,研究香氛产品对人体生理、心理以及精神所产生的影响,探析不同消费者对健康的需求,研究香薰精油等香氛产品的功效及具体使用方法。根据有关研究表明,橙花香具有舒缓情绪、镇定安神的作用,在一些高档商务酒店的客房当中使用,能够有效缓解消费者的精神压力,提高消费者的休息质量;橘香具有提神醒脑、缓解不适的作用,再加上其清新舒适的气味,非常适合放置于餐厅、酒店大堂等位置,有利于帮助消费者缓解身心不适。另外迷迭香具有提神醒脑、愉悦心情的作用;薄荷具有缓解疼痛,增加活力作用;薰衣草具有助眠安神、缓解压力的作用。酒店需要根据不同香氛产品的定位及作用合理运用,促使香氛产品正向影响消费者的身心健康,进一步提高消费者的消费体验。

(四)突出杀菌抑菌功效

酒店可以研究如何应用香氛消除旅客隐藏的忧虑。许多旅客由于路途劳顿可能出现易发脾气、过度焦虑、恐慌等情绪,酒店可以根据自身品牌定位,打造属于自己的香氛系统,利用香气对客户情绪、记忆甚至行为产生影响,使客户在酒店也能感受如家般的温暖与安心,久久不能忘怀,从而成为酒店一张具有香气的名片。

香氛产业界可以将香氛与中医、芳疗有机融合,研究新型的抑菌、清新、舒心的产品,以植物精油作为主要活性成分,通过精油的挥发从而与空气中的臭气发生化学反应,进而将释放臭气的这类物质(主要释放臭气的物质为氨气与硫化氢)分解为无臭物质,从根源上消除臭味。新型香氛产品所添加的植物精油要具有抗菌、驱虫、提振的功效,可以有效做到清新空气、杀菌抑菌,保持环境卫生整洁,另外还具有身心保健作用,能纾解疫情下的焦虑和抑郁情绪,提高情绪免疫力。

三、酒店香氛应用策略

通过气味可以加强感官的知觉,强化品牌形象定位。在酒店行业中应用香氛产品可以通过嗅觉刺激消费者感官,建立品牌识别度,提高消费者的品牌忠诚度。近些年西方已经将嗅觉营销作为各行业的营销重点,因为嗅觉营销能够影响消费者的情绪,酒店可以利用嗅觉营销,增加相关产品的商业价值,提高企业形象。针对这一目标,酒店香氛的应用可以通过以下几个步骤展开。

(一)明确酒店定位,选择合适的香氛产品

人体的鼻子和舌尖能对气味进行感应,因此嗅觉和味觉感官都是影响酒店气味营销的主要方式,在香氛产品设计与应用中,要充分考虑消费者的体验及感受,加强气味设计与酒店客户群体的定位需求融合,通过香氛产品突出酒店的优势及特点,在满足消费者消费体验的同时,加强消费者的印象和记忆。目前想要使酒店气味设计与酒店形象相匹配,首先需要对酒店的外部竞争势态进行分析,将相似定位的酒店作为竞争对手,分析其产品定位以及香氛产品使用情况,再分析自身香氛产品的使用方向,突出产品特色以及酒店形象。其次需要根据竞争优势选择适合酒店的香氛产品,树立特有的香氛品牌形象,让消费者可以闻到某种气味就会想起酒店,加强消费者的品牌依赖度。最后还需要根据形象定位的调整和变化,结合顾客的喜好以及竞争环境,进行重新定位选择,使酒店的嗅觉营销更加符合酒店目前的形象。

(二)设计嗅觉营销策略,提高酒店核心竞争力

嗅觉营销主要包括品牌营销和品牌促销两大方向。品牌营销指的是将特定的香氛产品融入到酒店的整个服务环节当中,使气味成为品牌形象的一部分。比如酒店可以根据自身定位以及客户群体设计符合自身品牌形象的香氛产品,将其制作成香氛卡片、香水、香薰蜡烛、香薰精油等不同产品,放置于酒店大堂、卫生间、客房等不同位置。比如在客房放置薰衣草香薰精油,并附上说明书,明确指出薰衣草具有助眠养颜的作用。这不仅可以体现出酒店周到的服务理念和完善的服务环节,也可以让消费者获得更好的消费体验。再加上部分消费者对香味较为敏感,采用选择性香薰的服务方式,能够让消费者自行决定是否要使用香氛产品,在有效提高消费者消费体验的同时,杜绝了不必要的麻烦及隐患。在品牌促销方面,酒店可通过设置不同的香氛产品,提倡健康养生的新时代消费理念,通过酒店的 SPA、温泉区域加强香氛养生的理念的应用,让消费者可以享受到酒店周到的服务以及独特的香氛环境。除了传统的芳香精油之外,酒店也可以加强传统香薰产品的开发与应用,比如引进中药香薰给消费者带来不一样的消费体验,并强调中药香薰的健康养生理念,从而增加酒店品牌标签,给消费者带来更加丰富的多种感官享受,提高消费者对酒店品牌的识别度,让消费者留下更加深刻的消费体验。酒店也可以推出各种特色香氛纪念品,在消费者离店后赠予消费者,让消费者通过使用香氛纪念品增加对酒店的良好印象,提高酒店嗅觉营销质量。

(三)营造良好气味环境,加深顾客消费感受

目前在酒店行业中,香氛产品的使用主要是依靠各种空调、空气加香系统以及喷香系统,所以大部分酒店目前运用的都是自动喷香系统,可以根据酒店的环境或喷香时间进行系统程序设置,自动化喷香。但是为了提高香氛产品的应用价值,酒店需要根据不同的区域营造不同的气味环境,在服务人员、服务用品、服务场景等多个领域为消费者打造良好的嗅觉体验。比如酒店可以根据自身文化产品定位设计不同的香氛产品,酒店服务人员喷洒香水后与消费者进行接触交谈,可以加深消费者的嗅觉感受。另外也可以根据相应的服务用品制作专属香味,加强消费者的嗅觉体验。在消费者接触的公共区域香氛产品的投放时间应该为早上的 7 点到晚上 11 点,服务人员、服务用品需要 24 小时带有香氛气味。总之,酒店要给消费者营造一个

清新怡人、健康舒缓的香氛环境,有效提高酒店香氛的实际价值,帮助消费者在酒店内获得良好的消费体验。

（四）酒店香氛精确布局，实现酒店盈利最大化

嗅觉营销的普及所带来的是激烈的竞争,同样的营销方法所带来的结果却是不尽相同的,有些酒店经营者花费了大量金钱和时间投入到酒店香氛营销,投资回报率却不尽如人意,但也有酒店的经营者获得了丰厚的回馈。设计香氛方案之前一定要实际考察酒店的空间布局,合理地规划香氛机器安装方位,以确保香味的均匀扩散,精确到不浪费每一寸空间的利用,这样不仅使得香味分布最大化,还能节省投入成本,精确合理的布局是实现酒店通过香氛盈利的基础和保障,能最大化地发挥香氛的功效。大堂是酒店的门面,是酒店香氛布局的重点,是打造酒店香味的符号和名片。酒店电梯间布局香氛可以体现酒店香氛营销的细节。酒店会议室的与会人员容易情绪紧张,疲劳,精力难以集中,建议使用一些能提神醒脑,缓解情绪的香氛,柠檬、柑橘精油等具有显著效果。客房香氛布局要考虑顾客能享受美容养生香氛 SPA 馆的香薰理疗体验。客房香型可以个性化定制,女性楼层建议为玫瑰、薰衣草、西普等女性喜爱的香型。酒店香氛房的引入是香氛进入酒店的一个必然产物,将香氛应用于酒店客房势必带来一定的商业价值。

【本章小结】

几乎所有的高档酒店都有一个共性:精美的装饰、豪华的陈设、无与伦比的服务和先进的现代化便利设施。在这个关注细节的年代,没有什么比香味更能展现特色之美。调查显示,顾客进入酒店的 10 分钟就能够决定该酒店在顾客心中的印象,其中"闻香识人"功不可没。

香味能带给大家什么？21 世纪的酒店业发展已经将香味作为营销手段,展现自己的品牌特色之美。香味不单单是一种气味,更是品牌的代言。本章从阐述中国的"香史"文化入手,介绍香的分类方法,结合酒店行业的特点,列举各大酒店集团的香味之美,讨论香味与酒店服务之间的关联性,并归纳出酒店中香味的使用原则,以及探析了酒店香氛使用的商业价值、作用以及应用策略,全面展示了酒店香氛的独特之处。

【复习与思考】

1. 如何在酒店大堂用香中体现似有似无的原则？

2. 东方香型与植物香型有什么共同之处？中式酒店与西方酒店更侧重于哪种香型的使用,试举例说明。

【拓展阅读】

了不起的中国香！教你突围百亿"嗅觉经济"

在"嗅觉经济"呈现快速增长趋势下，国内香氛市场面临着更多的变化和可能性，品类创新成为香氛品牌的突破重点。2022年8月17日，由《中国化妆品》杂志社主办，天勤品牌咨询智力支持的"了不起的中国香"——2022香氛品类创新论坛在线上直播召开，众多行业领域专家围绕后疫情时代、香氛趋势、消费升级、爆款打造等热点话题，共同探索中国香氛行业未来发展的新机遇。

香不可挡：本土香氛香水剑指百亿市场

欧睿数据显示，2021年中国香水市场整体增长达到24.7%，并预计2025年中国香水市场的整体规模将达到300亿元。当下，百亿香水市场风口开启，新消费趋势的不断发展，也让本土香水品牌迎来了崭新的嗅觉时代。

论坛伊始，主办方《中国化妆品》杂志社副社长刘丽为本次论坛致辞，她讲到，全新的消费环境给予了本土香水在品牌端、营销端找寻新打法的契机。面临巨大的市场变化，本土香氛行业开拓者们需要讲好中国故事，共同推动中国香品牌脱颖而出。作为中国化妆品行业权威平台，《中国化妆品》杂志社也会一如既往地支持与助力中国香氛香水品牌破圈，在香氛香水市场领域实现新的增长。

"国内品牌香水增速加快，增长空间大，香氛赛道卷得厉害。"论坛上，考古加合伙人大华从数据的角度，分享了香氛行业品类新趋势洞察。据考古加数据平台监测，抖音电商香水近1年销售数据总额17.3亿元，近一个月累计销售1.2亿元。在社交媒体平台，香氛销量呈现爆发趋势，"Z世代"成为用香新主力。在如此"内卷"的香氛市场环境下，品牌该如何突破呢？结合香氛实际应用数据分析，大华认为，国内香氛品牌仍需聚焦产品力打造，可以从"功能—有用、形态—爱用、场景—多用"三大增长逻辑作为发力点，帮助品牌实现长线增长。

探香之路：中国小众香的突围

随着消费升级和年轻一代的消费观念的转变，中国香氛市场的潜力不断增长，一批本土香水品牌也开始发力，将中国文化融入香水文化中。

论坛上，五朵里联合创始人李乐进行了关于《中国小众香水品牌的探索》的演讲。在李乐看来，国内香水市场面临的机遇和挑战，跟国外传统小众沙龙香水发展轨迹相比，有着巨大的差异。

从市场环境来看，国内香水市场容量端潜力很大，而许多消费者尚未形成固定的消费习惯，愿意尝试新的本土品牌，为小众品牌提供了很好的发展环境。从渠道来看，线上渠道高度集中，都在一个大的流量池里同场竞技，获客成本会更高，只有线上线下渠道结合起来，才能把香水完整地呈现给消费者。以五朵里"桂"香水为例，小众审美和大众审美是可以达成一致的，小众香并非一个细分品类，而是一种风格，即不再满足于快速复制香水市场的潮流趋势，而是努力强调品牌原创的、个性化的表达。

消费端试错的机会变少了，品效的不断下滑对品牌的精细化运营提出了更高的要求。李乐认为，想让消费者尝鲜是容易的，如何能从产品和品牌建设上能打动消费者，则需要秉承长期主义。使口红需求大幅下降，而"不被遮挡的"香水作为当下一种特殊的"入门级奢侈品"，具有情绪上的"安慰"作用，"香水效应"正在取代"口红效应"。

Shallen Cui认为，创新更可以是在原有物质上更深层次地去挖掘它，观察的角度不同，投入的时间不同，香味承载的情感记忆也会不同。就像"自然"这一香氛主题，它不仅仅是山川草木，可以是筑山、叠石、理水，也可以是人类主体的精神文明的自然结晶。而宇宙与未来主题的气味灵感，受到年轻消费者欢迎，目前市场上还有较大的缺口。在Shallen Cui看来，每个人对香味的理解不同，有着"千人千香"的沉浸式体验，"Z世代"不仅是喜欢创新的一代，也是更注重精神文明的一代，中国香可以用好的形式和消费者沟通产生链接。

千人千香：疫情时代的"香水效应"

"香水和人类的情感息息相关，发生过的事情渐行渐远，但外婆煮的糖水，家门口的桂花香……我们所闻过的味道永远留在我们心中，是一种回忆的链接。"

论坛上，IFF市场部经理Shallen Cui从资深市场从业人员和消费者的角度，以"挖掘生活""温存情感""拥抱自然""畅想未来"四大香氛趋势主题，生动地阐释了《新冠阴影下的气息归宿》。

疫情改变了人们的生活，戴口罩促进香氛升级：如何打造爆款香？

整个香氛市场在稳步上升，在冰希黎首席运营官COO丁玄看来，中国香氛的行业生态不是"单打独斗"的，把整个市场做大是行业的共同目标。比如在冰希黎流沙香水研发过程中，香水喷头越细越容易被流沙堵住，于是品牌方和供应商一起研发了流沙香水专用的喷头，推动了香氛行业的技术创新。

丁玄表示，消费需求更个性化了，不再强求品牌是"六边形战士"，市场趋势是去中心化的，当竞争白热化时，品牌可以思考是否可以切入得更细。高功效、高可靠、高感动性可以塑造品牌强大的溢价能力和对消费者的说服力。未来需要整个行业共同努力做产品创新，帮助中国香变成我们消费者的必需品之一。

香迎未来：创新赋能中国香

本次论坛的《中国香VS国际香》高峰对话环节由天勤品牌咨询CEO罗文琴主持，围绕主题，来自五朵里、冰希黎、IFF、气味王国的四位领导嘉宾分享了宝贵的实战经验。

如何全方位助力新锐本土品牌的成长？

IFF销售总监王静红表示，作为国际香料公司，IFF在原料上达到了三个维度创新，品种创新、应用创新及概念创新。在品种上IFF拥有LMR技术及活性物部门，研发团队一直致力于对新的香原料的研究开发；在应用上，从香原料开始情绪与认知健康的研究；在概念上，不断丰富原料背后的故事，如花椒香料阐释成都烟火气，传递给品牌和消费者新的记忆度。在中式香氛原料创新上，IFF也在近期已经完成一些中国古典香方的原创，希望可以和更多的品牌方共创，真正做了不起的中国香。

"我们要做的事情是开源。"气味王国联合创始人黄剑炜表示，气味王国要做的事就是让大家在直播论坛时描述的气味都能及时闻到，在他看来，发展快的阶段正是数字化的阶段，香氛在应用上可以有更多创新，如交响乐、气味儿童教育、气味医疗、气味播放器等，中国香氛市场还有非常多的机会和空间去提升。

天勤品牌咨询CEO罗文琴总结说道，未来是无感营销，消费者越来越注重沉浸式的体验，原料方,品牌方,渠道等香氛行业各个方面的共同努力,才能够全维度上地支持中国香走出我们特色的道路。

（资料来源:《中国化妆品》,2022）

思考:中国香属于哪种类型的香型,运用这种香我们怎样对标相吻合的酒店类型来使用?

第十章　酒店装饰之美

【教学目标】

1.知识目标

(1)掌握酒店装饰概念及美学特征;

(2)理解酒店装饰审美准则与创作原则;

(3)掌握酒店装饰的基础理论;

(4)熟悉酒店装饰要素,掌握酒店装饰发展趋势。

2.能力目标

能运用所学知识,思考酒店装饰之美的体现,并运用所学知识对酒店装饰进行分析。

3.素质目标

增强学生对酒店装饰之美的认知和关注,引导学生进行现代酒店装饰的创新思考。

【关键词】

酒店装饰;氛围营造;光照;色彩;陈设

引　言

　　装饰是酒店环境营造不可或缺的内容,对酒店内空间的品质与格调具有举足轻重的作用,也是空间情感表达的主要途径。酒店装饰是指对室内空间中非固定装饰的设计,主要是依据美学准则,对室内的色彩、明暗、家具、灯具、织物等进行规划、组合与配置的过程。审美体验是酒店装饰最重要的依据之一,本章将从酒店装饰设计的美学准则出发,对酒店装饰设计的色彩与照明以及酒店的装饰元素进行阐述与讨论,从而帮助学生理解酒店装饰中强调创意设计的人性化、追求私密空间的舒适性,让学生可以领略到酒店室内设计在原创性、互动性、智能化、绿色环保等方面所展现出来的特色,掌握人们对酒店室内空间的更高层次的要求。

第一节　酒店装饰设计的美学准则

　　创造有意味的形式是所有视觉艺术的共同特征,这也是酒店装饰艺术中一个重要的美学准则。美是在特定条件下产生的,酒店装饰设计也不例外,设计实践中应当遵循一定的美学准则。通常来说,酒店装饰设计主要通过空间分割、家具造型、装饰品摆放、色彩等要素,运用必要的设计手法,共同营造一种整体审美效果。可以用一句话概括,即创造一种有意味的空间体验。

形式美的法则有许多,如对比与统一、均衡与稳定等。想要掌握这些法则,有必要在平时的专业学习中加以训练。人的天赋不同,后天的成长环境也有较大的区别,因此,对于形式美的训练,严格来说应当是因人而异的。但是,作为一种专业性的学习,必然会有一套适合大多数人的方法。这些方法,经过多年的实践,其中有些被证明是有效的。具体来说,形式美感的训练,包括以下几种方法。

一、营造视觉中心

任何一件艺术作品,通常都会有一个视觉中心,也是最吸引观众之处。同样,酒店装饰设计中,也需要创造一个视觉中心。实现这一目标有很多途径,最简单的方法就是将室内的家具、装饰品、光照等进行整体规划,始终围绕一个中心,并为视觉中心服务。从视觉上来说,一个均衡的室内空间最关键之处在于拥有一个核心,这个中心可以是一面镜子,也可以是一扇窗户。可以在局部营造一些小的亮点,这些亮点在风格上既有相似之处,又各有特色,作为视觉中心的补充。对于大型空间来说,可以选择一些公共艺术作品作为室内的艺术中心区,这有利于提升空间的整体艺术氛围。也可以用具有代表性的艺术品进行构成与组合,形成空间的视觉秩序。

二、对比与统一

人们对于事物的大小、远近、轻重、美丑等是通过比较得知的,也就是对比。虽然自然界中的事物参差不齐、互有对比,却又统一在大千世界中,彼此和谐共存。丘陵与高山,小河与大江,由于对比,让后者的形象更为壮观。这些秉性不一的事物又因为统一而构成了一幅幅美妙的山水画面。因此,对比与统一是自然美的法则之一。

酒店装饰设计中,面积大小的对比、材质粗糙与细腻的对比、色彩艳丽与淡雅的对比等,给居住环境平添了许多生气。从视觉感受来看,对比体现的是事物之间的差异感,甚至是某种程度上的夸张,可通过这种方式来吸引用户。但是,对比也容易造成距离感,还需要对它们进行统一。所谓统一是指在强烈对比的前提下,让其中的某些部分保持一致,这种方式可以让各种元素在各种矛盾与冲突之间相协调,成为一个整体。

特别是对于一些面积较大的空间,各种造型、材质与色彩等,应当有一个主要的基调贯穿其中。例如,家具选用现代简约的款式,装饰品也应当选用较为简约的,让这种简约感一以贯之,这样才会形成一种整齐有序的感觉。统一对于空间的审美是比较重要的,也较容易做到。当然,如果过分地强调一致性,又容易走向它的反面——呆板,这个时候就可以在局部做一些小的变化。例如,可以在仿古的室内用几盆鲜花作为点缀,这种对比让空间的沉闷之感顿时少了许多,整个空间也因此而充满了生机。这种局部的对比,反而让室内的统一感更加强烈了。所以说,对比与统一可以产生较好的形式美感。

(一)对比

对比是矛盾的体现,是指不同性质的事物并列而产生的一种对立感。传统建筑中,对比的处理手法也较为常见。如图 10.1 所示的阳朔青谷酒店,侧面硬朗的山墙与建筑主体之间对比强烈,反而获得了平衡之美。从设计的角度来说,对比其实就是一种变化,它是对重复、呆板形式的打破,可以让作品显得更加灵活多变。建筑结构的形状差异、大小不等、高低起伏等都形成一种对比。色彩方面的对比色、明暗对比、冷暖对比等,让色彩更具生机。建筑材料的材质、纹理、粗糙、密度等也常常形成对比。正是因为有了这些对比,建筑的沉闷之感才得以打破。

图 10.1　阳朔青谷酒店

（图片来源:阳朔青谷酒店官网）

归纳起来,陈设设计中的对比表现为以下几个方面。

1. 形状对比

形状对比最直接的表现就是各种几何形的对比。陈设设计中,各种几何体随处可见,如长方体、立方体、圆柱体、圆锥体、不规则几何体等。这种几何体之间的对比,在室内空间中是不可避免的。比如不同形状的家具之间即存在形状对比,有时候还是很强烈的。设计师在处理这些关系时,要注意将对比控制在一个可以接受的范围之内,也要注意它们之间的联系,努力营造统一感。

2. 色彩对比

酒店装饰的用色是非常丰富的,家具、装饰品、灯具等,它们之间存在着色彩对比。如果简单地将这些物品色彩处理成同类色或者相近色,虽然取巧,但也会容易显得单调。事实上,色彩的对比能增加室内的层次感,丰富使用者的视觉感受。较为强烈的色彩对比如黑白、红绿、黄蓝等配色,具体应用过程中应当根据空间的氛围而定。

3. 肌理对比

肌理是指材料本身的肌体形态,反映材料表面的质感。肌理对比是指材质表面的粗糙与光滑、弱反射与强反射等形成的差异感,如图 10.2 所示。如皮质沙发的光滑细腻与文化石背景的粗糙不平之间存在着较强的对比关系,这种对比常常可以营造出更为轻松的会客环境。再如棉麻材质的窗帘与反光较强的金属材质之间形成的对比,让人在田园与现代之间穿梭。

4. 位置对比

位置对比,如家具摆放之间的前后、左右关系等,也形成一种对比。装饰画之间的高低、远近对比等,可以营造出一种流动感。室内空间并不是凝固不变的,它需要动感,有时候各种物品之间的位置对比,可以产生更为有趣的均衡感。

图 10.2　阳朔糖舍酒店肌理对比

（图片来源：小红书《最美小众设计酒店之旅——桂林阳朔糖舍酒店》）

5. 虚实对比

庄子在文艺的审美中提出了虚实对比，影响了此后中国的许多艺术门类。中国传统绘画即非常强调虚实对比，特别是国画中的留白，如图 10.3 所示。正是因为这些留白才形成了一种气韵生动的虚实对比。虚处即实，实处也虚，虚实的意境之美常常让人着迷。酒店装饰设计中也不例外，经常构建虚实对比，可增加空间的灵动感。

图 10.3　民宿装饰留白图

（图片来源：名师联室内设计智库《2019 年外国更美极简民宿 VS 中国更美极简民宿》）

6. 疏密对比

疏密对比，即多与少、聚合与松散之间形成的对比关系。家具陈设的过程中，有时候聚合性强一些，有时候让家具松散一些，可以营造出有趣的疏密对比关系。空间的空旷之处，可以摆放密一些的家具，让空间更紧凑一些。

相反，对于较小的空间，如书房、茶室等，尽量少一些家具与饰品，可以减少空间的压迫感。此外，墙面的装饰品，也可以做一些疏密安排，形成节奏感、韵律感。

总之，在室内设计中，对比与统一都是必要的，只有统一没有对比，空间容易显得呆板；只有对比而没统一，空间容易显得杂乱；只有同时使用对比与统一，空间才能获得和谐感。在酒

店装饰时应当善于利用各种设计元素,让它们在精心安排的对比中获得统一感。对比让室内显得丰富多彩、生机勃勃,统一则会让所有的设计元素和谐相处。

(二)统一

在中国传统建筑设计中,统一的形式最为常见。如图 10.4 所示的白族民宿,主要由白色墙壁和青色砖块构成,统一为冷色调,其立面的主要装饰形式为矩形,大小矩形元素的组合在形式上营造了统一感。屋顶采用统一的范式,再一次强调了这种统一感。这是一座典型的白族民居,民族特征非常明显,为了强调这种民族特色,设计师分别在造型、装饰、色彩等方面做了设计,因而统一感、整体感更强了。统一并不是为了简化,而是为了缓和各种对立的因素,最终实现整齐划一的效果。这样一来,建筑本身的特色也得到了加强,极具美感。

图 10.4　白族民宿外观

（图片来源:搜狐网《春游大理,面朝洱海,春暖花开!》）

统一是非常重要的美学法则,是设计中常用的手法。设计元素的重复会有统一感,但这种处理方式过于简单容易显得呆板。统一并不是简单地消除设计元素之间的差异,恰恰相反,统一是在保留某些差异的前提下,利用一些共性将这些元素统一起来。因此,统一事实上是非常有技巧的,即求同存异。至于哪些设计元素需要保留个性,哪些设计元素需要扩充差异,需要精心处理。以餐厅的室内设计为例,较好的办法是设定一个主题,所有的设计元素共同为主题服务。因为有了共同的主题,各种设计元素之间的差异被削弱了,最终得到了统一,如图 10.5、图 10.6 所示。

三、 比例与尺度

达·芬奇曾经说过:"美感完全建立在各部分之间神圣的比例关系上,各特征必须同时作用,才能产生使观者如醉如痴的和谐比例。"可见美感的产生与比例是否合适有很大的关系。古埃及、古希腊时期人们对于比例关系就有较为深刻的见解,如当时发现的黄金比例(比值约为 0.618)被用于金字塔及帕特农神庙的建造中,创造了深邃的美感。到了文艺复兴时期,黄金比例在艺术创作中被进一步应用,为许多杰出的作品增加了美感,如图 10.7 所示。

图 10.5　深圳柏悦酒店榕阁餐厅

图 10.6　深圳柏悦酒店

尺度,即室内空间的布置应当以人的生理特征为参照,创造宜人的尺度关系。酒店装饰是为人服务的,所有的比例与尺度,其最终目的都是给人提供一个合理的生活空间。室内的空间分割、家具的搭配、色彩的协调等都必须重视比例和尺度。比如面积较小的空间不宜摆放尺寸较大的家具、装饰画等,这样会让空间显得更加拥挤,造成一种逼仄感,人长期生活在这种空间中容易产生压迫感,影响身心健康。

图 10.7　《蒙娜丽莎的微笑》黄金分割比
（图片来源:微博
《黄金分割 | 微刊—悦读喜欢》）

（一）比例

比例原是数学中的概念,在形式美法则中表现为局部与整体、部分与部分之间的关系。黄金比例是一种经典的比例关系,艺术作品中随处可见。此外,在比例关系的实际应用中,还常常用到以下数列,包括等差数列、等比数列、贝尔数列等,这些数列表现了某种秩序,反映出秩序之美。

1. 黄金分割比

古人在很早的时候就发现合适的比例关系在形式上会呈现出美感。古希腊人大概在 3000 年前就发现了古典美的最佳比例,即黄金比例。古希腊的神庙通常表现出种庄严之美,与它的模数系统有很大的关系,这一模数系统的奥秘就是黄金比例,它在很大程度上成就了古希腊艺术,如图 10.8 所示。

2. 常用数列

①等差数列。它是指在一组数字中,两个相邻的数字存有固定的差,这个固定的差称为公差。②等比数列。它是指两个相邻的数字之比是一个固定值,这个固定值称为公比。③调和数列。这是分割形体的方法,它的数列为 1,可在水平和垂直方向进行分割,如 1/2、1/3、1/4……1/n。④根号数列。在立体构成中,常常使用根号比值进行点、线、面的渐变推移和分割组合。

图 10.8　帕特农神庙黄金分割比

⑤贝尔数列。因贝尔发现这种数列比而得名,其数列依次为 1,2,5,15,52…以上数列常运用在家具的造型设计上,这种美感可以说是由理性的分割而形成的,现在已经成为一种基本的范式。数列在室内装饰中的应用如图 10.9 所示。

图 10.9　数列用于室内装饰图

（二）尺度

尺度,即在酒店装饰设计中以人的生理尺寸为标准对物体进行比照。在现实生活中,物体的尺寸过大,人们会感觉压抑;尺寸过小,人们会感觉难以掌控。凡此种种都是由于尺度问题在人们内心产生的感觉。尺度合适在视觉上会形成愉悦感,这已经成为一种审美常识。

在酒店装饰设计中,家具的长、宽、高等尺寸要符合人的使用习惯。以桌子为例,有餐桌、书桌、办公桌、会议桌等,针对不同的使用场合,可赋予它们不同的尺寸,家具尺度合理,才能在视觉上给人美的享受。

四、均衡与稳定

均衡并非严格的对称关系,其形式更加灵活、生动,但又不至于引起混乱。酒店装饰设计中的均衡与稳定更多的是通过围绕中轴线、中心点,以不同体量、不同造型的陈设来实现的。从视觉感受来说,天花的色调应当较地面更浅一些,否则容易造成头重脚轻的不稳定感。为了形成一种均衡感,家具、装饰品的摆设不一定需要严格对称,只需在局部适当地做一些变化,总体上趋于均衡即可。这种陈设方式会让空间更富有生机,也更加和谐。

均衡即平衡,它以重心的平衡为主导,是一种在运动中形成的形态稳定感,在人们的心理上也会形成一种知觉平衡。均衡又可以分为同量式与异量式。同量式指异形同量,形体的左右、上下两部分虽然形式不同,但体量相同,从而产生感官上的平衡。同量式与对称形式有些相似,它能够产生稳定性。但与对称式不同,同量式存在形体上的差异感,会表现得更加富有变化,更加丰富。异量式是指形式和体量都存在差异,但始终围绕重心,可达到视觉上的平衡。异量式的变化更加丰富一些,有时甚至是不规则的,表现得更加活泼、更加自由。正是因为这种不规律性,设计中要特别杜绝杂乱感,其关键在于要在这些复杂多变的形式中找到一个平衡点。

总之,均衡是通过相等或相似的形状,以大小不等的排列在视觉上形成一种稳定感。这种稳定感常常需要一个支点,它可以是几何重心,也可以是视觉上的中心点。围绕这一支点,视觉上以动为主,且动中有静,静中又有变化。从形态特征来看,正是因为支点的存在,它才得以体现多样性、自由性,最终呈现出灵巧、轻快的特点,如图 10.10 所示。

图 10.10　越南会安南岸套房酒店

(图片来源:网易《酒店餐厅装修设计需要注意哪些?》)

五、对称

古希腊的哲学家毕达哥拉斯曾经说过:"美的线型和其他一切美的形体都必须有对称的形式。"对称是酒店装饰中较为常用的手法,特别是在中式风格中更是随处可见。观察自然界会发现,生物体绝大部分为对称的形式,这种对称也成为我们对于自然的基本认知。生物体在千百万年的自然选择的过程中,进化出了对称的形体,证明这种对称是符合自然规律的。合理的事物通常会产生美感,因此,大多数情况下,人们能够从对称的形式中获得美感。对称也是人们最早掌握的形式美法则,被广泛地应用于各种艺术形式。酒店装饰设计也不例外,对称的布置、对称的构图随处可见。但过于对称的形式,也容易让人感觉呆板,适当地在局部做一些变化,有利于活跃气氛,让室内更具生机。

　　对称是由相同或者相似的形构成的一种平衡。这种平衡关系特别稳定,总体上是静态的。一般来说,对称的形体之间存在着对称轴,两侧的形体以此为中心呈规律性地出现。人们在观察对称形体时,常常以对称轴为中心,视线在两侧游移,并因此而获得愉悦感。通常,对称又分为轴对称、中心对称、旋转对称等几种形式。①轴对称。这是最为常见的对称方式,以对称轴为中心,上下、左右以相等的形展开,如图 10.11 所示。②中心对称,即以某个中心点作对称分布的形式,如图 10.12 所示。③旋转对称。它是指基本形体按照一定的角度旋转,组成放射状的图形,如图 10.13 所示旋转角度为 90 度的形体,被称为回旋对称。旋转角度为 80 度的图形,被称为反转对称。在实际应用中,还会有一些特殊的旋转角度,其对称效果也大相径庭。

图 10.11　Lohkah 七尚酒店大堂轴对称

(图片来源:第六感《时髦避世之地—厦门,Lohkah 七尚酒店》)

六、节奏与韵律

　　节奏与韵律原本是指音乐作品中通过曲调的重复所产生的节奏与韵律感,设计中也常用这种方式来形成美感。以元素的多次反复产生节奏,并在有规律的变化中产生韵律感。就酒店装饰而言,同一种造型多次重复即可以产生节奏感,但这种排列效果较为一般。如果能在这个基础上,加上一些长短、精细、色调等方面的变化,经过多次反复就可以产生某种韵律感。这种节奏与韵律感可以让室内空间显得更加生动,更加灵活,其艺术效果也得到了提升,如图 10.14 所示。

图 10.12　点对称

（图片来源：百度图片）

图 10.13　旋转对称

（图片来源：百度图片）

图 10.14　秦皇岛万豪酒店灯饰节奏与韵律

（图片来源：小红书《假装在度假，在海角天涯｜YANG×秦皇岛万豪》）

第二节　酒店装饰设计的色彩

一、酒店装饰设计的色彩运用

　　色彩是凭肉眼就能感受的自然现象，是人类认知事物的重要组成部分，并影响人的心理。色彩学是一门综合性学科，它横跨艺术学、社会科学与自然科学等多个领域。随着人们对于色彩的科学认知与日俱增，色彩学在现实生活中的作用也越来越明显。在酒店装饰设计中，色彩运用是非常重要的，它往往决定了整个空间的气氛与情感表现。

　　人类对于色彩的认知有非常漫长的历史，然而作为一门独立的学科，色彩学可以说是年轻的。牛顿于 17 世纪所做的日光与三棱镜的色散实验，被认为是用科学方法对色彩进行研究的开端。19 世纪初，德国生理学家埃瓦尔德·海林提出红绿黄蓝"色觉四色论"，色彩学的理论被人们所重视。随后，现代色彩科学的研究迅速发展，以色彩调和理论为基础的色彩应用越来越广泛。

（一）色彩的表示

　　自然界的色彩非常丰富，单就一个红色来说，就有朱红、深红、粉红、玫瑰红、桃红等多种细分。为了表示颜色，仅仅红色就需要很多色名。如果用色名来一一描述自然界中人们肉眼可以辨别的颜色,几乎是不可能完成的任务。另外,不同的人对色名的感知是不一样的,如何用标准化的方式来表示色彩就显得尤为重要。

较为可行的做法是以色彩的三属性来表示着色,其中以美国艺术家阿尔伯特·芒塞尔创立的芒塞尔色系最具代表性。经过美国光学学会的修订,芒塞尔色系与"XYZ 色标系统"相结合,成为世界通用的颜色标准。如芒塞尔色标环,它以红、黄、绿、蓝、紫 5 种颜色为基本色相,依次成圆周分布。相邻色相之间又形成黄红、黄绿、蓝绿、蓝紫和红紫 5 种中间色相,再将各色相作 10 等分,共形成 100 个色相组成的色相环,如图 10.15 所示。

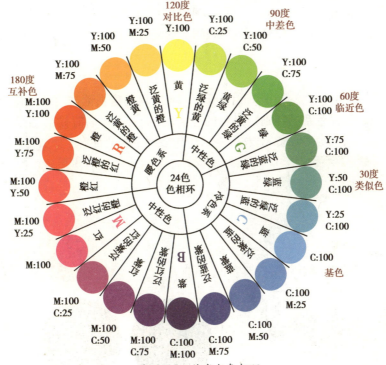

图 10.15 芒塞尔色相环

如图 10.16 所示为芒塞尔色立体,用记号 HV/C 表示色彩,H 代表色相,V 代表明度,C 则表示饱和度。例如 5R4/14 表示该色彩的主色相为红,明度为 4,饱和度为 14,属于鲜艳的红色。

(二)色彩的情感

色彩是有情感的。美的色彩给人以积极的心理暗示,混乱的色彩搭配则会给人带来消极的心理暗示。人们长期生活在室内环境中,自然会受到色彩情感的影响。一般来说,居住空间在色彩上宜营造温馨感、舒适感;商业空间则要营造一种良好的购物环境,其色彩因品牌形象、产品种类而有所区别。

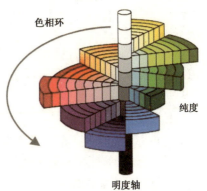

图 10.16 芒塞尔色立体

不同的色相所传递的情感是不一样的。如红色易让人联想到火焰、红旗等,它所传递的是热情、情绪高昂等情感,蓝色易使人联想到海洋等,可以让人产生开阔、宁静等心理感觉。此外,色彩的明度、饱和度不同,所传递的情感也是不一样的。一般来说,暖色调、明度高的色彩给人以活泼感,冷色、明度低的色彩给人以冷漠感。另外也要注意,不同的民族、不同的国家对于色彩的情感是不一样的。如西方人普遍认为白色是圣洁的、高贵的,所以西式婚礼喜欢用白色。而中国人传统上认为红色是喜庆的因此中式婚礼中多用大红色。

1. 色彩的冷暖

色彩本身并无冷暖的温度差别而是会让人产生冷暖的联想。如人看到高饱和度的红橙、黄等色彩会自然地联想到太阳、热血等,从而产生温暖感,而蓝、紫等色彩会让人联想到海洋、冰等,进而产生寒冷的感觉,如图10.17所示。居住空间的配色不宜过暖或者过冷,为了适应四季的变化,最好结合灯光的变化来调节冷暖感。如夏天宜用一些冷色调的灯光,冬天则宜采用暖色照明。

2. 色彩的轻重

这主要与色彩的明度有关,如图10.18所示。明度越低越感觉重,明度越高则感觉物体会轻一些。有研究表明,深色系的特别是黑色的包装箱,工人搬运的时候会感觉重一些,而换成棕色系的包装箱之后,人会感觉货物要轻一些,工作效率也因此提升了。

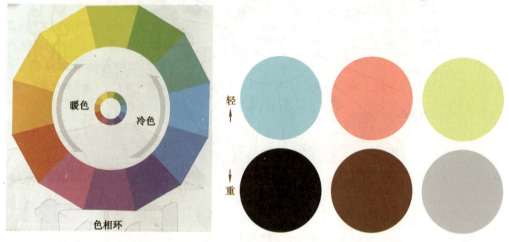

图 10.17　色彩的冷暖　　　　　图 10.18　色彩的轻重

在酒店装饰设计中,色彩的轻重表现也是较为重的。如地板一般采用较深的颜色,给人以安定、踏实感,天花板一般采用较亮的颜色,这样可以避免头重脚轻给人带来的不安感,如图10.19所示。

3. 色彩的进退

这与色彩在视网膜上的成像有关,红、橙、黄等频率低的色相在内侧成像,人眼会感觉相对近一些;绿、蓝、紫等频率高的色相则在外侧成像人眼会感觉相对远一些,如图10.20所示。色彩的前进感与后退感虽然是一种视觉错觉,但在酒店装饰设计中,如果能够合理利用色彩的进退,对于空间的布置是有帮助的。如针对狭长的过道,宜采用后退色,可减少紧迫感,过于空明的空间,宜采用前进色,可增加亲和力。

图 10.19 上海凯宾斯基酒店大堂吧
（图片来源：上海凯宾斯基大酒店官网）

图 10.20 酒店走廊图片
（图片来源：百度图片）

需要注意的是,色彩的情感是非常复杂的。即使是同一个色相,因为明度、饱和度的区别,它所表现出的冷暖、轻重与进退感也是不同的。在酒店装饰设计中,应当注意色彩情感的复杂性,设计师可以根据具体情况,在明度和饱和度上做一些变化,以丰富色彩的情感。

(三)酒店装饰的色彩表现

室内空间的多样性,决定了色彩设计的多样性。在进行室内的色彩设计时,先要设定一种主色调,它决定了空间的主体色调。在这个基础上,再用其他色彩进行搭配,加强色彩的层次感。偏暖的色调通常给人以温馨、愉快、轻松的感觉,多用于卧室。冷色调主要传递理性、凉爽的感觉,多用在书房中,可以营造出一个良好的阅读、工作环境。白色是一种洁净的颜色,大部分的室内空间还是应以白色调为主,与其他色彩搭配也相对容易一些。

室内空间的色彩表现并无固定的范式,大体上而言要求在统一色调的基础上力求变化,形成一定的节奏感和层次感。不同功能的空间其用色是不同的,色彩表现也要注意突出空间的功能性。居室主人的职业、个性、文化修养等,也需要用不同的色彩来体现。一般来说,酒店装饰的色彩表现可以归纳为以下两个方面。

1. 室内色彩的功能性

不同的空间有不同的特性,如客厅、卧室、书房、厨房、餐厅、卫生间等,它们的使用功能是不一样的,色彩的设计也应当有功能性的倾向。如客厅主要是休闲娱乐及待客等功能,它的色彩设计应当以温馨、开阔为主。餐厅的主要功能是一日三餐,它的色彩设计应当有利于增强人们的食欲。另外,要注意餐厅事实上还是家庭成员交流的一个重要场所,其色彩的设计应当注意营造聚合力。

如图 10.21 所示,客厅的色彩表现以暖褐色系为主,沙发和窗帘的着色较深,营造出一种温馨、和谐、色彩丰富的空间感。考虑到对采光的要求较高,设计师在对它进行色彩设计时,使用了大面积的白色,给人以明亮感,再加上原木色的点缀,因此不会显得单调、乏味。

图 10.21 成都柏悦希尔顿酒店套房
(图片来源:成都柏悦希尔顿酒店官网)

2. 室内色彩的个性化

人们对酒店装饰的个性化要求越来越高,室内色彩设计当然要体现这一变化。对于酒店空间设计,色彩的个性化就显得更加重要了,它往往决定了消费者的第一印象。酒店空间在色彩方面的个性化设计也是商业竞争的手段之一。

如图10.22为宴会厅的设计,设计师使用了大面积的红色与黑色,形成鲜明的对比,这种强对比度的配色是较为大胆的,个性化的特征非常明显。在室内色彩设计中,选用对比色系、互补色系等,往往能够营造出一种醒目、独特的空间感,个性化十足。另外,也要注意,这种大胆的配色对于年轻群体来说比较受欢迎,老年人在色彩感受方面要相对保守一些。

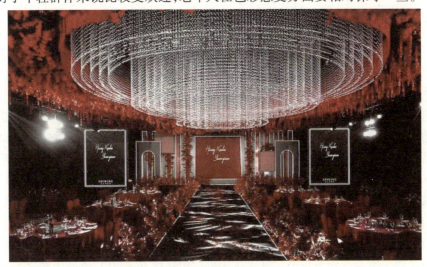

图 10.22　合肥元一希尔顿酒店宴会厅

（图片来源：小红书《水晶丝绒 | 大气秀场风高级感丝绒轻奢婚礼》）

二、酒店装饰设计的色彩调和

调和是形式美的基本规律和艺术形态,对于酒店装饰设计而言,色彩调和是为了营造空间氛围而进行调整、搭配和组合的过程。

（一）色彩调和的理论基础

中国古代艺术在色彩方面所取得的成就,主要源于艺术家在色彩方面的感性认知。西方现代色彩艺术的发展,很大程度上得益于色彩调和理论的科学认知。色彩调和理论虽然不能直接产生创新性的色彩形式,但却能揭示色彩的普遍规律。特别是对于设计学科来说,更离不开色彩调和理论的支撑。

1. 奥斯特瓦尔德色彩调和论

奥斯特瓦尔德,德国化学家,诺贝尔化学奖得主。他在晚年将全部的精力投入色彩理论的研究,创立了奥斯特瓦尔德色彩体系。奥斯特瓦尔德认为,令人愉悦的配色组合即为色彩的调和。奥斯特瓦尔德最为人熟知的配色理论为"调和等于秩序",他采用了定量分析的方法,将色彩调和的问题用数量来进行分析。例如,奥斯特瓦尔德在说明有彩色系和无彩色性的调和问题时,以红色为例,当高纯度的红色作为视觉焦点,为了产生视觉上的稳定感,应当加大中性灰的面积。这也就是说,为了实现色彩调和中的秩序感,色彩面积是必须考虑的重要因素。

2.芒塞尔色彩体系

芒塞尔比较注重色调之间的调和,他指出,色彩调和之间的秩序性,体现在色彩三属性的尺度,邻近色之间的色感差距在视觉上应当具有同步性。在明度、饱和度上数值相同的色彩,无论何种色相,在视觉上都有相同的彩度。芒塞尔主张以色彩三要素之间的共通性作为色彩调和的尺度,利用视觉上的同步性实现色彩之间的秩序感、平衡感。具体来说,在芒塞尔色彩体系当中进行色彩调和的基本思路为:在垂直方向上选择明度间隔相等的色彩,再加上明度的变化进行色彩调和。例如,5Y 的黄色,可以与明度为 3 和 7 的两个色彩进行搭配来实现色彩的调和。

(二)色彩调和的策略

酒店装饰色彩需要根据空间功能、风格以及具体的设计内容进行有序的、多样而统一的协调。

1.色调调和

在酒店装饰的色彩设计中,色调调和是一个经常碰到的问题,它关系到室内的整体色彩环境。协调的色调能够增加室内空间的整体感,人们视觉上及心理上的舒适感也得以提升。相反,如果设计师不能很好地处理色调的调和,室内的色彩环境就会显得混乱不堪。室内色调的调和方式有很多,常用的方法有同一色系调和、相邻色调和、明度调和、饱和度调和等,设计师可以根据具体情况灵活运用。此外,材料与灯光的应用是色调调和的一种辅助手段,它往往可以提升人们的视觉感受

2.面积调和

色彩的面积是影响调和效果的另外一个因素。以色彩的面积占比为依据,其明度、饱和度可按照一定的比例关系进行调整。在酒店装饰设计中,由于材料等的影响,色彩的面积要综合考虑。对于大空间或者公共空间来说,决定色彩主基调的主要是地砖、墙面涂料等,家具、灯具等装饰品可以作为补色,如图 10.23 所示。当室内空间较小时,家具相对而言处于主导地位,其色彩也因此而成为空间的主色调,窗帘、地毯、装饰品等可以作为补色,并用灯光加以点缀。

图 10.23 三亚半山半岛安纳塔拉度假酒店

(图片来源:三亚半山半岛安纳塔拉度假酒店官网)

对于酒吧等特殊空间来说,按照常规的面积调和方法进行处理是不合适的。在这种情况下,应当将灯光作为空间色彩的主基调。至于家具、陈设品等的色彩面积,可以结合明度、饱和度等进行调和,构成一定的色彩层次,形成节奏感。

3. 色彩设计的风格调和

不同风格的空间,其色彩倾向是不一样的。从地域差异来看,主要有中式风格、欧式风格、美式风格、日式风格、东南亚风格等。从文化差异的情况来看,则有古典式、哥特式、后现代主义、简约式等风格。这些不同风格的色彩设计通常有较为明显的特征,在进行色彩调和时应当加以注意。

一般来说,不同风格的室内空间,其色彩设计常常表现出独特的民族、文化、地域等特征。设计师在进行色彩调和时,应当抓住各种风格的典型性特征,并通过色彩加以强调。以日式风格为例,它的空间色彩通常以自然材料本身的色泽为基调,色彩调和时应当以营造柔和的色调为主,如图 10.24 所示。

图 10.24　日本传统酒店

（图片来源:百度图片）

4. 色彩调和的功能性

空间的使用功能对色彩设计也是有影响的。不同功能的空间,对于色彩调和的要求也是有区别的,大体上应当以满足功能为前提。图 10.25 以 ICON HOTEL 酒店设计为例,在酒店大堂中,纳入自然光线的大面积玻璃窗、略显复古、摩登的家具,渐变古铜色金属墙、玻璃屏风、粗粝底座、半透定制化陶砖墙等设计,粗糙与轻盈的对比材质,增加空间趣味性和流通感。总体上来说,它的色彩设计既满足了功能的需求,又显得美观、大方。

三、色彩调和的案例分析

在不同类别的空间设计中,陈设色彩调和的具体表现形式和方法需要灵活处理。

图 10.25　深圳 ICON HOTEL—大堂吧
（图片来源：深圳 ICON HOTEL 官网）

（一）单色调和

单色搭配是一种比较简单易行的色彩调和方法，这种色彩调和的方法成功率较高，也比较容易统一色调。以红色调的空间为例，可以在局部用一些明度较高或者较低的红色系适当搭配，既可以起到调和效果，也可以避免单调。如图 10.26 所示的空间，整体以冷色调为主，适当在家具、灯具、地毯或者一些小饰品上用一些柔和的暖色，就让整个空间中的色彩实现了协调统一。

（二）对比色调和

对比是形式美的一个重要法则，在色彩调和中也有很重要的作用。在色相环中，位置相对的两个色彩即为对比色，它是一种很强的色彩对比关系。使用对比色进行调和时，应注意比例关系，通常的做法是让两者在面积上存在一定的差异，再用一些中间色以点缀，如图 10.27 所示。

图 10.26　单色调和示意图

（图片来源：百度图片）

图 10.27　对比色调和

（图片来源：研舍空间设计《佳兆业滨江新城·现代原木风》）

（三）相邻色调和

对比色调可以实现非常强烈的色彩效果，如果需要降低刺激感，可以选择相邻色进行调和。相邻色调还有一些相对固定的程式，如选择 3 种相邻色，让主色、辅助色、点缀色以 6：3：1 的比例进行分配，便可以实现色彩的调和。眼下较为流行的做法是蓝绿两个相邻色的调和，通常按照 6：3 的比例进行分配，再加上另外的点缀色即可，如图 10.28 所示。

（四）三等分配色

对于色彩较多的情况，三等分配色是一种较为常规的做法。一般情况下，将色相环平均分

图 10.28　蓝绿邻色调和
（图片来源：百度图片）

为三等分,取位置夹角互呈 120 度的 3 个色块进行组合,按照 6∶3∶1 的比例进行搭配,即可实现色彩的调和。需要注意的是,这种配色的效果刺激性较强,最好用一些柔和的色彩作为点缀,整体上会更协调一些,如图 10.29 所示。

图 10.29　坐拥绿意,休闲生活设计
（图片来源：百度图片）

四、色彩设计的最新趋势

在当前这种快节奏的生活方式下,时尚的变化是很快的,酒店装饰中的色彩设计也不例外。作为一名优秀的设计师,必须紧跟时尚,时刻关注室内色彩设计的最新趋势。只有这样,才能不断满足消费者对于室内设计的需求。以目前的情况来看,酒店装饰中色彩设计的最新趋势表现为三个方面,分别为艺术化趋势、个性化趋势和时尚化趋势。

（一）艺术化趋势

当代艺术正处于一个快速发展的过程中,对于社会各界的影响也越来越大。从艺术史的角度来看,各类群体对艺术的关注程度超过了历史上的任何一个时期,各种展览、艺术品拍卖活动掀起了艺术界一波又一波的高潮。在这种情况下,与艺术有着千丝万缕联系的酒店装饰设计受影响程度更直接、更深刻。

在艺术热潮的影响下,大众的审美水平也越来越高,对于室内空间的色彩设计有了新的要求,其中一个就是艺术化的需求。私人空间的色彩设计,如果能够体现艺术化的一面,就可以提升整个室内空间的精神性。所谓居能养性,艺术化的色彩设计对于客户的熏陶,可以让其修身养性。特别是对于公共空间的色彩设计来说,它的艺术要更为明显一些。公共空间是一个开放、交流的空间,艺术化的色彩对于"真、善、美"等价值观的传递是一个很好的媒介。当大众处于一个艺术化的色彩环境时,彼此之间的隔阂相对减少了,人与人之间的情感容易得到交流。作为设计师来说,应当关注色彩设计,关注艺术化色彩带来的美感,同时还应当重视它的美育价值。图 10.30 为新中式客房的设计效果图。

图 10.30　新中式客房效果图
（图片来源：知乎 逸尔家学院）

（二）个性化趋势

以人为本是设计界提倡的一个观点。按照这个观点,以人为本在酒店装饰设计中的体现应当是尊重每一个人的个性。从一些媒体的报道来看,各个群体的个性正处于一种不断释放的状态中,特别是以"00 后"为代表的一批年轻人,他们的个性越来越独特。这些群体对于空间色彩的需求,也呈现出越来越明显的个性化特征。

（三）时尚化趋势

时尚的节奏在不断变化中,设计师要紧跟时代的步伐。酒店装饰的色彩设计,一个很重要的目的就是迎合大众的需求。而在大众的需求层面中,时尚事实上占了较大的比重。时尚往往可以让人趋之若鹜,原因在于时尚是社会各个群体表现自身价值的方式之一。作为一个单独的个体,如何表明自己与所处的时代息息相关,其中一个很重要的方式就是追求时尚。因此,时尚可以说是个体融入社会的一种途径,而且更为直接。

需要注意的是,构成时尚的因素当中,除了审美趋势,还有诸如新技术的发展等,如人工智能的发展引发了室内空间的智能化。因此,酒店装饰的色彩设计既要体现社会审美的新元素,也要体现科技发展的新趋势。上述两个方面基本上构成了酒店装饰色彩设计中时尚化的主体,如图 10.31 所示。

图 10.31　迪士尼酒店客房 色彩体验强烈

（图片来源:网易《东京亲子酒店 10 优选 邻近地铁站/卡通主题/宽敞家庭房》）

第三节　酒店装饰设计的照明

20 世纪著名现代主义建筑设计大师勒·柯布西耶非重视照明,他曾在《走向新建筑》一书中写道"建筑是集合在阳光下的体量所做的巧妙、恰当而卓越的表演。我们的眼睛生来就是为了观察光线中的形体。光与影展现了这些形体",太阳光是人类取之不尽、用之不竭的能源,它照亮了我们生活、工作的空间,是室内照明的主要来源。白天,建筑墙体的遮挡使得自然光照明需要精心设计,局部有时还需人工照明。夜晚,室内则完全依赖人工照明。因此,自然光照明与人工照明是室内照明不可分割的组成部分。

一、自然光照明设计

自然光照明的物理属性及表现出的美感是人体最适应的,也是一种和谐之美。相对于人工照明来说,自然光照明与最新的设计理念,如绿色设计、可持续设计,在核心上是一致的,因此,应对室内空间自然光照明进行深入研究。

（一）自然光

自然光是指通过太阳光的直射或者经物体反射、折射之后所得到的光照。自然光是空间中最为灵活多变的因素之一,它可以对空间进行分割、组合等。通过合适的采光设计,自然光可以让昏暗的室内变得明朗,让单调的空间变得丰富,并因此而形成生动的室内空间。

在碳中和、节能减排等理念的倡导下,人们对于不可再生能源的认识越来越清晰。煤炭、石油等资源越来越紧张,它们对于环境造成的不利影响也越来越明显,世界各国正在积极研发清洁能源。在这种情况下,提倡自然照明就更加有现实意义了。对于设计师来说,尽量减少室内人工照明的比例,更好地使用自然照明,应当是对上述提议最好的回应。

（二）自然光对室内空间的影响

光照在室内空间中扮演着十分重要的角色,它塑造了空间的灵动感。光线照射到家具、陈设品、织物等物体的表面之后,经过若干次反射,形成了空间特有的光感。这种光照将空间进行再塑造,让空间富于变化,某种程度上给了空间新的生命。

自然光将室内与外界联通,使得原本孤立的空间与自然发生了某种联系,甚至融为一体。从这个意义上说,自然光是处于空间之内的人们与外界沟通的最好方式之一。此外自然光在室内形成的美感也是提升空间品质的重要因素。

1. 自然光对空间的分隔与联系

自然光的照射既可以保持空间的独立性,也可以将空间联系起来,形成一个有机的整体。日本建筑师安藤忠雄在设计中非常擅长利用自然光。如住吉的长屋,安藤忠雄将太阳光从天窗引入庭院,将空间分隔成了两个部分。半通透的外墙又将室内空间与庭院联系在一起,这样一来,室内和庭院这两个原本互相孤立的空间在自然光的作用下形成了一个分隔开来又相互流通的空间,如图10.32所示。所以,自然光对室内可以起到分隔效果,但这种分隔又不是绝对的。

图 10.32　自然光对空间的分隔

（图片来源:网易号《隐居乡里创始人陈长春:乡村民宿最大的挑战是改变农》）

2. 自然光对情感的营造

自然界的光线是自由自在、丰富多彩的,它为空间的塑造提供了无限的可能。设计师将自然光引入室内,可以渲染出安定、热情、淡雅等多种气氛,从而让人们在情感上获得共鸣。正如著名设计师约翰·波特曼所说:"一个空间周围的光线能改变整个环境的性格。"

不同的入射角度、光照强度等可以形成斑驳的光影,会影响人们对于空间的感知。如光照较强时,人们会感知物体的距离更近了;而微弱、冷色调的光照,会让人误以为物体远离自己

图 10.33　安藤忠雄的光之教堂
（图片来源：网易《2020 普利兹克建筑奖揭晓》）

3. 自然光对意境的影响

自然光通过色调、饱和度、强度等变化，能够改变人们对于空间的感受，营造出不同的意境之美。著名建筑计师柯布西耶曾经说过："建筑物透过光线的照射后，才是有生命、有灵魂的。"这句话虽然是针对建筑而言，但在室内空间中同样适用。

日本本福寺水御堂是安藤忠雄利用自然光表现意境之美的代表性作品。水御堂藏在莲花池下，在进入正厅的过程中，设计师对自然光进行了巧妙的改造，使它与外部环境截然不同，塑造出了令人神往的意境。到了黄昏太阳将要落山之际，暖色的

了。这就是光照所形成的距离感，虽然是一种错觉，但却真实地影响了人们的心理感受。对于设计师来说，要善于应用自然光。巧妙地运用自然光，既可以营造出温馨、安静的环境，也可以营造出具有强烈象征意义的空间。如安藤忠雄设计的光之教堂，对于自然光的运用有如鬼斧神工。自然光透过墙上的十字切口射入室内，特别是当光线较强时，有如"上帝之光"，如图 10.33 所示。光之教堂的内部几乎看不到任何繁复的装饰，自然光在这个空间中扮演着十分重要的角色。此外，在不同的时间段，照射角度与强度的变化还塑造出了不同的情感基调。清晨时分，柔和的太阳光投入室内之后，形成一种圣洁之感。而到了黄昏，温暖的光线可营造出庄严之感。

图 10.34　日本本福寺水御堂
（图片来源：知乎《作为一个建筑迷，有哪些旅行的好地方推荐？》）

阳光从大厅西侧的御堂射入室内，列柱、格栅便落下长长的投影，有如幻境。斜阳从佛像背后透出，红色的主基调营造出了静谧、庄严的感觉，充满禅意，如图 10.34 所示。

（三）自然光在室内空间中的运用

自然光是美化室内环境的重要方式之一。设计师应当掌握一些自然光的特性，在酒店装饰设计中加以灵活运用。具体来说，这些运用包括自然光的时间性、自然光的导向性、自然光的表现性、自然光的调节等。

1. 自然光的时间性

自然光随着时间的流逝而变化，清晨、正午、黄昏时自然光会表现出不同的感觉。此外，一年当中的季节变化，也使得自然光发生一些微妙的变化。或明或暗，或冷或暖，自然光的这些变化也让人真切体验到了时间的流逝。

苏州博物馆西馆，很好地体现了自然光的时间性。阳光从顶部构造的开窗照入，营造出迷

人的光影,随着时间变化,光照角度与强度也发生改变。这样一来,整个空间便活跃起来,人们在参观的过程中就能感受到自然的变化,如图 10.35 所示。

图 10.35　房屋内自然光的使用

(图片来源:小红书《自然光 是超爱的别墅了》)

2. 自然光的导向性

人类的眼睛天生就有极强的向光性,所以自然光在空间当中还有一定的导向性,引导着人们在室内移动。柯布西耶设计的朗香教堂,就充分体现出了自然光的导向性。这个建筑的核心为祭坛,柯布西耶在处理它的光照时特别用心,光线通过墙壁上不同大小的开口射入室内,祭坛因此而聚于光线之下,其主体地位更加突出。正是因为光线的引导,祭坛的神圣地位得到了加强,如图 10.36 所示。朗香教堂之所以能够成功地将光线导向祭坛,其关键在于墙面所开的洞口是经过精心设计的,它们的角度经过特殊处理,使得光线照射角度变化时,这个洞口依然可以将光线导向祭坛。

3. 自然光的表现性

对于室内空间来说,自然光有时候不仅仅是一种照明手段,更是表现主题的重要方式。光与影两者形影不离,自然光影的变化为空间增加了无穷的魅力。自然光通过窗口等处照入室内,随着时间、阴晴等变化,光影的形状、位置等发生改变,表现出生动的艺术效果。

图 10.36　朗香教堂

(图片来源:知乎
《安藤忠雄的 4 个"成功关键词"》)

日本设计师隈研吾设计的"竹屋",就充分体现出了极佳自然光的表现性。竹屋的外立面由整面的落地玻璃窗和翠竹组成,自然光经过竹林与玻璃,进入室内后表现出万丈光芒的效果。人们身处茶室之内,一边细细品茶,一边还可以感受光影的变化,极富禅意,如图 10.37 所示。

图 10.37　日本设计师隈研吾设计的"竹屋"

（图片来源：新浪《这间隈研吾设计的绝美竹屋惊艳〈春娇与志明〉》）

4. 自然光的调节

在酒店装饰设计中，对于自然光的利用被称为采光，它是室内照明必不可少的一部分。室内空间中的自然光一般透过窗户照入，所以窗户对于自然光的调节起主要作用。中国古人在建筑房屋的时候，很早就懂得了要在墙壁、屋顶上开窗，并以此将自然光引入室内进行照明。近代的许多建筑设计大师，如弗兰克·劳埃德·赖特、埃罗·沙里宁、贝津铭、安藤忠雄等，都是使用自然光的高手。图 10.38 为阳光格栅形成的自然光源。

窗户一般设置在能够接受直接光照的方向上，这样可以获得充足的光线。需要注意的是，直接光照容易引眩光、局部过亮等问题，强烈的直射光还会使墙面及织物等褪色，或者发生光变反应。设计过程中应当因势利导既要发挥直射光的长处，也要注意弥补它的不足。也可把窗户开在屋顶，接受天穹漫射的不太强烈的光线，这种光是一种较为稳定的光源，就算是阴雨天气区别也不大，对于画室等需要特殊光照的空间，常常会采用开天窗的方式。

此外，为了改善室内的自然光照，有时会在采光口设置各种反射、折射装置，以获得理想的光线。设计中对于采光常用的调节方式主要有以下几种：

①利用邻近建筑物的反射光；

②利用遮阳板、遮阳格栅等改变光线的方向，以避免阳光直射；

③通过阳台或地面的反射光来调节室内照度；

④利用室内材料本身的反射、扩散和散射等控制光线；

⑤利用特殊装置调控室内的光线，如图10.38所示，设计师利用导光管将天光引入室内，既改善了室内照明的效果，又可以节约能源。

二、人工照明设计

与自然采光相对而言的是人工照明。对于室内空间来说，人工照明常常占了主体地位。因此，有必要对人工照明加以研究，并掌握一些使用的技巧。

图10.38　阳光格栅形成的自然光源
（图片来源：知乎《吉隆坡阿丽拉孟沙酒店，
内嵌的庭院》/如恩设计研究室）

（一）灯光设计基础

1.照度

照度指光照强度，即单位面积上所接受的光通量。按照国际通行的标准，其单位为勒克斯（lx）。国家标准《建筑照明设计标准》（GB 50034—2013）中对于住宅照明的要求如表10.1所示。

表10.1　照度范围

照明场所或功能	照度范围(lx)
室外入口	20～50
主要用于辨别方向	50～100
短暂停留的空间	100～200
有一般视觉辨别要求	200～500
有中等视觉辨别要求	300～750
有较高视觉辨别要求	500～1000
精密加工操作空间	750～15000

2.光通量

光通量指人们肉眼所能感受到的光辐射功率。按照国际标准，光通量的单位为流明（lm）。它可以描述单位时间内通过表面的光强度。人眼对于不同波段的光，视见率不同，因此，即便不同波段的光辐射功率相等，其光通量却是不相等的。

3.色温

常温下将一块纯黑色的金属体加热，随着温度的不断上升，金属体会呈现出不同的颜色。在这个过程中，该金属体呈现不同颜色时的温度即为色温，它的单位为开尔文（K）。在酒店装

饰中,一般使用暖色(2700～3500 K)色温的灯光。通常来说,2800 K 的灯光适用餐桌、卧室,
3500 K 的灯光则主要用于客厅、厨房、洗手间的基础照明,中性色(4000 K)的灯光比较适用于
阅读区或需要精细操作的区域,如书桌等。如图 10.39 和图 10.40 所示。

色温示意图(光色选择)

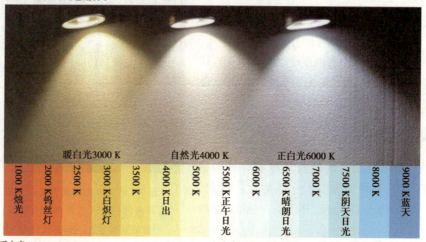

图 10.39 色温图 1

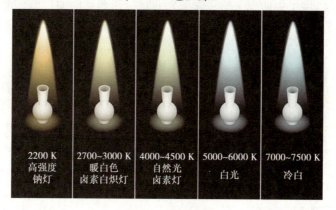

图 10.40 色温图 2

4.显色性

显色性,指光源对于物体真实颜色的呈现程度,用符号 CRI 表示,它的单位为 Ra。一般来
说,Ra 的值越大,说明光源的显色性越强;Ra 的值越小,说明光源的显色性越差。室内灯光的
显色性一般要求 CRI≥90 Ra,否则会影响物体颜色的真实性。

(二)照明方式的设计

1.灯具的布置方式

在现代酒店装饰中,射灯和筒灯的使用频率较高。射灯的照射角度较小,光线比较集中;
筒灯的照射角度大,光线较为发散。射灯又可以分为轨道式、嵌入式种,布置时应该注意它与
墙面之间的距离。一般来说轨道射灯距墙面 400～500 mm,嵌入式射灯距墙面 200 ～300 mm。
布置筒灯时也要注意间距,一般控制在 700～1400 mm。如图 10.41 和图 10.42 所示。

图 10.41　酒店客房嵌入式射灯

（图片来源：青藤网《索斌：酒店灯光设计的细节把控》）

图 10.42　光带设计

（图片来源：知乎《浅析五星级酒店客房灯光设计的几种方法和技巧》）

2. 照明方式

室内灯光的照明方式可以分为集中式照明、辅助式照明和普照式照明。三者各有特点，设计师应当综合运用。集中式照明是指以集中直射的方式照射某一区域，可以实现强度较高的照明效果，常用于工作、用餐等场景，如图 10.43 所示。辅助式照明产生的光线较为发散，可以均匀地散播到空间中的各个角落，如图 10.44 所示。普照式照明一般作为室内的主灯或者背景灯，它的主要目的在于提升室内的整体亮度，一般不会产生明显的影子，如图 10.45 所示。

图 10.43　集中照明

图 10.44　辅助性照明

图 10.45　普照式照明

（图片来源：知乎专栏《西顿案例 | 苏州汇融广场假日酒店》）

第四节　酒店装饰元素

　　酒店装饰中的装饰元素也被称为软装，它是表现室内装饰效果的重要内容。软装要为空间服务，不同功能的空间的软装设计应该表现出不同的风格。软装设计的风格丰富多样，按照使用性质的不同，可以将它分为客房内软装设计和公共空间软装设计；按照空间功能的差异，可以分为休闲娱乐区软装设计、餐饮区软装设计和工作学习区软装设计等；按照装饰材料的不同，又可以分为陈设品软装设计、织物软装设计和景观绿化软装设计等。

一、功能性的装饰元素

　　功能性装饰元素的主要用途在于满足不同空间的功能性需求。以客房空间中的客厅为例，它的主要功能为交流、休闲、娱乐、待客等，其功能性装饰元素以家具、地毯为主，目的在于营造一个和谐、温馨的家庭环境。再如商场空间，其功能性装饰元素包括陈列架、前台、灯具等，它的主要目的在于营造良好的购物环境，促进消费。

（一）家具

　　家具是室内功能性装饰元素的重要组成部分。一方面，它可以满足用户的使用需求，如休息、就餐、睡眠等；另一方面，恰当的家具陈设还可以营造出特定的精神空间，提高人们的修养，丰富人们的内心世界。

1. 家具的风格

（1）新中式风格家具

中华文明是世界四大文明之一，有着悠久的历史。中国的古代建筑是世界上历史最悠久、体系最完整的建筑体系之一。中国传统的室内设计深受儒、释、道三家文化的影响,表现出独特的风格。随着时代的发展,传统中式风格逐渐与现代接轨,在保留传统精华的基础上表现出新的风貌,即新中式风格。在时下流行的新中式风格中,最有代表性的便是家具。

新中式风格家具在继承传统家具样式的基础上,为了适应现代大批量生产的需要,在结构及工艺上做了简化改良,并呈现出特定的风格。新中式风格家具整体造型以硬朗的直线为主基调,既体现了中国传统家具的特色,又有现代气息。正因为如此,新中式风格家具深受广大消费者的喜爱。在现代室内设计中,其应用也越来越普遍,特别是在当下,新中式风格家具所营造的传统生活气息,对于彰显中国人的独特气质非常有利,如图10.46所示。

图 10.46　新中式风格家具

(图片来源:花瓣网《逆天之美! 这样的新中式,你无法拒绝》)

(2)欧式风格家具

欧式风格家具多表现欧洲古典元素,以意大利、英国、西班牙的家具为代表。它的特点是比较重视传统手工艺,在造型上极为讲究,注重精雕细琢,常用节奏感较强的曲线或者曲面。此外,欧式风格家具比较注重细部的装饰,如金粉、镀金铜饰等,色彩艳丽,彰显出高贵、华丽的气质,如图10.47所示。

图 10.47　欧式家具

(图片来源:百度图片)

（3）法式风格家具

法式风格家具属于欧式风格家具，其带有浓厚的宫廷色彩，布局上讲究对称轴线、恢宏的气势，细节上注重雕花、线条，制作工艺颇为精细。材料方面，法式风格家具常用桃花心木、胡桃木、极木等作为主材，并以手工雕刻为主。造型方面，法式风格家具多用细腻的线条描边，整体十分优雅。法式风格家具的椅面及椅背常以华丽的锦缎织成，并用镶嵌、镀金与亮漆等工艺对其他部位进行修饰，以表现出奢华、高雅等气质，如图 10.48 所示。

图 10.48 法式家具

（4）美式风格家具

美式室内设计整体表现为一种休闲式的浪漫，其风格多表现为宽大、舒适，并杂糅各种风格。因此，美式风格并没有严格、统一的标准，它是多样且丰富的。

具体来说，美式风格又可以分为乡村风格与田园风格，两者有所区别。乡村风格家具中最有代表性的是沙发，选材较为广泛，有皮质的，也有布艺的，还有将皮质与布艺结合的。工艺方面，乡村风格的皮质沙发多用铆钉，特征较为明显。美式乡村风格家具如图 10.49 所示。

图 10.49 美式乡村风格家具

美式风格的另一种形式为田园风格,比较崇尚郊外自由自在的生活方式。田园风格家具一般多用樱桃木、桃花木、枫木等作为骨架,表面涂上白漆。座椅的软垫多自然花草图案作为装饰,也有用方格装饰的,整体色调较为淡雅。从设计上来说,田园风格的家具是回归自然的体现,人工雕琢的痕迹较少。美式田园风格家具如图 10.50 所示。

(5)现代简约风格家具

现代简约风格家具比较强调功能性,其制作工艺相对简单,适合大批量生产。造型方面,现代简约风格家具的边缘线条较为流畅,曲线与曲面相对较少。其中,沙发是较有代表性的,常以组合沙发的形式出现,线条极简,表现出较为明显的简约效果。如图 10.51 所示。

图 10.50　美式田园风格家具　　　图 10.51　现代简约风格家具

(图片来源:土巴兔装修网《现代风格客房效果图》)

(6)北欧风格家具

北欧风格通常也称为斯堪的纳维亚风格,以北欧五国(丹麦、挪威、瑞典、芬兰和冰岛)为代表。北欧地区的气候极为寒冷,在漫长的历史变迁中形成了较为注重人文的传统。北欧风格家具最典型的特征就是它的人文色彩,它注重功能,尊重传统,克制形式和装饰。造型方面,北欧风格家具比较反对刻板的几何形式,多用一些有机样式。材料方面,多用原木,注重材料本身的自然纹理。北欧风格家具有一些较有影响力的国际品牌,如瑞典的 Maqis、芬兰的 ARTEK 和 Iittala、丹麦的 BoConcept 和 Muuto 等。如图 10.52 所示。

2.家具的材质

按照材质类型的不同,家具可以分为木质家具、塑料家具、金属家具、石材家具、玻璃家具等。其中,木质家具的使用范围最为广泛,也最受用户的喜欢。木质家具的品类丰富,可以细分为实木家具、人造板材家具等,其中实木家具的品相较高,成本也相对更高。塑料家具的特点在于成型方便,工艺简单,成本较低,适合大批量生产。金属家具多用空心的圆形管材、方形管材等,光泽感较好。石材家具和玻璃家具在室内设计中的使用相对较少。

(二)灯具

灯具兼具实用与装饰功能,已成为室内空间重要的陈设内容,灯具非常讲究造型、材料、色彩、比例和呈现的光影效果,是营造陈设氛围的核心之一。

图 10.52　北欧风格家具

灯具是酒店装饰中必不可少的物品之一。灯具除了可以满足照明需求,还可以作为一种装饰品,提升空间的品质感。需要注意的是,随着新技术及新材料的出现,灯具所提供的照明效果越来越丰富,已经成为渲染空间气氛的重要工具。灯具的种类非常丰富,可以从使用方式及风格上分为多种类别。

1. 按使用方式分类

不同功能的空间对于灯具的要求是有差异的。比如有些空间需要全局照明,有些空间需要局部照明,还有些空间则需要装饰性照明等。在酒店装饰设计过程中,按照使用方式的不同,可以将灯具分为吸顶灯、吊灯、壁灯、台灯和落地灯。这些灯具可组成一个整体的照明系统,以满足不同功能区域的照明需求。

吸顶灯通常是指安装在顶面,且与顶面完全贴合的灯具。吸顶灯通常作为整体照明使用,如卧室等空间。通常情况下,当层高低于 2.6 m 时,宜选用吸顶灯,它可以让空间显得更开阔一些。当层高大于 2.6 m 时,用吸顶灯就不太合适了。

吊灯在酒店装饰中也较为常见,适合多种类型的空间。市场上的吊灯琳琅满目,大体上可以分为单层吊灯和多层吊灯。通常情况下,吊灯的选用应以层高为参照。层高低于 2.6 m 时,应当使用单层吊灯,空间才不会显得压抑。层高在 2.8 m 以上时,宜选用多层吊灯,可以增加空间的层次感。如图 10.53 所示。

根据材质的不同,还可以将吊灯分为水晶吊灯、烛台吊灯和金属吊灯等。其中水晶吊灯和烛台吊灯的造型优雅、光泽感较好,可以营造出较为奢华的氛围。此外,还有组合型的吊灯,如吊扇灯,它可以节约更多的空间。

图 10.53　酒店吊灯

壁灯通常安装于墙壁之上,大多数情况下作为一种辅助性的照明灯具使用。按照造型特征,可以将它分为单头壁灯和双头壁灯两种类型。按照使用材质的不同,又可以将它分为金属壁灯、水晶壁灯和树脂壁灯等。

需要注意的是,在现代酒店装饰设计中,壁灯不仅仅作为辅助性照明灯具使用,它还有很好的装饰效果。酒店前厅的楼层一般较高,为了减少空旷感,通常会使用壁灯来进行装饰,如图10.54所示。

图 10.54　酒店大堂壁灯

（图片来源:设计本《【李正设计作品集】_李正设计效果图》）

台灯通常用于提供局部照明,可以营造出一个较小范围的光照环境。按照功能的不同,可以分为阅读台灯和装饰台灯。阅读台灯通常用于书房,其造型一般较为简洁且高度可调,便于调节亮度和照明范围。装饰台灯的款式较为多样,灯体结构比较复杂,其造型一般较为雅致、奢华,装饰性效果较好,如图10.55所示。

图 10.55　酒店台灯

落地灯移动方便,除了可以作为局部照明,还可以与沙发、边几等组合使用,既可以提供局部照明,还可以起到一定的装饰作用。从使用情况来看,落地灯一般用于营造特定的小场景,如图10.56所示。

2. 按风格分类

中式灯具。中式风格灯具多是木质,讲究精雕细琢,特别重视表现传统文化的神韵。它的造型讲究对称,色彩的对比度较高。装饰方面,中式风格灯具多用龙、凤、龟、狮、如意等传统图案,蕴含着美好的寓意。随着传统文化的复兴,中式风格灯具逐步向古典中式和新中式方向发展。古典中式灯具常以历史上的经典灯具为范本,古朴、厚重。新中式灯具则以传统元素为主,融合了现代设计的新材料、新工艺等,它是传统与现代的结合,如图 10.57 所示。

图 10.56　酒店落地灯　　　　　图 10.57　新中式灯具之台灯

现代灯具。这种灯具现代感十足,常常体现出最新的流行趋势。其色调多以白色、金属色为主,显得明快、简洁。现代灯具的材质多以铁质、铝质、皮质、玻璃等为主,工艺简单,成本也较低,适合大批量生产

欧式灯具。欧式灯具非常注重造型与装饰,整体上显得高贵、奢华。有些欧式灯具还会用人造铁锈、深色烤漆等刻意做出一种怀旧的感觉。从使用的材质上,可以将欧式灯具分为水晶灯、铜质灯、树脂灯、锻打铁艺灯等。其中,树脂灯的造型多样,常用金箔和银箔加以装饰,色泽艳丽。铜质灯、锻打铁艺灯的造型相对简单,比较注重表材质的肌理之美,如图 10.58 所示。

美式灯具。美式灯具与欧式灯具相比,其造型更为简洁,更重视视觉上的舒适感与休闲感。它的色彩一般较为沉稳,追求内敛、低调的气质。细节方面,美式灯具的线条一般较为硬朗,较少有矫揉造作的痕迹。此外,美式灯具提供的照明一般较为柔和,可营造出一种安静、自然的气氛。如图 10.59 所示。

（三）布艺

布艺在室内能覆盖较大的范围,对室内的格调、气氛等影响较大。布艺的特点是柔软、手感舒适,可以增加空间的温馨感。此外,布艺还有一定的隔绝性,能够分隔出具有一定私密感的小空间。

1. 布艺的种类

根据制作工艺的不同,可以将布艺分为印花、色织染色、提花、绣花、植绒等种类。不同工艺的布艺的质感是不同的,使用的场合也有所区别。对于设计师来说,掌握各种布艺的特点,将它灵活运用于酒店装饰中的各种场景是很重要的。

图 10.58　欧式灯具　　　　　　　　图 10.59　美式灯具

（1）印花面料

印花是指用颜料或者染料在织物上生成花纹的一种工艺。印花又可以分为织物印花、毛条印花和纱线印花等，其中织物印花的历史最为悠久。随着技术的进步，近年来出现了一些新的印花工艺，如金银粉印花、发泡印花、夜光印花、热转移印花等。在室内装饰中，印花面料通常可以起到较好的装饰效果。

（2）色织面料

色织是将长丝或细纱染色后进行纺织的一种工艺，可分为全色织和半色织。色织在纺织行业的应用很广泛，如大部分衬衫的面料及牛仔布等都属于此类。色织面料的特点是纹路清晰、立体感强，且不易褪色。

（3）染色面料

染色是指用物理或者化学方法使织物着色的一种工艺。这是一种非常古老的工艺，《诗经》里就有用蓝草、茜草染色的记载。长沙马王堆汉墓出土的丝织品，品质较高，说明我国的染色工艺在 2000 多年前就已经达到了较高的水平。染色面料的特点在于制作较简单，且能实现非常丰富的色彩效果。

（4）提花面料

提花是指经线与纬线在织物表面交错所形成的凹凸花纹。提花面料又可以分为家纺面料和时装面料。中国古代的丝绸就是以提花工艺精湛而风靡海外。提花工艺与印花工艺的最大区别在于，印花是布织好后再印上花纹，而提花的图案是在织布的过程中生成的。因此，使用提花工艺，一旦布料织好后就不能再更改花纹了。提花面料的用途十分广泛，不仅可以作为衣物的面料，还可以作为床上用品的面料。提花面料的特点在于手感舒适，审美效果也颇为出众。

（5）绣花面料

绣花，也叫刺绣，是指用绣针引彩线在织物的表面织成花纹的一种工艺。绣花是我国的传统手工艺，在长期发展过程中，形成了苏绣、粤绣、湘绣、蜀绣四大门派，号称"四大名绣"。绣花的针法较多,有齐针、扎针、长短针、平金等数十种,且各有特色。绣花面料的用途广泛,包括服装、台布、枕套等生活用品,也可以作为纯粹的装饰品。

（6）植绒面料

植绒是指将较短的纤维垂直固定于材料表面的一种工艺。可用于表面植绒的材料很多,如布、纸、塑料、金属、树脂等,这种工艺对于基材的要求不高。植绒面料的用途也是较为广泛的,比如工艺品、包装、汽车行业等都可以使用。植绒面料的特点在于手感柔和、耐摩擦、立体感较强、颜色鲜艳等。

2. 布艺设计要点

布艺是酒店装饰的重要元素之一,优秀的布艺设计对于提升空间的品质感有较为明显的作用。布艺设计的总体原则表现为几个方面。首先,色彩基调要统一。布艺的色彩对于空间的整体色调影响较大,具体设计时应当围绕空间的主色调进行搭配。其次,尺度、比例要合理。布艺有一定的私密性,掌握合理的尺度有利于空间的分割。最后,与整体风格要呼应。布艺的艺术性较强,设计中应注意它与空间总体风格的呼应。

具体来说,布艺设计的要点如下。

（1）布艺色彩

对于酒店装饰来说,家具往往决定了空间的主色调。因此,布艺设计应当以家具为参照,力争在色彩上与家具协调统一。色彩搭配的主观性虽然比较强,但布艺的色彩设计过程中也有一些小窍门,如窗帘的色彩以家具为参照,地毯的色彩则参照窗帘,床上用品的色彩以地毯为参照,装饰性布艺的色彩则可以参考床上用品等。因此,布艺的色彩设计一般按照窗帘、地毯、床上用品、装饰品的先后顺序进行,如图10.60所示。

图 10.60　客房布艺色彩搭配

（2）布艺尺寸

在酒店装饰中,布艺的面积占比是较大的。因此,布艺的设计过程应当注意其尺寸的大小,将面积控制在一个合理的范围之内。总体上来说,窗帘、帷幔、壁挂等布艺饰品的长短、高宽、面积等要与悬挂立面的尺寸相匹配。例如,尺寸较大的窗户,窗帘的尺寸应当比窗洞略宽,其长度则以接近地面为好。

（3）布艺材质

布艺的材质种类非常多，设计过程中应尽量选择相同或者相近质地的布艺，可以避免杂乱感。一般来说，布艺的材质也应当以家具的材质为参照，在这个基础上做一些适当的变化，形成节奏感。

（四）窗帘

窗帘是室内环境主要的软装饰之一，随着当代空间设计观念的进步，其形式日益多样。

1. 窗帘的组成

窗帘的面料种类较多，按照质地的不同可以分为纯棉、麻、涤纶、真丝等。纯棉面料的手感柔和，垂感较好；麻质面料的肌理效果较好，垂感也不错；涤纶面料色泽光鲜，且不易缩水；真丝面料的层次感较强，手感非常舒适。窗帘的结构并不复杂，它通常由帘体、辅料和配件三大部分组成。

帘体通常由窗身、窗幔、窗纱组成，是窗帘的主体部分。窗幔可以掩盖连接处的一些瑕疵，也可以达到美化的效果。窗幔的材质一般与窗身相同，以形成整体感。

窗帘的辅料主要有窗樱、帐圈、花边、窗襟衬布等。此外，还有一些可用可不用的辅料，如为了增加窗帘垂感，有时会使用铅坠，但如果窗帘面料本身的垂感较好，也可以不用铅坠。

窗帘的配件有轨道、侧钩、窗带、配重等。虽然只是一些小物件，但它们往往会影响窗帘的细节，选用时也应当加以注意。

2. 窗帘的分类

（1）对开窗帘

对开窗帘是最为常见的，也是使用频率最高的。从组合方式上看，可以将对开窗帘分为单幅、双幅和多幅组合式窗帘。从开启方式上看，可以分为普通窗帘、韩式固定折帘、穿筒帘等。如图10.61所示。

（2）卷帘

卷帘常用于商务大楼、餐饮空间、办公室等，显得档次较高。按照面料的不同，可以将卷帘分为全遮光、半遮光、透光式等。除了具备遮光效果，有些卷帘的面料经过特殊处理，还具备防紫外线、防火等功能。如图10.62所示。

图10.61　对开窗帘　　　　　　　　图10.62　卷帘

（3）百叶帘

百叶帘的使用范围相对小一些，如办公室、书房、卫生间及厨房等处。百叶帘的优点在于可以任意调节光线，使室内的照明更加自然，且富有变化。从制作的材质来看，它可以分为金属百叶帘和木质百叶帘两种。如图 10.63 所示。

（4）升降式窗帘

升降式窗帘的优点在于操作较为便利，不受身高的限制。因此，儿童房比较适合使用升降式窗帘。从装饰效果来看，升降式窗帘的造型较为平整，简洁大方，给人以干净利落的感觉。如图 10.64 所示。

图 10.63 百叶帘

（图片来源：百家号《看了她家，
才知道高级老洋房是如何沉稳、优雅吸引人》）

图 10.64 升降式窗帘

（5）其他窗帘

除了上述特征较为明显的窗帘，市场上还有一些形制较为特殊的窗帘，如百褶帘、柔纱帘、竹帘、珠帘、线帘等。这些窗帘常在一些较为特殊的场合下使用，如柔纱帘的双层透光设计，适合营造柔和的氛围，如图 10.65 所示。

3. 窗帘设计要点

首先，窗帘的花型要与室内的家具、地面、墙面、天花板等相协调，形成整体感。

其次，窗帘的花色应与室内的整体风格相统一。如酒店装饰为古典风格，可选择浅纹的窗帘；酒店装饰为美式田园风格，可选择小碎花或斜格纹的窗帘；酒店装饰为欧式风格，最好选择大花的窗帘，突出奢华感。

图 10.65 柔纱帘

最后，窗帘的色调应与室内的主色调相协调。主体上应以相近色为宜，也可以在细部使用一些补色加以调节。比较强烈的撞色或者冷暖对比色则要谨慎使用,处理不当可能会破坏室内的色彩统一。

二、艺术性装饰元素

艺术化的陈设装饰元素是对室内空间设计的细节处理,通常会成为陈设的点睛之笔。

(一)装饰画

装饰画可以引导视线,渲染气氛,甚至成为室内的视觉焦点。从装饰效果来看,装饰画还可以形成特定的文化环境,丰富人们的精神世界。特别是对于欧式风格的多种设计来说,一些装饰性油画往往能起到画龙点睛的作用,营造出内涵深刻的空间感。

1. 装饰画的种类

装饰画的种类较多,按照制作方式的不同可以分为两类:一类是印刷壁画,其表层材料通常为无纺布、宣绒、PVC等;另一类是手绘壁画,一般指在丝绸表面直接绘,其效果更为灵动。按照材质的不同,又可以将装饰画分为油画、版画、丝绸画、喷绘画、烙画、瓷板画、摄影画和综合材料装置画等。如图10.66所示。

图 10.66　装饰画

2. 装饰画的搭配方法

装饰画的搭配,总体上应遵循"宁少勿多、宁缺毋滥、统一协调"的原则。对装饰画进行搭配时,在少而精的前提下,力争与室内风格相协调。如中式风格的空间,可以选择书法、国画、漆画、金箔画等;欧式古典风格的空间,可以选择较为厚重的油画等;现代简约风格的空间,可以选择一些抽象题材的装饰画;美式田园风格的空间,可以选择花卉、风景等自然气息较为浓厚的装饰画。如图10.67和图10.68所示。

图 10.67　抽象题材综合材料装饰画

图 10.68　中式风格挂画

装饰画的色彩应以室内主色调为参照。通常情况下应尽量选择一些在色彩上有呼应的装饰画，或者选择与家具的色调邻近的装饰画，如图 10.69 所示。在确定装饰画的色彩时，切忌与室内色调对比过于强烈，色彩与主色调关系不大甚至完全孤立的装饰画也不宜选用。

3. 装饰画的挂法

（1）挂画高度

距离地面 1.5 m 的水平位置是挂画的最佳位置，有时候也被称为黄金分割线。根据人体工程学的原理，这个高度是大多数人的视线高度，容易引起关注。此外，挂画高度还会受到工艺品高度的影响，一般来说工艺品的高度不宜超过装饰画的 1/3，而且不能遮盖画作的精彩之处。

（2）水平线挂法

水平线挂法即人为设定一条水平方向的参考线，所有的装饰画都与它平齐。这种挂法的特点是对齐效果较好，容易获得整体感。在摆放过程中，如果能选择一些统一样式的装饰画，效果会更好，如图 10.70 所示。

图 10.69 灰色系装饰画

图 10.70 水平线挂法

（3）方框线挂法

当需要用若干幅装饰画作为一个组合时，可以采用方框线挂法。所谓的方框线，可以是存在于装饰画周边的实线，也可以是视觉上的虚拟线条。使用这种方法摆放的装饰画，既显得随意、活泼，又不失整体感，如图 10.71 所示。

（4）对称挂法

对称挂法是一种常用的方式。选择同一色调或者同一主题的装饰画，将它们对称分布，设计整体感较强。对称挂法也是一种较为保守的方式，较容易形成均衡感，对于经验不足的人士来说是一种相对简单的方法，如图 10.72 所示。

图 10.71 方框线挂法

(5)重复挂法

重复挂法也是一种较为保守的方式,优点在于操作简单,且容易产生比较强烈的视觉效果。如果装饰画的尺寸相同,采用重复挂法时,间距不宜超过画面的1/4,这样不至于显得混乱。数量较多的装饰画采用重复挂法时,容易形成较强的视觉冲击力,不过,它通常需要占据较大的空间,如图10.73所示。

图 10.72　对称挂法　　　　　　　　　　图 10.73　重复挂法

(二)陈设品

陈设品既有实用功能,也有装饰功能。如一些陶瓷雕塑、景泰蓝等,它们具有很好的装饰效果,往往可以提升室内空间的品质感。再如一些茶具等,不仅具有实用功能,本身也是一件很好的艺术品,装饰性较强。艺术性的陈设品种类非常丰富,根据其装饰的位置大致可以分为台面陈设品、墙面陈设品、地面陈设品、柜面陈设品等。

1. 台面陈设品

台面陈设品主要是针对局部进行装饰。有时会在书桌、茶几等的表面摆放一些装饰品,如陶瓷、玻璃等工艺品。这些台面陈设品的种类没有严格的限制,但通常体量较小,便于移动。如图10.74所示。

2. 墙面陈设品

墙面陈设品所占的面积通常比较大,其装饰性效果较强,对于室内空间的影响也较大。墙面陈设品通常以平面化的艺术品为主,如书法、绘画、浅浮雕等。有时也会用一些立体装饰品,如壁龛中的雕塑等,如图10.75所示。

3. 地面陈设品

有时候会在室内一角或者空旷之处放置一些艺术性较强的摆件,即地面陈设品。这些陈设品的体量一般较大,其作用主要是渲染局部气氛,特别是对于一些较为空旷的商业空间来说,选择适当的地面陈设品,可以起到很好的装饰效果,还可以减少空间的单调感,如图10.76所示。

图 10.74　台面陈设

（图片来源：哔哩哔哩《家居美学分享——台面陈设布置》）

图 10.75　壁龛陈设

图 10.76　地面陈设

4. 柜面陈设品

柜面陈设品是指一些装饰性的书柜、储物柜、酒柜陈设，设计师会在柜内摆放一些陶瓷、泥偶等工艺品，甚至会填满整个柜子。这种柜面陈设通常占用的空间较大，装饰效果较强，如图 10.77 所示。

图 10.77　柜面陈设品
（图片来源：A963 设计网）

（三）壁纸

壁纸是酒店装饰中常用的装饰品。它所占用的面积通常较大,对于室内气氛的影响尤为明显。从目前的使用情况来看,欧式风格及美式风格的室内空间通常会使用大量的壁纸。此外,壁纸的成本相对较低、工艺较为简单,且易于更换,对于一些不定期需要改变风格的空间来说颇为适用。如图 10.78 所示。

图 10.78　壁纸

【本章小结】

　　酒店的装饰在很大程度上决定了酒店的风格、档次。合格的酒店装饰,不仅仅需要对使用对象进行分析,对空间的功能进行分割,对材料、工艺等进行合理安排,满足客人的功能使用要求,还要追求艺术上的审美。最终营造出一个较为理想的环境,具有符合酒店文化特质的风格与特点,给客人留下深刻的印象。

【复习与思考】

　　1.色彩调和的理论基础有哪些?
　　2.酒店装饰发展的趋势有哪些?
　　3.试举例分析自然光照在酒店装饰设计中的运用。
　　4.简要论述酒店装饰陈设的风格有哪些?特点分别是什么?

【拓展阅读】

颠覆传统的精品酒店设计推荐:ICON HOTEL 酒店设计

2021-01-11 上海勃朗专业酒店设计公司

　　在酒店设计中,美是绝对的自由与感性,而创造美则需要不凡的匠心。酒店的艺术感、高级感以及体验感,并不是单单靠表层的装饰堆砌而成。将酒店设计从以装饰意味为主的旧有模式中跳脱出来,挖掘生活的有趣以及居住的意义,运用当代的、文化的、建筑的语言,通过物质与意识的双重传达,营造空间的艺术感、永恒感。今天勃朗设计为您推荐的是颠覆传统的精品酒店设计——深圳 ICON HOTEL。

ICON+X+C^2 的美好生活方程式，在 ICON HOTEL 的创作中，设计师将 X 定义为 SELF，从基因、建筑、艺术、边界四个本我维度出发营造酒店空间，用视觉艺术为商业赋能，以极具建筑感的表现形式，匹配深圳这座城的时尚艺术，塑造只属于品牌的 ICON。这就是设计师重塑 ICON HOTEL 的 X 世界观，而下一个 X 会以怎样的理念出现，同样让人期待。

在酒店大堂中，纳入自然光线的大面积玻璃窗，略显复古、摩登的家具，渐变古铜色金属墙、玻璃屏风、粗粝底座、半透定制化陶砖墙等设计，粗糙与轻盈的对比材质，增加空间趣味性和流通感。设计师打破以往过厅的单一功能，拆分并重新划定空间比例，人性化陈列和休闲区设置，天花板中式屋檐元素，为电梯到客房的动线制造缓冲时光。

　　从边界，到场所。设计师希望在此模糊空间场所的属性，依托空间所产生的交互性，空间即是产生未知的场所，当空间具备情绪，人会有更高级的体验。设计师借鉴园林造景的手法，在室内营造小处景观，消弭公共空间的视觉和心理边界，让室内外的美好并存，在艺术感知、思维沉浸、灵感绽放的过程中，激发使用者与空间的无限互动。

　　设计师将连接贯穿两侧过厅的廊道扩展为标准公区的外延,在此开辟出供住户们品尝茶点、阅读放松之用的餐厅,升级酒店顾客体验。廊道两侧入口的玻璃屏风,增强私密性与仪式感。天花的构造运用古典建筑手法,以弧度元素与高级质感为整个空间定下"建筑艺术"的基调。

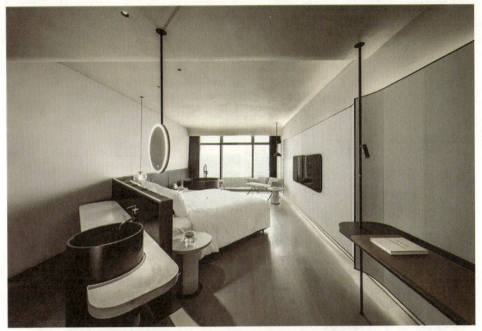

　　标间吊顶造型致敬经典的建筑元素，用半弧的建筑体块去塑造顶面，使空间"建筑感"十足，硬装的柔和与硬朗形成对话。突破传统客房给人的既定场景思维，扭转床背45°，打破常规，重新定义客房秩序。45°斜床位，拥有更直接的视野体验，床背拉升出来的45°背面角所衍生出来的灰空间，引入盥洗功能，垂直于背后的卫浴功能配套，空间从整体秩序焕然一新。套间内嵌式陈列架，体块穿插构成的盥洗台，让空间显得简约时尚。吊灯的非常态化设计，将灯具的接口隐藏在天花板小圆洞内，更具神秘感。

　　设计师的酒店设计哲学——从品牌基因和市场环境出发，尊重年轻人追求个性体验的诉求；从城市和文化双重视角审视空间价值，用观念创新打破建筑、景观、空间、艺术边界；从探索酒店设计的未来观，倡导激发灵感与创造力的重构美学生活方式。

（资料来源：上海勃朗酒店设计公司官网）

第三部分　酒店美的创造

第十一章　酒店花艺之美

【教学目标】

1.知识目标

(1)掌握插花基础包括插花定义、范畴与特点、植物的认识、配饰的选择等;

(2)理解花材类型与运用;

(3)掌握酒店花艺在不同空间的部署;

(4)熟悉插花艺术的鉴赏。

2.能力目标

能运用所学知识,认识不同类型的花材,并会根据插花基本技能、颜色搭配来鉴赏插花作品。

3.素质目标

增强学生对酒店花艺之美的认知和关注,引导学生用美的眼光来欣赏酒店不同空间花艺的设计。

【关键词】

花艺设计;酒店花卉装饰

引　言

随着酒店行业竞争的加剧,传统的依靠硬件设施吸引受众的做法已经失效,不同酒店都在服务方面寻求市场的突破,提升酒店服务、突出酒店主题色彩和特征的需求越发强烈,花卉设计的重要性由此显现。目前,我国出现了很多以花卉设计和植物设计为主题的旅游酒店,酒店内部植被丰富,各种特色植物汇集,为客户提供了差异化的酒店环境,因此广受欢迎。除此之外,酒店内部、外部的花卉设计,对于酒店发展文化和目标定位的彰显作用也十分突出,能够有效塑造酒店品牌。通过花卉的巧妙利用,能够突出酒店不同的人文风貌和文化意境,从而打造独特的文化空间,体现酒店文化的创新。

第一节　插花基础知识

一、插花艺术的定义、范畴

（一）插花艺术的定义

插花艺术是以切花花材为主要素材,通过艺术构思、剪裁整形与摆插来表现自然美与生活美的一门造型艺术。插花艺术中的"花"不局限于植物的花朵,植物体中具有观赏价值的部位包括植物的花、叶、果实,甚至是茎、芽、根等都可以插花。

插花艺术的起源应归于人们对花卉的热爱,通过对花卉的定格,表达一种意境来体验生命的真实与灿烂。对中国人而言,插花作品被视为一个天人合一的宇宙生命之融合。以"花"作为主要素材,在花器内进行创造的花卉艺术,其表现方式颇为雅致,令人把玩,爱不释手。

（二）插花艺术的范畴

插花艺术作为一门学科,体现了完整的系统性和科学性,具有本学科必学的基本知识、基本技巧和基本理论。它研究的范围主要包括插花的发展史、基本原理和造型法则,插花的造型和基本插作技巧、色彩配置、花材及花器的选择、花材的保鲜和作品的命名等内容。

插花艺术的范畴可以分为狭义和广义两个方面。

狭义的范畴:仅指使用器皿插作切花花材的摆设花,这也是大多数人所理解的插花。可随着插花艺术的发展,现在我们对插花已经有更广泛的定义。

广义的范畴:凡利用花材造型,具有装饰效果或观赏性的作品,都可称为插花艺术。它既包括使用器皿的摆设花,也包括不用器皿的摆设花,还包括花束、胸花等不用花器插作的作品,以及用部分并没有去根的花材或是干燥花、人造花插作的作品,甚至如木块、石头、金属线、玻璃管等一些非花材的素材,也被运用在花艺作品中。

二、插花艺术与相关名词

（一）花卉装饰

花卉装饰是根据美学原理和功能需求,用盆花、地栽花或切花材料按照科学艺术的要求,进行艺术造型处理,对室内、建筑物和环境所做的美化布置,为人们创造一个高雅、优美、和谐的空间。花卉装饰所用的装饰植物多种多样。插花是花卉装饰中一种重要的应用形式,属于花卉装饰的范畴,花卉装饰包括插花艺术,两者是从属关系。

在我国河北望都东汉时期的墓道壁画中,绘有陈设于方形几桌上的盆花,说明我国的花卉装饰由来已久。唐代以后,以切花作材料的插花艺术有很大发展。到了现代,花卉装饰已由简单的盆花或瓶花摆设,发展成为大型的盆花组群或精巧立体造型的盆花、切花制品。盆花(包括盆栽树木)是较大场所花卉装饰的基本材料。如陈设于明亮而无直射光室内的有苏铁、雪松、云杉、龙柏、黄杨、南洋杉、日本五针松、印度橡皮树、广玉兰、含笑、白兰花、叶子花、腊梅、贴梗海棠、海棠花、梅花、月季、一品红、扶桑等。还有些仅供室内短期(3~7 d)观赏的盆花,一般作建筑物附近及庭院布置用,如扫帚草、荷花、睡莲、千屈菜、荷兰菊、菊花等。

用切花作装饰材料较盆花更为方便,应用也最广泛,多用于制作插花和花篮、花圈、花环、花束、桌饰、墙饰等。

花卉装饰所选用的植物种类和摆设位置因应用的场所而有所不同。例如,舞台或讲台前沿,宜以整齐的常绿盆栽观叶植物为基调;庆典性集会可适当增加色彩鲜艳的盆花、花篮或插花;展览厅角隅及展台间隔处可用常绿中、大型盆栽树木点缀;公共会客室、餐厅、疗养、休养性机构的休息厅等处,可摆设多种色彩丰富的盆栽花草;窗台、茶几上可用插花或盆景作重点装饰;工作场所可用常绿观叶植物布置;家庭可在窗台、阳台上或角隅处花架上放置中小型盆栽树木或盆花;宽大的窗格或博古架上,可陈设微型盆景、仙人掌类植物等。

(二)花艺设计

花艺设计主要指切花花材的造型艺术设计,与狭义的插花范畴大体一致,但它更强调用途与制作过程的不同。所使用的插花材料和花器的取材更为广泛,所使用的插花技法更为精湛,创作更具有艺术性、时代感和个性化。花艺设计以理性投入为主,属于带有商业性的一种产品设计,是专业花店的专长。

现如今花艺设计不仅仅只是插花设计,花艺设计分类繁多,如空间花艺设计,宴会花艺设计,婚礼花艺设计,庆典花艺设计等。

三、插花艺术的特点及作用

(一)插花艺术的特点

1.时间性强

插花所用的花材多为切花材料,吸收水分和养分都受到限制,保鲜的时间短,少则一两天,多则十天半月。因此,插花作品供创作和欣赏的时间较短,要求创作者和欣赏者都要有时间观念。创作者要把花材开放的最佳状态展示给大家去欣赏。

2.创造性强

插花花材的选择非常广泛,插花的容器极其多样,插花艺术的创造性主要表现在选材、造型及陈设上,都十分灵活和随意。

①选材。插花的容器档次可高可低,形式多种多样,一些生活用品如酒杯、酒瓶、碗、碟子等都可使用。插花的花材也很广泛,花店的鲜切花固然很美,但是路边的野花野草、蔬菜、水果等也都是插花的良好材料。

②造型。艺术插花造型可简可繁,不拘一格。可根据花材的种类、数量、容器及用途进行构思、造型。

③陈设。插花的应用场合非常多,既可以装饰美化环境居室,使居室增添一份美感和温馨,也可以应用在各种公共场所、礼仪场合,是社交礼仪、探亲访友、迎送宾客高雅、珍贵的礼品。所以插花作品的陈设灵活多变。

3.装饰性强

插花作品集众花之美而造型,独具自然绚丽的色彩、婀娜的姿容、芬芳而清新的大自然气息,给人以高雅、优美的享受,随环境变化而陈设,艺术感染力强,在装饰上具有立竿见影的美化效果。

4. 充满生命活力

插花以鲜活的植物材料为素材,将大自然的美景和生活中的美艺术地再现于人们面前,作品充满了生命的活力,这是插花艺术的最大特征。尽管近代新潮插花常使用一些非植物材料,但其只能作附属物。

(二)插花艺术的作用

随着社会进步,时代发展,人类物质文明的程度不断提高,对精神文化的需要也越来越迫切。人们追求高水平的物质生活,也追求高水平的精神生活,以花喻人,以人喻花,用花装饰环境、展现礼仪成为时尚。

1. 美化环境

插花艺术最重要的功能体现在装饰空间、美化环境、烘托环境气氛上。用各具特色的插花点缀居室、书房、卧室、厅堂,可以把自然的脉动带入室内,既能美化环境,又可体会生活的丰富多彩,增添生活情趣。

2. 传递情感

插花艺术具有传递情感,增进友谊的作用。鲜花是探亲访友、看望病人的首选礼物,也是时尚、浪漫的礼物。借花寓意,借景抒情,表达思想,抒发情感,插花艺术作品能成为友谊的桥梁,幸福的纽带,常用在迎来送往、婚丧嫁娶等各种礼仪活动中。

3. 陶冶情操

插花艺术有陶冶情操,提高人们艺术品位和生活水准的作用。时代的进步为插花艺术的创作提供了更为广泛的空间,那些富有内涵,具有感染力的作品,备受人们的喜爱。欣赏者不但要欣赏其形式美,更要欣赏其意境美。这就要求创作者要不断提高自身的艺术修养,对插花文化要有更多的了解。

4. 促进经济发展

插花艺术具有促进经济发展的作用。近年来花店业无论从数量、规模还是花艺水平方面都有了快速发展。可以说,花店业的发展状况从一个侧面反映出该地区的经济发展状况及市民的文化素质。

5. 增进健康

插花者在创作插花作品的过程中不仅得到体力的锻炼,而且带来身心的愉悦,对人的身心健康大有裨益。另外,鲜花本身对环境有着净化空气的作用,插花作品对环境的美化有利于增进人们的健康。

随着时代的进步,插花艺术会有更为广阔的发展空间,会为人们带来更高品位的精神享受。

第二节　花器与花材的认知

一、花器的种类

除了花篮、花盆等比较常见的花器外,还有钵、木桶、壶等其他类型的花器。花器的种类繁多,各有特点。

图 11.1　陶瓷花器

（一）按照材质分类

按照材质的不同,可分为玻璃花器、木制花器、陶瓷花器、塑料花器、石头花器、金属花器、草编花器、藤编花器等。

1.陶瓷花器

陶瓷花器(图 11.1)是插花设计中最普遍的花器,为陶质和瓷质花器的统称,是使用历史最为悠久的花器之一,也是东方式和西方式插花都经常使用的花器。它具有历史悠久、形色丰富、应用广泛的特点,适宜插制各种不同风格的作品。

2.玻璃、塑料质花器

随着科学工艺的发展,使得玻璃与塑料材质的花器(图 11.2、图 11.3)在形、色、质上日益丰富多彩,为插花提供了更为广阔的创作空间。由于此类花器具有轻盈灵巧、晶莹剔透、流光溢彩、极富时代感的特点,在现代插花中应用较为广泛。因花器透明,插作时要注意掩饰花泥或不美观的花材基部,不能从花器外面看到花泥和花材基部。

图 11.2　玻璃花器

图 11.3　塑料花器

3.木、竹和藤制花器

指以木、竹、藤等为材料而制成的花器(图 11.4—图 11.6)。它们具有清雅、质朴、自然的风格。使用时要加防水设施、以防花器浸水毁坏。

4.金属花器

金属花器由铜、铁、银、锡等金属材质制成(图 11.7),给人以庄重、豪华的感觉。铜、银花器给人古朴、稳重、典雅之感。而不锈钢花器则因其明丽、简洁、时尚,富有现代气息。铁质花器使用时需注意防锈,以免污染水质,缩短作品的欣赏时间。

图 11.4　木质花器

图 11.5　竹质花器

图 11.6　藤编花器

图 11.7　金属花器

5. 树脂花器

树脂花器(图 11.8)是属于经济型的花器。它价格适当,非常轻便,而且色彩丰富,不易摔坏。选择这样的花器时要注意色彩和与家居风格的搭配。

6. 其他材质花器

除上述各类质地的花器外,石料、水泥、贝壳、兽角、瓜果等也可直接或经过加工后作花器使用。

(二)花器的选择

花器是插花作品的重要组成部分。选择适当的花器,会使构图更加生动、造型更加新颖、花材更加美丽、环境更为协调,作品的立意会得到完美的表达。在礼仪插花中,除考虑应用的目的要求外,还要便于运输和方便携带。花器的选择应遵循一定的原则。

图 11.8　树脂花器

1. 符合应用目的和主题的需要

要根据作品的应用目的和主题思想,选择适宜的花器。如为祝寿,宜选用有较大空间的花篮,可将寿桃、礼品等放入;如为欢度重阳节,可选用有螃蟹浮雕的瓶来插菊花,符合九九登高,饮菊花酒、吃螃蟹的习俗等。

2. 色彩和款式与花材及环境相协调

花器的形状、色彩、质地、体量、款式等要与花材、造型及周围环境相协调。例如,中国传统式的建筑中宜选用中国古典的瓶、盘、篮、缸、碗、筒等花器,花器色彩要与主花的色彩和环境色调相协调。现代风格的环境,则宜选用具有现代感的花器,其色彩和款式也要与花材及环境相协调。总的来看,花器以色彩素雅、装饰简洁为上选。

3. 口径大小和器身高矮适宜

如选用瓶类花器时,瓶口不宜太小,否则花材插入会堵塞瓶口,影响空气流通,从而导致瓶水腐败,引起花材提早凋萎,缩短插花作品的观赏期。如用盘类花器,器身深度不可过浅(如山水盆景用的浅盘之类),若注满水也不能淹没花插,会使花材基部吸水不足,导致过早枯萎等。

4. 重心平稳,便于陈设

花器应重心平稳,注水后插入花材、完成造型,仍保持稳定,不会倾倒,便于布置和陈设。若使用高身细底的花器,就要特别注意花器的稳定问题,不可用它来作过分倾斜的插花造型。

(三)插花工具

插花的重要前提是具有完备的工具,以便在剪切、修剪时可以得心应手,提高功效。鲜花加工工具主要包括剪刀、枝剪、美工刀、胶带等(图 11.9)。

①剪刀。剪刀是插花必备的工具。有家用剪刀和修枝剪等,可用来剪切花材,修整枝叶。由于花材的粗细、质地不同,备用各种型号的剪刀,使用将更为方便。插花时,几乎都是用剪刀来进行的。善于使用剪刀的话,即可创造出一件不落俗套的作品。剪切粗木花材时,应将剪刀斜向剪切,较易达到目的。因为植物的纤维为直线形,所以自侧方较容易剪入。如果树枝过粗,无法以上述方法剪断的话,可以斜剪几处,即可轻易达到剪切目的。剪花草时,可采用垂直的剪法,此种剪法能使花材易于固定在花插中。

②枝剪。用于修剪较粗硬的木本植物枝材(直径大于 2.5 cm)。比起花剪更锋利、耐用。切记不可用来剪铁丝等金属物。

③美工刀。主要用于花材切茎,裁剪包装纸、纸板、花泥等。

④胶带。胶带有淡绿色和棕色等颜色。在皱纹带的纹间加入黏胶而成。当花材经过加工整理以后,采用同色的胶带包裹,便可掩盖人工加工的痕迹。使用胶带时,宜稍稍拉伸,使胶带纹间的贴胶能紧密粘附花枝,更加自然。

图 11.9 鲜花加工工具

二、花材识别

插花花材种类很多,有木本、草本等。以其形状进行分类,可分为线状花材、团块花材、特殊形状花材和散装花材等。每种花材都有各自的特点,在插花作品中也有各自的用途。

(一)按花材的形态特征分类

1. 散状花材

散状花材是指分枝较多且花朵较小,一枝上有许多小花朵的花(图 11.10)。最常见的满天星、情人草、勿忘我、小菊,另外还有蕾丝、干枝梅等。叶材中蓬莱松、天门冬、文竹等也具有散装花材细密、朦胧的特征。

(a)满天星　　　　　　　　　(b)勿忘我

(c)情人草　　　　　　　　　(d)小菊

图 11.10　散状花材

散状花材细细碎碎,给人朦胧、梦幻的感觉,常常插在大花之间,增加作品的层次感、丰富作品的质感。在礼仪插花中,特别是婚礼插花中,它是不可或缺的花材。

2. 线状花材

外形呈长条状和线状的花材叫线状花材(图11.11)。具有线条状枝叶、花序的花材都是线状花材。有的枝干呈长条状,如银芽柳、竹、迎春、连翘等;有的花序呈长条状,如剑兰、蛇鞭菊、飞燕草、紫罗兰等;另外,红瑞木、蕨叶、新西兰叶、剑叶等也是线状花材。

(a)剑兰 　　　　　　　　　(b)大飞燕

图 11.11　线状花材

线状花材通常都是用来架构一个插花作品的轮廓,是一个作品的基本骨架,也是决定作品比例高度的主要花材。尤其是大型作品、下垂式作品,如果缺少线状花材,就难以达到一定的高度和长度。在东方式插花中,线状花材起到了活跃画面的作用。

线状花材可分为直线、曲线、粗线、细线、刚线、柔线等多种形态,各具不同的表现力。如直线、刚线能表现阳刚之气和旺盛的生命力,而曲线、柔线则具有摇曳多姿、轻盈柔美之感。

3. 团状花材

团状花材通常是花朵较大且外形较整齐,呈圆团状、块状的花材(图11.12),有的是单朵花呈团块状,如非洲菊、玫瑰、芍药;有时,是许多小花形成的花序,比如绣球花、百子莲、八仙花等;有些叶材呈面状,如龟背竹、绿萝叶、鹤望兰叶等,也可视为团状花材。

团状花材因为花朵较大,视觉冲击力较大,在插花作品中占据中心位置,又称焦点花、主花,呈现第一视觉效果。

4. 特殊形状花材

花材不整齐且结构奇特别致的花材,叫特殊形状花材,也叫定型花材(图11.13)。如鹤望兰,整个花序形如仙鹤,神采奕奕,色彩艳丽,极富个性之美;兰科的卡特兰、蝴蝶兰,天南星科的红掌等,都是花大、艳丽、形奇而美观的高档花材。它们在插花构图中常作为焦点花用,成为观赏的主要部分,用途与团状花材有相似之处。

(a)芍药

(b)玫瑰

(c)绣球

(d)百子莲

图 11.12 团状花材

(a)鹤望兰

(b)红掌

(c)蝴蝶兰

(d)卡特兰

图 11.13 特殊形状花材

5. 叶材

在插花的过程中,我们不仅要用到鲜花,还要用到叶材(图11.14)。相对于花朵,叶材的色彩比较单调,但是叶片在插花艺术创作中必不可缺。硕大如团块状的叶片,可通过修剪再形成各种造型,作为作品的造型叶片、背景叶片和底衬叶片,使作品在空间上形成完美典型的造型;而在空间上呈线形或带状延伸的线状叶片,又可作为主花材的陪衬花材,补插于主花间,增加作品的层次感和立体感。非绿色叶片,包括叶片常年呈非绿色的常色叶片和随季节变化而转色的变色叶片类,这些有色叶片在作品中应用,可增加作品的变化性和丰富感。

天门冬、散尾叶、羊齿、钢草、肾蕨都是很好的叶材。插花的材料不是固定的,只要身边有合适的材料,都可以使用。

(a)钢草　　　　　　　　(b)散尾叶

(c)天门冬　　　　　　　　(d)羊齿

图11.14　叶材

(二)按构图作用分类

①骨架花材:在构图中定高度和定外形骨架的花材,如线状花。

②主体花材:完成整个造型轮廓的花材。一般用团块状花,如月季、非洲菊、康乃馨等。

③焦点花材:插在整个造型的视觉(兴趣)中心部位(即焦点处)的花材,如大型块状百合花、牡丹等。

④填充花材:填补造型空间部位、完善造型的花材,包括填充叶材和散装花材,如满天星、勿忘我、情人草等。

三、花语

（一）花语的意义

"以花拟人"，把花"人格化""象征化"，花所代表的含义、表达的语言就是花语。

花语是各国、各民族根据各种植物，尤其是花卉的特点、习性和传说典故，赋予的各种不同的人性化象征意义。它是人们用花来表达人的语言、某种感情与愿望，在一定的历史条件下逐渐约定俗成的，为一定范围人群所公认的信息交流形式。赏花要懂花语，花语构成花卉文化的核心，在花卉交流中，花语虽无声，但此时无声胜有声，其中的含义和情感表达甚于言语。花的寓意因民族、文化、宗教、地域不同有所差别。了解东、西方习俗中花卉的象征意义，有助于正确地选择花材，借花寓意，准确地表现作品的主题，避免产生用花的误解。

（二）花语的特征

花语具有吉祥性、象征性、文学性、民族性的特征。

花语的吉祥性是花语首要的基本特点要求。不论哪个国家，哪个民族，也不论属于哪个阶层，人们都向往能获得吉祥。吉祥的内容可概括为四个字：福、禄、寿、喜。表现在 5 个方面：长寿、富贵、康宁、品德优、命运佳，有"五福"之称。寿，就是长寿；禄，就是富贵；喜，就是家庭事业上取得成功。如用牡丹代表富贵，鹤望兰、松树代表长寿，百合代表百年好合，灵芝代表如意。苹果、桃和石榴的果实相配，象征"福禄寿"等。

花语的象征性体现了人们对鲜花寄情的结果，由于鲜花的花语是象征性的，因此所表达的意义并不是绝对的，这就给花语带来延伸和扩展的方便。如香石竹的花语是母爱，是母亲节的专用花，但香石竹并不是除了献给母亲之外再也没有别的用途。相反，其他场合应用得更广，可表示爱恋、祝贺、慰问等。有象征意义的花语，它的产生也不是偶然的，主要是花卉的形质所决定的。如荷花，它象征纯洁，正是因为荷花的颜色雅洁无瑕，出淤泥而不染。又如菊花，能治头风、明耳目、去痿痹，使人延年益寿，所以象征健康长寿。

花语的文学性在于，千百年来，无数文人在寄情鲜花的过程中进行了艺术加工。文人墨客的精心创作，不仅塑造了鲜花的形象高度，同时也揭示了花语含义的深度。

花语的民族性体现在，不同民族在长期的生产、生活实践中形成了自己民族的文化表达方式，在这样的背景下人们对花的理解和应用是不相同的。

同时，花语与宗教有直接关系。宗教作为文化发展和意识寄托形式，借花寓意，如"拈花一笑""天女散花"就来自佛教，再如莲花在佛教中从形和意上都有很好的含义。

【拓展学习】

中国常用花语：

天下第一香——兰花；

人间第一香——茉莉；

花中双绝——牡丹、芍药；

岁寒三友——松、竹、梅；

花中四君子——梅、兰、竹、菊；

花草四雅——兰、菊、水仙、菖蒲；

花中四友——迎春、山茶花、梅花、水仙；

玉堂富贵——玉兰、海棠、牡丹、桂花；

三大吉祥果——石榴、桃子、佛手："多子、多寿、多福"；

梅花五瓣——五个吉祥神：快乐、幸福、顺利、和平、长寿；

梅——象征坚韧不拔，与喜鹊一起象征报春、报喜；

牡丹——象征兴旺富贵；

芍药——象征惜别、友情；

荷花——象征廉洁高尚的品德；

万年青——表示万事如意，与荷花一起表示"百年好合"；

桂花——表示中举，子孙仕途畅达，有"月中折桂""兰桂齐芳"之语；

夜合花——也称"合欢"，象征婚姻美满；

橘——谐音"吉"，寓言吉祥、吉利；

松——象征健康长寿；

竹——象征高风亮节、坚贞不屈、智慧和谦虚，与梅花在一起"竹梅双喜"，"竹、梅、松、月、水"画在一起为"五清图"，"竹、松、萱、兰、寿石"为"五瑞图"；

兰——象征洁身自爱，忠诚、忠贞，崇高的友谊；

菊——象征孤傲不惧；

苹果——象征平安、爱心。

第三节　酒店不同空间的花艺部署

一、花艺部署的基本原则

了解花艺流派、花艺分类、色彩搭配、表现形式等基础知识，运用以组群、群聚为主要插花技巧，设计出花艺作品。组群使作品有比较明显的聚焦效果，能增加作品的层次感。群聚使作品在视觉上更加饱满丰富，起到比较震撼的效果，颜色层次也更加漂亮，从而给客人温暖、庄重、优雅、奢华等不同的感官感受。

节日插花，根据不同的节日，选择不同的花材，结合酒店环境，采用不同的色彩搭配，彰显出节日氛围，从而使酒店喜气洋洋、氛围感十足。

插花风格可融会东西方的特点，选材、构图、造型不拘一格，自由广泛，可以使用各种非植物的材料，如金属、羽毛、玻璃等，色彩以天然色和装饰色结合，更富表现力，既可以是单独的作品，也可以数个作品结合。插花制作方法糅合了东西方的插法，更富想象力和生命力。

根据酒店区域不同，可结合不同的场景使用不同的插花形状，如水平形（适合用于会议插花）、三角形（外形看起来简洁，给人感觉干净庄重的感觉）、椭圆形插花（适用于婚礼宴会，比较优雅豪华）。酒店花艺设计不局限于运用花器，也会以架构的方式突破花器的束缚，设计出各式各样，各具特色的花艺作品。只要敢想，就会出现许多千奇百怪但又不失特色的花艺作品。也不局限于运用花泥，可以水养，也可以利用比如铁丝、藤条、鹅卵石等来固定，既起装饰作用又不失趣味。在整体设计上，酒店花艺不同于一般的更注重于个体设计的艺术插花和商业插花,酒店花艺更注重于整体设计,和周边环境更是一种相辅相成的关系。总而言之,酒店花艺就是在冲破各种各样束缚的基础上,更加注重生态人居思想的改革与创新。

二、酒店各区域花艺部署

(一)大堂花艺部署

酒店大堂是酒店的业务活动和宾客集散中心,是酒店设计文化和身份的象征。大堂是酒店最为重要的部分之一,是酒店规划和设计的重点。酒店大堂是给宾客留下第一印象的地方,在这里,最能体现插花水平,要求作品大气、热闹、装饰性强,适合摆放热情奔放、花繁叶茂的插花作品。

在酒店大堂摆放花艺作品,首先需要注意的就是安全性,因为一般放在大堂中的花艺作品在体积上都比较大,如果倒下可能砸到人员、财产。其次是要根据星级酒店的装修风格、运用颜色搭配来展示花艺作品的精髓,使其成为大堂中的焦点。一般根据时令花材、季节交替变化等来决定更换次数,还要考虑酒店后续养护工作的难度。大堂酒店插花可以是鲜切花,也可以是仿真花,当然也可以运用现在流行的永生花、多肉植物、各种质地的装饰品进行混搭(图11.15)。攀缘而上的藤条为规整的石柱增添了灵动的气息,象征着蓬勃发展的生命力,花朵的娇艳柔媚与坚硬朴实的石柱既形成鲜明对比,又展现出刚柔相济的和谐之美。金碧辉煌的大堂中那一抹绿色为舟车劳顿的旅客带来了清新之感,白色的闪电预示着开天辟地的力量,金色向日葵开得奔放而热烈,艳丽的火鹤更令作品充满了蓄势待发、一飞冲天的气势。图11.16为优秀的酒店大堂插花作品。

图11.15　酒店大堂插花混搭　　　　图11.16　酒店大堂插花作品

(二)前厅花艺部署

总台是专门为客人办理住宿、离店结账等手续,提供各种迎接服务的地方,也是客人对酒店形成“第一印象”和“最后印象”的活动场所,因此这里的插花要具有代表性,能代表酒店的形象。总台必须有一种宾至如归,轻松、舒适的家的感觉。为了营造愉快的休息环境,除应有与酒店等级规格相应的宽敞明亮的空间外,合理的插花艺术的运用能为总台舒适的环境平添几分热情、优美和高雅,使客人流连忘返。在总台插花中花器起着较为重要的装饰作用,所以使用的花器不能过于低档次，但也不能过于精美，以致喧宾夺主。高矮花器形成韵律，本身就可自成一道风景线，再加上如繁星般美丽的花朵让其锦上添花，不失为一道亮丽的焦点。这里的用花约束不大，中小型花一般可用，线状花材、团状花材、特殊花材皆可运用，要注意的是要根据总台大小来选花，还有就是不同花材的色彩要协调，最好在不同的花器中运用不同质感的花材。例如，特别高的花器可以选择天鹅绒、南天竹或龙柳，当然蝴蝶兰也是不错的选择，其花色清丽，花茎挺立，有着自然花材的美感，还可以使用毛地黄，其株形高挑，花梗也是挺拔生长。比较高的花器则使用线性花材较好，比如红（白、粉、绿）兰、胡姬花，果材中的美国冬青也是一种不错的选择。一般高的花器可放月季或康乃馨，还可以用洋桔梗等，使用的插花技艺简单，直接以螺旋成束，充满了结构的变幻美。

（三）宴会花艺部署

宴会，是社交礼仪活动中的重要组成部分，宴会花艺设计要把握整场宴会的风格，传达整场宴会的精髓。宴会花在酒店用花中较为重要，组群是其中的技巧，仿照大自然最真实的效果。宴会可以分为两类，婚礼宴会和其他宴会。

婚礼宴会用花主要有签到花、讲台花、圆桌花、长台花、布菲花、鸡尾酒花、大型插花，婚礼插花还包括手捧花、胸花等，当然婚礼花卉远远不止如此，不过其他的花艺设计都由其他专门的花艺公司完成。用鲜花布置签到台不仅可以起到美化作用，而且能助增芬芳温馨的氛围，提升婚礼的档次。注意布置时，鲜花要装点在显眼位置，但是不要妨碍到客人送贺礼或者签到台人员的工作。为了避免鲜花被遮挡或者破坏，可以考虑用小装饰亭或适合视觉高度的框架来保护鲜花。设计签到花，对花器没有特别的要求，一般用长方形透明玻璃花器，签到花可做成半圆形、弯月形等。考虑到成本运输等问题，对花材的选择没有太多的要求。可以设计成中间高、四周低，其可选用的花材也较多，有绿石竹、康乃馨、月季、绣球等团状花材，还可以将特殊花材拆分应用，如蝴蝶兰、卡特兰、万代兰等。讲台花一般都是鲜花，花材一般有红掌、百合、玫瑰、洋桔梗、扶郎花、马蹄莲、常春藤、散尾葵、跳舞兰等，做成一个瀑布状的造型分布在讲台上，还可以起到遮挡话筒的效果，漂亮而且正式，同时不会很突兀。讲台花的选择要注意一些原则：在插花时需要注意所选用的花不宜有强烈的气味，其颜色也不宜过于鲜艳夺目，应根据演讲者的身高来进行设计。长台花灵活多变，可以做成组合式，也可以做成独立式。圆桌花有主桌、副主桌和非主桌之分，主要以半球型为主。

婚礼宴会的其他的花艺设计方法大同小异，鸡尾酒花相当于微缩型的桌花，布菲花更像缩小版的大堂花。而酒店插花设计中最考验技术的当属手捧花，新娘的捧花设计会依据婚礼的色调气氛、主题风格、环境等来构思；而花材及造型会更具体地参照新娘的个性、礼服款式、礼服颜色、发型甚至肤色、发色等来确定设计方向。因是喜庆的日子，捧花就该具备鲜艳的色彩。多数新娘喜欢穿白色婚纱，可选择红玫瑰、非洲菊等，如有条件采用蝴蝶兰、石斛兰则更觉俏丽。这些花的周围还可以用文竹、天冬等的柔细翠叶加以衬托，并附上一两枝满天星，那就富有诗意了。如果新娘所穿的是红色的婚纱，捧花的色调应以素雅的康乃馨、马蹄莲、菊花、百合花为主，中间点缀几朵深色的小花，再多配一点满天星，人们可以从这束捧花中品味到朦胧而又温馨的意境。

（四）客房花艺部署

客房是宾客在酒店逗留期间最主要的生活和休息场所，客房的布置除了生活上必须使用的家具等设备、用品外，还应有装饰性的物品，而插花就能起到很好的装饰和点缀空间的作用。客房插花包括主卧室、写字台、客厅茶几、卫生间的插花。床头柜插花的创作和布置，对提高宾客的生活质量，改善睡眠空间的环境起到很好的效果。床头柜插花取材随意，构图灵活，花体不用过大，花材用量简单，可以根据设计者的审美情趣和插花的功能来选择造型和花材。一般以简洁、素雅且文静的花材为主，对人体有害的，有异味的花草不宜摆放在客房床头。卫生间插花的造型与空间的大小相适应，花材一般采用白色兰花或颜色淡雅的康乃馨等单色小花。花器可选用陶器或花藤等，以增添返璞归真之感。

（五）餐厅花艺部署

餐厅是为宾客提供食品、饮料和服务的场所，餐厅应该营造一个轻松、舒适的就餐环境，为宾客的交流、就餐和应酬等提供方便。餐厅根据所提供的食品、饮料和服务，顾客的就餐习惯和周围环境的不同，分为中餐厅和西餐厅。不同的就餐环境，所要求的插花造型和手法也不同。插花设计作品除了表现主题思想，还应与周围的环境氛围、餐台、台布餐具、茶几颜色等相搭配。例如中餐厅插花，不拘泥于造型，花材可选用白玫瑰、香槟玫瑰、橙色泡泡、翠珠、尤加利叶等。西餐宴会多采用长台，其台型通常按厅堂大小和周围环境布置，餐台插花一般为长椭圆形的西方式插花，插花的长度一般不超过餐台的1/3，插花的高度不超过30 cm，花器多选用扁平阔口的。插花主要营造一种高贵典雅、浪漫的气息。除此之外还有点心台、包间、供餐取餐的地方、餐厅中心区域以及中餐厅的前台都需要设计插花作品。由于是餐厅用花，则需要避免使用香味过重，或易掉落花粉的花材，如百合，如果用到就要将花蕊剪除，茴香最好也不要运用。

（六）公共区域花艺部署

公共区域插花包括过道花、点心台花和卫生间花。过道通常狭窄，且缺少自然光，所以过道插花通常在灯光的照射下才能发挥应有的效果。过道插花通常选用色彩明快艳丽的花材，造型一般选用图案式插花，也可以选用东方式插花。点心台花比餐厅花、宴会花大，可以通过花器组合设计成品，也可以直接以单花器设计成品，花器要精美大气，用花可根据时令、季节、节日选择，可以使用编织、捆扎、重叠、铺陈、组群和群聚等多种设计手法，区别在于根据周围环境气氛，灯光布置的不同，选用花材和手法有差异。卫生间花全酒店可设计一致，区别仅仅是花器有轻微差别。这样既不会显得过于单一沉闷，又不会显得过于繁杂。

第四节　花艺设计的表现技巧

一、花艺表现技巧

有了一个好的架构，也需要对花材进行人工处理来创作出新颖别致的花艺作品，或者利用花材的一部分来设计花艺作品，这就需要对花材进行处理来更好地展现它的特性。

（一）直立线条的表现

直立线条的常见表现形式有平行、交叉（直角交叉、非直角交叉）、折曲等形式。

①平行。直立线条平行是指大部分花材呈平行排列。有垂直平行（图 11.17）、倾斜平行（图 11.18）、水平平行及曲线平行四种设计手法。设计重点是每一种花材都有自己的着力基

点,两种花之间,由底部至顶端均保持距离。在花材的选择方面,要选择茎杆笔直的花材作为主要素材,每一群组最好是不同的花材和叶材,而每一群组之间需留有空间,须注意每一群组之间的高低比例和色彩搭配,底部以块状、点状、面状花叶铺地,花器口以宽阔为宜。

图 11.17　垂直平行　　　　　　　　　　　　图 11.18　倾斜平行

②交叉,即直立线条花材交叉表现,是指利用直立线条花材交叉表现构图思想。有直角交叉(图 11.19)、非直角交叉(图 11.20)两种设计手法。重点是可以一种花材互相交叉,也可以多种花材交叉。

③折曲,即直立线条花材折曲表现,是指利用直立型的花材折曲造型表现构图思想(图 11.21)。有单枝折曲、多支捆绑折曲两种方法。

图 11.19　直角交叉　　　　图 11.20　非直角交叉　　　　图 11.21　折曲

(二)藤蔓线条的表现

利用藤蔓型植物花材多下垂性、柔弱性,而采取垂、罩、绕的手法来表现。

①垂(图 11.22)。一般用在高处似瀑布流泻,给人以动感。

②罩(图 11.23)。将藤蔓型花材罩在已设计好的花型上,以增加柔弱性和朦胧感;或罩在作者预先设计好的架构上,以打破架构的硬线条,体现刚柔相济。

③绕(图 11.24)。可绕于花材上,也可绕于架构上,也可绕于容器上,充分展示藤蔓型花

材的依附性和柔弱性。

图11.22　垂

图11.23　罩

图11.24　绕

二、花材组合的表现

花材的组合可以是一种花材的组合，也可以是多种花材的组合；可以是花材与花材的组合，也可以是花材与其他装饰材料的组合。通过排列（堆叠、阶梯）、捆扎、垂挂等方法表现。

（一）排列

排列是用植物或非植物材料紧密排列以遮盖作品底部的技巧，可以是平行排列，也可以是紧密排列成事先设计好的图案。在花艺设计中，这种紧密排列花材的方式，能增强颜色和质感的对比效果。

堆叠的处理技巧可以创造出与叶材单一使用时完全不同的叠加效果，如将植物的叶片层层重叠可以创造出类似云片状质感的花器效果。也可以将枝段堆叠成螺旋状成为花艺设计的架构。

（二）捆扎

将许多花朵或花枝绑紧在一起以达到强化的效果。捆绑技巧常用于制作胸花、新娘捧花、花束等。

三、插花色彩搭配原则

（一）色彩对人心理的影响

色彩的冷暖感：色彩本身并无冷暖的温度差别，是视觉色彩引起人们对冷暖感觉的心理联想。人们见到红、红橙、橙、黄橙、红紫等色彩后，会马上联想到太阳、火焰、热血等物象，产生温暖、热烈、危险等感觉，这些颜色称为暖色；反之，人们见到蓝、蓝紫、蓝绿等色后，则很容易联想到太空、冰雪、海洋等物象，产生寒冷、理智、平静等感觉，这些颜色称为冷色。色彩的冷暖感在艺术创作中的应用非常广泛，喜庆的场合选用暖色系颜色能够营造热情、愉快的气氛，使用冷色系颜色能烘托肃穆、庄重的气氛。

色彩的轻重感：色彩的轻重感与色彩的明度有关。明度高的色彩使人联想到蓝天、白云、彩霞，让人产生轻柔、飘浮、上升、敏捷、灵活等感觉。明度低的色彩易使人联想到石头、土壤等物品,产生沉重、稳定等感觉。

色彩的前后感:各种不同波长的色彩在人眼视网膜上的成像有前后之分,红、橙等光波长的色在后面成像,感觉比较迫近,蓝、紫等光波短的色则在外侧成像,在同样距离内感觉就比较后退。实际上这是视错觉的一种现象,一般暖色、纯色、高明度色、强烈对比色、大面积色、集中色等有前进感觉;相反,冷色、浊色、低明度色、弱对比色、小面积色、分散色等有后退的感觉。

色彩的大小感:由于色彩有前后的感觉,因而暖色、高明度色等有扩大、膨胀之感;冷色、低明度色等有显小、收缩之感。

色彩的华丽与质朴感:色彩的三要素对华丽及质朴感都有影响,其中与纯度的关系最大。明度高、纯度高的色彩,丰富、强对比的色彩感觉华丽、辉煌;明度低、纯度低的色彩,单纯、弱对比的色彩感觉质朴、古雅。但无论何种色彩,如果带上光泽,都能获得华丽的效果。

(二)色彩设计与常见的花色组合

1.色彩搭配原则

插花过程中,花的色彩搭配实质上是处理不同花色之间的协调与对比、多样与统一的关系问题,因此插花的色彩设计应遵循以下4个原则。

原则1:每件作品中,花色相配不宜过多,否则容易有眼花缭乱之感,一般以1~3种花色相配为宜。

原则2:选用多色花材搭配时,一定要有主次之分,确定一个主色调,切忌各色平均使用。

原则3:除特殊需要外,一般花色搭配不宜使用对比强烈的颜色。如红、黄、蓝三基色,各自的明度、纯度都很高,相配在一起,虽很鲜艳明亮,但容易刺眼,应当在它们之间穿插一些复色的花材或绿叶,以起到缓冲作用。

原则4:不同花色相邻之间应互有穿插与呼应,以免显得孤立和生硬。

2.常见花色组合

花色搭配最重要的一点是以色彩相和为佳,具体搭配应根据插花的使用目的、环境的要求以及花材、容器的条件酌情组合。常见的花色组合方式有单色组合、类似色组合和互补色组合。

①单色组合(图11.25):用一种花色构图,用同一明度或不同明度(浓、淡)的单色相配。如现代西方婚礼喜用白色新娘捧花和白色婚纱,极富纯洁高雅之趣。

图11.25 白色单色组合酒店花艺

②类似色组合(图 11.26):用色环上相邻颜色(即色环上任何 90°夹角内三角组合)的花色进行组合构图。由于它们在色相、相度、纯度上都比较接近,互有过渡和联系,因此组合在一起容易协调,显得柔和典雅,适宜在书房、卧室等安静环境内摆放。

③互补色组合(图 11.27):用色环上两种对应色彩的花色进行组合构图,即互补色组合。如红与绿、黄与紫、橙与蓝,都是极具刺激性的互补色,它们相配容易产生明快、活泼、热烈的效果。此种组合,西方古典插花中最为常用,礼仪插花也常使用。

图 11.26 类似色组合酒店花艺

图 11.27 互补色组合

【拓展学习】

花艺抒写酒店设计新活力

2019 年 11 月,台湾花艺名师林惠理(Elly Lin)联袂世界杯花艺大赛冠军巴特·哈森(Bart Hassam),在北京盘古七星酒店举行了一场花艺特别研习会,展示植物结构解析与空间设计。

在盘古七星 21 层的行政酒廊,伴随着花艺大师作品的亮相,特别打造的"Elly Lin 惠理植物艺廊"揭开了神秘面纱。在植物艺廊,花的存在本身就是一种和谐的艺术展示,多种元素合成空间艺术,体现设计师的情感传达与融合。

展厅明亮的落地玻璃窗前,日光随着时间流淌,自然地呈现出光影和色彩的变化,为花艺作品渲染出渐变的时空背景。花艺是耀眼的主角,也是空间的点睛之笔。花艺师融合东方韵味与西方时尚,将植物材料和现代装饰,以独特的层次、质感,在空间里交错成别样风格的视觉艺术。有生命的鲜花,融入整体环境设计中,形形色色绽放在虚与实、远与近之间,彰显出花卉艺术自身的魅力。

林惠理说,植物艺术空间能让人们浮躁的心态慢慢平和下来,安静地享受生活,体验植物的勃勃生机、婉约的美感。空间艺术的创造映射出设计者独特的设计理念和内在的知识修为,让世界看到不一样的自己。

(资料来源:《中国花卉园艺》,2020-06)

思考:酒店花艺常用怎样的色彩搭配来抒写活力的?

第五节　插花艺术的赏鉴

一、插花艺术的美学意义

插花艺术作品是人们喜爱的一种审美对象,插花作品的美感为大众所接受,即使不会插花的人,也会对插花作品给予喜爱的目光和赞美的语言。一个好的插花作品不仅可以抒发作者的审美意向和审美情趣,还会使他人受到感染,产生审美想象。

插花作品是用生命描述生命的艺术形式。人们最早通过鲜花表达的不是虚无缥缈的"美",而是人类对生存、生产与发展的意识与追求。鲜花的含苞待放象征着人的青春懵懂,花朵的绽放象征着人对爱情的追求与渴望,饱满的果实与人的美好的结果相呼应。花朵的孕育、成长、绽放、凋谢与人的生命过程相似,鲜花成花的过程是人们生命过程的体现。插花艺术以滋生的生命形式,使人们回归静思,培养并激发人们珍惜生命、热爱生活、善待自然环境的情感。

插花艺术作品表达了人们精神世界的审美情趣。插花作品的原始材料来源于自然界,花材自身的各种形态是插花艺术的各种语言:枝茎的线条感,花朵的焦点感,叶片的面积感,藤蔓的虚实感,还有朦胧感、活泼感等。这些都是花材本身形象的直接体现。插花通过"材料"表达"语言",线条、层次、布局、花材寓意等能够形象地表达抽象的精神,能够表达人们精神世界中对美的理解与诠释。

二、插花作品的鉴赏

怎样欣赏插花艺术的美,怎样品评插花作品的优劣,如同对其他艺术的欣赏、品评一样,都是十分复杂的问题。从美学角度上来看,这一审美活动不仅与审美对象(即插花作品)有关,而且与审美主体(即赏花人)的审判能力、水平及其文化艺术修养更有密切的关系,同时也深受一定时代的社会审美意识、民族审美情趣的影响。东方插花艺术重意境美,而西方插花艺术重色彩美,各有侧重,应视不同流派、不同风格而灵活掌握。插花艺术作品可以从整体效果、构图造型、主题表现、色彩效果、技巧运用等几个方面来鉴赏。

整体效果:插花作品的直观性、可视性都很强,而在视觉审美上首先给人以强烈印象与感受的是作品的整体效果,也就是说观众第一眼的视觉效果常常能看出作品整体形象(形体)的优劣。它包括作品的造型尺寸是否合理稳定,花材组合、容器的搭配等是否合理优美,整体色彩是否和谐,等等。这些方面的综合状况构成了作品的整体效果。它们常常会引发评论者的关注,进而将其作为评定作品优劣的首要依据,因此,可以说这是品评插花作品最直接的视觉效果。

构图造型:这是形式美的主要标志之一。它主要包括造型是否优美生动或别致新颖,是否符合构图合理,花材组合是否得体,各种技巧运用是否合理娴熟(如稳定感、层次感、节奏感等)。

主题表现:这是构成作品思想美、意境美的重要标志,也常常是体现作品是否有创意,内容题材是否深刻新颖,命题是否贴切,意境是否深邃、隽永、引人回味的重要依据,特别是在东方插花艺术作品中,主题被视为作品的灵魂。

色彩效果:主要看整体色彩的搭配、花材与容器之间的色彩搭配,以及作品与周围环境色彩的关系。插花设计无论是华丽多彩还是浅淡素雅,均以和谐为标准。

技巧运用:主要看构图中花艺的剪截、捆绑、包扎、固定,花泥的掩盖技巧,是否处理得干净利落。

【本章小结】

本章从插花艺术概念、范畴及特点来概述,并通过常见花材认知、花艺技巧、花艺色系搭配原则等知识点来形成对酒店花艺的理解。

酒店花艺是一个特定的概念,它不同于一般花店和展览艺术插花。酒店花艺设计,其构思和表现手法都受到酒店服务对象和摆设环境的制约,而且作品体现的是作者对特定的服务对象(宾客)的审美情趣认识、理解后的集中表达。酒店花艺设计是酒店装饰设计的一部分,它或美化环境,或点缀室内,都是直接为宾客提供一种立体视觉艺术享受的服务。它最基本的功能就是给客人一个良好的感受,使客人有宾至如归的感觉,传递酒店对客人的热情欢迎,营造温馨、舒适的住店环境。酒店不同区域的花艺布置有不同的要求和特点。

【复习与思考】

一、名词解释

1. 插花艺术
2. 花卉装饰
3. 花艺设计

二、简答题

1. 分析插花艺术的特点。
2. 比较花卉艺术、花卉装饰、花艺设计有何异同?

三、论述题

1. 结合生活实际谈谈插花艺术有哪些作用?
2. 通过实例说明插花艺术的范畴。

【拓展阅读】

架构花艺在商业空间中的应用

架构花艺是设计师借鉴建筑中"架构"的概念,在进行花艺设计时采用联想、象征、意向等方法,用天然或人工的材料预先制作一个插置花材的主题构架,将其他各类花材配合布置于其中。其构图自由抽象,表现手法新颖独特,独具特色艺术魅力,更加符合现代人的审美情趣,并逐渐成为现代花艺的主流。

随着经济的进步,商业空间的发展实现了巨大的飞跃,商场、酒店、商业步行街的广泛分布,让消费变得快捷、便利,与此同时,消费者对购物环境的要求也不断提高,舒适、美观的同时,更追求个性的表达、丰富的购物体验。架构花艺的兴起,其独特的风格、别致的造型与突出的空间表现力,在给商业空间带去创意与时尚的同时,更能适应消费者的审美需求。首先回顾了架构花艺的发展史,介绍了架构花艺特点,分析了架构花艺在商业空间中的作用与具体应用,最后总结了架构花艺在商业空间设计的原则。

架构花艺,通俗来讲,就是花艺师在创作时采用联想、象征、意向等方法用天然或人工的材料预先制成一定造型的"架子",作为插置花材的主体,将其他各类花材和辅助材料都在这个架子中进行搭配组合。相较于传统插花依靠器皿展现花材姿容,架构花艺突破其固有形式,以架构为"骨架",花材为"实体"。作为插花艺术的一种主流类型,架构花艺既是一种工艺,又是一门新颖的艺术。

20世纪初,西方艺术与建筑界掀起现代主义革命,传统花艺受其感染随之进行变革,逐渐萌芽并形成现代花艺。在诸多的思潮中,德国花艺师 Gregor Lersch 受现代建筑启发,借鉴其"框架"的形式,不拘于材料的限制,结合传统技法,开创出架构花艺,此后,架构花艺逐渐走向世界,成为现代花艺的主流。20世纪90年代,中国插花与西方花艺交流日益增多,Gregor Lersch 的访问正式将架构花艺引入中国。此后,随着交流的深入,架构花艺逐渐在国内得到推广,不少花艺师结合中国传统插花创作出许多中西合璧的作品,令人耳目一新。许多花艺公司通过邀请国外花艺师开展讲座、集训班,培养了一批相对专业的花艺师。目前,架构花艺在形式上朝着大型化、装饰化、艺术化发展,在应用上向商业化发展,室外大型花艺、舞台花卉装饰和大型橱窗花艺等甚为流行,在国际花艺大赛中也表现不俗。

架构花艺作为现代花艺的主流,具有材料丰富、形式独特、空间表现力强、绿色生态等特点,装饰环境,赏心悦目之余,还能感受自然气息。而对比其他花艺类型,架构花艺最为突出的是其在空间营造上的独特效果。架构花艺的灵感源于现代建筑,在造型设计上吸取西方现代构成艺术的理念,注重用抽象的线条与色块进行构图,讲求与环境在色彩、空间上的呼应,因而可大大增强空间的立体感与设计感。另外,架构花艺在造型上突破了尺度的限制,发挥其分割性、引导性、组织性,在空间担当更多角色,如屏风、吊顶、装置等。

传统的商业空间花艺装饰多是大花量的堆砌,模式化的铺陈,总体来看手法较为单一,规模虽大表现力却不足,难以深入消费者内心,也难以传达场所之精神。近年来在国内风靡的架构花艺,其独特的造型与强烈的空间表现力,让大众耳目一新的同时,也为商业空间设计提供了新的思路。在具体应用中,或是作为焦点展现主题,或是结合建筑充为空间结构,抑或是作为装置营造氛围,可令场所的品位与情调俱增,给消费者带来别样的体验。目前,架构花艺已作为一种前卫的装饰模式应用在酒店、商场、餐厅等商业空间中,形式丰富,效果突出,广受大众好评。

（资料来源:期刊《现代园艺》,2019-09-03）

思考:说说什么是插花艺术? 如何去鉴赏酒店花艺设计?

第十二章　酒店茶艺之美

【教学目标】

1. 知识目标

(1) 掌握茶文化的内涵及特征;

(2) 理解茶文化之美的主要体现;

(3) 掌握茶文化之美的特征及要素;

(4) 熟悉茶文化发展的历程及现状,掌握酒店茶文化之美的发展趋势。

2. 能力目标

能运用所学知识,分析茶文化之美的体现,思考酒店美学中如何体现茶之美。

3. 素质目标

增强学生对传统茶文化的认知和关注,引导学生进行中华传统美学在现代酒店中融入的创新思考。

【关键词】

茶文化;茶之美;茶器;茶席;文化

引　言

中国,是茶树的原产地,是茶文化的策源地,也是茶美学的摇篮。小小的一片茶叶,独特的一个茶字,是五千年中华文明的重要载体与传播媒介。茶美学,是中华茶文明五千年的历史积淀,是茶文化的最高美学范畴与理想境界,是天地人和的哲学思想在茶文化产业领域的美学升华,是中国传统美学的一个重要组成部分。茶叶以其缤纷之色、芬芳之香、鲜醇之味,赋予了人们视觉、味觉、嗅觉上美的享受,具有东方文化的深厚意蕴。中国茶之美追求意、色、香、味俱全,因此,本章从茶文化之美、茶态之美、茶器之美和茶冲泡之美四方面展开,以引导同学对茶之美有正确的认知,理解茶之美所包含的内涵以及外延表现,领会茶文化无形的美感与有形的茶叶、茶具、茶席等茶文化载体审美,并培养与提升自身审美能力与表现能力,能够熟练地将其用于酒店产业实践。

第一节　茶文化之美

一、茶文化内涵之美

（一）茶及其文化内涵

《神农本草经》中记载"神农尝百草,水泉之甘苦,令民知所避就,当就此之时,日遇七十二毒,得荼(茶)而解之"。茶在中国被发现和饮用,距今已有四五千年历史,已从一种单纯的物质形态的植物资源利用,逐渐过渡到精神层面,完全融入了中国社会,形成了博大精深、绚丽多彩的茶文化。茶文化是以茶叶为主体,包含与茶相关的人文和社会科学,反映了与茶相关的劳动、艺术和生活文化。纵观中国茶文化的形成和发展历程,不难发现,茶作为中华传统文化的优秀组成部分,其内容十分丰富,涉及科技教育、文化艺术、医学保健、历史考古、经济贸易、餐饮旅游等学科与行业,包含茶叶专著、茶叶期刊、茶与诗词、茶与歌舞、茶与小说、茶与美术、茶与婚俗、茶与祭祀、茶与宗教、茶与楹联、茶与谚语、茶与故事、饮茶习俗、茶艺表演、冲泡技艺、茶食茶疗、茶文化博览等 20 余个方面。

茶文化扎根于滋养中国人精神世界的文化土壤,是展示中华民族的独特精神标识,能够展现中国精神、中国价值、中国力量。在 2008 年北京奥运会开幕式文艺演出时徐徐展开的长卷中,"茶"(图 12.1)与"和"两个篆体汉字令人震撼,一为物质,一为精神,却互为表里,道尽了中华传统文化的精髓与精神,是中国人的日常,亦是东方文化与美学,更是融入中华民族血脉的传承与守望。以茶为媒,以和为贵,彰显北京奥运会的基本宗旨与文化主题,茶为国饮,香飘世界。2022 年 11 月,随着"中国传统制茶技艺及其相关习俗"被列入人类非物质文化遗产代表作名录,茶,这一承载着泱泱五千年华夏文明、曾红遍世界的"顶流 IP",将再次令世界为之瞩目,充分彰显中国的文化自信与大国形象。

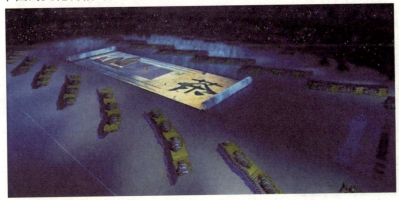

图 12.1　2008 年北京奥运会"茶"字

（二）茶文化美的构成

1. 绿色生态之美:茶的形态之美是"人在草木之中"

茶是南方嘉木之英。"茶"字拆开,是"人在草木之中",诠释了人与自然的密切关系。茶叶生长最讲究自然生态环境之美,沾天地之灵气,聚日月之精华。茶得天道、地道、人道而成就中国茶道。茶之为物,天涵之,地载之,人育之,是天、地、人"三才"的艺术杰作。

2. 君子人格之美:茶之性是啜苦咽甘,"品茶,品味人生"

古语云:"与善者交,其明如光;与君子交,其温如玉。"茶之缘,是"君子之交淡如水"。古人则以有托的饮茶盖杯为"三才杯":杯盖为"天",杯托为"地",杯身为"人"。品茶时,应该把杯子、杯盖、杯托一起端着,叫作天地人"三才合一"。茶的本性,在于啜苦咽甘,以清苦为美,品茶,品味人生,"啜苦咽甘",先苦而后甘甜,是人生的真实写照。

3. 精行俭德之美:以茶养廉,茶人之德在于"俭德"

陆羽《茶经》说:"茶之为用,味至寒,为饮,最宜精行俭德之人。"精行俭德之人,是指具有崇高的操行和节俭的美德的人士。古人云:"君子之交淡如水,小人之交甘若醴。"以茶比喻君子人格之美。魏晋以来,盛行以茶代酒之风。宋人常说"俗人饮酒,雅士品茶"。"廉、美、和、敬",是中华茶道四谛,以茶养廉,以和为美,以孝敬为上,以清廉为美,体现中华民族的传统美德和文化精神。

4. 阴阳刚柔之美:美哉,壮哉,茶美学的两大审美范畴

中华茶美学,具有古典美学的两大审美范畴:阴柔之美和阳刚之美。与酒相比较,茶属于阴性,具有阴柔之美,所以苏轼说:"从来佳茗似佳人。"但是,茶不仅仅是佳人、灵芽、瑞草之英,亦是锋芒毕露的"旗枪",苏轼的《叶嘉传》,杨维桢的《清苦先生传》、支中夫的《茶苦居士传》等赋予茶以筋骨、气度、人格之尊,如同刚正不阿的仁人志士,使茶的审美属性又具有阳刚之美。特别是安化千两茶,千锤百炼、粗犷豪壮、大气磅礴。

中国茶叶像一只只和平鸽,一个个绿色文明使者,通过海陆古丝绸之路,飞向世界各地,在世界五大洲生根发芽开花。中华茶文化的传播,造就了西欧各国的下午茶之习,造福于世界各国人民。

茶叶改变世界。今天中国茶业复兴,中国茶文化繁荣发展。以茶为礼,以茶为媒,以茶会友。与茶同行,与茶同乐,与茶同寿。

二、茶文化历史之美

图 12.2　中国人眼中茶叶
的发现者——神农氏

中国是世界上最早发现、饮用茶叶和栽培茶树的国家,传说神农氏(图 12.2)最早发现了茶叶,从神农时代起,人们就注意到茶叶的药用价值,茶有止渴、清神、消食、除瘴、利便等"解毒"功能,于是便开始了茶的饮用历史。古人最初饮用茶的方式是口嚼生食,后来才开始以火煮茶羹饮,到了春秋时代,为了长时间保存茶叶以用作祭品,开始把茶叶晒干,方便随时取用。大约在汉以前,茶已由单纯药用转化为日常饮料,在西汉,已有饮茶之事的正式文献记载。

关于"茶",古代另有"荼""茗"等不同的称呼,《尔雅·释木》中说"槚,苦荼。"说楸树的叶子可以做成茶,而郭璞注中则有更详细的说明:"槚,树小如栀子,冬生叶,可煮作羹饮。今呼早采者为荼,晚取者为茗,一名荈,蜀人名之苦荼。"根据一天中采茶时间的不同,有不同的叫法,说明那个时候茶叶的采

摘制作技术已经非常成熟了,并且饮茶也已非常常见了。

魏晋时期,人们习惯将采来的茶叶先做成饼,晒干或烘干,饮用时,碾末冲泡,加佐料调和作羹饮,此称为饼茶。对此,三国时张揖写的《广雅》中就有记载:"荆巴间采茶作饼,成以米膏出之。若饮先炙令色赤,捣末置瓷器中,以汤浇覆之,用葱、姜、橘子芼之。其饮醒酒,令人不眠。"这是中国茶文化史上第一次有考证的制茶及饮茶方法的文字记载。魏晋时期,是一个礼教衰微、玄学盛行的时代。名士们崇尚自然、潇洒脱俗,于是饮茶清谈成为时尚,茶和酒与令后人称道的"魏晋风度"之间建立了不可分割的联系。大抵由于茶生于灵山妙川,承甘露之芳泽,蕴天地之精气,有清灵玄幽之秉性,这正好与名士们飘逸超然的情趣相符合,与他们淡泊、清灵的心态相一致,所以茶便成了文人雅士们的精神寄托之一。随着和茶有关的文化活动,如交游宴乐、诗赋酬答等的日益丰富,茶已经脱离一般形态的饮食走入文化圈。这时还出现了不少吟咏茶事的诗歌,比如西晋文学家张载在《登成都白菟楼》中有"芳茶冠六清,溢味播九区"的句子,说明茶在所有饮料中首屈一指的超然地位。又如杜育有《荈赋》一文,这是一篇专门描述茶的文学作品,内容涉及茶树生长至茶叶饮用的全部过程。可以说,魏晋时期的饮茶之风已具有显著的社会、文化功能,中国茶文化也初见端倪。

进入隋唐以后,首先是茶叶生产迅速发展,茶区进一步扩大,据史料统计,唐代产茶的区域遍及今天十五个省、自治区、直辖市,与近代茶区大致相当。随着产茶区域的扩大,饮茶之风也随之风靡全国,正如封演在其《封氏闻见记》中记录的:"穷日尽夜,殆成风俗,始自中地,流于塞外。"唐太宗时期,文成公主进藏时带去了茶叶,从此西藏也有了饮茶之风;中唐时期,随着日本往来中国的使者僧侣的传播,茶种及饮茶风气传入日本;茶马互市兴起以后,以茶换马的茶马交易也开始实施,自此北方与南方的少数民族地区也开始广泛饮茶。正如《膳夫经手录》中所说:"今关西、山东、间阎村落皆吃之,累日不食犹得,不得一日无茶。"茶叶开始在全国乃至世界进行贸易与传播。

唐代的制茶工艺也有了长足发展,除了魏晋的饼茶,这时还出现了散茶,散茶一般用幼嫩芽叶加工而成,保持着茶叶原有的香味,其生产工艺经历宋、元、明三代的改进和发展,便成为今天我们习见的绿茶。另外,当时还流行蒸青饼茶,其工艺与饮茶流程非常繁复讲究。陆羽在《茶经》中详细记述了其生产过程:"晴,采之,蒸之,捣之,拍之,焙之,穿之,封之,茶之干矣。"(见图12.3)

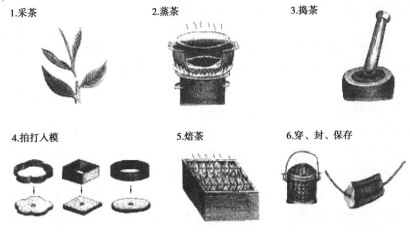

图12.3　唐代制茶流程图

唐代制茶流程有如下一些步骤。

其一，在农历二月至四月之间，选择晴天采摘新鲜茶嫩芽，嫩芽的评判标准则是"笋者上，芽者次。叶卷上，叶舒次"。其二，将采来的叶子放在小篮子中，置于甑（木制或瓦制的圆桶）中，甑置锅上，锅内盛水，烧水蒸叶。其三，将蒸熟后的茶叶趁热捣碎。其四，将碎后的茶叶倒入各种形状图案的模具中，用力拍压茶叶，使其紧实成饼。其五，将压好的茶饼脱模晾干，同时在茶饼上穿孔，便于后续烘干和烘干后串成串。其六，将茶饼置于地灶上以热气焙茶，然后用绳子将茶饼串起来，放进密封容器中封存，以便于茶叶的保存。

好的蒸青饼茶制好以后，应该是有皱有棱、其味道芳香浓郁的，而劣茶则硬而变形。饮用时，先将饼茶放在火上烤炙。然后用茶碾将茶饼碾碎成粉末，并用罗筛将茶末过筛，保证茶末足够精细。接下来煮水烹茶，煮水时，水面出现细小得像鱼眼一样的水泡时为一沸，此时加盐调味。当锅边水泡如涌泉连珠时为二沸，这时要用瓢舀出一瓢水备用，然后用工具在沸水中心搅打，将茶末从汤心倒进去。再稍加烹煮后，待锅中的茶水"势若奔涛溅沫"时为三沸，此时将刚才舀出来的那瓢水再倒进锅里"救沸育华"，然后一锅茶汤就算煮好了。最后将煮好的茶汤分至各茶碗，务必做到茶汤和泡沫都分得均匀，这就是"分茶"。20 世纪 80 年代，陕西法门寺出土一套唐代金银茶器制品，可以对上述陆羽《茶经》中叙及的这个饮茶过程加以印证。唐人从炙茶、碾茶，到罗茶、煎茶，最后到分茶、饮茶，每一个细节都力求精要、独到、雅致，诱人想象并使人沉迷，饮茶已经上升到了一种生活艺术的高度。

如果说陆羽代表了茶艺类茶道，那么唐代释皎然、卢仝则代表了茶道的另一个门类：修道类茶道。其实，从魏晋开始，茶就开始进入宗教领域，道家修炼气功要打坐、内省，茶又有清醒头脑、疏通经络的作用，于是便出现了一些饮茶可以羽化成仙的故事。卢仝号玉川子，他在《走笔谢孟谏议寄新茶》中曾详细介绍过茶与修行的关系：一碗仅是解渴，"喉吻润"，满足生理需求；二碗"破孤闷"，把愤世嫉俗、压抑烦闷的心情都消解了，由外到内头现满足；三碗搜枯肠，惟有文字五千卷，茶能激发诗心灵性，引起创作灵感；四碗发轻汗，平生不平事，尽向毛孔散，郁结于心中的烦闷借助于饮茶发汗而散掉，便心灵轻盈；五碗肌骨轻，肉身凡胎的肌肉与骨骼也由于饮茶而净化，变得更加轻松、轻灵，为精神升华打好了基础；"六碗通仙灵"，人的心灵也通过饮茶得到了彻底净化；第七碗，轻易饮不得，因为饮之便能御风而行，进入神仙的境界。总之，修道之人认为饮茶可以使思想升华，物我两忘，达到得道成仙的美妙境界，这就赋予了茶更多的哲学或宗教的内蕴，所以至今道观寺庙还多有种植茶树的传统。

茶文化兴起于唐，是唐文化中重要的组成部分，它超越了茶的自然属性，上升到人文艺术、哲学思想、宗教精神等高度，出现了大量茶书、茶诗。茶由最初药用变为饮用再变为品用，由生理需要，升华为一种修养、一种精神，从此迈入了茶文化的新境界。

进入宋代以后，茶文化继续发展，第一，制茶工艺有了进步，当时福建建安因为茶叶品质好而成为团茶、饼茶制作的技术中心，名冠全国，如欧阳修诗句中所说的，"建安三千里，京师三月尝新茶。"（《尝新茶呈圣俞》）建安茶的生产工艺和制茶技术代表了当时的巅峰，是中国御贡历史最长的茶，前后共鳌占了四百多年的风骚。第二，唐时虽已有散茶，但仍以团茶、饼茶为主，它们工艺烦琐，煮饮也比较费事。而进入宋代以后，当时的淮南、湖北和江南一带，已大量出产散茶，使平民大众也越来越多地加入到品饮茶叶的行列中，这也预示着中国传统的制茶和享饮习惯的改变。第三，茶馆文化开始出现在北宋的都城汴京以及当时人口众多的大城市，茶坊遍地开花，这些茶坊除了可以喝茶以外，很多还是商贩们做买卖的场所，有的茶坊还提供皮影戏、讲平话、唱宋词等娱乐活动,推动了民间贸易和俗文学的发展。第四,茶与社会、政治生活的诸多方面都建立了广泛的联系。在民间,有人迁徙,邻里要"献茶";有客来,要敬"元宝茶";订婚时要"下茶";结婚时要"定茶";同房时要"合茶"。在宫廷,设有专门的茶事机关,贡茶按等级分配,赐茶成为皇帝笼络大臣、眷怀亲族的重要手段,茶还可赐给国外使节,加深邦交友谊。第五,上至达官,下至百姓,斗茶成风。所谓斗茶,其实就是评比茶的优劣,从烹茶之水到茶具搭配,再到烹煮手艺、火候,最后到汤色、汤花的评比,有一系列烦琐的评判标准。宋代的斗茶将茶由"品"上升到"玩"的至高境界,为当时的日常生活注入了新的情趣,也极大地丰富了茶文化的内涵。图12.4 为宋代茶百戏。

图 12.4　宋代茶百戏
（图片来源：百度图片）

　　明清以后,中国茶业出现了较大的变化,很多方面都向近现代靠拢。明太祖朱元璋在洪武二十四年时,曾发布了一道诏令"罢造龙团,惟采芽茶以进",要求进贡的茶叶从费时费工的团茶改为相对易制的散芽茶,这对散茶的发展是一股巨大的推动力量。一方面,工艺上持续进步,改蒸青为炒青,能更好地保留茶叶本来的鲜香味;另一方面,茶的品类也极大丰富了,出现了黄茶、白茶和黑茶,明末清初还出现了乌龙茶、红茶和花茶。各地名优茶品层出不穷,龙井茶、黄山毛峰、碧螺春等大批名茶不断问世。

　　除此之外,饮茶的方式也发生了极大变化,"点茶""煮茶"变为"泡茶",方便快捷又能保持茶叶的原汁原味,这种饮茶方式一直保持到今天。随着饮茶方式的改变,茶具也相应地发生了变化,各式茶壶、盖碗茶盏、紫砂茶具等应运而生,还有福州的脱胎漆器茶具、四川的竹编茶具等特色茶具相继出现,为饮茶平添了几分雅趣。此外,明清之人喜茶,因此茶书、茶诗、茶画的数量也多起来,明代的徐渭、文徵明、黄宗羲、唐寅,清代的曹廷栋、曹雪芹、郑板桥、顾炎武等著名文人都作过不少茶诗。

　　综观茶的发展历史,制茶工艺、饮茶方式,茶的贸易、传播以及与茶相关的周边产品、风俗习惯、文学艺术等都是不断变化进步的,茶文化的外延不断扩大,内涵不断丰富,成为中国传统文化中重要的组成部分,亦成为中国人物质和精神生活中不可或缺的东西。中国茶的发展历史,不仅是形成一种饮食文化的过程,而且还映射出了一个文明古国的精神发展的脉络。

三、传统诗词中的茶之美

　　中国诗词海纳百川,茶作为我们传统饮品,陆羽在茶经中将其定性为"茶性俭,行俭德之人",至此,茶更是融入了文化追求。古诗词中对茶之美的描述,有力透纸背的感觉,着墨数字,便将茶之美跃然于纸上。朗朗上口的同时,辞藻优美得当,"松花飘鼎泛,兰气入瓯轻"。

（一）两晋南北朝时期

　　魏晋时,茶声名渐显,士大夫渐渐有饮茶之风,诗与茶在晋代就已经结合,可以说两晋南北朝是中国茶文学的发轫期,可关于茶的文学作品并不多,张载的《登成都白菟楼》是其中的佼佼者。

《登成都白菟楼诗》(节选)

【魏晋·张载】

披林采秋橘,临江钓春鱼。

黑子过龙醢,果馔逾蟹蝑。

芳茶冠六清,溢味播九区。

人生苟安乐,兹土聊可娱。

原诗全篇 32 句,陆羽《茶经》引录其后半部 16 句,标题为"登成都楼"。现节录其最后 4 句。作者以华丽的文辞描述白菟楼的雄伟壮观和成都的富饶繁华。其中"芳茶冠六清,滋味播九区"二句高度赞美了茶的饮用价值。本诗是最早以诗歌的语言颂扬茶的饮用价值的篇章之一,也是茶文化史上的一个亮点。

《荈赋》(残篇)

【西晋·杜育】

灵山惟岳,奇产所钟。

瞻彼卷阿,实曰夕阳。

厥生荈草,弥谷被岗。

承丰壤之滋润,受甘露之霄降。

月惟初秋,农功少休;

结偶同旅,是采是求。

水则岷方之注,挹彼清流;

器择陶简,出自东隅;

酌之以匏,取式公刘。

惟兹初成,沫沈华浮。

焕如积雪,晔若春敷。

若乃淳染真辰,色绩青霜,

氤氲馨香,白黄若虚。

调神和内,倦解慵除。

晋代诗人杜育《荈赋》诞生于距今 1700 年前,是人类茶文学的开山之作,比茶圣陆羽的《茶经》要早四百多年。而陆羽《茶经》里数次提到杜育及其作品,殊为罕见,由此可见茶圣对杜育和《荈赋》的推崇。《荈赋》是人类茶叶史上第一篇完整地记载了茶叶从种植到品饮全过程的茶学作品。《荈赋》残篇只用 97 个字,就将茶的产地、生长、采摘、用水、茶器、煮茶、茶沫形状、汤色、味道等全流程活灵活现地展现出来。其中"惟兹初成,沫沉华浮。焕如积雪,煜若春敷"表达了杜育对茶汤特点的审美。当烹茶初成、茶汤煮好的时候,粗糙的泡沫下沉,轻细的精华上浮。亮丽得犹如白色的积雪,灿烂得好似春天欣欣向荣的花木。随后"若乃淳染真辰,色绩青霜,氤氲馨香,白黄若虚"又着墨演绎了茶汤的颜色和香气。茶汤颜色在越窑青瓷茶碗中成了犹如秋霜一般的青白之色,茶汤烟云弥漫而芳香缭绕不绝。全诗文工整流畅、淡雅秀美、如诗如画、令人惊艳,开创了人类茶文学清雅、优美的文风。《荈赋》文字精辟而优美,使人沉醉于那个遥远时代的饮茶生活之美。它所包含的内容非常浩瀚,涉及了茶的各个方面,进行了诸多史无前例的探索,不仅具有文学价值,更是有着巨大的学术价值,是人类茶叶发展史上永远绕不开的一座学术高峰。至今引人探寻不已。

（二）唐宋时期

唐宋是中国诗歌发展的鼎盛时代,名家辈出,同时,随着茶叶生产突飞猛进地发展,饮茶风尚在社会普及开来,茶已声闻天下,文人墨客皆以饮茶为乐事。文人饮茶,提升了饮茶的文化品位,使得品茗成为艺术享受,这个时代更强调从审美的角度来品赏茶汤的色、香、味、形,更注重追求精神感觉。赞美茶的诗词大量涌现,且生动形象,意境优美,体现了中国传统文化中以茶为媒的独有浪漫情怀。唐代李德裕的"斗茶味兮轻醍醐,斗茶香兮薄兰芷",唐代卢仝的"疏香皓齿有馀味,更觉鹤心通杳冥",唐代温庭筠的"味浓香永,醉乡路,成佳境",唐代刘禹锡的"水汲龙脑液,茶烹雀舌春",唐代皎然的"素瓷雪色缥沫香,何似诸仙琼蕊浆",宋代范仲淹的"茶烟一缕轻轻扬,搅动兰膏四座香",宋代黄庭坚的"黄金碾畔香尘细,碧玉瓯中白雪飞",宋代李涛的"茶饼嚼时香透齿,水沈烧处碧凝烟"等,著名诗人、词人对茶香、茶色进行了描述,词句隽永优美,含蓄蕴藉,值得细细品味一番。

《一七令·茶》

【唐·元稹】

茶,

香叶,嫩芽。

慕诗客,爱僧家。

碾雕白玉,罗织红纱。

铫煎黄蕊色,碗转曲尘花。

夜后邀陪明月,晨前独对朝霞。

洗尽古今人不倦,将知醉后岂堪夸。

一字至七字诗,俗称宝塔诗,在中国古代诗中较为少见。元稹以宝塔的形式来排列诗歌,不仅形式特别,而且读起来朗朗上口,同时也描绘了茶的形态、功用和人们对它的喜爱之情。这首宝塔诗,先后表达了三层意思:一是从茶的本性说道了人们对茶的喜爱;二是从茶的煎煮说到了人们的饮茶习俗;三是就茶的功用说到了茶能提神醒酒。翠绿,香,清高,味甘鲜,耐冲泡。此茶不仅可以消暑解渴生津,而且还有助消化作用和治病功效。此诗一开头,就点出了主题是茶。接着写了茶的本性,即味香和形美。第三句是倒装句,说茶深受"诗客"和"僧家"的爱慕,茶与诗,总是相得益彰的。第四句写的是烹茶,因为古代饮的是饼茶,所以先要用白玉雕成的碾把茶叶碾碎,再用红纱制成的茶罗把茶筛分。第五句写烹茶先要在铫中煎成"黄蕊色",尔后盛载碗中浮饽沫。第六句谈到饮茶,不但夜晚要喝,而且早上也要饮。到结尾时,指出茶的妙处,不论古人或者今人,论及饮茶都会谈到提神功效,特别是酒后饮茶有助醒酒。

这首诗饶有趣味,描写上,有动人的芬芳:香叶;有楚楚的形态:嫩芽、曲尘花;还有生动的色彩:"碾雕白玉,罗织红纱。铫煎黄蕊色"。饮茶之时,应是夜后陪明月,晨前对朝霞,享受着神仙般快乐的生活,可谓"睡起有茶饥有饭,行看流水坐看云"。

《次韵曹辅寄壑源试焙新芽》

【宋·苏轼】

仙山灵草湿行云,洗遍香肌粉末匀。

明月来投玉川子,清风吹破武林春。

要知玉雪心肠好,不是膏油首面新。

戏作小诗君一笑,从来佳茗似佳人。

苏东坡对茶十分喜爱,一生写过的茶诗数以百计,经典之作颇多,这首《次韵曹辅寄壑源试焙新芽》是被世人至今津津乐道的佳作。全诗虽然句句写的是佳人,但同时却又句句写了佳茗。诗中大意是在飘渺无垠的仙山之上,洁白的流云缓缓又悠然地飘荡过,山上那灵草幻化出的仙子用白云洗遍了每一寸的香肌,虽不加粉黛,却丽质天成,茶芽都为那流动着的云雾所湿润。

苏轼把壑源新茶赞为仙山灵草,并且强调这种茶是不加膏油的。苏轼用他独特的审美眼光和感受,将茶独具之美用了一种拟人手法写出了"从来佳茗似佳人"。这是苏轼品茶美学意境的最高体现,也成为后人品评佳茗的最好注解。后人常把苏轼另一首诗的名句"欲把西湖比西子"与之相对成联。

(三)元明清时期

元代历史较短,相比之下,与茶有关的诗词较少,有耶律楚材的"碧玉瓯中思雪浪,黄金碾畔忆雷芽"、李德载的"金芽嫩采枝头露,雪乳香浮塞上酥"、蔡廷秀的"遥望洞庭山水翠,白银盘里一青螺"等。

明清时期是中国茶业向近代发展的时期,与唐宋茶文化轻饮重艺,热衷于游戏娱乐的特点不同,明代茶业走上了综合考察茶叶品质和更加重视茶叶饮用功能的道路。同时,宋代所崇尚的一些饮茶审美标准被一一弃用,取而代之的是崇尚品茶、方式从简、追求清饮之风,对茶品要求"味清甘而香,久而回味,能爽神者为上",追求茶品之原味与保持自然之性。对茶叶品质的要求讲究因茶而异,追求外形与内质的统一,倡导通过嗅觉、味觉、视觉、触觉等方式,从色、香、味、形诸多角度来鉴赏茶叶,成为现代茶叶感官评审的基础。这个时期描写茶叶之美的诗词也大多从这些角度出发。明代张源认为"茶以青翠为胜,涛以蓝白为佳,黄黑红昏,俱不入品。雪涛为上,翠涛为中,黄涛为下",明代朱升则认为"茗之带草气者,茗之气质性也。茗之带花香者,茗之天理之性也"。

《龙井茶》

【明·于若瀛】

西湖之西开龙井,烟霞近接南山岭。

飞流密汨写幽壑,石碴纤曲片云冷。

挂杖寻源到上方,松枝半落澄潭静。

铜瓶试取烹新茶,涛起龙团沸谷芽。

中顶无须忧兽迹,湖州岂惧涸金沙。

漫道白芽双井嫩,未必红泥方印嘉

世人品茶未尝见,但说天池与阳羡。

岂知新茗煮新泉,团黄分列浮瓯面。

二枪浪自附三篇,一串应输钱五万。

这是一首描写龙井茶的诗,详细地介绍了龙井的产地、品质以及龙井泉的泉水,最后写道龙井茶二枪如团黄,它的嫩度和优异的品质可以和双井茶、北苑龙团茶媲美,所以非常珍贵,一串的价格值五万钱。读了这首诗,令人感到龙井茶的确不是一般的茶叶。明清时期,描写龙井茶的诗很多,除本诗外,还有屠龙的《龙井茶》,陈继儒的《试茶》,吴宽的《谢朱懋恭同年寄龙井茶》,乾隆皇帝下江南时,也写下了四首咏龙井的诗《观采茶作歌(前)》《观采茶作歌(后)》《坐龙上京茶成》《再游龙井作》。图 12.5 为西湖龙井。

《日铸茶》

【清·吴寿昌】

越茗饶佳品，名输此地传。

根芽孤岭上，采焙早春前。

馀味回云雾，清芬试水泉。

幸辞团饼贡，风韵最自然。

　　吴寿昌，清乾隆时著名诗人，浙江绍兴人，进士出身。这首诗是他《乡物十咏》中的一首，与东浦酒、鉴湖菱、平水冬笋、陶堰艾糕、斗门鳗线等共同组成了歌咏绍兴特产的系列诗篇。该诗赞颂了日铸茶的产地、采摘季节、茶之质地，最后一句"风部最天然"，作了最好的概括。日铸茶，又名"日注茶""日铸雪芽"，产于绍兴市东南五十里的会稽山日铸岭，以御茶湾采出的茶叶制成的日铸茶为极品，日铸茶是我国历史名茶之一。早在唐朝，勤劳智慧的山阴（绍兴）人，就首先改变蒸青的茶叶制作方法，而创新性地使用了炒青工艺，生产出来的日铸茶广受欢迎。

图 12.5　西湖龙井

四、茶名之美

　　《庄子·逍遥游》云："名者，实之宾也。"中华民族喜欢为美好的东西取美好的名字，我国产茶历史悠久，茶树品种繁多，采制经验丰富，是世界上茶叶种类最丰富的国家，茶名也丰富多彩，茶名之美美在既能体现茶的品质特征，又有丰富的文化内涵，能引发茶人美好的联想。中国茶的名字大多很美，如君山银针、恩施玉露、青城雪芽、南京雨花、碧螺春、白牡丹、素心兰、千岛玉叶、敬亭绿雪、黄金桂等，名称雅致、形象。据不完全统计，我国有五百余种茶叶，就有着五百多种茶名，俗话说："茶叶学到老，茶名记不了。"赏析茶名之美，实际上是赏析中国传统文化之美。从中不仅可以感受到茶文化，还可以看出茶人的艺术底蕴。

　　纵观中国古今茶名，通常都带有描写特征。人们在对茶叶命名时，都试图通过它传递出茶叶某方面的信息或特点，让人一见茶名，便对茶能知其一二。有的反映茶的形状，如珍眉、珠茶、瓜片、松针、毛尖、雀舌、鹰嘴、旗枪、仙人掌等；有的反映茶叶的颜色，如黄芽、辉白、白毛茶、天山清、水绿、汤黄等；有的反映茶的香气与滋味，如十里香、兰花茶等；还有的茶名综合反映茶的形状、颜色等多种特点，如雪芽、银笋、银峰、玉针、白牡丹等。比较常见的茶叶命名方式有如下几种。

（一）以茶的产地命名

这是指结合茶叶产地的山川名胜来对茶叶进行命名,如西湖龙井、普陀佛茶、黄山毛峰、茅山青峰、庐山云雾、井冈翠绿、苍山雪绿、鹤林仙茗等,从这类茶名一眼可知道该茶的品种和产地。如西湖龙井,产地为浙江西湖地区,茶树名种为龙井群体小叶种。同时,将风景名胜与茶叶联系在一起,可增加人们对茶的好感,并加强审美体验。

（二）以地名和茶叶的形状特征命名

对于这类茶的命名,一般是前冠产地名,后接专名。地名反映产地,专名反映茶的主要品质特征,而且文字讲究、独特别致,以表现茶品非凡。如六安瓜片,产地为安徽六安,瓜片是茶叶的形态形如瓜子,是唯一各等级茶类都是由全叶片制备而成的绿茶。

在六大茶类中,乌龙茶常以品种或单丛来命名,并且为区别各地产品,常在品种名前冠以地名。如以品种命名的有台湾乌龙、安溪铁观音、武夷肉桂、闽北水仙、安溪香橼、永春佛手等;以单丛命名的有大红袍、铁罗汉、白鸡冠、水金龟等。

这些茶名命名方式都突出了对茶的描写特征,方便人们对茶叶的认知和审美。

（三）文艺性的命名方式

中国的茶名,不仅具有描写性特征,还有文艺性特征。茶名的文艺性主要体现在两个方面。

一是许多茶名,尤其是名茶之名,文字都文雅优美,富有诗情画意,让人一见茶名,便会引起无限美好的遐想,如庐山云雾、高桥银峰、雪水云绿、午子仙毫、白月光、归夕等,看到这些茶名,犹如欣赏一幅素淡清雅、写意传神的中国画,让人感到美不胜收。

二是许多茶名都来源一些美妙动人的传说和典故,如竹叶青、文君嫩绿、峨蕊、太平猴魁、文公银毫、金奖惠明等,这些茶背后的传说与典故,既丰富了其文化内涵,也使茶叶本身的魅力倍增。

如洞庭碧螺春就有着碧螺姑娘的动人爱情故事:传说在很早以前,有一位勤劳善良的碧螺姑娘,她的元气凝聚在茶叶上,救活了濒死的恋人,自己却香消玉殒。姑娘死后被埋在洞庭山上,从此山上的茶树越长越旺,品质格外优良。为了纪念碧螺姑娘,乡亲们便把这种名贵的茶叶,取名为"碧螺春"。碧螺春这个茶名,会让人联想到卷曲如螺的外形以及神话传说中美丽善良的碧螺仙子,联想到春季万物萌发、生机勃勃、清新翠绿的景色,给人至美的感受。

（四）以吉祥物命名

以吉祥物命名,如和平猴魁、银猴、金骏眉等。

（五）以采茶时令命名

以采茶时令命名,如谷雨春、不知春等。

第二节　茶态之美

一、茶形美

茶之美不仅有"相看两不厌"的绿茶,"七泡有余香"的乌龙,还有"唯有牡丹真国色,花开时节动京城"的白茶,"茶芽嫩复黄"的黄茶、"茶汤红亮撩人饮"的红茶,"一杯清洌助推敲"的黑茶。绿茶小巧纤细,乌龙浑圆紧实,普洱方圆规矩,黑茶粗犷豪放,其外观形态各有千秋。

茶形,即茶的形态,是指人们对茶叶的色、香、味、形欣赏鉴别过程中,首先映入眼帘被感知的茶叶的美妙形态。我国茶叶的外观形状千姿百态,散茶有针形、雀舌形、尖条形、花朵形、扁形、卷曲形、圆珠形、环钩形、眉形、螺钉形、颗粒形等,紧压茶有砖形、枕形、碗臼形、饼形、柱形等,大都取决于茶叶的品种、采摘时间、采制工艺等。

茶形,有的状物为形,若雀舌,如奇葩,千百年承传,形成名品;有的成为几何图形,或圆或方,或球或柱,大多为紧压茶;有的形态没有规则,但名声显赫,"美如观音重如铁"的福建铁观音茶,"外形曲卷,背有蛙皮"的武夷山乌龙茶;有的形如粉末,袋装的速溶茶;有的形似牡丹花、菊花的束形茶,洋洋大观,美不胜收。无论什么形态,都各有其美,如扁形茶扁平似剑、针形茶紧细圆直似松针、螺形茶卷曲如螺、眉形茶弯秀似眉、珠形茶圆润如珠、饼形茶圆如皓月、砖形茶方正刚直,都能给人美的享受。

茶形之美,适应了人们生理感观"表层"的愉悦,激起了人们心理"深处"的联想,还提升了人们审美情趣,培养了审美能力。爱茶者之中,有人喜爱碧螺春茶的曲线美,条索纤细,神形毕肖,巧夺天工;有人喜爱猴魁茶之尖形美,如刀似枪,嫩叶抱嫩芽,两刀夹一枪,自然成趣;有人喜爱翠眉茶之形,美如蛾眉,状若小家碧玉,天生丽质;有人喜欢君山银针茶形美,嫩度高,采制考究,尖细如针,在茶汤中亭亭玉立,动静皆美。

茶形之美,看得见摸得着感受得到,是一种实实在在的美,而且一旦固定下来,一般不会变化,成了茶叶品质的重要标志之一,给人们鉴别、评价茶叶平添了几多依据。茶叶采摘于茶树。茶树因为生长地域、生态环境等条件,茶树的鲜叶颜色青翠,鲜嫩欲滴,诱人采摘。茶叶的形状又因采摘时间不同而各具姿态。初春时节采摘的芽茶,在料峭的春风中如破土而出的春笋,鲜美可爱,娇妍动人;而初秋采摘的新叶,经受了盛夏的考验,片片呈深绿色,叶脉显露,有经历雨雪风霜的厚重感,老气横秋,质朴感人;还有雨前茶、明后茶,均各具形态美。对于茶叶的外形美,审评师的专业术语有显毫、匀齐、细嫩、紧秀、紧结、浑圆、圆结、挺秀等。文士茶人们更是妙笔生花,宋代苏轼把龙凤团茶比作"天上小团月";清代乾隆把芽茶形容为"润心莲",并说"眼想青芽鼻想香",足见其丰富想象力。

茶形之美,美不胜收。人们把婀娜多姿的茶形大体上分为如下几种类型。

（一）螺形茶

顾名思义,此种茶卷曲如螺,造型柔美,仔细观赏,可见叶的条索纤细,蒙披白毛,附叶成朵。给人的感觉也别致,有种轻快感,似在流动,又在升腾。如江苏碧螺春茶。

（二）扁形茶

这类茶形与名相符,扁平光滑,极像旧时补碗的碗钉,尖削而挺秀,有翡翠玉片那般光辉,有玉兰花瓣那般水灵,给人的感觉也新奇,有种端庄大方的美感。如浙江西湖的龙井茶。

（三）尖形茶

此种茶芽头肥实,两叶抱芽,宛若两刀夹一枪,恰如含苞待放的玉兰花。仔细观赏,其色深绿,白毫隐伏,叶脉微红。在茶汤中茶叶几经沉浮,或刀枪林立,或春兰初绽美丽感人。如安徽太平猴魁茶。

（四）针形茶

这类茶外形细圆而紧密,挺直而秀丽,两端略尖,茸毫隐露,就和松针一般。

仔细观赏,就能感受到造物主所造针形的静态之妙;若在玻璃杯中冲泡后,茶针即冲向水面,根根竖立,继而徐徐下沉,尽显动态之美。如南京雨花茶、安化松针茶。

（五）剑形茶

此种茶外形似剑,扁平挺直,熠光生辉。仔细观赏,横竖有别,横者刀光剑影,竖者万枪指空;整体看,又像勇士整装待发,又像交战中的千军万马,令人感受到壮烈激越的美妙。如安徽天柱剑毫茶。

（六）片形茶

这类茶叶成单片,状似瓜子,自然平展。仔细观赏,可见叶缘微微翘起,色泽碧绿悦目,每片完整大小匀称,而且不含芽尖、茶梗,片片相似片片美。如安徽六安瓜片茶。

（七）眉形茶

此种茶纤细略弯,就像古代仕女的弯弯娥眉,十分惹人喜爱。仔细观赏,自然就会联想到唐诗中的"妆罢低声问夫婿,画眉深浅入时无?"名句,越发觉得美妙,同时还有种温柔、乐观、青春常驻的感受。如江苏南山寿眉茶、安徽齐山翠眉茶。

（八）雀舌形茶

此类茶采摘较早,外形芽嫩肥壮,酷似雀舌。仔细观赏,叶色嫩绿,油润光洁,白毫铺陈,显峰露毫,略带金黄片。在茶汤中,几经沉浮,气泡留于芽尖,恰如雀舌展芳,极为美妙。如黄山毛峰茶。

（九）珠形茶

这种茶又有"绿色珍珠"美誉,外形紧密重实,浑圆似珠,端庄凝重。仔细观赏,色泽墨绿润亮,白毫时隐时现,毫光依稀可见。在茶汤中,受冲泡之力而沉浮起落,竟如鹤嘴含珠,珍宝乍现,美妙之感油然而生。如浙江崚县辉日茶。

茶之形,千姿百态,各展其美,古之人多有吟咏,不可尽述。而宋代大文学家苏东坡诗云:"戏作小诗君莫笑,从来佳茗作佳人"把茶形之美说得真真切切,千百年来被人们传诵。

一般说来绿茶、红茶、黄茶、白茶等多属于芽茶类,都是由细嫩的茶芽精制而成。以绿茶为例就可细分为光扁平直的扁形茶,细紧圆直的针形茶,紧结如螺的螺形茶,弯秀似眉的眉形茶,芽壮成朵的兰花形茶,单芽扁平的雀舌形茶,圆如珍珠的珠形茶,片状略卷的片形茶,细紧弯曲的曲形茶,以及卷曲成环的环形茶等类型。

乌龙茶(青茶)属于叶茶,采青时一般要到长出驻芽后的一芽二三叶才采摘,所以制成的成品茶显得"粗枝大叶"。但是在茶人眼中,乌龙茶也自有乌龙茶之美。例如安溪"铁观音"即有"青蒂绿腹蜻蜓头""美如观音重如铁"之说。对于武夷岩茶则有"绿叶红镶边"之美称。

【知识链接】

武夷山是茶的名丛王国,仅清代咸丰年间(1851—1861年)记载的名茶就有830多种,武夷山的茶人们爱茶至深,他们根据茶叶的外观形状和色泽,为武夷岩茶起了不少形象而生动的茶名。如白瑞香、东篱菊、孔雀尾、素心兰、金丁香、金观音、醉西施、绿牡丹、瓶中梅、金蝴蝶、佛手莲、珍珠球、老君眉、瓜子金、绣花针、胭脂米、玉美人、金锁匙、岩中兰、迎春柳等。

二、茶色之美

茶叶的色泽,给人一种质量的美感。茶色之美包括干茶的茶色、叶底的颜色以及茶汤的汤色三个方面。色泽是鲜叶内含物质经过加工而发生不同程度降解、氧化聚合变化后的总反映,在茶叶品质鉴定时主要是观察干茶的茶色,茶叶色泽也是茶叶命名和分类的重要依据,是茶叶主要品质特征之一。对于具体色泽按审评专业术语有嫩绿、黄绿、浅黄、深黄、橙黄、黄亮、金黄、红艳、红亮、红明、浅红、深红、棕红、暗红、黑褐、棕褐、红褐、姜黄等,如图12.6所示。

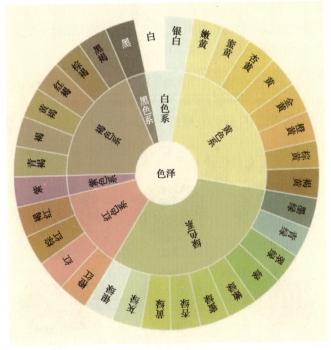

图 12.6 中国茶叶颜色轮
（图片来源：中国农业科学院茶叶研究所）

（一）绿茶茶色

绿茶杀青抑制了叶内酶的活性,阻止了内含物质反应,基本保持鲜叶固有的成分。因此形成了绿茶干茶、汤色、叶底都为绿色的"三绿"特征。其绿色主要由叶绿素决定,即深绿色的叶绿素 A 和黄绿色的叶绿素 B。茶叶中的橙红色主要由茶叶中的多酚类、儿茶素经过氧化聚合形成的茶黄素、茶红素、茶褐素等色素决定。茶黄素为黄色,茶红素为红色,茶褐素呈褐色。

（二）红茶茶色

红茶经过发酵,多酚类充分氧化成茶黄素和茶红素,因此茶汤和叶底都为红色。其中叶底的橙黄明亮主要由茶黄素决定,红亮是由于茶红素较多所致。红茶干茶的乌润是红茶加工过程中叶绿素分解的产物——脱镁叶绿素及果胶质、蛋白质、糖和茶多酚氧化产物附集于茶叶表面,干燥后呈现出来的。

（三）黄茶茶色

黄茶在"闷黄"过程中产生了自动氧化,叶绿素被破坏,多酚类初步氧化成为茶黄素,因此形成了"三黄"的品质特征。

（四）白茶茶色

白茶,传统白茶只萎凋而不揉捻,多酚类与酶接触较少,并没有充分氧化。而且白茶原料毫多而嫩,因此干茶和叶底都带银白色。茶汤带杏色。白茶的白色是白色素的反映,与芙蓉花白素、飞燕草花白素有关。

（五）清茶茶色

青茶经过做青,叶缘遭破坏而发酵,使叶底呈现出绿叶红边的特点,茶汤橙红,干茶色泽青褐。但发酵较轻的茶,如包种茶色泽上与绿茶接近。

（六）黑茶茶色

黑茶在"渥堆"过程中,叶绿素降解,多酚类氧化形成茶黄素、茶红素,以及大量的茶褐素,因此干茶为褐色,茶汤呈红褐色,叶底的青褐色是茶多酚氧化产物与氨基酸结合形成的黑色素所致。

图 12.7 展现了六大茶类干茶的色泽对比。

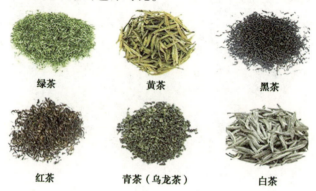

图 12.7　六大茶类干茶色泽对比图

茶叶色泽品质的形成是品种、栽培、制造及贮运等因素综合作用的结果。优良的品种、适宜的生态环境、合理的栽培措施、先进的加工技术、理想的贮运条件是良好色泽形成的必备条件。影响色泽的因素主要有茶树品种、栽培条件、加工技术等。如茶树品种不同,叶子中所含的色素及其他成分也不同,使鲜叶呈现出深绿、黄绿、紫色等不同的颜色。深绿色鲜叶的叶绿素含量较高,如用来制绿茶,则具"三绿"的特点。浅绿色或黄绿色鲜叶,其叶绿素含量较低,适制性广,制红茶、黄茶、青茶,茶叶色泽均好。另外,栽培条件的不同,如茶区纬度、海拔高度、季节、阴坡、阳坡的地势、地形不同,所受的光照条件也不同,导致鲜叶中色素的形成也不相同。土壤肥沃,有机质含量高,叶片肥厚,正常芽叶多,叶质柔软,持嫩性好,制成干茶色泽一致、油润。不同制茶工艺,可制出红、绿、青、黑、黄、白等不同的茶类,表明茶叶色泽形成与制茶关系密切。在鲜叶符合各类茶要求的前提下,制茶技术是形成茶叶色泽的关键。图 12.8 为六大茶类的颜色对比图。

图 12.8　六大茶类颜色对比图
（图片来源：百度知道）

三、茶汤之美

在茶艺中主要是鉴赏茶的汤色之美。不同的茶类应具有不同的标准汤色。在茶叶审评中常用的术语有"清澈"，表示茶汤清净透明而有光泽。"鲜艳"，表示汤色鲜明而有活力。"鲜明"，表示汤色明亮略有光泽。"明亮"，表示茶汤清净透明。"乳凝"，表示茶汤冷却后出现的乳状浑浊现象。"浑浊"，表示茶汤中有大量悬浮物，透明度差，是劣质茶的表现。

茶，本身是供人品尝，供人品味的，因此，茶的美也在于其中的茶水之美。一杯白开水，冲泡不同的茶叶，不同的温度，不同的方式，呈现出来的茶水味道都不一样。绿茶，冲泡出来的茶汤，有浅绿、嫩绿、翠绿、杏绿、黄绿之分，其中以嫩绿、翠绿为上品，黄绿为下品。红茶，冲泡出来的茶汤，红艳、红亮、浅红之分，让人感觉到温暖，其中以红艳为佳。青茶的汤色比较丰富，有金黄、橙黄、橙红、橙绿之分。白茶汤色有浅黄、深黄、橙黄或者橙黄中微微泛红等不同，以嫩黄、清澈明亮为最佳。

不同的茶叶冲泡出来的茶水颜色不一样，不管是哪种颜色都有其自己独特的味道。在鉴赏茶色之美时，人们总是会更加富有想象力，如把色泽艳丽的茶汤为"流霞"，把白色清淡的茶汤比作"玉乳"，把如梦如幻的汤色形容成"烟霞"。唐代徐夤的"冰碗轻涵翠缕烟"，乾隆的"竹鼎小试烹玉乳"等都是描绘茶色的绝妙写照。图 12.9 展示了不同类型茶的茶汤颜色。

图 12.9　茶汤颜色展示

四、茶香之美

中国茶类丰富，不同茶类具有不同香气，红茶甜香富余，绿茶清香雅致，乌龙茶花果香持久高长，普洱香陈香迷人，茶香不仅因茶而异，而且会随着温度的变化而变化。茶香之美，美在香型丰富、缥缈不定、变化无穷，李德裕描写茶香为"松花飘鼎泛，兰气入瓯轻"，王禹偁称茶香"香袭芝兰关窍气"，范仲淹称赞茶香"斗茶香兮薄兰芷"。无论是甜润馥郁还是清幽淡雅，抑或是

鲜灵沁心,均能给人带来至高的审美享受。

茶叶具有特有的茶香,是内含香气成分比例与种类的综合反映。茶叶的香气种类虽然有600多种,但鲜叶原料中的香气成分并不多,因此,成品茶所呈现的香气特征大多是茶叶在加工过程中由其内含物发生反应而来。各类茶叶有各自的香气特点,是由于品种、栽培条件和鲜叶嫩度不同,经过不同制茶工艺,形成了各种香型不同的茶叶。

在茶的鲜叶香气成分中,以醇类化合物最为突出。其中一部分属于低碳脂肪族化合物,具有青草气和青臭气;另一部分属于芳香类化合物,具有花香和水果香。鲜叶经过加工,叶片内发生了一系列生化反应,青草气等低沸点物质挥发,高沸点的芳香物质生成,最终形成茶叶的香气品质。已知茶叶香气成分有600种之多,各类香气成分之间的平衡和各种成分相对比例的不同便形成了各种茶叶的香气特征。

如炒青绿茶,杀青时间较长,具有青草气的低沸点化合物得到大量挥发,高沸点香气成分如香叶醇、苯甲醇、苯乙醇等得到大量显露或转化,并达到一定的含量。高温下糖类与氨基酸反应形成具有焦糖香的吡嗪、吡咯、糠醛等物质。所以高级绿茶的香气成分中,醇类、吡嗪类较多,具有醇类的清香和花香以及吡嗪类的烘炒香。而祁门红茶以蔷薇花香和浓厚的木香为特征,斯里兰卡红茶以清爽的铃兰花香和甜润浓厚的茉莉花香为特征。原因是,祁门红茶的香叶醇、苯甲醇、2-苯乙种等含量丰富,而斯里兰卡红茶的芳樟醇、茉莉内酯、茉莉酮酸甲酯的含量丰富。所以,红茶的香气成分中,醇类、醛类、酮类、脂类含量较高,尤其是氧化、酯化后的醛、酮、酯类的生成量较大。

乌龙茶的香型以花香特殊为特点。福建乌龙茶的香气成分主要为橙花叔醇、茉莉内酯和吲哚;而台湾乌龙茶的香气成分主要为萜烯醇、水杨酸甲酯、苯甲醇、2-苯乙醇等。

另外,茶叶香气组成复杂,香气形成受许多因素的影响,不同茶类、不同产地的茶叶均具有各自独特的香气。如红茶香气常用"馥郁""鲜甜"来描述,而绿茶香气常用"鲜嫩""清香"来表达,不同产地茶叶所具有的独特香气常用"地域香"来形容,如祁门红茶的"祁门香"等。茶香特别的一点是会随着温度的变化而变化。茶叶中上百种芳香物质,脾气不同,性质各异,有的在高温下才挥发,有的在较低的温度即可挥发。总之,任何一种特有的香气都是该茶所含芳香物质的综合表现,是品种、栽培技术、采摘质量、加工工艺及贮藏等因素综合影响的结果。图12.10为不同茶类的特点对照。

茶类	绿茶	普洱生茶(新)	白茶	黄茶	青茶	晒红	红茶	普洱熟茶(新)
发酵度	0%	0%、后发酵	5%~10%	10%~20%	30%~60%	60%~70%	80%~90%	60%~80%、后发酵
汤色								
香气	花香型、清香型、嫩香型	花香型、蜜香型、果香型	花香型、清香型、甜香型	嫩香型、花香型、焦香型	清香型、浓香型	花香型、甜香型	火香型、焦香型、甜香型	木香型、陈香型
滋味	清淡香扬	味浓韵厚	清甜爽口	甜爽	香浓微苦	香甜温润	香浓甜润	醇厚甜润
茶性	凉性	凉性	凉性	凉性	中性	中温性	温性	温性

图12.10 不同茶类的特点对照

【知识链接】

茶叶的审评

茶叶的审评,就是审评人员通过感官鉴别茶叶的过程。茶叶感官审评是一项技术性较高的工作,是通过评茶人员的视觉、嗅觉、味觉、触觉等感觉器官对茶叶产品的外形、色泽、整碎、净度、香气、汤色、滋味和叶底等方面进行审评,从而达到鉴定茶叶品质的目的。

审评中,除了评茶员应具备敏锐的审辨能力和丰富的实践经验外,还要有良好的评茶环境,以及统一的评茶标准、用具和科学的操作方法。应尽量减少外界因素对审评产生影响,使茶叶品质审评取得正确结果。

一、评审六大类茶外质因子的品质

茶叶外形的主要因子是形状和色泽。现在分别对六大茶类进行分析。

绿茶:外形有条形和珠形;色泽以绿为基本色,在绿茶加工过程中,由于"杀青"或二、三青的热作用、"揉捻"摩擦发生的热作用、"干燥"的热作用,导致各种色素成分量的比例有差别,干茶色泽就产生深浅不同的绿色,嫩度好的绿茶就表现为嫩绿或翠绿,嫩度一般的绿茶,就表现为绿、黄绿、绿黄等。

红茶:外形有条形和碎形;色泽乌润、棕褐。中小叶种春茶色泽乌润,夏茶稍乌黑;大叶种春茶色泽乌褐油润,夏茶稍带棕色。碎形茶色泽乌褐匀润,夏茶呈棕褐色。

黄茶:蒙顶黄芽在杀青时结合压、抓、撒手法,整形提毫结合拉直、压扁手法,形成芽毫显露、外形扁直、色泽微黄的外形。

黑茶:属于后发酵茶,其制作工艺是经过杀青、揉捻,外形形状粗松,再经渥堆(后发酵),改变颜色。其成品要经过筛制、蒸压成型。主要成品有黑砖、茯砖、花卷,粗松带梗色泽黑、黄褐色。

白茶:属于轻发酵茶,成品分白毫银针和白牡丹两种。形状的形成是使鲜叶经过缓慢的水分蒸发,保持芽的自然状态,叶缘叶尖向背反转呈"船底状"。白茶以银灰、绿为基本色。茸毛银灰色、叶片深绿、灰绿或翠绿。

青茶:也称乌龙茶,属于半发酵茶,外形有条形和卷曲颗粒形。闽南乌龙和台湾冻顶乌龙为卷曲颗粒形;闽北乌龙为叶端扭曲条形,广东乌龙为直条形。青茶外形有多种色泽,如青绿、砂绿、绿褐、青褐、黄褐、乌褐、乌等。总的趋势是:岩茶以青褐宝光色为主,闽北乌龙以乌为主,闽北、闽南水仙以绿为主,铁观音以砂绿为主,色泽以青绿为主。凤凰单丛茶中"花香型"品种的,以绿褐为主,"蜜香型"单丛茶,以黄褐或乌褐为主。台湾红乌龙黄、红、白兼有。乌龙茶在外形可见的如叶缘红斑,叶柄、主脉黄红,是晒青做青好、品质好的表征。

二、评审六大类茶内质因子的品质

开汤审评,也就是对茶叶的内质审评,是在评茶室光线良好、设施完备的条件下,评比茶叶色、香、味和叶底的品质状况,基本内容有:评茶用水、杯碗、冲泡方法、内质因子评定等。茶叶评审,见表12.1。

开汤操作合理顺序:"闻香气,看汤色,尝滋味,评叶底。"

1.绿茶:香气一般为清香鲜爽或具板栗香、嫩芽香等。汤色黄绿明亮,高级绿茶汤色嫩绿,一般绿茶或大叶种绿茶,汤色偏黄。绿茶的呈味成分,是由鲜叶固有物质适度转化而来,入口

为涩,回味为甘。叶底色泽,以嫩绿、黄绿为好,青绿、暗绿、黄暗为次,最忌红梗红叶。

2. 红茶:香气为烟香,汤色红艳明亮,由于呈色成分的量和比例不同,有深浅、亮暗、清浊等区别。其中以红艳、明亮、清澈为优,红暗、黄淡、混沌为差。叶底一般为古铜色,有明暗之分。

3. 黄茶:香气清新悦人,味醇爽口,色泽"黄叶黄汤"。

4. 黑茶:制作过程经过"渥堆"的特殊作用,形成各自的特殊风味。如普洱茶滋味醇厚带陈香,黑砖、茯砖香味纯,康砖、紧茶香味浓醇,金尖香味纯和等。茶汤由橙黄至棕红、红暗,叶底以脂溶色素降解物和多酚类色素沉淀为标志,呈黄褐至黑褐色。

5. 白茶:香气清鲜,滋味甘醇,汤色清淡浅黄,叶底呈浅灰绿色,叶脉微红。

6. 青茶:香气具有典型的自然花香及果香。正常的汤色有金黄、清黄、橙黄以及清红等。滋味有浓淡、爽涩、醇苦之分,一般以浓醇、浓厚、鲜爽为好。典型的叶底色为"绿叶红镶边"或"绿腹红边"。一般是主脉红变,叶缘有不规则的黄变和红斑,有些嫩叶、嫩梗为浅黄红色。

表 12.1　茶叶评审样表

品名	干评				湿评			
	形状	色泽	匀整度	净度	汤色	滋味	香气	叶底
碧螺春	条索紧结、卷曲如螺、有白毫	银绿	匀整	匀净	嫩绿明亮	清香浓郁	清香	柔嫩
白毫银针	白毫遍布,肥直	银绿	匀整	匀净	浅杏黄	鲜爽	清香	黄绿柔嫩
金骏眉	金豪遍布	金黄带褐色	匀整	匀净	深红	醇和	清香	红褐
祁门红茶	扁平	褐红	较匀整	较匀净	红褐	鲜爽浓醇	清香	红褐
滇红	条索紧细	乌黑油润	较匀整	匀净	红浓透亮	鲜爽浓醇	香高	红匀明亮
信阳毛尖	细圆多毫	翠绿	匀整	较匀净	浅绿	鲜爽	香气高	嫩绿
六安瓜片	扁平	翠绿	较匀整	匀净	浅绿	鲜爽	香气高	嫩绿
安吉白茶	扁平光滑	嫩绿	匀整	较匀净	嫩绿明亮	清爽	清香	叶色鲜亮
茯砖	转型、紧实	黑褐	匀整	匀净	橙黄	醇和	纯正	黑色

第三节　茶冲泡之美

从"茶之为饮,发乎神农"到平民百姓家的"开门七件事,柴米油盐酱醋茶",茶成为人们日常生活中的必备品。饮茶在古人的眼中不仅仅在于其味道甘甜,值得品味,还因为它在其他方面诸如色、香、形,都能给人以美的享受。因此,饮茶越来越讲究与之配套的茶具,伴之以优美的环境与从容的仪态动作,在饮茶中享受的是整体的美感。适宜的动作与姿态、配套的茶具、搭配优美的茶席共同构造出完美的饮茶意境,发展至今,成为狭义上的茶艺。

一、茶器之美

从唐代的煮茶到宋代的点茶,从明清的散茶冲泡到现今的不拘一格,中国茶的冲泡艺术总是在不断地变化和发展,泡茶的茶器和品饮的方式也发生了巨大的变化。中国茶叶种类丰富,不同的发酵程度、采摘嫩度,以及不同的茶叶外形等因素,会影响泡茶器具的选用、冲泡方法、水温和浸泡时间。中国人始终讲求的是天人合一,物尽其用,人要回归自然,物要为人所用。所以表现在茶道上,日本还保有着中国唐代时期的抹茶道,反观中国的茶道却是不断地去繁就简,流行于民间。茶器的创作也是如此,在实用和审美中达成和谐的状态。瓷器冷艳高贵,陶器拙朴敦厚,木器自然清新,茶器之美在于品味。

唐代社会经济的繁荣,加之饮茶之风的盛行,大大促进了瓷器制造业的发展,形成各种不同风格、不同特色的窑系。其中尤以南方的青瓷和北方的白瓷最为著名,在中国的陶瓷史上形成了"南青北白"的辉煌场面。如图 12.11 为越窑青瓷和邢窑白瓷。

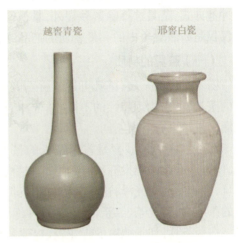

图 12.11　越窑青瓷、邢窑白瓷

宋代饮茶,更加注重饮茶过程中的"品"。在品茶中不断提高其鉴赏水平,从而获得更高的精神享受,这种品评茶质优劣的行为发展出了游戏形式的"斗茶",并且对茶具有了新的要求。因为斗茶中是以谁的茶汤白为胜负标准的,因而此时的宋朝对茶具的审美上,不再是唐代陆羽所提倡的"青则益茶"了,而是蔡襄《茶录》中记录的"茶色白宜黑盏"。在斗茶中这种黑釉茶盏更加能衬托出茶的"雪白汤花",而这正好是斗茶中决定胜负的关键。于是深色釉茶盏,尤其是建窑烧制的黑釉瓷茶盏成了宋代人们崇尚的茶盏颜色,也说明了宋代人在品饮过程中追求茶的色香的同时就已经注意到了茶具的搭配关系。与唐代不同,在宋代"斗茶"中所体现出来的艺术审美是一种强对比反差的美感。这不仅体现在深色的茶盏与盏内所盛的雪白汤花的对比上,茶盏口大底小的造型,似一只翻转的斗笠,"大口和小底"也形成了强烈的对比。并且茶盏,尤其是建盏在烧造时,由于釉面"窑变"而出现的美丽的花纹,使注入的茶汤五彩缤纷,亦被人们所喜爱。

图 12.12　宋代茶器

在宋代由于斗茶之风的普及,使得黑釉茶盏,尤其是建窑烧制的建盏几乎成为宋代茶具的代表。宋代是中国瓷器史上大放光彩的时代,在宋代出现了许多各具特色的窑口,尤其是宋代著名的哥窑、官窑、汝窑、钧窑、定窑五大名窑都有独具自己风格的产品。如汝窑具有独特魅力的青釉、定窑瓷质细腻的白釉、官窑的粉青等。除五大名窑外,其他如景德镇的影青及耀州窑的橄榄青等都历来被世人所称颂。虽然由于斗茶的原因,人们更青睐于黑釉瓷茶盏,"其青白盏,斗试家自不用"(蔡襄,《茶录》),但是其他釉色的茶具也给茶具史上带来了一个异彩纷呈的繁荣景象,是不容忽视的。

如果说唐代的茶具是以釉色的丰富多彩及装饰的多变而取胜的话,那么宋代的茶具则是以婉转而空灵的造型和天然的单色釉而取胜,素雅、秀丽、恬静的艺术风格与唐代的热烈形成了鲜明的对比。并且在装饰上也一改唐代的那种夸张而绚丽的色彩,变得保守、内敛。如耀州窑青釉刻花注子,总体造型风格比之唐代更加修长,其弯曲的长流和把手相呼应,颈部变细、变长,瓶身的折纸牡丹纹采用阴刻的装饰手法,线条刚劲流畅。如图 12.12 所示。

唐代陆羽的《茶经·四之器》中列举了二十四种茶器,是说在煮茶过程中需要 24 种用具。宋代蔡襄的《茶录·论茶器》中列举了九种茶器:茶焙、茶笼、椎茶钤、茶碾、茶罗、茶盏、茶匙、汤瓶。明代茶叶冲泡方式以散茶冲泡为主,茶壶应运而生并成为主要的泡茶用具。茶壶以江苏宜兴产的紫砂壶为主。清代是中国六大茶类发展起来的时期,饮茶方式多样,延续着明代的散茶冲泡方式,茶具选择除紫砂壶外,景德镇的青花壶和粉彩盖碗也是备受欢迎的茶具。茶具已不仅仅是激烈竞争中的一件普通的产品,而是一种肩负着文化使命的艺术品。

（一）茶具的材质

随着时代的发展,茶具可选的材质也更加丰富,如白瓷、紫砂、玻璃、金属、竹木等。不同材质的茶具,由于物理特性的不同,适合冲泡的茶叶也不同,用不同的茶具冲泡同一种茶,茶汤的色泽和滋味也会有所不同。

江苏宜兴的紫砂壶是古今茶人的最爱,这是因为紫砂壶的双气孔结构,以及口盖的严密性,使得冲泡茶叶能发挥特有的滋味和香气。另外,紫砂材质的茶具,经过日积月累的冲泡和把玩,会越发地有光泽,这是其他材质茶具所不及的。紫砂材质的茶具一般用于冲泡发酵程度高的茶叶,如乌龙茶、红茶等,不适合冲泡原料细嫩的名优绿茶。

白瓷茶具,如景德镇的青花瓷、福建德化的玉瓷茶具,白净的胎质能最直观地反映茶汤本身的面目。白瓷的盖碗在茶叶冲泡中应用比较广泛,但是白瓷由于烧制时收缩率高,口盖与紫砂壶相比,严密性较差。白瓷壶比较适合冲泡红茶及中低档的绿茶。

玻璃材质的茶具由于通透可视的特性,可以看到泡茶的整个过程,可以看到茶叶在水中的变化,也可以看到茶汤的颜色变化,广受现代女性的喜爱,冲泡花茶更是桌上美丽的风景。玻璃材质的茶具胎薄,保温性较差,因此,不适合冲泡乌龙茶、红茶等,可用于细嫩绿茶、花茶的冲泡,可呈现色泽鲜艳的茶汤。玻璃材质的公道杯或品茗杯,可搭配紫砂或白瓷材质的茶具使用。

（二）茶具的造型

茶具的器型也更加丰富,除了传统的茶壶、盖碗,还有各式新开发的茶道杯、电茶壶等,使我们的茶叶冲泡的形式更加多样,更加方便。

茶壶还是现在泡茶的主选茶具,使用方便。茶壶的大小可选的范围大,最小的一人壶,容量只有 80 毫升左右;一般泡乌龙的小品壶,三四人品饮之用,容量在 150 毫升左右;大型的提梁壶容量最大的有 1 升。壶把的造型有侧把、横把、提梁飞天等。

另外,应用较广的主茶具是盖碗,盖碗由盖、碗、托三部分组成,象征了天、地、人的和谐统一。盖碗的盖可留香、保温;碗敞口,方便品饮;托中间凹下去,可固定茶碗,还可以起到隔热的作用。

（三）茶道配件

茶道配件是除茶壶、品茗杯等主茶具之外的配件,如茶道组、赏茶荷、茶托茶巾、过滤网、水盂、茶刀等。一个完整的茶席,茶道配件也是不可缺少的。茶道组包括茶筒、茶则、茶漏、茶匙、茶夹、茶针六部分。茶筒,即茶匙筒,茶道、茶艺的必用道具;茶则,又称茶勺,取干茶之用,适合取用颗粒形茶叶;茶漏则于置茶时放在壶口上,以导茶入壶,防止茶叶掉落壶外;茶夹,又称茶铲,茶夹与茶匙功用相同,还常被人用来夹着茶杯洗杯;茶针,又称茶通,功用是疏通茶壶的内网,以保持水流畅通。

【知识链接】

建盏——茶器的极致之美

建盏被誉为"瓷坛明珠"。釉料独特,在烧制过程中能产生不同的筋脉和色彩,因而成品的釉面呈现兔毫状、油滴状或曜变状,瑰丽悦目,具有典型的中国风格和浓郁的东方艺术色彩。

建盏斑纹,是根据炉温而自然形成的。其中曜变斑纹由于纹斑异常绚丽,在建盏中最为珍贵。在宋代人工传统烧制时,往往烧制几十万件中才能偶然得到一两件,你说能不珍贵吗?

可以这样说,建盏在千年前的宋朝就已稳坐"茶器第一王者"的宝座,那时候爱它的人们爱着它的功能实用性,爱着它审美艺术的时代性,爱着它高洁的大度品性。建盏是崇尚自然的精神产物,是火与土结合的高难度的艺术,是古人留给我们的宝贵智慧结晶。

建盏在宋代为皇帝所钟爱。宋徽宗赵佶精通书法、茶道。他在所著的《大观茶论》里说道:"盏色贵青黑,玉毫条达者为上。"他还在诗歌《宫词》里写道"兔毫连盏烹云液,能解红颜入醉乡"。

许多瓷器自身就有一种独特的美,这种美从某种程度上说就是自然天成、无法复制,就连制作它们的艺人也无法预测。因此,这种美堪称造化,或者说是意外邂逅。"建盏"尤其如此。

建盏的美可以说是浑然天成、不加修饰、追求自然。不管是宋代的建盏、还是现代烧制的建盏,追求的都是一种极简却又自然变化的,人为不可控的美。建盏本身并不是一种讨人喜欢的釉色,然而在宋朝极简文化的氛围中,由于时代审美趣味和对精神认知的追求,将建盏的雅俗、巧拙的艺术表现得淋漓尽致,将不同层次的民间艺术和文人艺术对流,形成一种朴实无华的写真世界。

尽管生活没有庄重而神圣的仪式,但它却需要一些仪式感。仪式感能使某个日子区别于其他日子,使某一时刻不同于其他时刻,用建盏喝茶,给平淡的生活增添斑斓的色彩,给予生活更高的仪式感!

对于制作建盏的工艺师,他们追求的是"窑变"。"入窑一色,出窑万彩",无论是纤细柔美的兔毫斑纹,还是跳跃灵动的油滴斑纹,当然还有碗中宇宙的曜变斑纹,对于匠人来说都是窑神的恩赐。

建盏(见图12.13),娴雅质朴,自然淡泊,总给我们的内心以心安的宽慰,只愿爱盏在手,思接千古,品茗啜汤,俯仰天地,享现世安稳,看岁月静好。

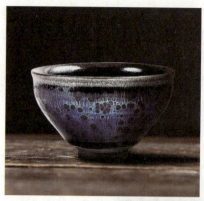

图 12.13　建盏

二、茶仪与茶礼之美

茶文化和中国礼仪文化密切相连,是中国文化的重要组成部分。从饮茶到品茶延伸出的情趣,像流水一般在历代文人雅士心中回荡绵延。通过参与茶礼,可以了解到茶文化的内涵和历史,同时也能感受到礼仪的重要性和美妙。品茶,就是品析茶的美感,这也被一些人看作一种煮茶、喝茶的生活艺术,一种以茶为介的优雅礼仪,一种以茶养心的生活方式。通过沏茶、赏茶、闻茶、饮茶等方式修养身心,不仅可以从中学习传统文化,而且有助于陶冶人们的情操,去除心中的烦恼和杂念。茶礼之美,礼与茶共融,可以从中更好地理解和传承中华文化的精髓。

图 12.14　东方传统茶艺

(一)茶仪

茶艺以独特的仪式感和优雅的礼仪而闻名。在茶的冲泡中,不仅追求茶叶本身的品质,更注重整个过程中对心灵的净化与陶冶,通过茶仪可以领略到东方传统茶艺所散发出来的独特韵味,如图 12.14所示。

在仪容仪表方面,品茗时应以淡雅为宜,无论泡茶者还是品茗者,都需要穿着大方得体,妆容清淡素雅。女士脸部的化妆不要太浓,不留指甲、不涂指甲油,也不要香水,否则茶香易被破坏,破坏了品茶时的感觉;男士的胡须和头发也需要打理一下。泡茶待客,双手要洁净、干净、清爽,不要有太多不必要的装饰。

在着装方面,不适合穿着宽袍大袖的衣物。在泡茶过程中,需要用手进行注水、出汤、分汤等动作。随着泡茶动作的施展,宽袖子垂落,可能会拂过茶汤表面,拂倒桌上的摆件,既不方便,又不雅观。因而,泡茶时,选择素净且袖口较窄的衣物较妥。

坐姿端正是社交场合的基本礼仪,泡茶待客时也是一样,不宜歪七扭八,弯腰弓背,体态不雅。为保持坐姿的端正,椅子一般不要坐满,最好是坐在椅子的三分之一处,腰杆自然挺直。伴随着泡茶动作的施展,不要因倒水、持壶等动作,而将身体歪到椅子的一边,甚至于靠着椅背、跷二郎腿等动作。除了坐姿外,动作仪态要尽量保持优美,一举一动要落落大方。

在泡茶待客之前,要先清洗茶具。桌面上摆放的茶杯、茶杯垫、公道杯、盖碗、茶壶等,要认真细致地清洗一遍。一般来说,在流水下用海绵擦轻轻擦拭茶具即可。清洗的过程中,要注意认真检查。茶杯、公道杯、盖碗的底部,不能残留茶渍茶垢。同时,杯口处,边缘处,不能出现磕裂、缺口等。喝茶之前,还要用热水再洗一遍,也就是经常听到的烫壶温杯,将沸水注入空盖碗内,轻轻摇晃,再倒出公道杯,依次分入茶杯内。所有茶具依次烫洗后,将废水都倒入茶盂内。注意,在烫壶温杯过程中,不能用双手去触碰茶具,而是用茶夹来夹取茶杯,干净卫生,如图12.15所示。

图 12.15　用茶夹夹取茶具
(图片来源:搜狐网)

在泡茶的间隙,有不少细节需要留意。茶壶的壶嘴、烧水壶的壶嘴、公道杯的杯嘴等,都不能直接对着客人。一般,壶嘴的朝向以横放为宜。不然将壶嘴对着客人,会稍显攻击性,视为不礼。同时,泡茶过程声音不能太大,茶具之间相互碰撞发出响声,不礼貌的同时,还会使人喝茶的好心情受到打搅,兴致全无。还要注意,倒茶给客人时,不能斟茶太满,一般七分满即可。斟茶时,茶汤要顺着杯壁倾倒,而不是直接往中间倒,不然动作会不雅观。如果在场的客人比较多,那么在斟茶时,要有一定的次序。通常是长者优先,尊者优先,或依座次倒茶。当客人杯内的茶喝完后,要及时添上新茶。不能使茶杯一直维持一个见底的状态,不然会显得怠慢对方,让客人以为你在下逐客令。

（二）茶礼

在中国茶文化哲学体系中，"和谐"是茶文化的核心思想，"礼仪"是茶文化的基石，"尚美"是茶文化的精华，"俭德"是茶文化的情操。任何建筑，如果没有深厚的基础，就不可能有健康持续的发展，更不可能有丰硕的成果。正是由于茶礼仪的存在，才使得茶文化根深叶茂，如此博大精深、鲜活多彩。茶礼仪脱胎于中国传统文化，因此，这些礼仪不可避免地带有中国传统文化的烙印。这也决定了中国茶礼仪具有鲜明的特征和丰富的文化内涵。

《中国茶叶词典》里"茶礼仪"指敬茶的礼节仪式。可分为宫廷茶仪、宗教茶仪、家庭茶仪、敬宾茶仪、婚礼茶仪等多种类型。宫廷茶仪常用于迎送使臣宾客、表彰庆典等，又称赐茶。所用茶具华贵，以金银制作；品茶讲究"精茶"，采用"真水"；茶仪注重身份贵贱，仪式森严。清代各级官府和官吏，或向属下索取，或向上层致送，奉献茶叶亦称茶仪。茶与道、佛等宗教活动结合形成宗教茶仪，两晋南北朝时已很普遍。中国的饮茶与民间风习融合形成茶礼，常见于婚丧祭祀和社交应酬活动。中国是多民族国家，各民族风俗习惯不同，礼仪内容也有所差异。

简而言之，茶礼仪是在茶事活动中形成的，并得到共同认可的一种礼节、礼貌和仪式，是对进行茶事活动中所形成的一定的礼仪关系的概括和反映。茶礼仪具有规范性、操作性、差异性、继承性、传播性和自发性等所有礼仪都具备的共性。同时，由于其脱胎于中国传统文化，融入了儒、释、道等思想精华，还具有自己的个性，尤以"敬、净、静、精、雅"独具特色，充分彰显华夏礼仪风采。

1. 寓意礼

寓意礼，表示美好寓意的礼仪。在茶艺表演中，最常见的为冲泡时的"凤凰三点头"，即手提水壶高冲低斟反复三次，寓意是向客人三鞠躬以示欢迎。

茶壶放置时壶嘴不能正对客人，否则表示请客人离开；回转斟水、斟茶、烫壶等动作，右手操作必须逆时针方向回转，左手操作则以顺时针方向回转，表示招手"来、来、来"的意思，欢迎客人光临；若相反方向操作，则表示挥斥"去、去、去"的意思。

倒茶时不可以像倒酒一般，将杯子倒满，应该到七分满即可，暗寓"七分茶三分情"之意，俗云"茶满欺客"，茶斟得太满品饮时容易烫手，甚至还会洒落到品饮者衣物上，给来客带来不便。

另外，有时请客人选点茶，有"主随客愿"的敬意；有杯柄的茶杯在奉茶时要将杯柄放置在客人的右手面，所敬茶点要考虑取食方便。

2. 冲泡礼

冲泡时的动作要领是：头正身直、目不斜视；双肩齐平、举臂沉肘。（一般用右手冲泡，则左手半握拳自然搁放在桌上。）

单手回转冲泡法：右手提开水壶，手腕逆时针回转，令水流沿茶壶口（茶杯口）内壁冲入茶壶（杯）内。

双手回转冲泡法：如果开水壶比较沉。可用此法冲泡。双手取茶巾置于左手手指部位，右手提壶左手垫茶巾部位托在壶流下方壶底，右手手腕逆时针回转，令水流沿茶壶口（茶杯口）内壁冲入茶壶（杯）内。

凤凰三点头冲泡法：用手提水壶高冲低斟反复 3 次。高冲低斟是指右手提壶靠近茶杯（茶碗）口注水，再提腕使开水壶提升，此时水流如酿泉泄出于两峰之间，接着仍压腕将开水壶靠近茶杯（茶碗）继续注水。如此反复 3 次，恰好注入所需水量即提腕断流收水。常用于杯及盖碗冲泡。

回转高冲低斟法：壶泡时常用此法。先用单手回转法，右手提开水壶注水。令水流先从茶壶壶肩开始，逆时针绕圈至壶口、壶心；再提高水壶令水流在茶壶中心处持续注入，直至七分满时压腕低斟(仍同单手回转手法)；水满后提腕令开水壶壶流上翘断水。

3. 敬茶礼

敬茶时，用双手捧住茶托或茶盘(图 12.15)，举至胸前，脸带笑容，送到客人面前。上茶时应以右手端茶，从客人的右方奉上，并面带微笑，眼睛注视对方轻轻说声"请用茶"。若用茶壶泡茶，而又得同时奉给几位客人时，与茶壶搭配的茶杯，宜小不宜大。

敬茶时应先端给职位高的客人或年长的长辈。奉茶时，手拿茶杯时只能拿杯柄，无柄茶杯要握其中、底部，切忌手触杯口。放置杯(壶)盖时必须将盖沿朝上，切忌将杯盖或壶盖口沿朝下放在桌子上。

送茶时，切不可单手用五指抓住壶沿或杯沿提给客人，要用双手奉上，见图 12.16。奉茶时要注意的是，在左边的人用右手敬茶，在右边的人用左手敬茶，切记不能手背对着客人，给人造成拒绝和不受欢迎之感。

4. 鞠躬礼

行鞠躬礼时的身体站立姿势，女士一般双手交叉放于小腹前，男士双手自然下垂放在大腿两侧，以腰部为折点弯腰，上半身保持正直，前倾的度数一般在 15 度以上，服务人员的要求是 45 度，表示对客人光临的欢迎和感谢，时间以 2~3 秒为宜。整个过程不太快，应匀速进行，给人以稳重感。如果有戴帽子的需脱帽行礼。

图 12.16　敬茶
（图片来源：搜狐网）

5. 伸掌礼

此礼是使用频率较高的一个礼仪动作，表示"请"和指引方向等。包括以下几种方式。横摆式，表"请"时常用的姿势。四指并拢，拇指内收，手掌略向内凹手肘微微弯曲，手腕要低于手肘。手由腹部向一旁摆出，要以手肘为轴，当手到达腰部与身体正面成 45 度时停止。另一只手可放在背后，也可以自然下垂。做动作时手的路线要有弧度，手腕用力，动作轻缓，同时要侧身点头微笑，说"请用"。前摆式，当一手如左手因拿着东西不便行礼时可采用前摆式，与横摆式的手掌姿势一样，由体侧从下向上抬起，以肩关节为轴，手臂稍曲，到腰的高度再由身前向左边摆去，摆到距身体 15 厘米处，但不超过躯干。也可双手前摆。双臂横摆式当宾客比较多的时候，表示"请"的动作。两臂由体侧向前上方抬起，向两侧摆出。指示方向的手可以伸直一些，高一些。直臂式给宾客指示方向时，不可以用手指，而要用手掌，手指并拢，屈肘由身体前方抬起至所指方向，不要超过肩的高度，肘关节基本伸直。

6. 奉茶礼

奉茶的一般程序是摆茶、托盘、行礼、敬茶、收盘等，奉茶时一定要用双手将茶端给对方以示尊重，并用伸掌表示"请"。有杯柄的茶杯在奉茶时要将杯柄放置在客人的右手面。所敬茶

点要考虑取食方便,一般放在客人右前方,茶杯则在茶点右方。奉茶的顺序是长者优先,或者按照中、左、右的顺序进行。

7. 手礼

对于喝茶的客人,在奉茶之时,应以礼还礼,要双手接过或点头表示谢谢。还有一种叩手礼,将拇指、中指、食指稍微靠拢,在桌子上轻叩数下,以表感谢之意。此礼法相传是乾隆微服巡游江南时,自己扮作仆人,给手下之人倒茶。皇帝给臣下倒茶,如此大礼臣下要行跪礼叩头才是,但此时正是微服私访,不可以暴露皇帝身份。于是有人灵机一动,以手指在桌上轻叩,"手"与"首"同音,三指并拢意寓"三跪",手指轻叩桌面意寓"九叩",合起来就是给皇帝行三跪九叩的大礼,以表感恩之意。

三、茶席之美

(一)茶叶

中国有六大茶类,不同茶类有不同的形状、色泽和香气特征,极具观赏价值。因产地、形状、特性不同而有不同的品类和名称,通过泡饮可实现其价值。所以在茶艺表演或接待客人时,表演者要把茶叶作为主角展示给观众欣赏,故首先把茶放在茶台的最正面、最前面,或者由泡茶人员亲自走下表演台展示给宾客欣赏。在投茶之前,要清洗茶具,以此表示茶具是洁净的。茶在泡的过程中,也尽量用动作、姿态、茶具等展示品茶的动静之美,如绿茶在冲泡过程中用玻璃杯展示其展开过程的动态美,使其韵味之美历历在目,给欣赏者以丰富的想象空间。

(二)茶具组合

茶具组合首先应该是比较实用,即在茶艺表演过程中都能够很好地发挥作用,而不是仅仅摆出来展示一下。茶具组合可分为两种类型,一种是在茶艺表演过程中不可少的个件,如煮水壶、茶叶、茶叶罐、茶则、品茗杯等。另外一种是功能齐全的茶艺组件,茶艺组件基本上包括了所有辅助用具,如茶荷、茶碟、茶针、茶夹、茶斗、茶滤、茶盘、茶巾和茶几等,可以根据茶艺表演需要进行选配。实用性还表现在茶具的功能协调性上。如在表演时所用的茶壶太小,而品茗杯太多的话,茶汤就不够分配。又如在泡条索粗壮的凤凰单丛或者武夷岩茶时,所用紫砂壶口太小或者盖碗太小的话,就不能泡出茶的最佳品质。

茶具组合还应该有一定的艺术性,即应该比较赏心悦目,它包括了茶具本身所具有的艺术特性,如茶具的质地、大小、形状、色彩、照应等,以及茶具的摆设艺术。茶具摆设的艺术效果,包含茶具摆布的位置、方向和大小排列等。茶具排列方式还应注意节奏、反复、形态等,以及茶具与环境、服饰的呼应与和谐等。

泡茶器具组成依据茶艺类型、时代特征、民俗差异、茶类特性等应有不同的配置。茶具与附属器具的艺术处理主要体现在视觉效果和艺术氛围的表达上。如泡茶时放置三个玻璃杯在泡茶台上,会显得很单调、死板,如果配上竹制的茶托来衬托,再用茶盘来盛装,配上柔和的桌布,在视觉层次上就会显得丰富,不同材质器具的变化也带来了对比效果和节奏协调感。此外,颜色也需要相应的对比和调和,整体上协调一致,层次上应富有变换。如用青花瓷具来泡茶,旁边用嫩绿细竹作背景,能让人感觉神清气爽,如沐春风。

茶具形式和排列上,需要考虑对称和协调原则(图 12.17)。例如,前后高矮适度的原则:能让欣赏者看得清晰;左右平衡的原则:壶为主、具在中、配套用具分设两侧;均匀摆布的原则:

不同茶具之间距离要均匀,不松不紧,整体上有平衡感觉,符合传统的审美观念。在艺术处理上要充分体现茶器具的质感、造型、色调、空间的选择与布置,增加观赏价值,丰富表演的形式,进一步突出茶艺表演的主题和风格。

图 12.17　茶具形式与排列

（三）茶台与桌布设置

人们在茶艺实践过程中总结了许多茶台的形式,根据不同的性质有不同形式的茶台,比如有伸缩自如、活动方便的,有质地雅致、造型优美的,有便于废水倾注和盛放的等。无论是什么形式,茶艺表演的茶台总体要求是:要有高低相配套的凳子;要与表演者的身材比例相协调,其长宽、大小、形状要与茶艺表现主题一致;与茶器具的多少、排列形式等相一致。如果没有相应美观的茶台,也可以用其他高度差不多的桌子代替,为了美观,再铺上茶艺表演所需要的桌布即可。

桌布是茶桌整体或者局部物件摆放的铺垫物,也是布艺和其他物质的统称。坚硬的茶台铺上一层柔软的桌布,可避免茶桌上器具在摆放过程中发生不必要的碰撞,还可凭借其自身的特征和性质,辅助器具一起完成茶席设置,共同表达茶艺表演的主题。

桌布的质地、色彩、大小、花纹等都应该与茶艺表演的主题相协调,还要综合考虑其对茶具、茶叶、茶汤美的映衬,与环境和服饰相互照应。根据运用对称、非均齐、烘托、反差和渲染等手法的不同要求而加以选择。如可以铺在桌面上,或者随意性地摊放在地上(图 12.18),或者搭在一角,或者垂在表演台边缘给人以流水蜿蜒之意境等。

图 12.18　桌布摊放在地上的效果图

桌布的质地类型有棉布、麻布、化纤、蜡染、印花、毛织、绸缎、手工编织等。可采用不同质地来表现不同的地域和文化特征。桌布形状一般可以分为几何形状和非几何形状,如正方形、长方形、三角形、圆形、椭圆形等。不同形状的桌布,不但能表现出不同的图案和层次感,还能给人以广阔的想象空间,巧妙的桌布构思设计可丰富表演主题。例如,茶艺中要表现出茶的历史发展的主题,可以选用暗色沉重色调的丝质桌布,长长地从桌面上铺到地面上,再用书法写上"茶路"两个字,这样就能把主题表现得淋漓尽致。茶艺表演桌布经常运用的色彩是单色和碎花。色彩的变化会影响人们的精神、情绪和情感表达。铺桌布的方法也丰富多样,如平铺、对角铺、三角铺、垂下铺、立体铺等。采用不同的铺桌布的方法,可进一步强化桌布在质地、形状、色彩等方面的组合效果,也可使桌布体现主题的语言更丰富充实。

(四)茶挂

茶挂是指所有适合品茗场合或者能与茶事相结合的可以悬挂的饰品。茶挂离不开茶画。"茶画"这一称谓,是近年来随着茶文化的研究兴起而出现的。它的题材是与茶有关的一类书画作品的总称。茶挂一般是用笔墨勾勒出与茶有关的多种情景,或者根据咏茶诗词来创作美术。茶挂不一定全部是茶画,重要的是,在适当显著的位置上,结合茶席的氛围,在使用上注意"适时""适地""适宜"和"适称"四个要素,才能达到"净、适、美、雅"的境界。在质量上,要有收藏价值,最好不要悬挂粗俗廉价的画作,以免影响品茗气氛,降低茶艺格调。

适时的茶挂,是指根据不同的季节月份,更换不同主题文化的茶挂。例如,年初新正,万物复苏,画作最好富有吉祥意味,如以平安为题的竹子,以五福为题的梅花,以开泰为题的羊等。春夏秋冬,不同的景色,梅兰竹菊,演绎出不同的文化特色,以此变换为主题,茶挂显得更具有生命活力,书法与绘画作品用于茶挂也能表达出茶艺的旨意。可以选用有情趣、有哲理的名人诗句或语录等来相互衬托。茶挂能结合岁时节令固然是好,不过这要有相当数量的作品才能应对。如果收藏不足,也可以避开岁时专题,趋向于没有时令限制的作品,例如四季山水和四季花卉合挂。单幅作品,如《品茗图》《文会图》《山居留客》等作为单幅茶挂也是比较适合的。书法和绘画的内容要求能与茶艺风格相协调,同时它们的艺术表现形式也要求能适合背景对主题的衬托渲染(图12.19)。作为茶艺表演者,最基本的是要能理解并且解说其字画的内容含义。

图 12.19 茶挂

书法与绘画的作用,在于它们着力表现国人的传统审美意识和茶艺等各类艺术。如"清爱梅花苦爱茶"的茶艺表演,所用茶叶为九曲红梅,背景有红梅、雪花对联,表达了茶清高的气质风韵。除了绘画和书法外,茶挂也包括相关的工艺品,尤其是一些古玩饰品,更能起到陪衬、烘托和深化茶艺表演主题的作用。因为相关的工艺品是历史发展中的一个符号,是生活经历的物象标志,可使欣赏者产生对过去事件的联想,唤起人们的情感与记忆,起到意想不到的艺术效果。相关工艺品的范围比较广,包括自然物类、生活用品类、艺术品类、宗教用品、传统劳动用具、历史文物等。当然这些工艺品,也需要摆放得当,才能有效地补充茶艺的画面和主题,否则就会破坏茶席的和谐氛围。

【本章小结】

美是茶艺的特质。中国茶艺在中国传统文化的影响下,蕴含的美是独特而丰富的,从茶人的气定神闲、温文尔雅、超凡脱俗之美,到茶叶的色、香、味、形、名之美、泡茶用水清、轻、甘、冽、活之美、泡茶器皿的赏心悦目之美、茶境的清幽寂静高雅闲适之美、茶艺程序丰富的文化内涵之美,再到泡茶动作的自然流畅圆融之美,无不渗透着艺术的魅力。鉴赏中国茶艺之美必须调动人的所有感觉器官,全方位地去体味、感悟,才能获得至高的审美感受。

【复习与思考】

1.茶之美中包含了哪些内容?
2.茶之美应该如何运用到酒店当中?

【实践与拓展】

一、实践要求

遵循中国茶文化的审美原则,选择一款你所喜欢的茶,为该款茶设计出符合其名称意境、冲泡要求的茶席,并进行设计思路展示。

二、拓展学习

品味英式下午茶

提起下午茶,人们会想到精致的桌布、考究的茶具、丰盛的点心、茶的氤氲香气,自然还有下午茶的故乡——英国。

西方以英国人最爱茶。

中国和英国同为饮茶大国,茶文化则各具特色。中国茶文化历史悠久。中国人品茶追求意境，独酌、会友均重一个"雅"字，而英式下午茶可能因其起源，透着一种奢华气质。品种丰富的茶叶搭配精美的甜点，"享受"应该是最贴切不过的形容。历史上未曾在本土种植过茶叶的英国人，用中国、印度以及非洲等地的"舶来品"创造了契合英国气质的独特茶文化。

传统的英式下午茶据说源自维多利亚时代的贝德福德第七公爵夫人安娜玛丽亚。那时候英国人每天只吃早点和晚餐，贵族则一般在晚上8点之后才用晚膳。早晚餐之间的悠长间隙，就让不少人饥肠辘辘。好客的公爵夫人安娜玛丽亚喜欢邀请三五知己，在每天下午4点左右来家中小叙，于是就请厨子备香醇好茶、精致的三明治及小蛋糕，并用上等瓷器盛载待客。她的待客之道在贵族社交圈流行起来，名媛淑女闲来午后小聚时享用茶点，蔚然成风。

最初，下午茶只在英国贵族家庭花香四溢的草坪上或富丽堂皇的客厅中举办。女士们穿着优雅长裙，精心打扮一番，与亲友一起，举止得体地啜茶用点。渐渐地，打破只有女士参加的规矩，男士也被邀请参加。再后来，下午茶从上流社会传到中产阶级。近20年来，英式下午茶程序简化，也更被广泛接受。如今，嗜茶的英国人多把饮茶看作联络感情、商谈工作的社交方式。茶和点心是基本配置，偶尔搭配咖啡、香槟，加上芳香美味的糕点，很适合与好友或生意伙伴促膝长谈，也可作为生日、婚礼派对等的特别庆祝方式。

英式下午茶用茶以"红茶中的香槟"——印度大吉岭红茶为首选，发展至今多种茶叶混合制成的伯爵茶也常为人们所选择。英国茶协会的英式下午茶专家珍·佩蒂格鲁介绍，如今的英式下午茶以印度大吉岭茶（取其浓度）、斯里兰卡锡兰茶（取其滋味）、中国红茶为基茶调配的混合茶——伯爵茶为主。有些加以牛奶或柠檬的则是英式早餐茶的喝法。

英国人喜爱的茶品有三种：口味较重的混合茶搭配比较甜润的糕点，味道好的锡兰茶与黄油饼干或重口味的三明治一起食用，产自印度东北的大吉岭茶比较清淡，与有代表性的下午茶糕点——海绵蛋糕搭配。

英式下午茶甜点品种繁多，最著名和最经典的要数司康饼。

司康饼原是苏格兰人的一种速制面包，得名于具有悠久历史的被称为"司康之石"的地方，那里是原苏格兰王室的加冕之地。传统的司康饼做成三角形，以燕麦为主要材料，是将面团放在煎饼用的浅锅中烘烤。而流传到现在，小麦面粉成了主要材料，也有圆形、方形等形状，还可以加入葡萄干、果仁等一起入烤箱烘焙。司康饼的制作关键在于发酵和烘烤。好的司康饼看起来外表很硬，吃起来却无比松软。传统吃法是直接吃，另一种吃法是与草莓酱或黄油一起食用，清爽可口。不过，无论怎么吃，司康饼都要趁热食用。

正宗英式下午茶对于茶桌的摆设布置有很高要求，各种甜点需摆放在银质三层塔盘上，带刺绣或蕾丝的白色桌布上摆放着精致的茶壶、茶杯、茶匙，点缀以鲜花、蜡烛，再播放优美的背景音乐，闲适优雅的下午茶气氛便营造了出来。

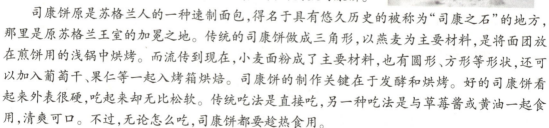

英式下午茶塔盘各层摆放的甜点都有固定品种。底层点心因地而略有不同,有三明治、乳蛋饼或司康饼;塔盘第二层摆一小块柠檬蛋糕,一块萝卜蛋糕和一块生姜蛋糕;顶层是法式糕点,色泽鲜艳,外形精巧,优美得让人不忍下口。

司康饼口感介于面包和蛋糕之间。既有面包的韧劲,又不失蛋糕的松软。非常适合涂抹果酱或者奶酪,配红茶食用。除了当作下午茶茶点,做早餐也是美味。是下午茶的经典点心。配红茶的感觉十分美妙。

(资料来源:新华网)

第十三章 酒店服务之美

【教学目标】

1. 知识目标

(1)掌握酒店员工形象美的内容;

(2)理解酒店员工服务美的作用;

(3)理解酒店服务礼仪的作用、原则及表现;

(4)熟悉微笑服务的内涵和重要性;

(5)掌握提高酒店员工审美的途径。

2. 能力目标

能运用所学知识,分析酒店服务之美具体体现在哪些方面,思考酒店服务之美的作用。

3. 素质目标

增强学生对酒店服务之美的认知和关注,引导学生进行酒店服务之美的创新思考。

【关键词】

美的形象;美的服务;微笑服务;审美修养

引 言

服务之美是酒店美学的重要组成部分,也是跟服务者关系最密切的部分,本章主要从酒店员工美的形象入手,具体分析了仪表美、仪态美、语言美和心灵美;接着从酒店服务礼仪的作用、原则和表现三个方面来阐述酒店员工美的服务美;同时探讨了微笑服务的内涵和重要性,最后提出六种提升酒店员工审美的途径。

第一节 酒店员工美的形象

酒店员工是美的使者,是顾客的直接审美对象。酒店员工的形象美,就是酒店形象美的集中反映。在酒店审美活动中,身处异地的酒店顾客在紧张感、新奇感、陌生感的驱动下会对酒店员工进行全方位的审视和评价。酒店员工的形象美主要包括两个方面:一是酒店员工的外在美,即仪表美、仪态美、语言美;二是酒店员工的内在美,即性格美或心灵美。二者既有区别,又有联系,是相辅相成的。

一、仪表美

仪表即人的外表,包括容貌、姿态、服饰三方面。仪表美是对一个人全方位的评价,是形体美、服饰美、发型美等有机结合的综合美。仪表是一个人精神面貌的外观体现,是人际交往中一个不容忽略的交际因素。酒店员工在服务过程中,必须自觉地重视自己的仪表,设法为顾客留下一个美好的第一印象,以其特殊的魅力吸引顾客,产生一种"光环效应",对以后的酒店审美活动产生积极的诱导作用。

(一)形体美

人们对美的认识,在历史进程中不断地变化。古希腊的人体雕刻《掷铁饼者》和《米洛斯的阿芙罗蒂德》为后世展示了人体美的至高范本,以其矫健优美的形式和永恒的艺术魅力唤起人们无限的审美遐思,并在理论上归结出比例、均衡、和谐等美学法则。不同时代、不同民族,对人体的审美观点也各不相同。

概括地讲,人的形体美应该是健、力、美三者结合。从其外部形态来看,它要具备三个条件:骨架美,即人体各部分比例匀称;肌肉美,即人体肌肉完美发达,富有弹性,并充分体现人体形态的强健协调;肤色美,指皮肤红润、细腻且有光泽,可体现出人的精神面貌和气质。因为人的形体通常表现出人的健康状况或身体素质。从劳动美学观点看,人们更倾向于欣赏和追求健康的美、富有活力或生命感的美,酒店员工所追求的也正是这样的健康美。所以酒店行业在招聘时应对形体有所要求,选择形体适合的酒店员工。

(二)服饰美

中国素有"礼仪之邦"和"衣冠王国"之称,历史上就强调"温文尔雅""彬彬有礼",做到"量体裁衣""修短合度",创造了高度的服饰文明。服饰是一种礼仪、一种文化,更是一门艺术。服饰不仅能够反映出个人的文化素质之高低、审美情趣之雅俗,还能对人体起到"扬美"和"抑丑"的功能。如果对服饰加以科学而巧妙的运用,就会与人体构成和谐的美,起到相得益彰、锦上添花的作用。服饰应当适合自己的身材,整洁、自然、大方。一般情况下,瘦小的人穿横条衣服可显得丰满一点,而胖子穿直条衣服可显得清秀一些。这样人们可以利用视觉错觉改变原来形体的形象。如身材矮小的女士一般不束腰带,更不束与衣服色彩对比鲜明的腰带,如果这样,本来矮小的身材就显得更加矮小了。如果穿上垂直线条的衣服,梳高发型,再穿上高跟鞋,就会弥补身材矮小的不足。身材高胖的女士应避免选用大花、大格或厚重的衣料,而应以素色、挺括、下垂感强的衣料以及合身的裁剪为妥。

服装色彩的运用也同样能使人产生错觉,收到令人满意的效果。例如:浅色的料子有扩张作用,瘦子穿用可产生丰腴的效果;深色给人以收缩感,适宜胖子穿用。不同颜色代表不同的意义,不同颜色的服装穿在不同的人身上会产生不同的效果。服装配色包括同类配色和衬托配色。它要求服装的色彩是上深下浅或上浅下深。理想的配色是:绿色—黄色、深蓝—红色、深蓝—灰色、黑色—浅绿、黄褐—白色、橄榄绿—红色、橄榄绿—骆驼灰等。

(三)发型美

发型美是构成仪表美的三要素之一。发型是一门头发的造型艺术,是体现人的审美需求和性格情趣的直观形式,是自然美和修饰美的有机结合,同时也反映着人们的物质、文化生活水平和时代的精神风貌。现实生活中,人们追求发型的"个性化"是总的指导思想,所谓"个性化"是指根据个人的身材、脸型、头型以及年龄、职业来设计发型。基调是活泼开朗、朝气蓬勃、干净利落,不必追求奇特怪异、披头散发,以便取得和谐统一的审美效果。如脸型瘦小、颈部较长、身材高大的人,配以长发、直发或大波浪的卷发以及内层次的平妆式,会显得飘逸大方、风度翩翩。而脸型宽大、身材矮小、颈部粗短的人,留长发、蓄鬓角,就会给人一种头重脚轻、臃肿做作的感觉。头发稀少或者秃顶的人也不适合留长发,因为稀少的头发不规则,会显得杂草丛生,不但不美观,反而给人病态之感。

二、仪态美

仪态是指人在行为中的姿势和风度。姿势是指身体呈现的样子,风度则属于气质方面的表露。酒店员工的仪态主要指酒店员工在酒店公关活动中的姿势、举止,如站立的姿势、走路的步态、说话的声音、面部的表情等。仪态美在外表上表现出一种优雅的举止和洒脱的气质,而高尚的品质情操、广博的学识、独到的思辨能力等内在因素才是它的本质。仪态美实际上是一种内外和谐的美。对于酒店员工的姿态要求,概括起来是:站有站姿,坐有坐相,举止端庄稳重、落落大方、自然优美。

站立是人最基本的姿势,"站如松"就是说站得要像松树一样挺拔,酒店员工要注意站姿的优美和典雅。其基本要领是站正,身体重心放在两脚中间,不要偏左偏右,胸要微挺,腹部自然地略微收缩,腰直,肩平,两眼平视,嘴微闭,面带笑容,双肩舒展,双臂自然下垂,两腿膝关节与髋关节展直。这样会给人以沉稳感、亲切感和轻松感,有利于思想感情的交流。

坐姿的要求是"坐如钟",坐相要像钟那样端正。优美的坐姿会给人娴雅自如、端正稳重之感。正确优美的坐姿应做到上半身一定要挺直,两肩要放松,下巴向内收,脖子挺直,胸部挺起,并使背部和腿部成一直角。女性切忌两腿分开、两脚呈八字形;男性两腿略微分开,但不要超过肩宽。在入座时要缓慢得体,动作协调柔和。

步态的要求是"走如风",走起路来像风一样轻盈。酒店员工要做到步伐轻盈而稳健,快慢自然。走姿要与不同着装协调配合,才能给人协调的美感。肩膀轻松自然地摆动,步幅适当,从容稳健。

表情是形体语言中最丰富的部分,它可以反映内心的感情。酒店员工的表情可以给酒店者最直接的感受和情绪体验。微笑是一种优美的表情,是服务态度美的"感性显现",是一种快乐和满足的表现,属于肯定性的情绪。酒店员工的微笑最能满足酒店客人的审美需求,调动其情绪进行酒店活动。

站姿、坐相、步态是人在自然空间的一种形象显现,再配以手势和表情就是一种和谐的造型美。而风度美,那是更高层次的美学追求。它既反映人的外表,又包含人的内在品质;既表现人的外貌、举止、仪表、仪态,也表现人的思想、精神、学识、修养、性格和气质。所谓风度美也就是人的人格力量之美,是人的外表与内在高度统一的综合表现。我们说某人风度好,绝不仅仅指他的外表,而是内外结合起来作出评价。概括地说,应该是坚定庄重、高雅大方、潇洒脱俗、不卑不亢。在酒店接待工作中,酒店员工在不同场景、不同服务过程中正是通过自己的一言一行、一举一动来反映自己的风度美。酒店员工的风度应当是落落大方、端庄得体,特别要克服崇洋媚外的心态,给人以质朴美好的印象。

三、语言美

语言是指一种传递信息的符号系统,是社会交际的工具,是人们表达意愿、思想情感的媒介。礼貌用语是酒店员工在接待酒店客人时需要的一种礼貌语言,它具有体现礼貌和提供服务的双重特性,是酒店员工用来向酒店客人表达意愿、交流思想感情和沟通信息的重要交际工具。

俗话说:"一句话使人笑,一句话使人跳。"这句话形象地概括了使用礼貌用语的重要性。酒店接待服务的过程,就是从问候酒店客人开始,到告别酒店客人结束。语言是完成各项接待工作的重要手段。酒店员工要运用好这一交际工具,就要做到"五声":宾客到来时有问候声,遇到宾客时有招呼声,得到协助时有致谢声,麻烦宾客时有致歉声,宾客离开时有道别声。与此同时,要杜绝"四语":不尊重宾客的蔑视语、缺乏耐心的烦躁语、自以为是的否定语和刁难他人的斗气语。

从事不同行业的人们,都使用着具有自己职业特点的语言,同样,在酒店经营活动中,必然会产生符合本行业特点的礼貌服务用语。归纳起来,这些用语具有以下几个方面的特征。

(一)言辞的礼貌性

言辞的礼貌性主要表现在酒店员工在酒店服务接待中使用的敬语。敬语包括尊敬语、谦让语和郑重语三个方面的基本内容。说话者直接表达自己对听话者敬意的语言叫尊敬语;说话者利用自谦,直接表达自己对听话者敬意的语言叫谦让语;说话者使用客气、礼貌的语言向听话者间接地表示敬意的语言则叫作郑重语。

敬语是一种礼貌用语,最大的特点是:彬彬有礼、热情又庄重。使用敬语时,一定要注意时间、地点和场合,语调也要甜美、柔和。

(二)措辞的修饰性

酒店员工使用服务用语时要充分尊重酒店客人的人格和习惯,绝不能讲有损酒店客人自尊心的话,这就要求我们注意语言的措辞。措辞的修饰性主要表现在经常使用谦让语和委婉语两方面。

谦让语是谦虚、友善的语言,它能充分表现出说话人尊重听话者。谦让语常常是以征询式、商量式的语气表达的。委婉语是用好听的、含蓄的、使人少受刺激的词语来替代对方有可能忌讳的用语,以曲折的表达方式来提示双方都明白但又不必点明的事物。在酒店接待工作中,广泛使用谦让语和委婉语有利于沟通与酒店客人的思想感情,它是酒店客人乐于接受的表达方式,是使交际活动顺利进行的有效手段,酒店员工应当掌握和使用。

(三)语言的生动性

酒店员工在接待酒店者时,语言不能呆板,应使用生动幽默的语言,这样会使气氛活跃、感情融洽。所以注意语言的生动性是进一步提高语言表达能力的努力方向。作为酒店员工,要做到语言生动,就必须不断提高语言水平,勤学苦练,多听多练,不要一知半解地运用,更不要牵强附会或任意发挥,否则会适得其反。

(四)语言的针对性

要使酒店客人感到满意和高兴,在使用礼貌用语时,必须针对不同的对象、不同的性别和年龄、不同的场合,灵活地说出不同的用语,这样才有利于沟通和理解。一般来说,我们可以通过酒店客人的服饰、语言、肤色、气质去辨别他们的身份,通过酒店客人的面部表情、语气的轻重、走路的姿态、手势等行为举止来领悟他们的心境,所以酒店员工要设身处地替酒店客人着想,学会揣摩酒店客人的心理,以灵活的言语来应对各种酒店客人。酒店员工还要学习和研究工作语言,在实践中提高自己的语言表达力和应变力,注意培养随机性和灵活性,以适应酒店工作的需要。

四、心灵美

古人云"人咸知饰其容而不知修其性",就是说人们往往只注意外表的修饰,而忽视内心修养的自我完善。这确是人们的通病。离开了人的内在美,不论他外表如何漂亮,只能是徒有其表,根本谈不上美。对于酒店员工来说,如果不具备心灵美,根本不可能提供美的服务和优质文明的服务。

心灵美是一切美的核心。也就是善。西方美学家对美即善的说法颇多。古希腊美学家柏拉图宣称,"美、节奏好、和谐,都由于心灵的智慧和善良";亚里士多德曾说:"美是一种善,其之所以引起快感正是因为它是善";孔子也曾提倡美与善并举,他说"尽美矣,也尽善也"。就善而言,它是社会生活中人与人、人与社会的行为的道德规范。一个人的思想行为如果符合一定的道德规范,那就是善就是美,否则就是恶就是丑。具体地说,要爱国、正直、诚实、真诚而热情,不做有辱国格、人格之事,做到"富贵不能淫,威武不能屈,贫贱不能移"。这是中国人民传统的美德,也是我们共同的道德规范。

在酒店行业中,酒店员工的心灵美从思想素质方面看,必须热爱祖国,热爱人民,热爱本职工作;从道德情操方面讲,必须具备诚实、善良、勤劳等美德;从才识智慧方面来看,必须具备酒店相关的专业知识。另外还要培养广泛的兴趣,拓宽知识面。酒店员工的心灵美主要体现在他们为酒店客人提供的优质服务上,酒店系统对酒店员工提出的许多职业道德方面的规范要求,从表面上看是对酒店员工的一种行为要求,实际上是对酒店员工如何塑造心灵美而进行的高度集中的概括。可以这么说,只有遵守职业道德规范,才有可能追求到自身的完善和人格的完美。

心灵美与伦理道德有着密切的联系,但并不是完全等同的。它作为美的一种特殊形态,具有一切美的共同特征——直观性。也就是说,深层的美是通过表层或外在的美体现出来的。对于酒店员工来说,"最美的境界"才是审美追求的终极目标,我们要力求做到仪表美、仪态美、语言美和心灵美的有机结合,只有这样才能达到和谐一致、最高境界的美。

【知识链接】

酒店递接礼仪

在酒店服务中,一般情况下会出现与顾客递接物品的情况,递接物品似乎是小事一桩,但是礼仪无处不在,从细微的动作中,顾客能够感受到从业人员是否有爱心,做事是否用心,是否懂得礼仪的基本常识。

1.双手递接

在递接酒店顾客物品时,要双手呈上。如果酒店员工手里有其他物品,也应当使用右手递接,因为在一些国家忌讳使用左手递接,左手视为不洁,同时使用左手也不合乎礼仪。

2. 起立递接

酒店员工在递接时,应当起身、直立接收或者递接,同时微笑、点头、示意说"您好""谢谢"以此表达对顾客的尊重。

3. 递接细节

在递接有文字的物品时,如名片、书本、文件等,物品的文字正面方向应当朝向顾客,见图,一是方便顾客拿取,二是便于顾客阅览,三是一目了然。

在递接锋利物品时,例如,水果刀、剪刀、书写笔等,锋利的一端应朝向自己,给顾客刀柄或者易握部位。此举一是为了尊重顾客,二是避免顾客接收的时候受伤,三是方便顾客拿取。此行为也是利他行为。

在为顾客奉茶时,双手端茶杯奉上,左手托底,右手扶杯或杯的把手,轻轻放在顾客的右手边,同时茶杯的把手应朝向顾客易握的方向。在递送饮料或者为顾客倒酒水的时候,品牌商标部分朝向顾客方向,便于顾客识别,同时左手托底,右手握在瓶口 1/3 处。

第二节　酒店员工美的服务

酒店被称为"家外之家",就是一个浓缩的社会。作为为酒店客人审美活动提供服务的设施之一,它为酒店客人提供了食、住、行、游、娱、购等方面的服务。酒店的服务要求热情、礼貌、周到。礼貌服务也体现在酒店的各个部门。

在酒店活动中,酒店客人不仅对酒店员工美的形象十分注重,同时对酒店员工提供美的服务,他们也十分关心,因为美的服务从某种意义上说是酒店客人获得社会尊重、满足审美需求的关键,而美的服务是通过酒店员工基本的礼貌礼节服务和服务艺术体现出来的。

一、酒店服务礼仪的作用

礼仪贯穿于酒店服务的始终,服务礼仪在酒店工作中具有重要作用,分别为传播城市的形象、塑造企业形象、提高员工素质、保证服务质量。

（一）传播城市形象

酒店是展示城市魅力的主要窗口,酒店客人来自五湖四海,不可能有较长的时间来了解酒店所在城市,他们往往通过与其接触的酒店服务人员来判断、评价该城市所具有的文明程度和精神风貌,可以说酒店服务人员的服务效果、礼仪风范会左右他们对该城市的喜爱程度。所以,有人把酒店服务工作者比喻成镜子,这面镜子是否光洁照人,可以使该城市在游客心中留下不同的印象。可见,酒店服务工作者在工作中举止端庄、热情大方、不卑不亢、一视同仁,不仅使酒店客人在感官上、精神上产生亲切感和尊重感,还能传播良好的城市形象。

（二）塑造企业形象

对于其他企业来说,员工掌握礼仪的重要性远远比不上酒店。酒店是服务行业,企业的前台人员要面对面地为客人服务,这些工作人员仪容仪表、仪态服饰、服务用语、服务态度、服务效率,都直接影响着企业的形象。一流的酒店,可能会在建筑装潢、硬件设施、企业文化等方面各有千秋,但是酒店的服务人员一定都服装整洁、打扮得体、举止优雅、情绪饱满、热情周到,这

些都在向客人传递着良好的企业形象。

（三）提高员工素质

酒店服务礼仪对于酒店从业人员的仪容、仪表、举止、服饰、谈吐都作了阐述，从业人员经过认真学习、勤奋练习，就能够摈弃不良习惯，养成良好习惯。在人际交往中，衡量个人文明程度的标准就是习惯。一个各方面有着良好习惯的人，一定是一个有教养的人，所以，学习礼仪、运用礼仪，有助于提高酒店员工的素质。

（四）保证服务质量

影响酒店服务质量的因素包括有形因素与无形因素，无形质量因素之一就是服务质量，包括服务技巧、服务方式、服务态度、服务效率、职业道德、团队精神、礼节仪表等。如何提高劳务质量？礼仪就是重要的途径。一个缺乏礼仪修养的员工，即使具有丰富的专业知识和娴熟的服务技能，但在服务过程中生硬无礼、粗鲁急躁，是不能提供令顾客满意的服务的。

二、酒店服务礼仪的原则

礼仪在酒店服务中扮演着重要的角色，每一位酒店从业人员都应该重视礼仪，讲究礼仪。然而，实施服务礼仪必须有一个基本的准绳——原则。这个原则贯穿于酒店服务礼仪的全过程，自始至终发挥着作用。总的说来，酒店服务礼仪应该遵循以下原则。

（一）尊重原则

尊重是一切礼仪的基石，有一位知名的礼仪专家谈及服务礼仪的主旨时曾经说过："当一名服务人员在自己的工作岗位上为顾客提供服务时，能够非常规范地运用服务礼仪，固然最好。即使做不到这一点，比如说，他不知道到底应当怎样做，或者他已经做错了，但是只要他能让对方感受到自己不是有意而为，并且能够表现出对对方不失尊重之意，对方一般便不会对他进行非难。"服务礼仪的核心就是如何恰到好处地表现出对对方的尊重。酒店服务人员在岗位上服务顾客时，务必要敬人之心长存，才能真正以礼待人。

（二）从俗原则

所谓"十里不同风，百里不同俗"，酒店从业人员接待来自世界各地的游客，要克服自身的、社会环境中的各种阻力，以规范的礼貌语言、礼貌行动和礼宾规程去接待每一位酒店客人。尤其是接待外国客人更应尊重其宗教信仰和民族风俗，要做到这一点，必须了解各国的宗教信仰、风俗习惯和主要禁忌。尊重了客人的习俗礼仪，满足了客人的心理需求，客人才会有一种得到礼遇和尊重的切实感受。

（三）适度原则

真理再往前走一步，就是谬误，所以，适度原则要求酒店从业人员在运用服务礼仪的时候要讲究技巧，合乎规范，特别是注意把握分寸，适度得体，恰到好处地表现出对对方的尊重。否则，将适得其反。

（四）平等原则

从俗原则讲究在酒店接待中，允许具体情况具体分析，区别对待，尊重不同游客的宗教信仰和民族风俗，但是无论接待何人，在尊重游客、以礼相待这一点上必须做到一视同仁，平等对待。来者都是客，不能厚此薄彼、看客施礼，更不能以貌取人、以财取人。也就是说，方式方法可以有所不同,但是尊重对方是相同的。

(五)宽容原则

海纳百川,有容为大。一个有修养的人,不仅要严于律己,还应宽以待人。这也是服务礼仪的基本原则。酒店从业人员要接待来自每个阶层的游客,他们的背景、文化、兴趣、经历、修养都不一样,处理事情的方式也有所不同,酒店工作人员要学会宽容,多容忍他人、多体谅他人、多礼待他人,因为"客人永远是对的"。

三、酒店服务礼仪的表现

要提高酒店服务的质量,离不开酒店服务礼仪。因为酒店各服务部门员工礼貌礼仪素质反映出酒店的精神风貌、服务宗旨、服务水平。酒店服务礼仪以社交礼仪为基础,结合客人的具体情况,尊重客人的习惯、爱好,让客人在酒店整个消费过程自始至终感受到优质礼貌的服务。酒店服务人员在各岗位、各服务环节严格遵守服务规范,做好礼貌服务的每一个细节,最大限度地满足客人的要求,争取客源,争取回头客,提高酒店的经济效益。酒店内员工可通过培训教育工作,强化其礼貌服务意识,达到全员参与,全过程参与的礼貌服务气氛。

(一)酒店前厅部的服务礼仪

前厅是酒店的"门面"。其员工相貌、仪表、态度、谈吐、举止等具有审美意义上的"光环效应",决定着游客的第一印象。按照与游客的接触顺序,前厅服务人员主要包括门卫、行李员、接待员和结账员等。

1.门卫服务礼仪

门卫要有高大魁梧的形体,端正和善的相貌,身着清洁挺阔的服装。值班时,要双脚稍微叉开,双手轻握胸前,呈自然优雅的姿势,切勿倚靠墙壁,吊儿郎当。因为,"经验表明,一个举止不雅,姿势难看的人令人望而生厌,使人所固有的彼此倾慕、相互接近的愿望消失"(奥夫相尼科夫《美学》)。门卫对进店的客人,要施予明朗柔和的微笑,用简短热情的语言表示欢迎,并伴之以"请进"的手势。出手时要礼貌潇洒,收手时要讲究时机,最好在客人身后抽回。对于出店的客人,要即刻安排好所需的交通工具,并主动打开车门,将手垫在车门上沿,以免客人撞头。这微笑、寒暄、手势、开门与垫手等一系列连带动作,似乎构成了门卫服务的基本程序。表现适度,可使客人在尊重感得到一定满足的同时,获得一种人情美的愉悦体验。需要注意的是,门卫在"驱走"外来的醉汉、流浪者或小贩之时,也要讲究态度和方式,因为粗暴的语言或生硬的动作有可能引起在场客人的恻隐之心或不快之感。

2.行李服务礼仪

行李员的主要职责是引领客人和搬运行李。因此,其衣帽要整洁轻便,标志明确。值勤时要态度亲切,精神饱满,姿势自然,动作敏捷。对于刚刚抵达的客人,要迅速迎上前去,热情招呼。用推车运行李时,切勿使行李掉在地上,以免给客人留下一种漫不经心的印象。对于常客,最好能够直呼其尊称,并稍示寒暄,使其产生一种宾至如归的亲切感受。在引领客人到总服务台办理入店手续时,要问清新客的姓名和是否预约过,并向总服务台报告。在总服务台发出指示前,要在客人身后两三步远处等候。当接待员示意入店手续已办完时,要即刻上前,领取钥匙。领往房间前,一定要直呼客人尊称,请其确认好行李,让其自带贵重易损的物品,以免出现差失。引领过程中,要在客人左前方两三步远处,随着客人的步速轻轻地走。遇到拐角或

上下等处,要回头向客人示意。上电梯时,如果里面有人,要道声"对不起",自己先进,随后从里面按住门等客人进去。如果里面无人,要从外面按住门请客人先进。引领途中与客人的谈话要适度,一般仅限于简单说明路过的设施,而不宜主动搭讪,问三问四,以免招致客人的反感或自卫心理。进房间时,向客人说明"这是您的房间",同时打开灯,请客人先入。如果开关在屋里,要先进去开灯。白天进房间后要先打开窗帘。放行李时切勿倒置。按客人要求调节好室内温度,注意检查室内的基本设备,并向客人说明或示范使用方法。如果发现室内有关设备失灵,应该立即叫人来修理。完成上述工作程序后,请问客人有无别的事情要做,若无,就应致意(如"请您好好休息吧!")后退出。为了礼貌起见,退出时不宜立刻转身背朝客人,而要侧身后退一步或半步,然后再转身走出,并随手轻轻关上门。客人若给小费,要婉言谢绝。

行李员的工作也包括搬运离店客人的行李。在此之前,要记清客人的姓名和房号;入内时如遇客人,要直呼尊称,热情问候,随之说明来意,并提醒客人是否落下什么东西。搬运行李时要轻拿轻放,道别时要讲究礼节语调(如"祝您旅途顺利""欢迎您再次光临"等)以期在分手时给客人留下一个善始善终的美好印象。

3. 接待服务礼仪

前厅接待是酒店内部管理系统的神经中枢。接待员通常以酒店代表的姿态迎送客人,因此要求具有丰富的业务知识,掌握准确无误的信息,运用礼貌热情的语言,提供细致周到的服务,保障膳宿的及时预约和合理安排。上班之前,接待员要精心整理自己的仪表,保持服装、头发、胡须与指甲的整洁,女接待员要适当梳妆美容。因为富有魅力的形象和彬彬有礼的举止,会给人一种甜美信任的感觉,使人乐于与其交往。一般来说,接待员在值班时应姿态端正,看到客人要主动招呼,笑脸相迎,使游客感到温暖可亲。要使用标准的待客用语,声调要亲切,问答要殷勤,努力掌握马上分辨客人所需的技能。提供服务时,要严守一视同仁、先来后到的原则。一旦遇到房源短缺或预约紧张等情况,要向客人表示歉意,并主动推荐其他酒店,免得客人过于扫兴或失望。在处理信件、问询、留言和交接钥匙等日常业务时,要努力做到亲切、准确、迅速、及时。客人一入店,要努力记住其面孔、姓名和房号。客人外出交钥匙时要直呼尊称,主动招呼;客人回店取钥匙时要笑脸相迎,认真负责。若记不清对方的面孔和姓名,要和蔼地问清房号,查对名卡,确认后要微笑着把钥匙用双手交给客人。所有这一切需要接待员在和颜悦色中迅速完成,因为表情上的僵硬和动作上的迟缓会使客人生疑和反感。

值得指出的是,接待员还要注意5个方面。①善于察言观色,看到急急忙忙的客人时,要积极配合,尽量满足其需。这是赢得对方满意和赞誉的关键。②需熟知酒店内部设施,特别是大小宴会厅、餐厅、酒吧、舞厅、健身房和美容厅的营业时间。因为客人一旦问起,似是而非的答复是难以令人满意的。③需掌握外部的最新情况,特别是公共交通、事务机构、商店、娱乐场所与周围景观等方面的情况,同时要备好地图,车、船运行和飞机航班时刻表以及电话簿等,以便准确有效地答复客人的询问。④以关切的态度,耐心地听取客人的意见或投诉,尽量使客人的不满情绪平静下来。必要时,请主管出面处理或道歉,以示酒店提供完美服务的诚意。接待员切勿当面辩解或反驳,以免刺激对方,使其带着郁积不满的情绪离店。⑤注意自己的手势。在与客人交谈时,要控制住自己的双手。不可用手直指对方,也不可不停地挥舞。从社交艺术角度,一个人如果每讲一句话就挥舞一下手,从旁看来委实令人生厌。莎士比亚笔下的哈姆雷特并非偶然地说过:"不要老是把你的手在空中摇挥;一切动作都要温文尔雅。你应该把动作和言语,言语和动作互相配合起来;特别要注意这一点,你不能越过自然的常道。"

4.结账服务礼仪

结账是酒店服务流程的最后一环,若应酬得当,可使全体人员为招待客人所付出的共同努力开花结果;否则将前功尽弃。一般来讲,客人在离店付费时,往往十分敏感,会因一点小事而觉不快,从而可能淡化对酒店服务的完美印象。因此,结账员在值班时要衣着整洁,精神饱满,热情认真,以期给人一种不会算错的信任感。另外,对于当日离店的客人要心中有数。接受钥匙时要主动迎上前去,先说"您好!"后问"您要启程吗?"当确认客人是办理离店手续时,要严格按照财务规定和工作程序结算用费,并当面点清找回给客人的钱,连同收据送到客人手里,应当注意,无论是从客人手中接钱时还是收费后,勿忘道声"谢谢!"这是起码的礼节。最后,应热情话别,说声"下次旅行时再请光临我店"或"祝您一路顺风"等送行用语,这有可能给客人以关怀亲切之感,强化其留恋之情和再次光顾的意向。

(二)酒店客房部的服务礼仪

客房服务艺术也是一个相当繁杂的流程。概而论之,热情、礼貌、整洁、舒适、周到、安静和安全是其基本原则。

客房服务艺术要领在于人对外物的审视总是从本体的需求与利益出发。这样,实际效应便成为评价的主要依据,客人对客房服务艺术的评价莫不如此。

1.热情原则

热情的服务态度是取悦客人的关键。为此,楼层人员要诚心诚意,微笑待客。要尽力记住客人的名字与相貌,早起见面时要主动打招呼,对于外国客人最好能在问安时直呼其尊称(如"早上好,琼斯先生!"),这会使其非常高兴。另外,要努力记住客人的房号,以便及时准确地把钥匙交给回房的客人。

2.礼貌原则

礼貌在清扫房间时显得非常重要。不必要的打扰,未敲门而入,从门缝往里瞅等毛病,往往会使客人感到恼怒。因此,服务员在进客房前,要养成先想一想这位客人会处于什么状态(会客、睡觉还是洗澡等)的良好习惯,使自己在心理上有所准备。要注意房门上是否挂有"请勿打扰"的牌子,敲门时要一连轻敲三下,两次敲门之间至少相隔五秒钟,未得到许可不要贸然入内。另外,要佩戴酒店规定的胸牌,身着整齐轻便的上装,梳妆时不要戴宝石或喷香水,因为与客人竞妍是不礼貌的。再则,发现客人用错室内设备时切勿嘲笑,应耐心示范指导才是。

3.整洁原则

整齐清洁是评价客房服务质量的起码标准。无论是从美学还是从生态学角度,文具放得是否整齐,床铺得是否匀贴,家具是否擦得干净,床单、枕套和毯子是否清洁,窗玻璃、镜子是否明亮,洗脸池、浴盆、马桶、毛巾等是否卫生等,对酒店形象建设皆具有重大意义。特别是客人最为敏感的卫生间,无论怎样强调清洁也不为过。要知道,洗脸池上的一丝头发,马桶上的污垢,浴帘上的霉斑,浴盆中的皂沫等,都会给客人留下脏的印象,让人厌烦反感,望而却步,影响酒店的声誉或形象。顺便提及,为了达到整洁、经济和实用的目的,卫生间里的洗脸巾、浴巾与擦脚巾宜用易洗换的淡橙色,而非纯白色,这其中的道理是不言自明的。

4.舒适原则

客房内部雅致的装潢,精美的陈设,柔和的光色,清爽的空气,适宜的温度,松软的床铺,会给客人一种生理上的舒服感和精神上的愉悦感。在梅雨季节,更要注意床单是否干燥,免得引起客人的不快;气候变化时要灵活使用空调设备,使室内始终温暖如春;客人临来前,要检查所有的机器开关、抽屉、水管、喷头等是否完好无损,便于使用。因为失灵的东西(如拉不开的抽屉、不喷水的龙头、按不响的收音机等)会令人感到失望甚至烦躁。

5. 周到原则

服务周到是赢得客人积极评价的有效途径之一。对客人无微不至的关怀应酬可谓服务周到的最高境界。宏观上,清理打扫房间,及时排难解忧耐心回答询问,准确转达留言,认真清洗整理衣物,按时叫醒客人等,均是服务周到的内容。微观上,提供针线包,预备电视节目单,寝前开灯、撩床角等,也属服务周到的表现。所谓开灯、撩床角,是指每日傍晚将上半部的床单和毛毯掀开 45 度倾角,打开床头灯,以便客人就寝,并借此创造一种友好的气氛,使客人感到服务员已经向他道过晚安。

6. 安静原则

安静是保证客人休息好的基本条件。楼层服务员在值班时,切勿大声说话,清扫房间时要轻拿轻放,对喧哗的客人要以适当的方式加以制止,对店外的噪声要设法控制。因为,一个吵吵嚷嚷的酒店,无论其服务多么周到殷勤,总不免给人一种乱哄哄的感觉,从而引起生理上的不适和精神上的骚动。

7. 安全原则

安全感是愉悦感、舒适感或满足感的基石。客房的安全工作主要涉及防火防盗等几个方面。防火不慎,就会酿成大祸,造成人员伤亡和经济损失,这对酒店来说无疑是毁灭性的。因此,服务员有责任提醒同事和客人切勿乱扔烟蒂,或违章使用电器。为了防患未然,客房最好使用具有防火功能的地毯、窗帘和床罩。客房安全的另一层含义是替客人保密,严守这项规定是酒店服务人员的一种职业道德。

【案例分享】

多放的矿泉水

张女士出差住在一家酒店,因为天气变化身体不适,就在附近的药房买了不少药品。这天早上她匆匆外出办事,桌子上放着刚刚服用的药物。晚上回来时,她发现房间已经被打扫过,桌上的药品旁边,多放了两瓶矿泉水,还有一张纸条,上面写着:"尊敬的客人,您好! 您生病服药,需要多喝水,特为您多准备两瓶矿泉水,以便您使用。如果您还有其他需要,请您及时通知我们。祝您健康。"张女士将矿泉水倒入烧水壶中,心里很感动。

案例评析:案例中的工作人员,虽然没有见到客人,也没有与客人交谈,凭借细心的观察,不仅提供了常规的打扫房间服务,还贴心地准备服药的水,没有见面,也能够让客人感动。

(三)酒店餐饮部的服务礼仪

俄国美学家车尔尼雪夫斯基有一句名言:"美是生活。任何事物,我们在那里面看得见依照我们的理解应当如此的生活,那就是美的;任何东西,凡是显示出生活或使我们想起生活的,那就是美的。"如果抛开这里说的偏颇性,我们应当承认车尔尼雪夫斯基之见的现实指导意义,这对于渴望生活美的人尤其如此。在广义上,出外旅行游览的人们,可谓这种"美的生活"的积极追求者。他们所到之处,总希望那里的接待服务、住宿环境,特别是饮食宴乐等,皆符合美的要求,构成美的生活。目前,"美食旅行团"的兴起便是佐证。

从饮食美学角度分析,用餐是一项综合性的审美活动,餐具造型和餐桌布置可培养审美趣味;服饰仪表、筵席音乐可激发审美情绪;举止文雅、态度热情可使人产生愉快的感受;色、香、味、形、器、意俱全的精美佳肴可使人的视觉、嗅觉和味觉等得到一种交叉性生理享受与文化体验。可见,餐厅服务不是一个取菜送饭的简单过程,而是一个关涉摆台艺术、筵席礼乐艺术和烹饪艺术的综合过程。

从客人的物质利益和审美需求出发,用餐所包括的一切细节,都应该是美的,都应该显示出"依照我们的理解应当如此的生活"。这便是餐厅服务艺术的主旨。

第三节　微笑服务

米卢在中国曾经说过"态度决定一切",在酒店业中也流传着这样一句话"菜品不足服务补,服务不足态度补"。可见服务态度是服务工作的重要前提。微笑不会使赠送的人变得拮据,却使接受的人变得富有,服务员的微笑就是一种工作态度,更是一种人生态度,那么如何培养员工在工作中露出真诚的微笑呢? 首先,为员工提供良好的福利环境和晋升的美好愿景;其次,为员工提供阶梯式的职业培训,为酒店优质服务的构建储备力量;最后,加强职业道德教育,培养员工敬业、乐业的精神。员工唯有把自己融入酒店中,才能在酒店服务工作中露出真诚的,富有亲和力的微笑,也才能让顾客有宾至如归之感。

一、微笑服务的概述

(一)微笑服务的实质

在酒店服务过程中,微笑服务的实质是反映服务者的品质。服务人员之所以受欢迎,最主要的是在为他人服务的过程中,向他人奉献的是一种爱心,是一种充满热情、亲切和友善的感情,给人以"宾至如归"的感受和美好享受。充分显示了平等待人、尊重他人人格的职业道德水平。

在酒店服务行业中,服务"Service"这一单词在英语中的含义是"主动地,热情地满足他人需求的特殊的礼遇",其中第一个字母 S 的内在含义即 Smile,它的含义就是在服务行业中每个员工向每一位客人提供微笑服务, 也是其核心内容。微笑服务的内涵不仅仅是一种温和的面部表情。而是代表服务人员愿意与顾客随时保持一种沟通,这种微笑服务的方式之所以被广泛接受并倡导,是因为近年来随着我国民众平均生活质量的提高,顾客追求的已经不再只是物质的基本满足,而是更希望得到真正的尊重,人与人之间也渴望建立心灵层面的沟通关系,而顾客在消费时的内心感受往往影响和决定了消费趋向。让顾客感受到我们服务人员的热情和关爱,使他们能够在我们的微笑服务之中感到舒适,从而使我们的自身价值发挥到极致。

(二)微笑服务的系统化、规范化是企业管理的重要内容和完善

从企业管理来看,微笑服务还是个企业管理问题。微笑服务绝不是单纯的一笑服务,而是与其相应的业务内容紧密联系在一起的,即服务人员的岗位及业务内容尽管不同,但在履行其岗位服务时,都必须把微笑服务体现在自己工作的始终。现代企业的竞争在硬件方面的差别

越来越小,为此企业的市场竞争已经转向员工整体素质、品牌形象、企业理念、企业制度、管理理念、企业文化、企业行为等方面的竞争。微笑服务之所以成为企业管理的重要内容,是因为微笑服务具有丰富的内容和严格的要求。不仅在礼貌礼仪方面达到规范要求,在仪表仪容方面达到规范要求,在行为举止等方面也要达到规范要求。这些比较系统、规范化的内容和要求是必须经过训练才能达到的。这就使微笑服务的性质发生了由表及里的变化,从它是一个"服务态度"或是一种服务形式的初级认识,提升到一个企业管理问题的认识。

因此,微笑服务在现代酒店管理"以人为本"的管理中占有很重要的地位,可称之为"表情管理"或"微笑服务管理"。其特点表现为:一是写在员工脸上和行为举止中的质量管理标准;二是体现在人身上的、流动的管理制度;三是人人参与管理、天天参与管理的最生动的自律形象体现;四是员工整体素质和企业形象的展示。总之,微笑服务管理是"以人为本"企业管理理念的重要成果和标志,是人人参与管理具体而有效的形式,是现代酒店管理的完善。

二、微笑的线条魅力

微笑的形式美感主要表现在面部富有魅力的线条上。经验告诉我们,人在微笑(图 13.1 中图一)时眼、口和面肌会形成柔和而轻灵的曲线,这与板着面孔(图 13.1 中图二)时所呈现出的那种冷漠僵硬的直线形成鲜明的对比。

图一　　　　　　　　图二

图 13.1　微笑的线条

根据英国艺术家威廉·荷加斯的分析,曲线是一种富有装饰性的美的线条,比直线更能创造美。实际上,人在微笑时面部肌肉相对松弛,线条比较自然,容易给人一种亲切动人的美感。但要看到,微笑因情绪的复杂性和波动性,往往会呈现出不同的形态。譬如:神秘的微笑、妩媚的微笑、轻蔑的微笑、忧郁的微笑、醉人的微笑、呆痴的微笑、难以捉摸的微笑、明朗甜蜜的微笑等。

不同形态的微笑会给人以不同的情绪感染。从酒店实际工作出发,明朗甜蜜的微笑是最值得推崇的。因为这种微笑一方面最富有人情味,另一方面会在嘴角形成柔和优美的曲线。至于失去分寸的笑(如哈哈大笑),"会比任何其他表情更使聪慧的面孔显出愚蠢的或难看的样子,因为由于笑,嘴的周围会形成规则的、简单的线条(好像括弧),有时候这会像哭"。

值得指出的是,在酒店业中,微笑仅作为服务的辅助手段才具有意义。微笑应始终伴随着服务过程。一旦与具体服务脱节,微笑就会蜕化为一种内容苍白的呆傻表情了。另外,微笑应该以主动热情为游客服务的工作意向为基础,应该是某种良好的心情意趣的自然流露,任何强作欢颜(像电影《满意不满意》中所描写的那种吓人的"微笑")的表情常常会弄巧成拙,适得其反。

三、微笑服务在酒店服务中的重要性

（一）微笑服务有利于树立良好的第一印象

第一印象,指的是交流者双方第一次见面时给彼此留下的印象,同样也是他们今后交往状态的奠基石,所谓的"成见效应"也是第一印象的拓展以及深入,顾客的第一印象是通过对服务人员个人素质、面部表情、个人品德和服务水平的观察而形成的,这种印象虽然可以在短时间内建立起来,但却会对今后顾客的消费体验和服务人员工作的开展造成很大影响。如果顾客对服务人员的第一印象不好,必然会引发所谓的"成见效应",即在该顾客心里已经对酒店有了总体的消极评价,这也会影响他对酒店其他方面的判断,消除这种成见非常困难,甚至难以完成,所以一定要在第一次见到顾客的时候就以微笑相对,给顾客留下好印象,并且愿意信任酒店,那么服务人员的工作就等于成功了一半,即使是对那些暂时没有消费意向的顾客也要微笑服务,他们一旦对酒店有了好印象,那么下次有需要时一定会选择在他们心目中留下深刻印象的酒店。

（二）微笑服务有助于提高员工的工作效率

人和人之间的情绪往往会有互相引导的作用,而当顾客与服务人员交流时前者的情绪往往会被后者的态度影响,这就需要服务人员首先以微笑作为与顾客间交流的开场白,那么语气也会因微笑而变得温和优雅,大多顾客感受到这种周全的服务往往会一扫疲倦之感,同样以温和的态度回馈,很多人认为微笑没有如此之大的魔力,这是由于他们都忽略了微笑在我们生命中的重要性,微笑挂在脸上的时候自然也会发出温和的声音,使顾客感受到工作人员良好的服务态度,从而促进顾客对酒店满意度的提升,服务人员的工作也更容易展开,不会遇到太多的困难。总之,时常微笑对于服务行业工作人员来说是基本素养,对于顾客来说也是舟车劳顿之后最好的礼物。

（三）微笑服务有助于增加酒店的经济效益

酒店服务工作的重点就是解决顾客所面临的一切问题,使他们以一种轻松自在的心态享受服务,而很多酒店服务人员无法了解顾客的需要,自然也无从下手提高自己的服务质量。这是由于很多顾客认为自己与服务人员之间有距离感,所以当他们遇到问题时也不会毫无顾忌地提出,而他们本身对于酒店的评价大多也是一般或无出色之处,面对这种问题就需要服务人员利用微笑打开顾客的心门,使他们感受到在酒店中自己就是"上帝",而身边的所有服务人员都是值得信任的,当然也可以随意地提出要求,从而提高服务质量,给顾客带来愉快的入住体验,从而提高经济效益。

【知识链接】

你今天对客人微笑了没有?

企业礼仪是企业的精神风貌。它包括企业的待客礼仪、经营作风、员工风度、环境布置风格以及内部的信息沟通方式等内容。企业礼仪往往形成传统与习俗,体现企业的经营理念。它赋予企业浓厚的人情味,对培育企业精神和塑造企业形象起着潜移默化的作用。

世界旅馆业大王康拉德·希尔顿十分注重员工的文明礼仪教育,倡导员工的微笑服务。他每天至少与一家希尔顿饭店与饭店的服务人员接触,向各级人员(从总经理到服务员)问得最多的一句话,必定是:"你今天对客人微笑了没有?"1930年是美国经济萧条最严重的一年,全美国的旅馆倒闭了80%,希尔顿的旅馆也都亏损不堪,一度负债达50万美元。希尔顿并不灰心,他召集每一家旅馆员工向他们特别交代和呼吁:"目前正值旅馆亏空靠借债度日时期,我决定强渡难关。一旦美国经济恐慌时期过去,我们希尔顿旅馆很快就能进入云开日出的局面。因此,我请各位记住,希尔顿的礼仪万万不能忘。无论旅馆本身遭遇的困难如何,希尔顿旅馆服务员脸上的微笑永远是属于顾客的。"

事实上,在那些纷纷倒闭后只剩下20%的旅馆中,只有希尔顿旅馆服务员的微笑是美好的。经济萧条刚过,希尔顿旅馆系统就率先进入了新的繁荣期,跨入了经营的黄金时代。希尔顿旅馆紧接着充实了一批现代化设备。此时,希尔顿到每一家旅馆召集全体员工开会时都要问:现在我们的旅馆已新添了第一流的设备,你们觉得还必须配合一些什么第一流的东西使客人更喜欢呢?员工回答之后,希尔顿笑着摇头说:"请你们想一想,如果旅馆里只有第一流的设备而没有第一流服务员的微笑,那些旅客会认为我们供应了他们全部最喜欢的东西吗?如果缺少服务员的美好微笑,正好比花园里失去了春天的太阳和春风。假如我是旅客,我宁愿住进虽然只有残旧地毯,却处处见到微笑的旅馆,也不愿走进只有一流设备而不见微笑的地方……"当希尔顿坐专机来到某一国境内的希尔顿旅馆视察时,服务人员就会立即想到一件事,那就是他们的老板可能随时会来到自己面前再问那句名言:"你今天对客人微笑了没有?"

第四节　酒店员工的审美修养途径

酒店工作的目标之一是美化客人的生活。在此过程中,酒店员工的形象、仪表、态度、谈吐、举止、技能与德行等,往往自觉或不自觉地成为客人的直接审美评价对象。为了顺应社会审美化的潮流,推进劳动审美化的发展和实现个体审美化这一人生的至高境界,如何提高酒店员工的审美修养,是目前酒店业所面临的一个长期而艰巨的任务。

一、普及美学知识

酒店员工大都是年轻人,他们具有强烈的爱美心理,特别对服饰、发型和言谈举止之美有着热烈的追求。但由于审美修养的程度不同,审美趣味时常表现出一定的弹性与盲目性。比如,不知和谐美与个性美的原则的人,有时会"东施效颦",把自己打扮得不伦不类,从而给人以滑稽可笑之感。这就需要通过审美教育,增强其主体性审美意识。较为实际而有效的方法是在员工中组织美学讲座或阅读美学书籍,普及一些有关色彩美、服饰美、仪表美、风度美、语言美和劳动美等方面的基本知识,以促使广大员工自觉地按照美的规律来不断地完善自己。

二、开展艺术教育

斯宾塞说过,没有油画、雕塑、音乐、诗歌以及各种自然美所引起的情感,人生的乐趣就会失掉一半。美,首先就是艺术珍品对观赏者的审美情趣、生活态度和个人品性等所产生的潜移默化的作用。酒店管理者若能根据青年人的特点与喜好,经常组织一些看画展、听音乐、看电影、练书法等高雅而健康的娱乐活动,这对培养其积极的审美理想和鉴赏能力颇为有益。国内一家著名的合资酒店,当发现一批志同道合的员工自行组成一个业余书画会时,就主动为他们创造条件,聘请专家来酒店指导。这样,一方面为员工提供了学习提高和自我实现的机会,另一方面融洽了企业内部的人际关系,对激励士气和发扬团队精神具有重要意义。

三、掌握语言艺术

在服务业中,流行着这样一种说法:一句话可以使人笑,也可使人跳。之所以如此,关键在于这句话讲得是否得体、巧妙或艺术,换言之,是否符合语言美的要求。从酒店工作的特性考虑,文明服务"十一字法"不应仅限于本国语,而且需要扩展到外国语。对于海外游客来说,再没有比语言不通更令人难堪的事了。因此,为员工举办外国主要语种(如英、日、德、法)的学习班是很有必要的。不少酒店对员工学习外语采用奖励办法,颇值得借鉴。

无疑,运用服务语言是一门艺术,不仅需要掌握相关的文字符号与结构法则,而且需要了解对象国的文化风俗,才能使用得当,分寸有度。目前,较为流行的语言艺术教授方法是角色扮演法:员工双方扮演主、客,并时常互换,使各自从服务对话中体验语言的实际功效,借此培养语言交际艺术的自觉意识。

四、组织姿态美训练

酒店员工的行为美在很大程度上表现在姿态美方面。姿态一般是站态、坐态与步态的综合。它反映一个人的性格气质、心理状态和文化修养等。酒店员工应该养成优雅的站态,头部、两肩和双手要呈现出端正而自然的姿势。所谓"亭亭玉立"和"昂然挺立"便是两种不同形态的站相,前者给人以阴柔之美,后者则给人以阳刚之美。经常从事体操等项目的训练,有益于养成优美端正的站立姿势。步态即走路姿势。对酒店员工来说,自然、轻盈、敏捷是其步态美的要领。因此,要选择合脚的鞋,值班时不宜穿后跟过高的鞋,这种鞋会使走路的姿势显得矫揉造作。

目前,不少酒店在训练员工步态与举止方面动了不少脑筋,有的还聘请外籍教师,借助现代录像设备,采用直观行为模式和自我调节方法为餐厅员工传授正确的托盘上菜等服务行为,收到良好的效果。

五、推广美容知识

随着物质文明与精神文明的不断发展,人们在需要生活美化的同时也追求自我的美化,这样,美容这一新兴的行业便受到社会的广泛欢迎。但是,由于我国美容知识与技巧缺乏,不少人在打扮化妆时往往顾此失彼,达不到预想的效果。这一问题在酒店一线女员工中表现得尤为突出。为此,有的酒店专门邀请外国美容培训公司派员为其举办员工美容培训班,收到明显的效果。正如员工们反映:"过去只想美,但究竟怎样美并不十分清楚,也从未得到过这方面的专业知识。通过培训,使我们增强了美容的知识和技巧,今后能以更美的仪容为客人提供超一流的服务。"

六、提高管理美学水平

酒店不仅要按照美的规律来建造,而且要按照美的规律来管理。这就要求酒店管理者具有自觉的管理美学意识和一定的水平,在考虑经济、实用的同时,也要重视美观的因素。要从社会、劳动和个体审美化的大趋势出发,使酒店的建筑形式、内部装潢、员工服饰、餐具、菜肴、服务艺术等,皆合乎美的标准。特别是在做员工的思想工作过程中,要看到它与美学这门有助于人的全面发展(语言、行为、技能、理想、道德、情操等)的科学的内在联系。要设法运用美学理论做员工的思想工作,注意发掘其中的审美因素(如真诚性、情感性、熏陶性与愉悦性等),使他们在"如沐春风"的思想工作过程中形成健康的审美心态,以富有进取性与创造性的劳动态度,发挥巨大的实践力量,为酒店客人提供更完美的服务。

【本章小结】

本章主要介绍了酒店员工的服务美,主要包含酒店员工美的形象、酒店员工美的服务、微笑服务、酒店员工的审美修养途径四个小节。目的是引导学生熟悉、理解并掌握酒店服务工作中所常用的形象管理、基本礼仪和审美修养途径,培养良好的职业习惯,以真正实现酒店的优质服务。

【复习与思考】

1. 怎样才能使酒店服务人员达到内在美与外在美的统一?
2. 酒店员工美的服务是指什么? 为什么酒店要讲究服务之美?
3. 请阐述微笑服务的重要性以及对酒店的经营会有何种影响? 请举例说明。
4. 酒店应该如何培养员工的审美?

【实践与拓展】

一、实践要求

进行微笑训练

1. 对着镜子训练

对着镜子微笑,首先找出自己最满意的笑容,然后不断地坚持训练,从不习惯到习惯,并以此笑容去为客人服务。

2. 情绪记忆法

将生活中自己最好的情绪储存在记忆中,当工作需要微笑时,即调动起最好的情绪,这时脸上就会露出笑容。

3. 视顾客为"上帝""财神"

"上帝""财神"的到来,均可给企业和人带来经济效益。只有当服务人员内心深处真正有了"顾客是上帝,顾客就是财神"的观念时,才能在服务中形成一种条件反射,一见他(她)就笑。

4. 借助一些字词进行口型训练

微笑的口型为闭唇或微启唇,两唇角微向上翘。除对着镜子找出最佳口型进行训练外,还可借助一些字词发音时的口型来进行训练。如普通话中的"茄子""切切""姐姐""钱"等,当默念这些字词时所形成的口型正好是微笑的最佳口型。

二、拓展学习

周到的提示

陈经理抵达酒店后,立刻有工作人员上来询问并引导他到会议签到台,签到后他领了房间钥匙和一个资料袋。陈经理在房间休息时,打开资料袋翻阅,发现其中有一张打印的"温馨提示",上面介绍了当地的气候特点、会议举办期间的天气预报、需要穿正装的几个会议场合等,还介绍了酒店附近的特色餐厅和电话,陈经理打开箱子取出正装挂好,按照提示找到符合现在天气情况的服装,然后打电话到提示单上的特色餐厅预订晚餐。他心里很高兴,早就听说这里是美食之都,今天终于如愿以偿了。

思考:请简要点评该酒店员工的做法。

参考文献

［1］乔修业. 旅游美学［M］. 2 版. 天津：南开大学出版社，2000.

［2］敏泽. 中国美学思想史—第一卷［M］. 济南：齐鲁书社，1987.

［3］王柯平. 旅游美学导论［M］. 北京：旅游教育出版社，2011.

［4］鲍桑葵. 美学史［M］. 张今，译. 北京：商务印书馆，1985.

［5］克罗齐. 美学原理［M］. 朱光潜，译. 北京：商务印书馆，2017.

［6］于民. 中国美学思想史［M］. 上海：复旦大学出版社，2010.

［7］杨恩寰. 西方美学思想史［M］. 沈阳：辽宁大学出版社，1988.

［8］邓晓芒. 西方美学史纲［M］. 北京：商务印书馆，2018.

［9］黑格尔 朱光潜. 美学(第三卷. 下册)［M］. 北京：商务印书馆，1997.

［10］李泽厚. 美的历程［M］. 北京：生活. 读书. 新知三联书店，2014.

［11］王国维. 人间词话［M］. 北京：人民文学出版社，2018.

［12］于德珍. 旅游美学［M］. 2 版. 天津：南开大学出版社，2012.

［13］王纯. 色彩在酒店空间设计中的作用分析［J］. 大众文艺，2017(20)：59-60.

［14］危学敏. 基于人文情怀的民宿酒店色彩设计分析［J］. 中国建筑装饰装修，2022(8)：
146-148.

［15］杨剑峰. 色彩在居住空间设计实践中的应用策略［J］. 中国建筑金属结构，2021(8)：
68-69.

［16］蒋想想，李若楠，蒋婷婷. 居住空间设计色彩搭配与情感需求的运用研究［J］. 西部皮
革，2020，42(23)：57-58.

［17］马晶. 浅谈酒店管理中背景音乐的作用及意义［J］. 经营管理者，2016(36)：1.

［18］练建华，周卓华. 论背景音乐在酒店中的应用［J］. 经济研究导刊，2013(3)：326-328.

［19］高曼曼. 酒店环境中"香味"的运用［J］. 旅游纵览(下半月)，2018，263(2)：90-92.

［20］本刊讯. 2021 中国香氛产业技术发展论坛召开［J］. 日用化学品科学，2021，44(6)：
64-65.

［21］谢静，于浣. 芬芳之旅：香氛在酒店营销和管理中的应用［J］. 营销界，2020(28)：
139-140.

［22］周令芳. 探析香氛在酒店业中的商业价值和应用［J］. 经济师，2022(6)：226-229.

［23］梁丽芬. 花艺设计在酒店中的应用研究［J］. 经贸实践，2016(18)：97.

［24］叶子. 国际花艺设计师苏丽思 在大自然的无限空间中创作［J］. 大社会，2016（4）：66-68.

［25］佚名. Decorative 沪上新潮 酒店花艺装饰的创意［J］. 国际服装动态，2005（10）：141.

［26］曾白峰. 中国传统花艺在室内空间中的应用研究［D］. 杭州：浙江理工大学，2015.

［27］旷野. 感受拉斯维加斯永利酒店对花卉的极致应用［J］. 中国花卉园艺，2018（13）：60-62.

［28］董玉琪，朱永莉. 饭店酒店前厅和餐厅花艺设计［J］. 上海商业，2012（10）：50-51.

［29］王柯平. 旅游美学论要［M］. 北京：北京大学出版社，2015.

［30］刘叔成，等. 美学基本原理［M］. 2 版（修订本）. 上海：上海人民出版社，1987.

［31］曹诗图. 旅游文化与审美［M］. 武汉：武汉大学出版社，2006.

［32］吴攀升，骆高远，陈雄. 旅游美学［M］. 杭州：浙江大学出版社，2006.

［33］王世瑛，朱瑞艳. 旅游美学基础［M］. 重庆：重庆大学出版社，2007.

［34］章海荣. 旅游美学导论［M］. 北京：清华大学出版社，2006.

［35］颜军，汪训，孙梦媛. 室内陈设设计［M］. 北京：中国青年出版社，2022.

［36］尤文宪. 茶文化十二讲［M］. 北京：当代世界出版社，2019.

［37］黄毅，梁洁. 中国文化要论［M］. 北京：清华大学出版社，2020.

［38］张凌云. 中华茶文化［M］. 北京：中国轻工业出版社，2019.

［39］董君，贾刚. 室内设计工程档案——酒店空间［M］. 北京：中国林业出版社，2017.

［40］袁曼玲. 室内设计新诉求——软装饰设计与案例欣赏［M］. 北京：中国纺织出版社，2019.

［41］温迪·佩林. 民宿之美［M］. 潘潇潇，译. 南宁：广西师范大学出版社，2018.

［42］王莎莎. 茶文化与茶艺［M］. 北京：北京大学出版社，2020.

［43］潘素华，李柏莹. 茶艺与茶文化［M］. 北京：旅游教育出版社，2019.